Mascha Sorg

# Rationalitätssicherung durch Banken in mittelständischen Unternehmen

GABLER EDITION WISSENSCHAFT

**Schriften des Center for Controlling & Management (CCM), Band 27**

Herausgegeben von
Universitätsprofessor Dr. Dr. h. c. Jürgen Weber
WHU – Otto Beisheim School of Management, Vallendar

Die Schriftenreihe präsentiert Ergebnisse betriebswirtschaftlicher Forschung im Bereich Controlling und Führung. Sie basiert auf einer akteursorientierten Sicht des Controlling, in der die Rationalitätssicherung der Führung einen für die Theorie und Praxis zentralen Stellenwert einnimmt.

Mascha Sorg

# Rationalitätssicherung durch Banken in mittelständischen Unternehmen

## Eine empirische Untersuchung der Einflussfaktoren und Auswirkungen

Mit einem Geleitwort von Prof. Dr. Dr. h.c. Jürgen Weber

Deutscher Universitäts-Verlag

Bibliografische Information Der Deutschen Nationalbibliothek
Die Deutsche Nationalbibliothek verzeichnet diese Publikation in der Deutschen Nationalbibliografie; detaillierte bibliografische Daten sind im Internet über <http://dnb.d-nb.de> abrufbar.

Dissertation WHU – Otto Beisheim School of Management Vallendar, 2007

1. Auflage April 2007



Lektorat: Brigitte Siegel / Stefanie Loyal

Der Deutsche Universitäts-Verlag ist ein Unternehmen von Springer Science+Business Media.
www.duv.de



Umschlaggestaltung: Regine Zimmer, Dipl.-Designerin, Frankfurt/Main
Gedruckt auf säurefreiem und chlorfrei gebleichtem Papier
Printed in Germany

ISBN 978-3-8350-0790-1

# Geleitwort

Die vorliegende Dissertation fügt sich in zwei Forschungslinien des Lehrstuhls ein. Auf der einen Seite stehen Arbeiten zu mittelstandsbezogenen Themenstellungen, insbesondere zu Führungsaspekten, die empirisch ausgelegt sind (Dissertationen von *Kosmider*, *Frank* und *Reitmeyer*). Auf der anderen Seite wird die Forschung zu externen Trägern von Rationalitätssicherung fortgesetzt (Dissertationen von *Langenbach* und *Schumacher*).

Insbesondere zur Arbeit von *Langenbach* bestehen enge Bezüge. Dieser hatte sich konzeptionell mit der Frage auseinander gesetzt, ob und wie Unternehmensexterne die Führungsqualität eines Unternehmens steigern können. Sein Betrachtungsschwerpunkt lag dabei auf dem Eigenkapitalmarkt. *Sorg* nimmt nun den Fremdkapitalmarkt in den Fokus und wählt mit mittelständischen Unternehmen ein Betrachtungsobjekt aus, für das die interne Rationalitätssicherung aus Gründen der starken Position des Unternehmers und der begrenzten Managementressourcen potenziell (starken) Begrenzungen ausgesetzt ist. Dies lässt umgekehrt eine wichtige Bedeutung externer Rationalitätssicherung erwarten. Mit anderen Worten bieten sich mittelständische Unternehmen an, das Konzept der externen Rationalitätssicherung empirisch zu überprüfen. Von den möglichen und von *Reitmeyer* am Rande mit untersuchten Trägern wählt *Sorg* Banken, speziell Hausbanken, aus. Dass der Einfluss von Banken von den mittelständischen Unternehmern in der allgemeinen Diskussion zumeist eher als problematisch gesehen wird, steht der Auswahl der Fremdkapitalbeziehung nicht entgegen; Rationalitätssicherer sind in der Regel eher geduldet denn geliebt. Der Grundansatz der vorliegenden Dissertation ist (großzahlig) empirisch und konfirmatorisch. Für die spezielle Forschungsfrage liegen bislang noch keinerlei empirische Erkenntnisse vor. Damit verspricht die Arbeit einen wesentlichen Forschungsfortschritt, ein Versprechen, das sie in jeder Hinsicht einlöst.

Mit einem n von gut 330 Fragebögen, einer effektiven Rücklaufquote von gut 20 Prozent und einer repräsentativen Rücklaufstruktur ist die Studie auch für hochwertige statistische Auswertungen geeignet. Die Auswahl und Begründung der key informants zeugt ebenso von hoher Methodenkenntnis wie die umfangreichen Ausführungen zum gewählten Analysevorgehen. Die Arbeit hat – wie bereits vermerkt – einen konfirmatorischen Charakter und verwendet hierzu Strukturgleichungsmodelle. Von der zur Wahl stehenden Kovarianzstrukturanalyse einerseits und dem PLS-Ansatz andererseits entscheidet sich *Sorg* mit guten Gründen für letzteren. Insbesondere die Möglichkeit, reflexive und formative Indikatoren unproblematisch parallel verwenden zu können, spricht für PLS. Die Arbeit steht somit auch methodisch auf einem festen Fundament.

*Sorg* muss für die Durchführung ihrer Studie wesentlich auf selbst entwickelte Konstrukte zurückgreifen, weil die Arbeit empirisch gesehen Neuland betritt. Vor dem Hintergrund der eigenen Entwicklung sind die Ergebnisse der Konstruktmessung durchweg sehr zufrieden stellend. Im Ergebnis kann *Sorg* tatsächlich einen positiven Einfluss der (Haus-)Banken auf die Rationalität der Führung mittelständischer Unternehmen nachweisen. Damit ist – zumindest vom konkreten Einzelfall losgelöst – die Skepsis vieler Unternehmer gegen eine solche Rolle der Banken unbegründet. Sie ist in eine positive Einstellung zu verändern. Spannende Befunde liefert *Sorg* schließlich auch für die moderierenden Variablen Einstellung des Unternehmens gegenüber der Rationalitätssicherung durch die Bank und Macht der Bank gegenüber dem Unternehmen. Durch eine Mehrgruppenanalyse werden moderierende Einflüsse in der postulierten Form sichtbar, die bei Betrachtung des gesamten Samples in der Unterschiedlichkeit der befragten Unternehmen untergehen.

Insgesamt leistet die Arbeit damit einen erheblichen Wissensfortschritt: Gerade mittelständische Unternehmen müssen zur Rationalitätssicherung nicht nur auf Controller zurückgreifen, für die in kleineren Unternehmen oftmals auch das Geld fehlt. Banken können diese Funktion zu einem bestimmten Teil übernehmen – und machen dies i.d.R. kostenlos. Damit sind der Arbeit ein möglichst großer Leserkreis und ein großer Einfluss auf die Praxis zugleich zu wünschen.

Prof. Dr. Dr. h.c. Jürgen Weber

# Vorwort

„Des Menschen Tätigkeit kann allzuleicht erschlaffen,
er liebt sich bald die unbedingte Ruh;
Drum geb' ich gern ihm den Gesellen zu,
Der reizt und wirkt und muß, als Teufel, schaffen."

Trauen wir den Ausführungen Goethes im Prolog des Faust I, so ist sogar der Herrgott von der Notwendigkeit eines „Advocatus diaboli" und damit eines Rationalitätssicherers überzeugt. Er gibt dem ruheliebenden Menschen den teuflischen Gesellen zu, der diesen durch Widerspruch zu neuer Bewegung und zum Fortschreiten motiviert. Der Rationalitätssicherung ist damit sogar eine „konstruktive Funktion im Heilsplan" zugeschrieben, wie Matussek (1997:363) im Goethe-Handbuch vermerkt. Je erfolgreicher der „Advocatus diaboli" agiert, desto sicherer ist demnach das gute Ende.

Nach fast vier Jahren am Lehrstuhl von Deutschlands Rationalitätssicherer Nummer Eins bin ich von der positiven Wirkung der Rationalitätssicherung vollends überzeugt. Nicht nur das Ergebnis meiner empirischen Studie, sondern auch meine ganz persönlichen Erfahrungen während der Dissertationsphase unterstreichen diese Erkenntnis. Da das Vorwort gemeinhin die letzte Seite einer Dissertation darstellt, die mit Emotionen gefüllt ist, möchte ich den an den Ergebnissen der empirischen Studie interessierten Leser auf die nachfolgenden 225 Seiten verweisen und den hier verbleibenden Raum nutzen, um denjenigen Personen zu danken, die eine wichtige rationalitätssichernde Funktion für das Zustandekommen meiner Dissertation übernommen haben, sowohl in inhaltlicher als auch emotionaler Hinsicht. Inhaltliche Unterstützung meint dabei, Ideen und Geistesblitze auf den Prüfstand zu stellen und dadurch die Qualität der Arbeit immer wieder zu verbessern. Das Verfassen einer Dissertation ist jedoch, genau wie das Leben (und vor allen Dingen meines), von ständigen Stimmungswechseln geprägt. Hochgefühl wechselt mit Verzweiflung, Zufriedenheit und Stolz mit Niedergeschlagenheit. Insofern ist es für das Gelingen eines Dissertationsprojektes auch überaus wichtig, emotionalen Rückhalt zu erfahren. Allen Personen, die mich auf die eine oder andere Art unterstützt haben, möchte ich hier von Herzen danken.

Insbesondere meinem Doktorvater, Prof. Dr. Dr. h.c. Jürgen Weber gebührt ein herzlicher Dank für die fortwährende fachliche und persönliche Unterstützung. Die Lehrstuhlkultur wird (genau wie in mittelständischen Unternehmen!) vom Lehrstuhlinhaber geprägt. Deswegen konnten wir Assistenten in einem Umfeld agieren, dass von Freiheit, Vertrauen, Fairness und Humor geprägt war. Herzlichen Dank, lieber Herr Weber, für die gute Zeit an Ihrem Lehrstuhl.

Herrn Prof. Dr. Peter Witt danke ich für die Übernahme des Zweitgutachtens und sein konstruktives Feedback in verschiedenen Phasen der Dissertation. Danken möchte ich auch den

Präsidenten und Hauptgeschäftsführern der Industrie- und Handelskammern in Fulda, Hanau, Suhl, Limburg und Koblenz sowie den zahlreichen mittelständischen Unternehmern, die den Fragebogen beantwortet haben und so zum Erfolg der empirischen Untersuchung beigetragen haben.

Meilensteine meines Dissertationsprojektes waren, wenn ein weiterer Abschnitt der Arbeit den „Zayer-Test" passiert hatte. Eric Zayer hat neben dem Verfassen seiner (der besten!) Dissertation die meinige maßgeblich begleitet, rationalitätssichernd auf mich eingewirkt und mir den notwendigen Rückhalt gegeben. Auf seinen Scharfsinn und seine Kreativität, aber vor allem seine Motivationsfähigkeiten, seine Wärme und seine liebevolle Unterstützung konnte ich immer zählen.

Ehre, wem Ehre gebührt: Stefanie Meyer danke ich für den Zuspruch, die Ablenkung, den Spaß, für die Freundschaft und den Zusammenhalt, den sie mir geschenkt hat. Unsere WG-Zeit wird mir unvergesslich bleiben.

Ein wichtiger Rationalitätssicherer während der Dissertationszeit war zudem Roman Müller, der mit mir die Tage in der Deutschen Bibliothek geteilt hat und mein geschätzter Gesprächspartner für alle Aspekte von Akteursmodell bis Entspannungsbier war.

Bernhard Hirsch, Dennis Spillecke und Carl Marcus Wallenburg sei gedankt für das wertvolle Feedback, das sie mir in unterschiedlichen Phasen der Dissertation gegeben haben; Beata Kobylarz, Fotini Noutsia und Sonja Schmitt für die Entlastung durch die perfekte Organisation des Lehrstuhls.

Darüber hinaus möchte ich dem gesamten Team des Lehrstuhls danken – insbesondere denjenigen, mit denen ich viele schöne Stunden teilen durfte und die zu Freunden geworden sind: Michael Löbig, Guido Pieroth, Bo Heine, Alexandra Matthes, Bernhard Hirsch, Matthias Meyer, Anne Paefgen, Oliver Strangfeld, Frauke Sill, Sven Schaier, Dennis Spillecke, Fotini Noutsia, Jan Deepen, Marc Lesch, Klaus Hufschlag, Carl Marcus Wallenburg, Marius Lissautzki, René Rambusch und Martina Bender.

Ohne die Liebe und Geborgenheit, die ich in meiner Familie erfahre, wären die oben beschriebenen Stimmungsumschwünge wesentlich schwieriger aufzufangen. Meine Großmutter Else Schrödel, meine Schwester Tina Hennige und meine Eltern Helmut und Traudel Sorg sind meine Zuflucht und meine Heimat – danke für Eure Wärme, Eure Unterstützung, Eure Liebe und vor allem für den Zusammenhalt auch in schwierigen Zeiten. Mit Erich Fried kann ich sagen: „Nicht nichts ohne Euch, aber nicht dasselbe."
Diese Arbeit ist Euch gewidmet.

Mascha Sorg

# Inhaltsübersicht

**Geleitwort** ........ V

**Vorwort** ........ VII

**Inhaltsübersicht** ........ IX

**Inhaltsverzeichnis** ........ XI

**Abbildungsverzeichnis** ........ XVII

**Tabellenverzeichnis** ........ XIX

**Abkürzungsverzeichnis** ........ XXI

**1 Einführung** ........ 1

**2 Theoretische Grundlagen** ........ 8

**3 Rationalitätssicherung durch Banken in mittelständischen Unternehmen** ........ 43

**4 Ableitung des Forschungsmodells** ........ 92

**5 Methodik und Datenbasis der Untersuchung** ........ 132

**6 Ergebnisse der empirischen Untersuchung** ........ 168

**7 Zusammenfassung und Implikationen** ........ 204

**Anhang: Fragebogen** ........ 215

**Literaturverzeichnis** ........ 227

# Inhaltsverzeichnis

**Geleitwort** .......... V

**Vorwort** .......... VII

**Inhaltsübersicht** .......... IX

**Inhaltsverzeichnis** .......... XI

**Abbildungsverzeichnis** .......... XVII

**Tabellenverzeichnis** .......... XIX

**Abkürzungsverzeichnis** .......... XXI

**1 Einführung** .......... 1

1.1 Ausgangspunkt der Untersuchung .......... 1

1.2 Zielsetzung der Untersuchung und Forschungsfragen .......... 4

1.3 Gang der Untersuchung .......... 6

**2 Theoretische Grundlagen** .......... 8

2.1 Controlling als Rationalitätssicherung .......... 8

2.1.1 Grundlagen des Rationalitätssicherungsansatzes .......... 8

2.1.1.1 Der Rationalitätsbegriff .......... 8

2.1.1.2 Das Führungsverständnis .......... 12

2.1.1.3 Ökonomische Akteure .......... 14

2.1.1.4 Rationalitätsdefizite .......... 21

2.1.1.5 Rationalitätssicherung der Führung .......... 22

2.1.1.6 Träger der Rationalitätssicherung .......... 24

2.1.2 Marktbasierte Formen der Rationalitätssicherung nach Langenbach .......... 26

2.1.2.1 Rationalitätssicherung anhand des Marktes .......... 27

2.1.2.2 Rationalitätssicherung durch den Markt .......... 28

2.1.2.3 Rationalitätssicherung durch Marktteilnehmer .......... 29

2.1.2.4 Zusammenfassung .......... 30

2.2 Hirschmans Exit-Voice-Theorie .......... 31

2.2.1 Grundlagen der Exit-Voice-Theorie nach Hirschman .......... 31

2.2.1.1 Funktionsweise der Abwanderung .......... 33

2.2.1.2 Funktionsweise des Widerspruchs ... 33

2.2.1.3 Die Wahl zwischen Abwanderung und Widerspruch ... 34

2.2.2 Anwendungsmöglichkeiten der Exit-Voice-Theorie im ökonomischen Bereich ... 37

2.3 Zusammenführung der theoretischen Grundlagen ... 39

**3 Rationalitätssicherung durch Banken in mittelständischen Unternehmen ... 43**

3.1 Darstellung der Untersuchungsobjekte ... 43

3.1.1 Mittelständische Unternehmen als Objekte der Rationalitätssicherung ... 43

3.1.1.1 Begriffsdefinition ... 43

3.1.1.2 Rationalitätsdefizite in mittelständischen Unternehmen ... 47

3.1.1.3 Träger der Rationalitätssicherung in mittelständischen Unternehmen ... 51

3.1.2 Banken als Träger der Rationalitätssicherung ... 58

3.1.2.1 Begriffsdefinition ... 58

3.1.2.2 Die Rollen von Banken bei der Rationalitätssicherung ... 59

3.1.2.3 Empirische Erkenntnisse zu Banken als Trägern der Rationalitätssicherung ... 62

3.1.2.4 Banken als Träger der Rationalitätssicherung in mittelständischen Unternehmen ... 66

3.2 Spezifika der Rationalitätssicherung durch Banken in mittelständischen Unternehmen ... 68

3.2.1 Das Kreditgeschäft als Basis der Rationalitätssicherung durch Banken in mittelständischen Unternehmen ... 68

3.2.1.1 Grundlagen des Kreditgeschäftes ... 68

3.2.1.2 Die gegenwärtigen Bedingungen des Kreditgeschäftes ... 77

3.2.1.3 Die Hausbankbeziehung ... 84

3.2.2 Die Rationalitätssicherung durch Banken im Kreditgeschäft ... 86

3.2.2.1 Rationalitätssicherung anhand von Preisinformationen ... 87

3.2.2.2 Rationalitätssicherung anhand von Abwanderungsinformationen ... 88

3.2.2.3 Rationalitätssicherung durch Widerspruch ... 90

3.3 Zusammenfassung ... 91

**4 Ableitung des Forschungsmodells ... 92**

4.1 Ableitung der Einflussfaktoren, Auswirkungen und moderierenden Faktoren der Rationalitätssicherung durch Banken ... 92

4.1.1 Einflussfaktoren der Rationalitätssicherung durch Widerspruch ... 92
4.1.1.1 Einflussfaktoren des Widerspruchs nach Hirschman ... 92
4.1.1.2 Einflussfaktoren der Rationalitätssicherung nach Langenbach ... 94
4.1.2 Auswirkungen der Rationalitätssicherung durch Widerspruch ... 95
4.1.3 Moderierende Faktoren der Rationalitätssicherung durch Widerspruch ... 96
4.1.4 Zusammenfassung ... 97
4.2 Konzeptualisierung der Konstrukte ... 100
4.2.1 Wissen des Bankmitarbeiters ... 100
4.2.2 Kosten-Nutzen-Überlegungen der Bank ... 102
4.2.3 Opportunismus der Bank ... 105
4.2.4 Kommunikation zwischen Bank und Unternehmen ... 107
4.2.5 Macht der Bank ... 108
4.2.6 Einstellung des Unternehmens gegenüber der Rationalitätssicherung ... 113
4.2.7 Rationalitätssicherung der Führung ... 115
4.2.8 Qualität des Führungszyklus ... 119
4.2.9 Unternehmenserfolg ... 121
4.3 Hypothesenformulierung ... 123
4.4 Das Forschungsmodell im Überblick ... 130
**5 Methodik und Datenbasis der Untersuchung ... 132**
5.1 Datenerhebung ... 132
5.1.1 Untersuchungsobjekt und Erhebungsmethodik ... 132
5.1.2 Erhebungskonstellation ... 133
5.1.3 Befragte Personen ... 134
5.1.4 Fragebogengestaltung ... 135
5.1.5 Pretest ... 136
5.1.6 Konzeption der Datenerhebung ... 136
5.2 Datengrundlage ... 138
5.2.1 Umfang der Datenbasis und Charakterisierung der Unternehmen ... 138
5.2.2 Repräsentativität der Stichprobe ... 138
5.3 Grundlagen der quantitativen Analyse ... 140

5.3.1 Auswahl der Analysemethodik .......... 140

5.3.2 Konstruktmessung .......... 141

5.3.2.1 Grundlegende Aspekte zur Konstruktmessung .......... 141

5.3.2.2 Gütebeurteilung für reflektive Messmodelle .......... 145

5.3.2.3 Gütebeurteilung für formative Messmodelle .......... 153

5.3.3 Dependenzanalysen .......... 156

5.3.3.1 Auswahl des zu verwendenden Kausalanalyseverfahrens .......... 156

5.3.3.2 Der PLS-Schätzalgorithmus .......... 160

5.3.3.3 Gütebeurteilung von PLS-Strukturmodellen .......... 161

5.3.3.4 Moderierende Analysen .......... 163

5.4 Zusammenfassung .......... 167

**6 Ergebnisse der empirischen Untersuchung .......... 168**

6.1 Konstruktmessungen .......... 168

6.1.1 Methodische Überlegungen .......... 168

6.1.2 Wissen des Bankmitarbeiters .......... 169

6.1.3 Interesse der Bank an der Geschäftsbeziehung .......... 170

6.1.4 Wohlwollen der Bank .......... 171

6.1.5 Kommunikation zwischen Bank und Unternehmen .......... 172

6.1.6 Macht der Bank .......... 174

6.1.6.1 Modellierung der Dimensionen .......... 174

6.1.6.2 Untersuchung des Gesamtmodells .......... 175

6.1.7 Einstellung des Unternehmens gegenüber der Rationalitätssicherung .......... 179

6.1.8 Rationalitätssicherung der Führung .......... 180

6.1.9 Qualität des Führungszyklus .......... 182

6.1.10 Unternehmenserfolg .......... 184

6.1.11 Beurteilung der Diskriminanzvalidität der Faktoren .......... 188

6.2 Ergebnisse der Hypothesenprüfung .......... 190

6.2.1 Empirische Überprüfung der Einflussfaktoren der Rationalitätssicherung .......... 190

6.2.2 Empirische Überprüfung der Auswirkungen der Rationalitätssicherung .......... 193

6.2.3 Empirische Überprüfung der moderierenden Faktoren .......... 196

6.2.3.1 Gruppenbildung und Beurteilung der Messmodelle ....... 196
6.2.3.2 Vergleich der Strukturmodelle und Überprüfung der Hypothesen....... 197
6.3 Diskussion der Ergebnisse ....... 201
**7 Zusammenfassung und Implikationen ....... 204**
7.1 Zentrale Ergebnisse ....... 204
7.2 Implikationen der Ergebnisse für die Praxis ....... 209
7.3 Wissenschaftliche Bewertung der Arbeit ....... 213
**Anhang: Fragebogen ....... 215**
**Literaturverzeichnis ....... 227**

# Abbildungsverzeichnis


Abbildung 1: Gang der Untersuchung ... 7

Abbildung 2: Darstellung der Methode der abnehmenden Abstraktion ... 18

Abbildung 3: Zusammenspiel individueller und kollektiver Akteure ... 20

Abbildung 4: Rationalitätssicherung und Führungsunterstützung ... 23

Abbildung 5: Zusammenfassende Darstellung der marktbasierten Rationalitätssicherung nach Langenbach ... 30

Abbildung 6: Abwanderung, Widerspruch und Schweigen ... 37

Abbildung 7: Analyseraster der marktbasierten Rationalitätssicherung ... 41

Abbildung 8: Potentielle Rationalitätsdefizite in mittelständischen Unternehmen ... 51

Abbildung 9: Unterteilung der Bankgeschäfte ... 58

Abbildung 10: Ablauf des Kreditprozesses ... 70

Abbildung 11: Überblick über Kreditsicherheiten ... 77

Abbildung 12: Die drei Säulen der Baseler Eigenkapitalvereinbarung ... 80

Abbildung 13: Überblick über das Forschungsmodell ... 99

Abbildung 14: Wissenskategorien mit Beispielen aus dem Bankenkontext ... 101

Abbildung 15: Problemanregung und Argumentation im Führungszyklus ... 118

Abbildung 16: Ableitung des Forschungsmodells ... 130

Abbildung 17: Charakteristika der Stichprobe ... 138

Abbildung 18: Reflektive und formative Indikatoren ... 143

Abbildung 19: Übersicht über die Anpassungsmaße ... 149

Abbildung 20: Schematische Darstellung eines MIMIC-Modells ... 155

Abbildung 21: Schematische Darstellung eines Strukturgleichungsmodells ... 156

Abbildung 22: Schematisches Ablaufmodell des PLS-Verfahrens ... 161

Abbildung 23: Darstellung moderierender Effekte ... 163

Abbildung 24: Untersuchung moderierender Effekte mit Hilfe von Interaktionsvariablen ... 164

Abbildung 25: MIMIC-Modell des Konstruktes „Macht der Bank“ ... 177

Abbildung 26: Strukturgleichungsmodell „Einflussfaktoren der Rationalitätssicherung“ ... 190

Abbildung 27: Strukturgleichungsmodell „Auswirkungen der Rationalitätssicherung“ ... 194

Abbildung 28: Bezeichnung und Stichprobengröße der vier Gruppen ... 196

Abbildung 29: Pfadkoeffizienten der vier Gruppen im Vergleich ... 199

# Tabellenverzeichnis


Tabelle 1: Übersicht der identifizierten Faktoren ... 98

Tabelle 2: Gütekriterien zur Beurteilung der reflektiven Messmodelle ... 153

Tabelle 3: Informationen zum Konstrukt „Wissen des Bankmitarbeiters" ... 170

Tabelle 4: Informationen zum Konstrukt „Interesse der Bank an der Geschäftsbeziehung" ... 171

Tabelle 5: Informationen zum Konstrukt „Wohlwollen der Bank" ... 172

Tabelle 6: Informationen zum Konstrukt „Kommunikation" ... 173

Tabelle 7: Messung der Wichtigkeit der Ressource Bankkredite ... 175

Tabelle 8: Messung der Konzentration der Ressource Bankkredite ... 175

Tabelle 9: Messung der Ersetzbarkeit der Bank durch andere Banken ... 175

Tabelle 10: Gütemaße für das Gesamtmodell der Macht durch Ressourcenkontrolle ... 176

Tabelle 11: Informationen zum Konstrukt „Direkte Messung der Macht durch Ressourcenkontrolle" ... 178

Tabelle 12: Informationen zum Konstrukt „Einstellung des Unternehmens gegenüber der Rationalitätssicherung" ... 180

Tabelle 13: Informationen zum Konstrukt „Problemanregung" ... 181

Tabelle 14: Informationen zum Konstrukt „Argumentation" ... 182

Tabelle 15: Informationen zum Konstrukt „Qualität des Führungszyklus" ... 183

Tabelle 16: Informationen zum Konstrukt: „Anpassungsfähigkeit des Unternehmens" ... 185

Tabelle 17: Informationen zum Konstrukt „Kundenbezogener Erfolg des Unternehmens" ... 186

Tabelle 18: Informationen zum Konstrukt „Marktbezogener Erfolg des Unternehmens" ... 187

Tabelle 19: Informationen zum Konstrukt „Wirtschaftlicher Erfolg des Unternehmens" ... 188

Tabelle 20: Übersicht über die Messmodelle ... 189

Tabelle 21: Beurteilung der Diskriminanzvalidität ... 189

Tabelle 22: Informationen zum Strukturmodell „Einflussfaktoren der Rationalitätssicherung" ... 193

Tabelle 23: Informationen zum Strukturmodell „Auswirkungen der Rationalitätssicherung“ ..... 195

Tabelle 24: Gütekriterien der Konstrukte Problemanregung, Argumentation und Qualität des Führungszyklus in den vier Gruppen ..... 197

Tabelle 25: Informationen zum Strukturmodell „Auswirkungen der Rationalitätssicherung“ (moderierter Fall) ..... 198

Tabelle 26: Signifikanztest der Unterschiede der Pfadkoeffizienten zwischen Gruppe G1 und Gruppe G4 ..... 200

# Abkürzungsverzeichnis

| | |
|---|---|
| a.M. | am Main |
| Bd. | Band |
| bzw. | beziehungsweise |
| d.h. | das heißt |
| et al. | et alii |
| etc. | et cetera |
| f. | folgende |
| ff. | fortfolgende |
| ggf. | gegebenenfalls |
| H. | Heft |
| Hrsg. | Herausgeber |
| Jg. | Jahrgang |
| No. | Number |
| Nr. | Nummer |
| o.A. | ohne Angabe |
| S. | Seite |
| u.a. | unter anderem |
| vgl. | vergleiche |
| Vol. | Volume |
| z.B. | zum Beispiel |

# 1 Einführung

## 1.1 Ausgangspunkt der Untersuchung

Ziel des Controllings im Sinne einer Rationalitätssicherung der Führung ist die Begrenzung und Vermeidung von Rationalitätsdefiziten im Führungszyklus und damit eine Verbesserung der Führungsqualität.[1] In diesem Grundverständnis, basierend auf WEBER/ SCHÄFFER, wird der Begriff Controlling *funktional* interpretiert und ist damit sowohl vom institutionalen Begriff des Controllers zu unterscheiden als auch von den Aufgaben, die Controller im Allgemeinen wahrnehmen (Controllership).[2]

In diesem Sinne steht Controlling für die Übernahme einer kritischen Counterpartfunktion, in der sowohl Könnens- als auch Wollensdefizite von Führungsakteuren adressiert werden. Diese Rationalitätssicherungsfunktion kann von einer Reihe unterschiedlicher Aufgabenträger wahrgenommen werden. Dazu zählen nicht nur unternehmensinterne Aufgabenträger, (wie zum Beispiel die Controller), sondern auch unternehmensexterne Träger.[3] Die vorliegende Arbeit untersucht die externe Rationalitätssicherung durch Banken in mittelständischen Unternehmen.

Mittelständischen Unternehmen kommen dabei zwei Eigenschaften zu, die sie für diese Untersuchung als besonders relevant erscheinen lassen. Es ist dies zum einen die zentrale Stellung des Unternehmers.[4] Die Verantwortung für die Unternehmensleitung liegt in mittelständischen Unternehmen zumeist in den Händen einer einzelnen Person, die in vielen Fällen zugleich auch Inhaber des Unternehmens ist („Eigentümer-Unternehmer“).[5] Diese Person prägt das Unternehmen und ist nur in geringem Maße austauschbar.

Die Führungsfähigkeiten des Unternehmers gelten daher als ein zentraler Erfolgsfaktor mittelständischer Unternehmen. Im Umkehrschluss bedeutet dies jedoch auch, dass Führungsfehler eine der bedeutendsten Ursachen für Krisen in mittelständischen Unternehmen darstellen. Dies wird beispielsweise durch die Studie von HAUSCHILDT belegt, der zufolge 60 % aller Insolvenzen in mittelständischen Unternehmen auf Führungsfehler zurückzuführen sind.[6] Der Beseitigung von Rationalitätsdefiziten der Führung kommt deshalb in mittelständischen Unternehmen besondere Bedeutung zu – sie ist als Erfolgsfaktor bzw. zur Krisenabwehr unabdingbar.

---

1 Vgl. Weber/ Schäffer (2001b:44).

2 Vgl. Weber (2001b:163).

3 Vgl. Weber (2001b:164), David (2005:129 ff.).

4 Vgl. Daschmann (1994:55).

5 Vgl. Kellerwessel (1984:82 ff.), Pfohl (1997:19), Grünig (1996:67).

6 Vgl. Hauschildt (2000:10).

Der zweite Grund für die besondere Relevanz mittelständischer Unternehmen für die hier bearbeitete Problemstellung ist, dass das Rationalitätssicherungspotential interner Träger in mittelständischen Unternehmen als begrenzt gilt. WEBER konstatiert: „Für [Rationalitätssicherungsmaßnahmen] besteht im Mittelstand kein systematischer, ‚hauptamtlicher' [interner, M.S.] Träger."[7] Als Ursache hierfür kann unter anderem genannt werden, dass mittelständischen Unternehmen im Allgemeinen nur begrenzte Ressourcen zur Verfügung stehen.[8] Deswegen wird gerade ihnen empfohlen, die interne Rationalitätssicherung um „einen kritischen externen Counterpart"[9] zu ergänzen.

Als externer Counterpart, dem wichtiges Rationalitätssicherungspotential in mittelständischen Unternehmen zugesprochen wird, sind insbesondere Banken relevant.[10] Dies ergibt sich aus verschiedenen Faktoren:

- Banken sind eine überaus wichtige Finanzierungsquelle für mittelständische Unternehmen. Empirische Studien zeigen, dass die Aufnahme von Krediten neben der Innenfinanzierung die wichtigste Finanzierungsquelle mittelständischer Unternehmen darstellt.[11] Dies bedeutet, dass die Banken in der Regel wichtige Interaktionspartner für mittelständische Unternehmen sind.

- Die Vergabe von Krediten ist an die Erfüllung einer Reihe rechtlicher, bankaufsichtlicher und bankinterner Bedingungen geknüpft. Dazu zählen in erster Linie die Durchführung einer Kreditwürdigkeitsprüfung und die Einschätzung des Risikos, welches mit der Vergabe verbunden ist, sowie eine konstante Überwachung der Risiken während der Laufzeit des Kredites.[12] Banken sind demnach verpflichtet, sich ein genaues Bild von Erfolgs- und Risikofaktoren der kreditnachfragenden Unternehmen zu machen und haben deswegen einen guten Einblick in das Unternehmensgeschehen.[13] Dies ist ein weiterer Grund dafür, dass Banken ein großes Rationalitätssicherungspotential zugesprochen wird.

- Darüber hinaus unterhalten mittelständische Unternehmen in der Regel ein langfristiges Verhältnis zu einer bestimmten Bank, mit der sie auch einen Großteil der Bankge-

---

7 Weber (2003:187).

8 Vgl. Daschmann (1994:55).

9 Weber/ Schäffer (2001b:43).

10 Vgl. z. B. Weber (2003:187), Weber/ Schäffer (2001b:42).

11 Vgl. Gruner + Jahr AG & Co KG/ Deutscher Sparkassen- und Giroverband e.V. (2005:31), vgl. auch Achleitner/ Fingerle (2004:16), Kreditanstalt für Wiederaufbau (2003:8), Hommel/ Schneider (2004:580), Leidig (2004:804) und Audretsch/ Elston (1997:97).

12 Vgl. Hein (1993:174).

13 Vgl. Wieben (2003:259), Kistner (2004:32).

schäfte abwickeln (Hausbankverhältnis).[14] Da sich der Einblick in das Unternehmensgeschehen mit zunehmender Länge und zunehmendem Umfang der Geschäftsbeziehung vergrößert, ist das Bestehen von Hausbankverhältnissen ein Grund für das hohe Rationalitätssicherungspotential der Banken.

Auch in der Literatur finden sich Hinweise darauf, dass Banken als Träger der Rationalitätssicherung in mittelständischen Unternehmen fungieren. So beschreiben TRIANTIS/ DANIELS Banken als wichtigste (unternehmensexterne) Rationalitätssicherungsinstitution: „They enjoy significant monitoring advantages over other stakeholders and can [...] therefore play the principal role in controlling managerial slack" [15]. WEBER konstatiert: „[...] die Prüfung durch die Bank [kann] Rationalität sichern helfen." [16]

Trotz der hohen praktischen und theoretischen Relevanz dieses Themas liegen bisher nur sehr wenige wissenschaftliche Erkenntnisse zur Rationalitätssicherung durch Banken in mittelständischen Unternehmen vor. Die identifizierten Forschungsdefizite und die daraus erwachsenden Forschungsfragen werden im folgenden Unterkapitel dargestellt.

---

[14] Vgl. z. B. Elsas/ Krahnen (2003:37 f.), Hommel/ Schneider (2004:579), Harhoff/ Körting (1998:1334).

[15] Triantis/ Daniels (1995:1082).

[16] Weber (2004:187).

## 1.2 Zielsetzung der Untersuchung und Forschungsfragen

Grundlegendes Ziel der vorliegenden Arbeit ist es, die Rationalitätssicherung durch Banken in mittelständischen Unternehmen konzeptionell und empirisch zu untersuchen, insbesondere Relevanz, Determinanten und Auswirkungen der Rationalitätssicherung durch Banken in mittelständischen Unternehmen aufzuzeigen. Aufbauend auf diesen Erkenntnissen sollen Handlungsimplikationen für mittelständische Unternehmen abgeleitet werden.

Aus dieser Zielsetzung lassen sich konkrete Forschungsfragen ableiten, die im Folgenden erläutert werden.

Externe Träger der Rationalitätssicherung sind bereits seit einigen Jahren Gegenstand der Controllingforschung.[17] LANGENBACH entwickelt in seiner Arbeit ein Grundgerüst der Rationalitätssicherung durch externe Träger, insbesondere externe Märkte und Marktteilnehmer. Da die Arbeit LANGENBACHS die erste ist, die sich mit externen Rationalitätssicherungsinstitutionen explizit beschäftigt und bereits als Grundlage für andere Arbeiten in diesem Bereich diente,[18] werden diese Ausführungen ebenfalls in der vorliegenden Arbeit berücksichtigt. Zur umfassenden Beschreibung der marktbasierten Rationalitätssicherung werden sie jedoch um Erkenntnisse der Exit-Voice-Theorie ergänzt, deren Anwendungsschwerpunkt im ökonomischen Bereich ebenfalls die Reaktion von Marktteilnehmern auf das Auftreten von Rationalitätsdefiziten in Unternehmen ist. Der Einbezug der Exit-Voice-Theorie vermag neue Einsichten in die Rationalitätssicherung durch Externe zu geben. Aus diesem Grund sollen die Erkenntnisse aus beiden Forschungszweigen zusammengeführt werden, um ein Analyseraster der marktbasierten Rationalitätssicherung zu entwickeln. Die Entwicklung eines (zunächst) allgemeinen Analyserasters ermöglicht es im Weiteren, auch konkret die Rationalitätssicherung durch Banken in mittelständischen Unternehmen zu untersuchen. Daraus ergibt sich die erste Forschungsfrage:

*Auf welche Art und Weise können Marktteilnehmer die Rationalität der Führung sichern und wie lassen sich diese Formen der marktbasierten Rationalitätssicherung unter Einbezug der Erkenntnisse der Exit-Voice-Theorie neu strukturieren (Forschungsfrage 1)?*

Banken sind außerhalb des Unternehmens angesiedelt und gelten deswegen als externe Träger der Rationalitätssicherung. Da sie Interaktionspartner des Unternehmens auf unterschiedlichen Märkten sein können, werden sie als Marktteilnehmer betrachtet. Die Controllingforschung setzt sich, wie oben angesprochen, auch mit der Rationalitätssicherung durch Marktteilnehmer auseinander. LANGENBACH entwickelt ein Grundgerüst der Rationalitätssicherung durch externe Träger, legt seinen Schwerpunkt jedoch auf Börseneinführungen von Tochtergesellschaften und deren Einfluss auf die Rationalitätssicherung durch externe Träger, insbe-

---

[17] Vgl. Langenbach (2000), Langenbach (2001), Schumacher (2005).

[18] Vgl. Schumacher (2005).

sondere Märkte und Marktteilnehmer.[19] SCHUMACHER baut auf diesem Fundament auf und betrachtet die Rationalitätssicherungsfunktion des Eigenkapitalmarktes.[20] Ein Schwerpunkt auf Banken als rationalitätssichernde Marktteilnehmer wurde bisher jedoch nicht gelegt. Zudem ist eine Übertragbarkeit der bisherigen Forschungsergebnisse auf mittelständische Unternehmen nicht ohne weiteres gegeben, da diese in der Regel nicht am organisierten Eigenkapitalmarkt agieren.[21] Hieraus ergibt sich konkret die Frage nach dem Rationalitätssicherungspotential von Banken in Bezug auf mittelständische Unternehmen:

*Auf welche Art und Weise können Banken die Rationalität in mittelständischen Unternehmen sichern (Forschungsfrage 2)?*

Eine empirische Untersuchung der Einflussfaktoren und Auswirkungen der Rationalitätssicherung wurde bisher weder allgemein noch auf diesen Kontext bezogen vorgenommen.[22] Ein Ziel dieser Arbeit ist die empirische Überprüfung der Rationalitätssicherung durch Banken in mittelständischen Unternehmen, ihrer Determinanten und Auswirkungen. Dazu müssen aus den theoretischen Grundlagen sowohl Einflussfaktoren als auch Auswirkungen der Rationalitätssicherung abgeleitet, auf den hier betrachteten Kontext übertragen und ihre Wirkung empirisch überprüft werden. Daraus ergibt sich die folgende Forschungsfrage:

*Welches sind die wesentlichen Einflussfaktoren und Auswirkungen einer externen Rationalitätssicherung durch Banken in mittelständischen Unternehmen (Forschungsfrage 3)?*

Abschließend gilt es, aus den gewonnenen Erkenntnissen Implikationen für Forschung und Praxis zu ziehen. Die vierte Forschungsfrage der Untersuchung lautet demnach:

*Welche Implikationen ergeben sich aus den Ergebnissen (Forschungsfrage 4)?*

Nachdem die Zielsetzung der Arbeit sowie die daraus abgeleiteten Forschungsfragen vorgestellt wurden, soll nachfolgend der Aufbau der Untersuchung dargelegt werden.

---

19 Vgl. Langenbach (2000).

20 Vgl. Schumacher (2005).

21 Vgl. Wossidlo (1997:296), Gerke/ Bank (1999:15 ff.).

22 LANGENBACH führt eine empirische Untersuchung durch. Diese untersucht jedoch nicht die Einflussfaktoren der Rationalitätssicherung und bezieht sich zudem noch auf Equity Carve Outs. Vgl. Langenbach (2000).

## 1.3 Gang der Untersuchung

Die Arbeit ist in sieben Kapitel untergliedert, die sich im Kern an der Reihenfolge der vorgestellten Forschungsfragen orientieren (vgl. Abbildung 1).

Im Anschluss an das erste, einleitende Kapitel sollen im *zweiten Kapitel* die theoretischen Grundlagen der vorliegenden Arbeit dargelegt werden. Hierzu wird zunächst das Konzept der Rationalitätssicherung der Führung nach WEBER/ SCHÄFFER detailliert beschrieben. Dann werden die Ausführungen LANGENBACHS dargestellt, auf den die erste Arbeit zur Rationalitätssicherung durch Marktteilnehmer zurückgeht. Als weitere theoretische Grundlage der vorliegenden Arbeit soll die auf HIRSCHMAN zurückgehende Exit-Voice-Theorie herangezogen werden. Diese beiden theoretischen Grundlagen sollen in ein Analyseraster überführt werden, das im folgenden Kapitel als Basis für die Untersuchung der Rationalitätssicherung durch Banken in mittelständischen Unternehmen dient. Ziel des zweiten Kapitels ist demnach die Beantwortung der Forschungsfrage 1.

Das *dritte Kapitel* beschäftigt sich mit der Erarbeitung des für diese Arbeit gewählten Kontextes und zielt damit auf die Beantwortung der Forschungsfrage 2. Dazu wird zunächst das Objekt der Rationalitätssicherung in dieser Arbeit, mittelständische Unternehmen, erörtert. Auf die Begriffsdefinition folgt eine Beschreibung der für mittelständische Unternehmen typischen Rationalitätsdefizite sowie der möglichen Träger der Rationalitätssicherung in mittelständischen Unternehmen. Im zweiten Unterkapitel folgt die Beschreibung des hier relevanten Trägers der Rationalitätssicherung, der Banken. Neben einer Begriffsdefinition wird zunächst dargestellt, in welchen Funktionen Banken rationalitätssichernd wirken können und deren Bedeutung für mittelständische Unternehmen diskutiert. Da Banken insbesondere in ihrer Funktion als Kreditgeber rationalitätssichernd auf mittelständische Unternehmen einwirken können, soll die Rationalitätssicherung durch Banken im Kreditgeschäft im dritten Unterkapitel genauer erörtert werden. Dazu wird zunächst die Kreditbeziehung detailliert dargestellt und im Anschluss das im zweiten Kapitel entwickelte Analyseraster auf Banken und mittelständische Unternehmen angewendet.

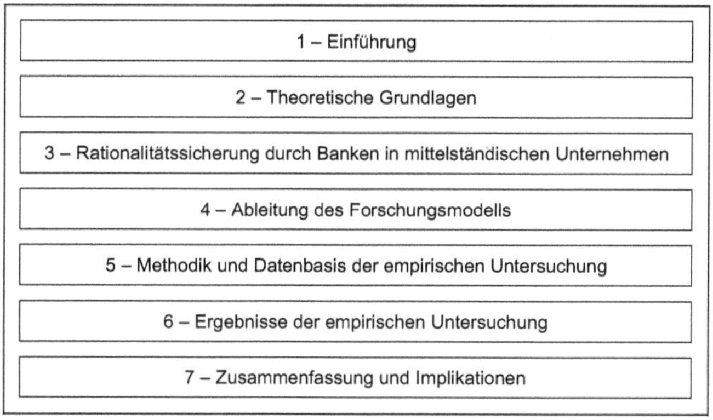


Abbildung 1: Gang der Untersuchung

Die nachfolgenden drei Kapitel zielen auf die Beantwortung der Forschungsfrage 3. In *Kapitel vier* steht die Ableitung des Forschungsmodells aus den erarbeiteten Grundlagen im Fokus. Dazu werden im ersten Unterkapitel zunächst Einflussfaktoren, Auswirkungen sowie moderierende Faktoren der Rationalitätssicherung durch Banken in mittelständischen Unternehmen abgeleitet, basierend auf den im zweiten Kapitel vorgestellten theoretischen Grundlagen. Für eine spätere Messung dieser Faktoren ist es erforderlich, sie genau zu beschreiben und ihre Dimensionen zu erarbeiten. Diese so genannte Konzeptualisierung der Faktoren erfolgt im zweiten Unterkapitel. Im dritten Unterkapitel werden schließlich Hypothesen formuliert, die die Aufstellung eines detaillierten Forschungsmodells als Basis für die empirische Untersuchung erlauben.

Das *fünfte Kapitel* widmet sich der Darstellung der methodischen Grundlagen der empirischen Untersuchung. Dabei werden zunächst die Erhebungsmethodik sowie die Datengrundlage beschrieben. Anschließend werden die für diese Arbeit gewählte Auswertungsmethodik sowie die Verfahren für die Überprüfung der Güte von Messmodellen und Dependenzanalysen vorgestellt.

Das *sechste Kapitel* stellt die Ergebnisse der empirischen Untersuchung dar. Das erste Unterkapitel beschreibt die für diese Untersuchung erarbeiteten Messmodelle sowie die Ergebnisse der Reliabilitäts- und Validitätsprüfung. Die Ergebnisse der Dependenzanalysen sind Thema des zweiten, die Diskussion der Ergebnisse Thema des dritten Unterkapitels.

Das *siebte Kapitel* fasst die zentralen Ergebnisse der Untersuchung zusammen. Abschließend werden die Implikationen für die Praxis sowie für sich anschließende Forschungsvorhaben dargestellt, die sich aus den Resultaten ergeben (Beantwortung der Forschungsfrage 4).

# 2 Theoretische Grundlagen

Dieses Kapitel stellt die theoretischen Grundlagen dieser Arbeit vor, zunächst das Konzept der Rationalitätssicherung nach WEBER/ SCHÄFFER. Folgend wird die durch LANGENBACH erfolgte Ausdifferenzierung des Konzeptes der Rationalitätssicherung bezogen auf Märkte und Marktteilnehmer vorgestellt. Als weitere für die Analyse der Problemstellung dieser Arbeit geeignete theoretische Grundlage wird die Exit-Voice-Theorie herangezogen, deren Inhalte Thema des darauffolgenden Abschnitts sind. Das dritte Unterkapitel führt die theoretischen Grundlagen zusammen. Dies ermöglicht die Entwicklung eines umfassenden Modells zur Erklärung der Rationalitätssicherung durch Banken in mittelständischen Unternehmen.

## 2.1 Controlling als Rationalitätssicherung

### 2.1.1 Grundlagen des Rationalitätssicherungsansatzes

WEBER/ SCHÄFFER definieren Controlling als Funktion zur Sicherstellung der Rationalität der Führung.[23] Da der Rationalitätssicherungsansatz eine wichtige theoretische Grundlage dieser Arbeit bildet, soll dieses Controllingverständnis nachfolgend in den wesentlichen Grundzügen dargestellt werden. Hierfür sind zunächst der verwendete Rationalitätsbegriff und das Führungsverständnis zu spezifizieren. Das Auftreten von Rationalitätsdefiziten und damit das erforderliche Ausmaß der Rationalitätssicherung werden wesentlich von den systematischen Beschränkungen ökonomischer Akteure beeinflusst, welche im nächsten Schritt dargestellt werden. Abschließend werden die Begriffe „Rationalitätsdefizite" und „Rationalitätssicherung" definiert.

#### 2.1.1.1 Der Rationalitätsbegriff

Der Begriff der „Rationalität" hat in der ökonomischen Theorie eine zentrale Bedeutung, da diese als das grundsätzlich im Wirtschaften anzustrebende Prinzip gilt.[24] Sie wird in der ökonomischen Theorie fast durchgängig als Zweckrationalität verstanden.[25] Diese Sicht lässt sich auf MAX WEBER zurückführen: „Zweckrational handelt, wer sein Handeln nach Zweck, Mitteln und Nebenfolgen orientiert und dabei sowohl die Mittel gegen die Zwecke, wie die Zwecke gegen die Nebenfolgen wie endlich auch die verschiedenen möglichen Zwecke gegeneinander rational abwägt."[26]

---

23 Vgl. Weber/ Schäffer (2001b:44).

24 Vgl. z.B. WÖHE, der formuliert: „Das wirtschaftliche Handeln unterliegt wie jedes auf Zwecke gerichtete menschliche Handeln dem allgemeinen Vernunftprinzip (Rationalprinzip), das fordert, ein bestimmtes Ziel mit dem Einsatz möglichst geringer Mittel zu erreichen." Wöhe (2002:1).

25 Vgl. Kappler (1993:3653).

26 Weber, Max (2005:17). Von der Zweckrationalität grenzt MAX WEBER die Wertrationalität ab. Demnach gilt eine Handlung als wertrational, die durch bewussten Glauben an den Eigenwert eines bestimmten Verhaltens durchgeführt wird. Vgl. Weber, Max (2005:17).

Im betriebswirtschaftlichen Kontext wird die Zweck-Mittel-Rationalität im auf GUTENBERG zurückgehenden Rationalprinzip formuliert: „Es ist [...] für alles menschliche Schaffen und Handeln charakteristisch, dass es sich in der Zweck-Mittel-Relation vollzieht. [...] ‚Unvernünftig handeln' heißt überhaupt unzweckmäßig handeln, heißt, die Mittel nicht richtig auf den Zweck, dessen Erreichung sie dienen sollen, abgestimmt haben. Welcher Art dieser Zweck sei, der zu realisieren ist, bleibt dabei ohne Belang."[27]

WEBER/ SCHÄFFER haben als Grundlage ihres Controllingverständnisses eine „Rationalitätskonzeption des Controllings"[28] entwickelt, die als Grundlage der weiteren Untersuchung dient. Zur näheren Charakterisierung dieser Konzeption sind insbesondere zwei Dimensionen des Rationalitätsbegriffes von Belang, die im Folgenden dargestellt werden sollen:

- Zum einen muss der *Rationalitätsmaßstab* erläutert werden. Welches Verständnis der Rationalität liegt als Bewertungsmaßstab für Handlungen oder Entscheidungen zugrunde (Soll-Rationalität) und wer legt diesen Maßstab fest?
- Zum anderen müssen die relevanten *Rationalitätsebenen* dargelegt werden. Auf welchen Ebenen lässt sich Rationalität messen?

##### *2.1.1.1.1 Der Rationalitätsmaßstab*

Die „Rationalitätskonzeption des Controllings" basiert auf der oben genannten Zweck-Mittel-Rationalität. Sie unterscheidet sich allerdings insoweit von den angesprochenen Konzepten, als dass die Autoren nicht davon ausgehen, dass Zwecke und Mittel objektiv bestimmbar sind.[29]

WEBER/ SCHÄFFER legen ihrem Ansatz eine quasi-objektive, allgemein anerkennbare Soll-Rationalität zugrunde, die auf der Meinung einer rationalitätsbestimmenden Handlungsträgermehrheit beruht.[30] Für die Beurteilung der Rationalität einer Entscheidung oder einer Handlung gilt demnach die „herrschende Meinung von Fachleuten bezüglich einer Zweck-Mittel-Situation"[31] als Maßstab. Als Fachleute gelten in diesem Zusammenhang:

---

27 Gutenberg (1967:30).

28 Weber/ Schäffer/ Langenbach (2001).

29 Vgl. Weber/ Schäffer/ Langenbach (2001:59).

30 Vgl. Liekweg (2003:82).

31 Weber (2004:51).

- alle sachverständigen unternehmensinternen Akteure,
- alle sachverständigen unternehmensexternen Praktiker sowie
- alle sachverständigen unternehmensexternen Theoretiker.[32]

Bedingung ist zum einen, dass diese Fachleute von anderen Fachleuten anerkannt werden. Zum anderen muss im Falle unterschiedlicher Einschätzungen der Fachleute die Möglichkeit eines offenen Diskurses bestehen, um die Differenzen in ein gemeinsames Urteil einbringen zu können.[33] Damit folgen WEBER/ SCHÄFFER der Grundidee von HABERMAS, nach der Rationalität nur durch Diskurs innerhalb einer sachverständigen Handlungsmehrheit bestimmt werden kann.[34] Grundlage der Rationalität ist damit nicht mehr eine ‚objektive' Wahrheit, sondern die Begründbarkeit der Entscheidung bzw. Handlung innerhalb dieser Gruppe.[35] Abweichend von der HABERMAS'schen Lehre gilt dieses Urteil nach WEBER/ SCHÄFFER jedoch auch dann als rational, wenn es durch Kompromiss bzw. Einwilligung erzielt wurde. Ein Konsens ist zur Bestimmung der Soll-Rationalität damit nicht notwendigerweise gefordert.[36]

Dieses Verständnis von Rationalität interpretiert den Begriff relativ. Die Rationalität ist immer in Bezug auf das aktuell vorhandene Wissensniveau der sachverständigen Handlungsträgermehrheit zu sehen. So lässt sich zum Beispiel anhand von Paradigmenwechseln in der Wissenschaft zeigen, dass das Wissensniveau veränderlich ist – entsprechend ist auch der geltende Rationalitätsmaßstab veränderlich. WEBER umschreibt dies plakativ: „Was gestern rational war, muss es morgen nicht mehr sein!"[37]

#### 2.1.1.1.2 Die Rationalitätsebenen

Rationalität lässt sich auf unterschiedlichen Ebenen bestimmen. Hierbei kann auf Parallelen zu einem Grundmuster der betriebswirtschaftlichen Produktion verwiesen werden: Inputfaktoren werden einem Kombinationsprozess (Throughput) unterzogen, um ein Ergebnis (Output) zu erhalten. In Analogie dazu lassen sich drei Rationalitätsebenen unterscheiden:[38]

---

32 Vgl. Liekweg (2003:83). LIEKWEG weist auf die Praktikabilität dieser Forderung unter Berufung auf das juristische Konzept des „vernünftig handelnden Kaufmanns" hin, welches nur ein Substrat dessen sei, was von unternehmensinternen und -externen Praktikern und Theoretikern für richtig befunden wurde.

33 Vgl. Weber (2004:51), Weber/ Schäffer/ Langenbach (2001:68).

34 Vgl. Weber/ Schäffer/ Langenbach (2001:68 f.), Habermas (1988).

35 Vgl. Weber/ Schäffer/ Langenbach (2001:76).

36 Vgl. Weber/ Schäffer/ Langenbach (2001:71), Liekweg (2003:80).

37 Weber (2004:52).

38 Vgl. Weber/ Schäffer/ Langenbach (2001:50 f.) u. Weber (2004:53 f.). Die traditionellen Rationalitätsobjekte der Entscheidungstheorie (prozedurale und substanzielle Rationalität) werden damit noch um ein weiteres Element, die Inputrationalität, ergänzt. Vgl. Weber/ Schäffer/ Langenbach (2001:50).

- Ergebnisrationalität (auch: substanzielle Rationalität) ist dann erreicht, wenn die angestrebten Zwecke mit effektivem und effizientem Mitteleinsatz realisiert wurden.[39]
- Um Prozessrationalität sicherzustellen, muss der Handlungsprozess gewissen formalen Anforderungen genügen: Ein Problem ist mit einem der Entscheidung angemessenen Aufwand durch die Bildung von Erwartungen unter Abbildung der Ziele und Präferenzen zu lösen.[40]
- Von Inputrationalität kann man sprechen, wenn davon auszugehen ist, dass die gewählten Einsatzfaktoren (Informationen, Einsatzträger und Rahmenbedingungen) einen rationalen Prozess gewährleisten.[41]

Dabei ist zu beachten, dass Ergebnis-, Prozess- und Inputrationalität untereinander in einer Dependenzbeziehung stehen: So ist Prozessrationalität nur dann gegeben, wenn Inputrationalität vorliegt – Ergebnisrationalität basiert dementsprechend auf vorheriger Prozessrationalität.[42]

Die Unterscheidung zwischen den Ebenen erscheint aus zwei Gründen sinnvoll. Zum einen stellt die Prüfung der Ergebnisrationalität in einigen Fällen eine große Schwierigkeit dar. Unter Rückgriff auf die Prozessrationalität kann jedoch auch in den Fällen, „in denen der Zweck nicht ganz klar ist, eine Aussage über die rationale Verwendung der Mittel getroffen werden"[43]. Insbesondere bei hohen Wissensdefiziten wird auf die Beurteilung der Prozessrationalität zurückgegriffen. Sind die Wissensdefizite so groß, dass auch keine prozedurale Optimumsbestimmung möglich ist, muss auf die Beurteilung der Inputrationalität, d. h. die Gewährleistung geeigneter Mittel, zurückgegriffen werden.[44]

Zum anderen lassen sich die verschiedenen Rationalitätsebenen zu unterschiedlichen Zeitpunkten prüfen. Eine Prüfung der substanziellen Rationalität ist nur ex post möglich. Bevor das Ergebnis feststeht, können bereits die Ebenen der Prozess- und Inputrationalität auf Rationalitätsprobleme hin untersucht werden und evtl. Schritte zu ihrer Beseitigung ergriffen werden.[45]

Da sich Controlling als Rationalitätssicherung auf die Führung bezieht, wird im Folgenden das Führungsverständnis dieser Arbeit dargestellt.

---

39 Vgl. Florissen (2005:40).

40 Vgl. Eisenführ/ Weber (1999:5).

41 Vgl. Florissen (2005:39).

42 Vgl. Weber (2004:52).

43 Weber (2004:53).

44 Vgl. Weber (2004:54), Weber/ Schäffer/ Langenbach (2001:51).

45 Vgl. Weber (2004:54).

#### 2.1.1.2 Das Führungsverständnis

Der Führungsbegriff ist in der Literatur nicht eindeutig definiert. So lassen sich ein institutionales und ein funktionales Verständnis von Führung unterscheiden.[46] Innerhalb des funktionalen Verständnisses lassen sich wiederum zwei Aufgabenfelder identifizieren: die Personalführung und die Unternehmensführung. Diese Differenzierungen sollen im Folgenden kurz aufgezeigt und dann das in dieser Untersuchung verwendete Führungsverständnis präzisiert werden.

Der *institutionale Führungsbegriff* umschreibt die Gesamtheit der Träger dispositiver Tätigkeiten im Unternehmen.[47] Die Träger der Führungstätigkeit verfügen über ein aus der Unternehmensverfassung abgeleitetes Recht, aktiv gestaltend auf das Unternehmensgeschehen einzuwirken.[48]

*Führung als Funktion* hat im Wesentlichen zwei Aufgabenfelder: die Führung von Personen („Personalführung") sowie die Führung eines Unternehmens („Unternehmensführung").[49] BEA definiert Führung dementsprechend als „zielorientierte Beeinflussung von Personen (=Personalführung)" bzw. „zielorientierte Gestaltung von Unternehmen (=Unternehmensführung)"[50]. Während bei der Personalführung Aspekte wie bspw. die Motivierung der Mitarbeiter im Vordergrund stehen,[51] wird Unternehmensführung als Prozess mit unterschiedlichen Phaseneinteilungen gesehen, der zum Gegenstand hat, „Entscheidungen zu fällen, die das laufende Geschehen und die weitere Entwicklung entweder des Gesamtbetriebes oder einzelner Abteilungen betreffen"[52].

Dieser Prozess wird in der Literatur üblicherweise in verschiedene Phasen eingeteilt.[53] Die Vielzahl von Ansätzen unterscheidet sich dabei lediglich geringfügig durch verschiedene Phaseneinteilungen. Unter Führung soll im Folgenden ein Prozess zur Willensbildung, Willensdurchsetzung und Kontrolle verstanden werden.[54]

---

46 Vgl. z. B. Hahn/ Hungenberg (2001:28), Staehle (1994:70).

47 Vgl. Wöhe (2002:84).

48 Vgl. z. B. Liekweg (2003:56), Hahn/ Hungenberg (2001:28), für Ausführungen zur Unternehmensverfassung vgl. Albach/ Albach (1989:14).

49 Vgl. Bea (2001:1 f.).

50 Bea (2001:1 f.).

51 Vgl. Bea (2001:1 f.), Staehle (1994:80).

52 Vgl. Staehle (1994:81).

53 Vgl. Weber/ Brettel/ Schäffer (1996:65 ff.), Schweitzer (2001:49), Schäffer (2001a:46), Hahn/ Hungenberg (2001: 33f.), Eisenführ/ Weber (1999:9 ff.), Welge/ Al-Laham (2003:98).

54 Vgl. Weber/ Schäffer (2001b:32), Weber/ Schäffer (1999:208).

- Die *Willensbildung* hat die Aufgabe, ausgehend von wahrgenommenen Problemen Ziele festzulegen und die zu ihrer Erreichung notwendigen Mittel zu bestimmen.[55] Die Willensbildung kann differenziert werden in die Phasen der Problemdefinition, Zielformulierung, Datenbereitstellung, Prognose der Umwelteinflüsse (Erwartungsbildung), Alternativengenerierung, Bewertung von Alternativen und Auswahl einer Alternative (Entscheidung).[56]

- Unter dem Begriff *Willensdurchsetzung* werden diejenigen Führungshandlungen subsumiert, die stattfinden müssen, um den gebildeten Willen einer Realisation zuzuführen. Dazu gehört insbesondere die Übermittlung des Willens an die ausführenden Stellen.[57] Sie ist nur dann Teil des Prozesses, wenn innerhalb der Organisation Arbeitsteilung stattfindet.[58] Ist der Akteur zugleich Ausführender, entfällt die Willensdurchsetzung.

  An Willensbildung und Willensdurchsetzung schließt sich die Ausführung bzw. die Umsetzung des gebildeten Willens an. Die Ausführung ist nicht Teil des Führungszyklus.

- Unter *Kontrolle*, dem dritten Bestandteil des Führungszyklus, versteht man die Prüfung der Übereinstimmung des gebildeten Willens mit dem Ausführungsergebnis.[59]

Dieser Führungszyklus ist als idealtypisch ablaufender Prozess ohne Anspruch auf deskriptive Genauigkeit zu verstehen.[60] Insbesondere die empirische Managementforschung verweist darauf, dass der Führungszyklus in der Realität häufig anderen Mustern folgt. So werden Phasen ausgelassen oder in einer anderen Reihenfolge durchlaufen.[61] Er soll deshalb im Folgenden nicht zur deskriptiven Beschreibung der tatsächlichen Führungsprozesse, sondern als Strukturierungsrahmen und Erklärungshilfe verstanden werden.

Die folgenden Kapitel beziehen neben diesem funktionalen Begriff der Führung als Prozess der Willensbildung, Willensdurchsetzung und Kontrolle ebenfalls die Träger der Führungstätigkeiten im Unternehmen ein. Zur Unterscheidung der Perspektiven soll der institutionale Führungsbegriff im Folgenden mit „Unternehmensleitung“ oder „Geschäftsleitung“ umschrieben werden, während der Begriff „Führung“ die Führung im funktionalen Sinne meint.

---

[55] Vgl. Bach et al. (2001:31).

[56] Vgl. z. B. Langenbach (2000:26), ähnlich Hahn/ Hungenberg (2001:33), Jost (2000:112 ff.), Laux/ Liermann (2005:32 f.).

[57] Vgl. Bach et al. (2001:32).

[58] Vgl. Liekweg (2003:92).

[59] Vgl. Weber/ Schäffer (2001b:32), Weber/ Schäffer (1999:209).

[60] Vgl. Weber/ Schäffer (2001b:31).

[61] Vgl. Schreyögg/ Hübl (1992:89), Witte (1968:644), Jost (2000:116 f.).

### 2.1.1.3 Ökonomische Akteure

#### *2.1.1.3.1 Individuelle Akteure*

Die Notwendigkeit einer Rationalitätssicherung ist durch die Existenz von Rationalitätsdefiziten im Führungszyklus begründet. Als zentrale Ursache dieser Defizite gelten die Eigenschaften der individuellen Akteure als Träger von Führungsentscheidungen bzw. Führungshandlungen.[62] Für Aussagen über Rationalitätsdefizite ist es notwendig, Annahmen über die Eigenschaften unterschiedlicher Akteure zu treffen.

*Annahmen über die Eigenschaften individueller Akteure*

Die ökonomische Theorie stützt sich klassischerweise auf den Analyserahmen des Homo Oeconomicus, der den Akteuren bestimmte Eigenschaften und Verhaltensannahmen zuschreibt.[63] Ein Akteur wird demnach mit fünf zentralen Annahmen als RREEMM (Resourceful, Restricted, Evaluating, Expecting, Maximizing Man)[64] charakterisiert. „Die erste Annahme (‚resourceful') bedeutet, dass der Mensch aktiv und intelligent nach Möglichkeiten der Zielrealisierung sucht. Die zweite Annahme besagt, dass Güter knapp sind, wodurch die Wahlmöglichkeiten beschränkt sind. Die dritte Annahme bezieht sich auf die Tatsache, dass Menschen [...] Zustände und Geschehnisse bewerten. Zukünftige Zustände und Geschehnisse werden, viertens, vom Menschen mit einer bestimmten Wahrscheinlichkeit erwartet. [...] fünftens [versucht er], aus den beschränkten Möglichkeiten [d. h. den beschränkten Wahlmöglichkeiten aufgrund der Güterknappheit, M.S.] noch das Beste zu machen."[65]

Dies bedeutet, dass der Akteur Zustände und Geschehnisse bewertet und prognostiziert und entsprechend den Ergebnissen der Bewertung seinen Nutzen maximiert. Damit der Akteur sich entsprechend dieser Annahmen verhalten kann, verfügt er über gewisse Eigenschaften. Diese lassen sich differenzieren in zwei zentrale Kategorien: die kognitiven Fähigkeiten („Können"), die für ein bewertendes nutzenmaximierendes Verhalten erforderlich sind, sowie gewünschte Zustände („Wollen").[66]

---

62 Vgl. Florissen (2005:41). In der vorliegenden Arbeit werden die Träger von Führungsentscheidungen in mittelständischen Unternehmen (dies sind zumeist die Unternehmer selbst) als zentrale Akteure betrachtet. Vgl. Kapitel 3.1.1.2.

63 Vgl. Homann/ Suchanek (2000:423), Becker (2003:42 f.).

64 Vgl. Lindenberg (1985:100), Lindenberg (1983:10). Der RREEMM basiert auf dem Modell des REMM (Resourceful, Evaluating, Maximizing Man). Vgl. dazu Meckling (1976:548 f.), Brunner/ Meckling (1977:71 f.). LINDENBERG gliedert den REMM zu Analysezwecken weiter auf und fügt die auch im REMM enthaltenen Annahmen „Restricted" und „Expecting" zur Verdeutlichung hinzu. Vgl. Lindenberg (1983:10).

65 Lindenberg (1991:55), vgl. auch Lindenberg (1985:100); ähnlich Meckling (1976:548 f.), Brunner/ Meckling (1977:71 f.).

66 Diese Unterteilung der Eigenschaften findet sich nicht explizit in der Literatur zum RREEMM. Die kognitiven Fähigkeiten des Akteurs werden jedoch mit der „Resourceful"-Annahme abgedeckt. Vgl. Meckling (1976:549). Die Annahme, dass der Akteur über individuelle gewünschte Zustände verfügt, kann aus dem

Die kognitiven Fähigkeiten des Akteurs erlauben ihm die Willensbildung, die Willensdurchsetzung und die Realisation. Entsprechend der dabei durchgeführten Teilprozesse[67] sind dazu Wahrnehmungsfähigkeiten, Prognosefähigkeiten, Bewertungsfähigkeiten sowie Realisationsfähigkeiten erforderlich.[68]

- Die *Wahrnehmungsfähigkeit* ermöglicht es dem Akteur, die relevanten Aspekte der Umwelt und seiner selbst wahrzunehmen und einer weiteren Verarbeitung zur Verfügung zu stellen.[69]
- Mittels der *Prognosefähigkeit* kann der Akteur, ausgehend von den wahrgenommenen Informationen, den Handlungsraum vorhersehen. Es geht dabei um die gedankliche Vorwegnahme der sich durch Handlungen zukünftig ergebenden Umweltzustände durch die Bildung von Erwartungen mit Eintrittswahrscheinlichkeiten.[70]
- Der wertende Vergleich relevanter Zustände im Handlungsraum kann als *Bewertungsfähigkeit* bezeichnet werden. Hierbei werden unterschiedliche Handlungsmöglichkeiten nach ihrem Erfüllungsgrad in Hinblick auf gewünschte Zustände geordnet.[71]
- Zur Umsetzung der Handlung verfügt der Akteur über *Realisationsfähigkeiten.* Hierzu zählt zunächst die Ausführungsfähigkeit zur Vornahme von Änderungen im Handlungsraum.[72] Außerdem umfassen die Realisationsfähigkeiten Kommunikations- und Führungsfähigkeiten für die Übernahme der Willensbildung durch andere Akteure, die Willensdurchsetzung.[73]

Während seine individuellen Fähigkeiten (das ‚Können') dem Akteur einen Rahmen für sein Handeln vorgeben, erhält das Handeln des Akteurs durch das individuelle ‚Wollen' (d. h. die gewünschten Zustände des Akteurs[74]) seine Antriebskraft und Richtungsgebung.[75] Die Realisierung gewünschter Zustände wird als Nutzen bezeichnet.[76] Wenn mehrere gewünschte Zustände existieren, ist der Akteur in der Lage, seine Wünsche auf einer Nutzenskala nach dem

---

„Evaluating"- sowie aus dem „Maximizing"-Grundsatz geschlossen werden, da diese Verhaltensannahmen voraussetzen, dass sich der Akteur über seine Präferenzen im Klaren ist. Vgl. Meckling (1976:549).

67 Vgl. 2.1.1.2.

68 Vgl. Weber, J. (2005:46 f.); Schäffer (2001b:113).

69 Vgl. Weber, J. (2005:47), Weber (2004:35), Schäffer (2001a:8), Bach et al. (2001:96), Jost (2000:101).

70 Vgl. Weber (2004:35), Liekweg (2003:32), Florissen (2005:43), Weber, J. (2005:47).

71 Vgl. Weber (2004:35), Florissen (2005:43), Schäffer (2001a:8), Weber, J. (2005:48).

72 Vgl. Florissen (2005:43 f.), Liekweg (2003:36 f.), Weber, J. (2005:48).

73 Vgl. Florissen (2005:43 f.).

74 Vgl. Bach et al. (2001:96), Schäffer (2001a:8).

75 Vgl. Schäffer (2001a:9).

76 Vgl. Schäffer (2001a:8), Florissen (2005:47).

Grad der Befriedigung anzuordnen. Der Akteur verfügt über eine konsistente Präferenzordnung.[77]

Für den Führungszyklus ergeben sich auf der Basis dieser Annahmen folgende Konsequenzen:[78] Das Entscheidungsproblem, die Ziele, Entscheidungsalternativen und die Konsequenzen der Alternativen sowie deren Wert sind dem Entscheider vorab bekannt. Es existiert ein in sich konsistentes System von Entscheidungspräferenzen. Dem Entscheider, der als Einzelperson unabhängig von Werten und Gruppennormen handelt, ist es möglich, alle Berechnungen zur Feststellung nutzenmaximaler Entscheidungen durchzuführen. Gemäß diesen Annahmen handelt der individuelle Akteur vollkommen rational.[79]

Das Phänomen der Rationalitätssicherung kann also durch die Verwendung des Analyserahmens des RREEMM, wie beschrieben, nicht erklärt werden, da Rationalitätsdefizite qua definitionem nicht entstehen. Es ist daher notwendig, den Analyserahmen für diese Untersuchung auszudifferenzieren und theoriegeleitet um nicht-ökonomische Erkenntnisse zu erweitern.[80]

*Beschränkungen der Eigenschaften individueller Akteure*

Dazu bietet sich die Methode der abnehmenden Abstraktion nach LINDENBERG an.[81] Eine Kerntheorie (die in diesem Zusammenhang mit der ökonomischen Handlungstheorie gegeben ist) bzw. die im Rahmen dieser Theorie bestehenden Brückenannahmen werden durch die Bildung mehrerer problemspezifischer Brückenannahmen so lange erweitert, bis das betreffende Phänomen (in diesem Falle das Auftreten von Rationalitätsdefiziten im Führungsprozess) zufriedenstellend erklärt werden kann.[82]

Ursächlich für die Existenz von Rationalitätsdefiziten im Handeln der Akteure sind Beschränkungen ihres individuellen Könnens und Wollens.[83] Die Kerntheorie muss für die vorliegende Untersuchung demnach um Beschränkungen des individuellen Könnens und Wollens erweitert werden.

So sollen für diese Untersuchung die Eigenschaftskategorien akteursbezogenen quantitativen und qualitativen Begrenzungen unterliegen.[84] Zu Wollensbeschränkungen kommt es zum Bei-

---

77 Vgl. Becker (2003:41).

78 Vgl. Staehle (1999:519), Becker (2003:42).

79 Vgl. Homann/ Suchanek (2000:414).

80 Vgl. McFadden (1999:99).

81 Vgl. Lindenberg (1991). Abnehmende Abstraktion bedeutet in diesem Zusammenhang „Problematisierung, zu dem Zweck, die Theorie realistischer zu machen“. Lindenberg (1991:49).

82 Vgl. Heine et al. (2006:15). Dabei ist darauf zu achten, das Modell so einfach wie möglich zu gestalten, um seine analytische Erklärungskraft zu erhalten. Vgl. Lindenberg (1992:16).

83 Vgl. Becker (2003:44), Florissen (2005:95).

84 Vgl. Bach et al. (2001:97).

spiel dann, wenn sich die Akteure nicht über ihre gewünschten Zustände im Klaren sind,[85] wenn sie keine optimalen, sondern nur satisfizierende Ziele verfolgen[86] und/ oder wenn die individuellen Ziele des Akteurs nicht mit den Zielen der Organisation übereinstimmen. Im letztgenannten Fall können Zielkonflikte entstehen – es besteht die Gefahr, dass sich der Akteur opportunistisch verhält.[87]

Die Beschränkungen der Fähigkeiten beziehen sich auf die Kognition, d. h. auf alle Formen des Erkennens und Wissens eines Akteurs.[88] Kognitive Beschränkungen können sich in Beschränkungen des relevanten Wissens und der wissensgenerierenden Fähigkeiten äußern.[89] Wissensbeschränkungen sind dann gegeben, wenn das tatsächliche vorhandene Wissen von dem Wissen abweicht, das für die vollständige Antizipation einer Realisationshandlung erforderlich ist.[90] Beschränkungen der wissensgenerierenden Fähigkeiten bedeuten, dass die individuellen Kapazitäten des Akteurs zur Aufnahme, Verarbeitung und Weitergabe von Wissen mehr oder weniger begrenzt sind, wobei Aufmerksamkeit und Gedächtnis die Engpässe darstellen.[91] Kognitive Beschränkungen betreffen dabei alle Fähigkeiten eines Akteurs zur Willensbildung und Realisation: Wahrnehmungs-, Prognose-, Bewertungs- und Realisationsfähigkeiten.

Um Beschränkungen des Wollens und des Könnens berücksichtigen zu können, muss der Analyserahmen des RREEMM problemspezifisch in vier Bereichen („Resourceful"-, „Evaluating"-, „Expecting"- und „Maximizing"-Annahme) durch erweiternde Brückenannahmen ausdifferenziert werden.[92]die. Eine Übersicht über die Erweiterungen bietet Abbildung 2.

---

85 Vgl. Florissen (2005:96), Becker (1996:113), Becker (2003:71).

86 Vgl. Simon (1992).

87 Vgl. Florissen (2005:124 ff.). Von den Organisationszielen abweichende Präferenzen können sich beispielsweise in arbeitsscheuem Verhalten, abweichenden Konsum-, Macht-, Risiko- oder Zeitpräferenzen manifestieren. Vgl. Florissen (2005:124 ff.).

88 Vgl. Nitzsch (2002:40); Zimbardo/ Gerrig (2004:344), Nagel (1995:49 ff.) Zur Konkretisierung können die Erkenntnisse der Kognitions- und Sozialpsychologie sowie der deskriptiven Entscheidungstheorie einbezogen werden.

89 Vgl. Herzog (1999:69 – 73), Schäffer (2001a:85).

90 Vgl. Schäffer (2001a:86).

91 Vgl. Nitzsch (2002:3 ff.), Florissen (2005:99).

92 Zur problemspezifischen Ausdifferenzierung vgl. Kapitel 3.1.1.2, in dem die in mittelständischen Unternehmen auftretenden Rationalitätsdefizite konkretisiert werden.

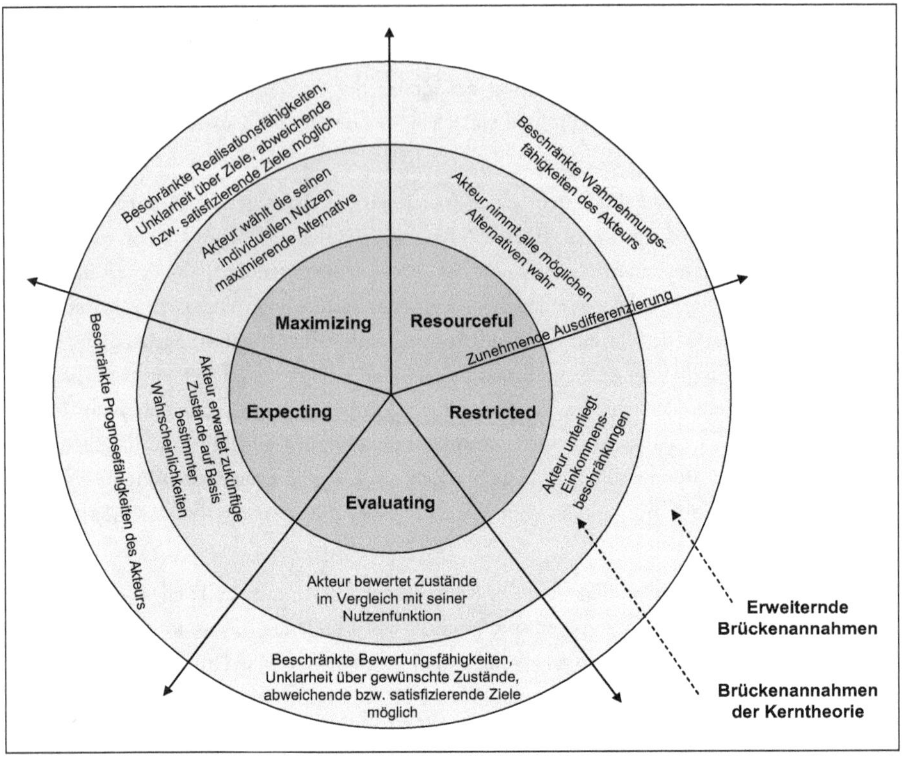


Abbildung 2: Darstellung der Methode der abnehmenden Abstraktion[93]

(1) Erweiterung der Resourceful-Annahme: Die ökonomische Theorie geht davon aus, dass der Akteur aktiv und intelligent nach Möglichkeiten der Zielrealisierung sucht und stets die besten Alternativen findet.[94] Als für die Problemstellung der vorliegenden Arbeit relevante Erweiterung bietet sich die Berücksichtigung beschränkter Wahrnehmungsfähigkeiten der Akteure sowie die Existenz von Informationskosten an. Diese Erweiterung impliziert, dass Rationalitätsdefizite bei der Wahrnehmung und Definition von Problemen sowie bei der Verfügbarkeit von Informationen (Datenbereitstellung) auftreten können.[95]

---

93 Quelle: Eigene Darstellung, in enger Anlehnung an Heine et al. (2006:25).

94 Vgl. Heine et al. (2006:29).

95 Für die Übertragung auf die in dieser Arbeit relevanten Akteure (die Führungspersonen in mittelständischen Unternehmen) vgl. 3.1.1.2. In 3.1.1.2 findet sich auch die jeweilige Übertragung für die die Erweiterungen der Expecting-, Evaluating- und Maximizing-Annahme.

(2) Erweiterung der Expecting-Annahme: Gemäß dieser Annahme können Akteure den verschiedenen möglichen Umweltzuständen Eintrittswahrscheinlichkeiten zuordnen und diese weiterverarbeiten.[96] An dieser Stelle ist eine Erweiterung um die beschränkten Prognosefähigkeiten der Akteure notwendig. Wahrscheinlichkeiten können somit über- oder unterschätzt werden.[97]

(3) Erweiterung der Evaluating-Annahme: Die ökonomische Theorie nimmt an, dass der Akteur Zustände und Geschehnisse im Vergleich mit seiner individuellen Nutzenfunktion rational bewertet.[98] Diese Annahme muss in diesem Zusammenhang sowohl um die kognitiven Beschränkungen der Bewertungsfähigkeit als um Beschränkungen des Wollens wie eventuell unklare gewünschte Zustände des Akteurs, von den Organisationszielen abweichende individuelle Ziele oder die Verfolgung satisfizierender statt optimaler Zielen erweitert werden.[99] Diese Erweiterung bedeutet, dass Rationalitätsdefizite von Akteuren sowohl in Hinblick auf die Zielformulierung auftreten können als auch in Hinblick auf die Bewertung von Alternativen möglich sind.[100]

(4) Erweiterung der Maximizing-Annahme: Die Maximizing-Annahme schließlich muss zum einen um beschränkte Realisationsfähigkeiten erweitert werden, zum anderen muss auch hier berücksichtigt werden, dass die gewünschten Zustände des Akteurs unklar sein oder von den Zielen der Organisation abweichen können sowie dass der Akteur nur satisfizierende Ziele verfolgt.[101] Die Erweiterung beinhaltet, dass Rationalitätsdefizite bei der Wahl der Alternative auftreten können.[102]

Diese akteursbezogenen quantitativen und qualitativen Begrenzungen des Könnens und Wollens sind ursächlich dafür, dass das individuelle Handeln des Akteurs eingeschränkt wird und Rationalitätsdefizite an unterschiedlichen Stellen im Führungszyklus auftreten können. Mit Hilfe der erweiternden Brückenannahmen des RREEMM lässt sich das Auftreten von Rationalitätsdefiziten zufriedenstellend erklären. Daher soll dieses erweiterte Modell der vorliegenden Arbeit zu Grunde gelegt werden.

#### 2.1.1.3.2 Kollektive Akteure

Individuelle Akteure schließen sich zu kollektiven Akteuren zusammen, um ihren individuellen Nutzen durch produktive Interaktionen zu verstärken, d. h. ihre gewünschten Zustände

---

96 Vgl. Lindenberg (1991:55).

97 Vgl. Heine et al. (2006:26).

98 Vgl. Lindenberg (1991:55).

99 Vgl. die Ausführungen zu den Beschränkungen der Eigenschaften der Akteure S. 17.

100 Vgl. Lindenberg (1991:55).

101 Vgl. S. 17.

102 Vgl. 3.1.1.2.

durch gemeinsames Handeln besser befriedigen zu können als bei individuellem Handeln.[103] Ein kollektiver Akteur ist in der Lage, gemeinsame Handlungen auszuführen, die auf der Ebene individueller Akteure nicht mehr beschreibbar sind.[104]

Dem kollektiven Akteur kann ein „Können“ zugeschrieben werden, welches auf den Fähigkeiten der individuellen Akteure beruht, jedoch durch Verstärkung und/ oder Komplementarität noch gesteigert werden kann. Der Zusammenschluss individueller Akteure zu Organisationen setzt weiterhin die Einigung auf gemeinsame gewünschte Zustände voraus. Diese können durch Anordnung vorgegeben oder durch Konsens bestimmt werden.[105] Man kann in diesem Sinne vom „Wollen“ eines Akteurs höherer Ordnung sprechen.

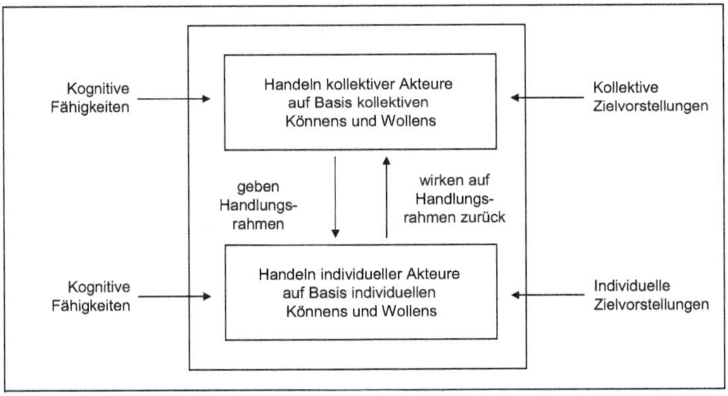


Abbildung 3: Zusammenspiel individueller und kollektiver Akteure[106]

Zwischen den Ebenen des individuellen Akteurs und des kollektiven Akteurs bestehen wechselseitige Beziehungen (vgl. Abbildung 3).

So geben kollektive Akteure individuellen Akteuren einen Teil des Handlungsrahmens vor. Umgekehrt kann der durch einen kollektiven Akteur vorgegebene Handlungsrahmen durch individuelle Akteure beeinflusst und verändert werden.[107]

---

[103] Vgl. Bach et al. (2001:101). Dies deckt sich mit der Kernannahme der auf BARNARD zurückgehenden Anreiz-Beitrags-Theorie. Vgl. Homann/ Suchanek (2000:332 f.).

[104] Vgl. Bach et al. (2001:101). In der vorliegenden Arbeit werden als kollektive Akteure vor allem Banken betrachtet, denen ein spezifisches Können und Wollen zugeschrieben wird. Vgl. Kapitel 3.1.2.

[105] Vgl. Florissen (2005:52).

[106] Quelle: Weber, J. (2005:50).

[107] Vgl. Weber, J. (2005:49 f.).

Unternehmen lassen sich in diesem Sinne als kollektive Akteure interpretieren, die durch ihre Fähigkeiten und ihre gewünschten Zustände charakterisiert sind.[108] Aus der Sicht eines Unternehmens als kollektiver Akteur entsprechen einzelne Organisationseinheiten Akteuren niedrigerer Ordnung oder einzelne Mitarbeiter als individuelle Akteure.[109] Ihnen sind jeweils abstraktionsebenenbezogen dieselben Eigenschaften und Beschränkungen zuzuordnen.

#### 2.1.1.4 Rationalitätsdefizite

Die Beschränkungen des Könnens und Wollens der Akteure führen zum Auftreten von Rationalitätsdefiziten. Ein Rationalitätsdefizit liegt dann vor, wenn die Ist-Rationalität (d. h. das Ergebnis der Realisationshandlung) von der Soll-Rationalität abweicht, wobei das Ausmaß der Rationalitätsdefizite durch die Differenz zwischen Soll- und Ist-Rationalität gegeben ist.[110] Die Soll-Rationalität wird dabei durch die „herrschende Meinung von Fachleuten" bestimmt.[111] Da sie immer auf ein herrschendes Wissensniveau bezogen ist, gilt dies entsprechend auch für die Bestimmung von Rationalitätsdefiziten.

Von Rationalitätsdefiziten ist somit dann zu sprechen, wenn in der Realität im Vergleich zur Soll-Rationalität (im Sinne einer allgemein anerkannten Meinung) inferiore Zustände festzustellen sind. Dies bedeutet, dass jegliche Verbesserung im Vergleich zum Status quo eine Annäherung an die Soll-Rationalität darstellt. Damit kann jeder Zustand, zu dem ein alternativer, vorteilhafterer bekannt (und anerkannt) ist, als Rationalitätsdefizit bezeichnet werden.[112]

Auf die einzelnen Rationalitätsebenen bezogen bedeutet dies z. B.:[113]

- Wenn alternative Einsatzfaktoren existieren, die hinsichtlich ihrer Effektivität und/ oder der Effizienz ihres Einsatzes vorteilhafter sind als die Ist-Faktoren, spricht man von Defiziten der Inputrationalität.
- Rationalitätsdefizite eines Handlungsprozesses treten auf, wenn ein alternativer Prozess existiert, der eine effizientere Transformation der Einsatzfaktoren und/ oder eine effektivere Realisierung der Prozessziele ermöglicht.
- Von Defiziten der Ergebnisrationalität soll gesprochen werden, wenn alternative Handlungsergebnisse effektiver und/ oder mit effizienterem Mitteleinsatz realisierbar sind.

---

108 Vgl. Schäffer (2001a:61).

109 Vgl. Schäffer (2001a:61).

110 Vgl. Florissen (2005:54).

111 Vgl. 2.1.1.1.1.

112 Vgl. Florissen (2005:55).

113 Vgl. Florissen (2005:54 f.).

#### 2.1.1.5 Rationalitätssicherung der Führung

Da durch Rationalitätsdefizite der Führung potentiell Ergebniseinbußen entstehen, ergibt sich die Notwendigkeit, die Rationalität der Führung zu sichern[114]. Rationalitätssicherung hat die Aufgabe, diese Defizite zu reduzieren und damit eine Verbesserung des übergeordneten Unternehmensziels zu erreichen.[115] Rationalitätssicherung der Führung wird auch als Controlling bezeichnet.[116]

Die Sicherung der Rationalität ist dabei von der Rationalitätsgenerierung zu trennen. Rationalitätsgenerierung beschreibt eine Handlung zur unmittelbaren Verwirklichung der antizipierten Zweck-Mittel-Beziehungen,[117] während sich die Sicherung von Rationalität aus Handlungen zur Erhöhung der Wahrscheinlichkeit, „dass die Realisierung der Akteure den antizipierten Zweck-Mittel-Beziehungen entspricht" [118], konstituiert.

Aus diesen Aussagen wird deutlich, dass der Terminus „Rationalitätssicherung" immer einen Prozess beschreibt. Über das Ergebnis des Prozesses wird jedoch keine Aussage getroffen. Eine bloße Durchführung rationalitätssichernder Maßnahmen (Rationalitätssicherung) bedeutet dementsprechend *nicht*, dass die Rationalität notwendigerweise sichergestellt ist. Rationalitätssicherung beschreibt nur den Prozess zur Erhöhung der Wahrscheinlichkeit einer Rationalitätsgenerierung.

Rationalitätsdefizite bezeichnen inferiore Zustände der Realität im Vergleich zur Soll-Rationalität – ein Zustand, zu dem ein alternativer, vorteilhafterer bekannt (und anerkannt) ist, kann als Rationalitätsdefizit bezeichnet werden.[119] Die Rationalitätssicherung ist dementsprechend immer dann effektiv, wenn eine Verbesserung des Zustandes im Vergleich zum Status quo erreicht wird. Jedoch müssen hier Kosten-Nutzen-Überlegungen angestellt werden. Entscheidungskriterium für die Durchführung der Rationalitätssicherung sollte sein, dass der

---

[114] Allerdings unterliegt auch die Rationalitätssicherung dem Gebot der Wirtschaftlichkeit – deswegen sind auch hier Kosten-Nutzen-Überlegungen anzustellen. Vgl. Weber (2001b:155) und die folgenden Ausführungen.

[115] Vgl. Weber (2001b:155).

[116] Vgl. Weber/ Schäffer (2001b). Neben dem Rationalitätssicherungsansatz existieren drei andere Definitionsansätze für Controlling. So wird Controlling als Informationsversorgung (vgl. z.B. Heigl (1989:3)), spezielle Form der Führung (vgl. z. B. Mann (1973:12)) und als Koordination (vgl. Horváth (2003:148 ff.), Küpper (2005:28 ff.)) verstanden. Als Kritik an diesen Ansätzen kann angeführt werden, dass sie zu eng gefasst sind, um das gesamte Spektrum an Rationalitätssicherungsaufgaben abzudecken. Die Ansätze adressieren jeweils nur spezifische Engpässe der Führung. Der Rationalitätssicherungsansatz kann demgegenüber alle Engpässe integrieren und somit als übergreifende Klammer für die bisherigen definitorischen Ansätze gelten. Vgl. Weber (2004:22 ff.).

[117] Vgl. Schäffer (2001b:117), Schäffer/ Weber (2001:5).

[118] Schäffer (2001b:117).

[119] Vgl. 2.1.1.4.

Nutzen der Verbesserung durch die Rationalitätssicherung die Kosten ihrer Durchführung übersteigt.[120]

Rationalitätssicherung umfasst zwei Aufgabenbereiche:[121]

- Sie beinhaltet *Ergänzungsaufgaben*, wenn es für den rationalitätsgesicherten Akteur sinnvoll erscheint, eine unabhängige Person mit einem zweiten Blick auf die eigenen Vorstellungen zu betrauen. Der Rationalitätssicherer übernimmt in diesem Zusammenhang die Rolle des kritischen Counterparts und Beraters, da der Manager die potentielle Aufgabe nicht in toto hinsichtlich Umfang, Inhalt und Ergebnis abzuschätzen vermag.[122]
- *Begrenzungsaufgaben* lassen sich als Spezialfall der Ergänzung des rationalitätsgesicherten Akteurs beschreiben. Während sich die Ergänzungsaufgaben jedoch eher auf Könnensprobleme beziehen, hat der Rationalitätssicherer im Falle der Begrenzung eher die Aufgabe, Rationalitätsdefizite, die auf Wollensproblemen der Manager beruhen, zu reduzieren oder proaktiv zu vermeiden.[123]

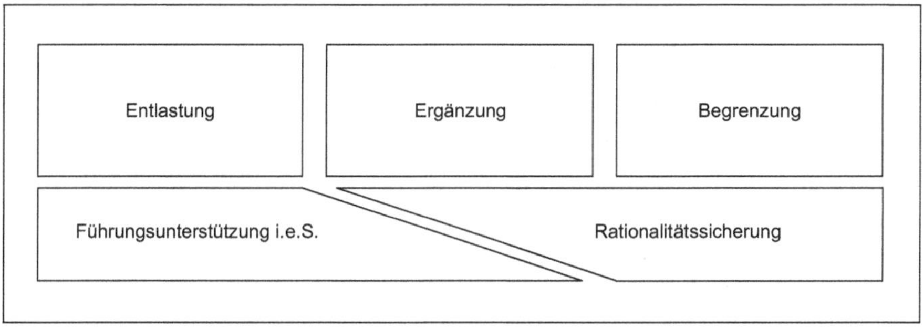


Abbildung 4: Rationalitätssicherung und Führungsunterstützung[124]

Davon zu trennen sind *Entlastungsaufgaben*, die durch die Unternehmensführung delegiert werden, da andere sie besser, schneller oder weniger aufwändig erfüllen können. Diejenigen, die Entlastungsaufgaben ausführen, tragen mit ihrer Ausführung dazu bei, die Kapazität der Manager zur Wahrnehmung der Entscheidungsverantwortung zu erhöhen.[125] Allerdings zäh-

[120] Vgl. Weber (2001b:155).

[121] Vgl. Weber (2004:41).

[122] Vgl. Weber/ Schäffer/ Prenzler (2001:139).

[123] Vgl. Weber (2004:41).

[124] Quelle: Weber (2004:44).

[125] Vgl. Weber/ Schäffer/ Prenzler (2001:135).

len Entlastungsaufgaben regelmäßig nicht zur Rationalitätssicherung, sondern werden als Führungsunterstützung i. e. S. bezeichnet (vgl. Abbildung 4).[126]

Rationalitätssicherungshandlungen lassen sich zudem nach dem Zeitpunkt der Sicherung unterscheiden. Eine Ex-ante-Vermeidung von Rationalitätsdefiziten bedeutet, „einen zweiten Blick auf gefundene Lösungen werfen", um damit die Wahrscheinlichkeit zu erhöhen, „Fehler und andere Rationalitätsdefizite schon vor ihrem Wirksamwerden zu vermeiden"[127]. Dieses Vorgehen kann als proaktiv bezeichnet werden. Zum anderen lässt sich eine Rationalitätssicherung ex post durchführen. In diesem Fall werden bereits wirksam gewordene Rationalitätsdefizite identifiziert und Schritte zu deren Beseitigung angeregt (reaktive Rationalitätssicherung).[128]

Mögliche Träger der Rationalitätssicherung sollen im folgenden Abschnitt diskutiert werden.

#### 2.1.1.6 Träger der Rationalitätssicherung

Traditionell wurde Controlling als Einheit von Funktion und Institution gesehen, der Begriff Controlling bezeichnete sowohl eine Funktion als auch eine Institution. Träger der Controllingfunktion waren demnach stets die Controller, die im „Controlling", d. h. in der Controllingabteilung des Unternehmens, angesiedelt sind.[129]

Dieser Ansicht folgt die Controllingkonzeption von WEBER/ SCHÄFFER nicht. Controlling, verstanden als Rationalitätssicherung der Führung, beschreibt eine Funktion, aber keine Institution. Die Controller werden als besonders wichtige Träger des Controllings angesehen[130] – allerdings wird der potentielle Trägerkreis der Rationalitätssicherung als Funktion deutlich erweitert. So stellt WEBER fest: „Stets wird nur ein Teil der Rationalitätssicherungsaufgabe von Controllern abgedeckt."[131] Dies hat zur Folge, dass neben den Controllern als traditionellen Trägern der Rationalitätssicherungsaufgabe neue, von der Controllingtheorie zuvor nicht betrachtete „Konkurrenten"[132] der Controller als potentielle Träger der Rationalitätssicherung in Frage kommen.[133]

---

126 Vgl. Weber (2004:41).

127 Weber (2004:48).

128 Vgl. Schäffer/ Willauer (2003:4 f.), Florissen (2005:60).

129 Vgl. Weber (2001b:163).

130 Vgl. Weber (2001a:250). WEBER bezeichnet die Rationalitätssicherung als „originäre Controlleraufgabe". Weber (2004:45).

131 Weber (2001b:163).

132 Weber (2001b:163).

133 Diese Unterscheidung von Institution und Funktion des Controllings wird von anderen Konzeptionen des Controllings nicht vorgenommen. Lediglich ausgewählte andere Funktionen werden im Sinne eines Abgrenzungsbedarfs thematisiert. Vgl. Bach et al. (2001:163). Dies ist zu kritisieren, da sich Controllerbereiche in zunehmendem Wettbewerb mit anderen potentiellen Rationalitätssicherungsinstitutionen wiederfinden. Vgl. David (2005:124 ff.).

Zu unterscheiden sind dabei interne und externe potentielle Träger von Rationalitätssicherungsaufgaben. Als bedeutende interne Träger neben den Controllern gelten z. B. *Manager*, die die Rationalitätssicherung eines dritten Managers übernehmen.[134] Auch die *Interne Revision* kann wichtige Rationalitätssicherungsaufgaben übernehmen.[135] Wegen der zunehmenden Bedeutung der internationalen Rechnungslegung und der sich dadurch verstärkenden Diskussion über eine Konvergenz der Rechensysteme gewinnt das *externe Rechnungswesen* als Rationalitätssicherungsinstitution an Bedeutung.[136] Die *Strategieabteilung* ist in vielen Unternehmen ebenfalls ein wichtiger Träger der Rationalitätssicherung.[137]

Zu den bedeutsamen externen Trägern von Rationalitätssicherung zählen typischerweise Aufsichts- und Beiräte, Wirtschaftsprüfer, Steuerberater, Aufsichtsbehörden, Unternehmensberater, Finanzanalysten sowie unternehmensexterne Marktteilnehmer.[138]

Eine wichtige Rationalitätssicherungsfunktion nimmt der *Aufsichtsrat* als Kontrollgremium und Genehmigungsinstanz wichtiger Projekte wahr.[139] Durch die Auswahl der Vorstände kann er zudem einen Einfluss auf die Inputrationalität ausüben.[140] *Wirtschaftsprüfer bzw. Steuerberater* erbringen zusätzlich zur Jahresabschlussprüfung Beratungsleistungen und können so dazu beitragen, die Rationalität der Führung zu sichern.[141]

Aufgrund der steigenden Bedeutung der Kapitalmarktorientierung für die Unternehmen nehmen *Finanzanalysten* zunehmend wichtige Rationalitätssicherungsfunktionen wahr. Finanzanalysten stellen die Unternehmenspläne den Erwartungen der Anleger gegenüber – Abweichungen werden ebenso diskutiert wie neue Entwicklungen im Unternehmen.[142] *Unternehmensberater* werden vom Management dafür engagiert, Beratungsleistungen zu erbringen und tragen damit zur Rationalitätssicherung der Führung bei.[143]

---

[134] So können das gegenseitige Ringen um Ressourcen im Budgetprozess und die Präsentation eines Investitionsplans durch einen verantwortlichen Manager vor dem Vorstand zwecks Genehmigung als Rationalitätssicherungsprozesse interpretiert werden. Vgl. Weber (2001b:164), Weber (2003:185).

[135] Die interne Revision ist von besonderer Bedeutung, wenn neben Ordnungsmäßigkeitskontrollen zunehmend beratende Zweckmäßigkeitskontrollen vorgenommen werden. Vgl. David (2005:127 f.).

[136] Vgl. David (2005:125 f.).

[137] Dies gilt insbesondere für das strategische Controlling. Vgl. Weber/ David/ Prenzler (2001:26), David (2005:127).

[138] Vgl. Weber (2001b:164), David (2005:129 ff.).

[139] In Unternehmen, die nicht in der Rechtsform einer AG firmieren, werden aufsichtsratsähnliche Funktionen von einem Beirat übernommen. Allerdings besteht in diesem Fall keine gesetzliche Verpflichtung zur Einrichtung eines Beirates. Beiräte als Rationalitätssicherungsinstitution werden näher diskutiert in Kapitel 3.1.1.3.

[140] Vgl. Weber (2003:185).

[141] Vgl. Fülbier/ Hirsch/ Meyer (2006).

[142] Vgl. Weber (2001b:165).

[143] Vgl. Caroli (2006).

Eine Rationalitätssicherungsfunktion können auch diejenigen Akteure übernehmen, die dem Unternehmen in Märkten gegenübertreten und dort potentielle Interaktionspartner des Unternehmens sind.[144] Als Betrachtungsobjekte sind neben den Akteuren auf dem Absatzmarkt insbesondere die Teilnehmer des Managermarkts, des Personalmarkts sowie des Kapitalmarkts von Bedeutung.[145] Da Banken den mittelständischen Unternehmen als Marktteilnehmer auf dem Kapitalmarkt gegenüberstehen, soll die marktbasierte Rationalitätssicherung im Folgenden vertieft werden.

### 2.1.2 Marktbasierte Formen der Rationalitätssicherung nach Langenbach

Das Konzept der marktbasierten Rationalitätssicherung geht auf LANGENBACH zurück, der sich in seiner Dissertation erstmals intensiv mit externen Rationalitätssicherungsinstitutionen auseinandergesetzt hat.[146] Im Folgenden werden die Grundlagen der marktbasierten Rationalitätssicherung in enger Anlehnung an die Darstellungen LANGENBACHS erörtert.

LANGENBACH unterscheidet vier Formen der marktbasierten Rationalitätssicherung. Die *Rationalitätssicherung anhand des Marktes* baut auf der Informationsfunktion des Marktes auf.[147] *Rationalitätssicherung durch Märkte* basiert auf dem Marktmechanismus und damit auf zahlreichen unpersönlichen Transaktionen einer Vielzahl von Marktteilnehmern („Selektionsprinzip"[148]). Die *Rationalitätssicherung durch Marktteilnehmer* beruht hingegen auf einer direkten Interaktion zwischen einem Unternehmen und einem Marktteilnehmer („Interaktionsprinzip"[149]). Als vierte Form der marktbasierten Rationalitätssicherung beschreibt LANGENBACH die *Rationalitätssicherung durch interne Märkte*. Da die vorliegende Untersuchung sich jedoch auf einen externen Träger der Rationalitätssicherung bezieht, wird an dieser Stelle von einer detaillierten Darstellung dieser vierten Form der Rationalitätssicherung abgesehen.[150]

---

144 Vgl. Langenbach (2000:106), Weber (2001b:164).

145 Vgl. Langenbach (2000:154 ff.).

146 Vgl. Langenbach (2000).

147 Vgl. Langenbach (2000).

148 Langenbach (2000:147).

149 Langenbach (2000:147).

150 Für eine Darstellung der Rationalitätssicherung durch interne Märkte vgl. z. B. Schäffer (2001a:192 ff.), Langenbach (2000:4 f.).

#### 2.1.2.1 Rationalitätssicherung anhand des Marktes

Die *Rationalitätssicherung anhand des Marktes* basiert auf der Fähigkeit des Marktes zur Informationsgenerierung, -sammlung und -transformation. Über den Preis, der die Erwartungen und Einstellungen der einzelnen Marktteilnehmer ausdrückt, werden diese Informationen an interessierte Empfänger, unter anderem auch an das Unternehmen selbst, übertragen. Durch die Interpretation der Preise können Unternehmen versuchen, Fehleinschätzungen zu vermeiden. „Die Preisentwicklung [...] signalisiert den Akteuren im Unternehmen eine positive oder negative Abweichung des wahrgenommenen Ist vom Soll des Marktes.“[151]

Ausgangspunkt der Überlegungen ist die neoklassische Sichtweise von Märkten.[152] Die Analysen basieren hierbei auf der Annahme eines vollkommenen Marktes. Vollkommene Märkte sind gekennzeichnet durch homogene Güter, die Abwesenheit persönlicher, räumlicher und zeitlicher Präferenzen, vollkommen rationales Verhalten, Nutzenmaximierung, vollkommene Markttransparenz, homogene Erwartungen sowie eine unendliche Reaktionsgeschwindigkeit.[153] Die Marktbeziehungen zwischen der Vielzahl von Marktteilnehmern sind flüchtig und kompetitiv.[154]

Der Preis enthält in vollkommenen Märkten als zentraler Koordinationsmechanismus alle transaktionsrelevanten Informationen. Der tatsächlich erzielbare Marktpreis belohnt die effizienten und bestraft ineffiziente Unternehmen.[155] Er kann in diesem Fall als Steuerungsinstrument für rationales Verhalten gelten. Da neoklassische Märkte zwar theoretisch denkbar sind, in der Realität jedoch, wenn überhaupt, nur in Ausnahmefällen vorliegen, muss der Fokus auf unvollkommene Märkte und deren Rationalitätssicherungspotential gerichtet werden.

Unvollkommene Märkte schließen Rationalitätsdefizite der Marktteilnehmer,[156] Heterogenität der Güter, Marktintransparenzen, Transaktionskosten und die Verzögerung von Reaktionen in die Betrachtung ein. Unvollkommene Märkte können unter anderem durch die Marktmacht einzelner Marktteilnehmer sowie durch unvollständige Informationen und Informationsasymmetrien gekennzeichnet sein. Aufgrund dessen sind im Preis nicht mehr alle relevanten Informationen enthalten, was die Steuerungsfunktion des Preises für rationales Verhalten einschränkt.[157] Trotzdem ist es regelmäßig auch in unvollkommenen Märkten möglich, Rationalitätssicherung anhand des Marktes zu betreiben.

---

[151] Schäffer (2001a:133).

[152] Vgl. z. B. Mankiw (2004:68). Ein Markt konstituiert sich dann, wenn Wirtschaftssubjekte in der Absicht aufeinander treffen, Tauschverträge abzuschließen. Vgl. Hilke (1993:2769).

[153] Vgl. Mankiw (2004:314), Hilke (1993:2773).

[154] Vgl. Nooteboom (1999:846).

[155] Vgl. Langenbach (2000:129).

[156] Vgl. Kapitel 2.1.1.3.1.

[157] Vgl. Schumacher (2005:164).

Dabei ist zu berücksichtigen, dass die Rationalitätssicherung anhand des Marktes ex post stattfindet, d. h. zu einem sehr späten Zeitpunkt im Führungszyklus, nämlich frühestens dann, wenn die Ausführung bereits erfolgt ist. Durch diese Form der Rationalitätssicherung wird nicht präzisiert, in welchem Bereich des Unternehmens der Rationalitätsengpass auftritt.[158] Die Rationalitätssicherung anhand des Marktes ist demnach durch eine geringe Transparenz gekennzeichnet – es ist notwendig, dass das Unternehmen die Signale analysiert und interpretiert, um eine Rationalitätsgenerierung zu veranlassen. Rationalitätssichernde Funktion übernimmt in diesem Falle primär das Unternehmen – vom Markt geht lediglich das Signal für die Notwendigkeit einer Rationalitätssicherung aus.

### 2.1.2.2 Rationalitätssicherung durch den Markt

Ausgangspunkt der Überlegungen LANGENBACHS, wie eine *Rationalitätssicherung durch den Markt* stattfinden kann, ist wiederum die neoklassische Sichtweise von Märkten.[159]

Voraussetzung für eine Rationalitätssicherung ist in diesem Falle, dass das Unternehmen seine Güter zu einem im Vorfeld des Marktauftritts antizipierten Preis auf dem Markt anbietet. Die Nachfrager wählen das für sie nutzenmaximierende Leistungsangebot aus. Findet das Unternehmen zu dem im Vorfeld antizipierten Preis keine oder nur wenige Transaktionspartner, so wird der Unternehmung signalisiert, dass der Angebotspreis (im Sinne der Ergebnisrationalität) nicht rational war und Veränderungen notwendig sind. Reagiert das Unternehmen auf dieses Signal nicht, dann wird es mittelfristig aus dem Markt ausscheiden (Selektionswirkung).[160] Fehlentscheidungen werden ex post sanktioniert. In diesem Falle ist der Wettbewerb unter den Anbietern der zentrale Mechanismus der Rationalitätssicherung.[161]

Da unvollkommene Märkte unter anderem durch die Marktmacht einzelner Marktteilnehmer, Irrationalitäten der Marktteilnehmer sowie unvollständige Informationen oder Informationsasymmetrien gekennzeichnet sein können,[162] ist das Potential der Rationalitätssicherung durch unvollkommene Märkte im Vergleich zu vollkommenen Märkten eingeschränkt.[163] So kann die Existenz von Marktmacht bei einem Unternehmen mit Rationalitätsdefiziten beispielsweise dazu führen, dass es nicht zu einer Negativselektion kommt und damit keine Rationalitätssicherung vorgenommen wird – die Marktteilnehmer kaufen auch dann, wenn Rationali-

---

158 Vgl. Schäffer (2001a:133).

159 Vgl. 2.1.2.1.

160 Vgl. Langenbach (2000:130).

161 Vgl. Langenbach (2000:130).

162 Vgl. 2.1.2.1.

163 Vgl. Langenbach (2001:216).

tätsdefizite vorliegen. Der Marktmechanismus hat in diesem Falle nur begrenzte Feedback-Funktion für das Unternehmen.[164]

Trotz dieser Einschränkungen übernehmen auch unvollkommene Märkte regelmäßig Rationalitätssicherungsfunktionen.[165] Analog zum oben beschriebenen Fall der Rationalitätssicherung auf vollkommenen Märkten ist auch in unvollkommenen Märkten Rationalitätssicherung durch das (Nicht-)Zustandekommen von Interaktionen zwischen dem Unternehmen und potentiellen Marktteilnehmern möglich. Die Marktteilnehmer sehen dann davon ab, das Gut des Unternehmens zu erwerben. Dies entspricht, analog der Rationalitätssicherung anhand des Marktes, einer Rationalitätssicherung ex post.

Wie bei der Rationalitätssicherung anhand des Marktes findet auch die Rationalitätssicherung durch den Markt ex post und in Unkenntnis des Unternehmens darüber statt, welche Rationalitätsdefizite für das Nichtzustandekommen der Interaktion ursächlich waren[166] – die Rationalitätssicherung ist nicht transparent. Für das Unternehmen ist auch hier wichtig, das Signal der Negativselektion als Hinweis auf Rationalitätsdefizite zu erkennen, zu analysieren und zu interpretieren, um rationalitätssichernde sowie rationalitätsgenerierende Maßnahmen veranlassen zu können.

### 2.1.2.3 Rationalitätssicherung durch Marktteilnehmer

Die Rationalitätssicherung durch Marktteilnehmer basiert nach LANGENBACH auf einer direkten Interaktion zwischen dem Unternehmen und einem Marktteilnehmer. Die Marktteilnehmer artikulieren sich und wirken so direkt auf das Unternehmen ein, indem sie Anlass zur „Hinterfragung des eigenen internen Modells, der eigenen Vorstellungen und Entscheidungen und damit zur Vermeidung von Biases“[167] geben. Im Extremfall haben die Marktakteure unmittelbaren Einfluss auf die Handlungen der Führung, wenn diese bei ihren Entscheidungen die Meinung des Marktteilnehmers berücksichtigt.[168]

Da eine direkte Einwirkung erfolgt, ist die Transparenz der Rationalitätssicherung durch Marktteilnehmer im Vergleich zum Markt wesentlich höher. Interpretationsfehler können so vermieden werden. Zudem hat diese Form der Rationalitätssicherung den Vorteil, Rationalitätsdefizite bereits in einem frühen Stadium benennen sowie die vermuteten Ursachen präzisieren zu können. Rationalitätssicherung kann dadurch früher und präziser durchgeführt werden als durch den Markt oder anhand des Marktes.[169] Die Rationalitätssicherung durch Markt-

---

164 Vgl. Langenbach (2001:212).

165 Vgl. Langenbach (2000:138).

166 Vgl. Malik (2002:123).

167 Langenbach (2000:130).

168 Vgl. Schumacher (2005:173).

169 Vgl. Langenbach (2001:224 ff.).

teilnehmer ist insbesondere dann von Bedeutung, wenn diese längerfristig miteinander interagieren, zum Beispiel im Rahmen von Geschäftsbeziehungen.[170]

#### 2.1.2.4 Zusammenfassung

LANGENBACH unterscheidet drei Formen der auf externen Märkten basierenden Rationalitätssicherung: Rationalitätssicherung anhand des Marktes, durch Märkte sowie durch Marktteilnehmer. Die Rationalitätssicherung anhand des Marktes basiert dabei auf dem „Informationsprinzip", während die Rationalitätssicherung durch den Markt das „Selektionsprinzip" und die Rationalitätssicherung durch Marktteilnehmer das „Interaktionsprinzip" als Grundlage haben.[171] Wichtige Merkmale der beiden Formen der Rationalitätssicherung sind in Abbildung 5 zusammengestellt.

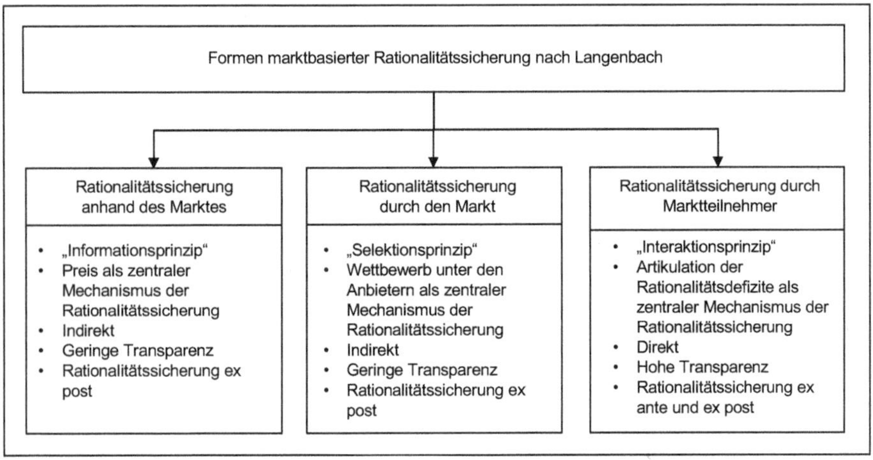


Abbildung 5: Zusammenfassende Darstellung der marktbasierten Rationalitätssicherung nach Langenbach[172]

Die Einteilung marktbasierter Rationalitätssicherung nach LANGENBACH gibt erste Anhaltspunkte für die Rationalitätssicherung durch Banken in mittelständischen Unternehmen. Banken können hierbei als Marktteilnehmer auf dem Fremdkapitalmarkt betrachtet und eingeordnet werden.

---

170 Vgl. Langenbach (2000:145).

171 Vgl. Langenbach (2000:3 u. 147).

172 Quelle: Eigene Darstellung. In der Abbildung wurde auf die Darstellung der Rationalitätssicherung durch interne Märkte verzichtet, da in dieser Arbeit der Fokus auf den externen Märkten liegt.

## 2.2 Hirschmans Exit-Voice-Theorie

Im Folgenden werden die Grundlagen der Exit-Voice-Theorie in enger Anlehnung an den Originaltext von HIRSCHMAN dargestellt. Die Exit-Voice-Theorie beschäftigt sich damit, wie Externe korrigierend auf Leistungsdefizite von Unternehmen einwirken können. Da die Bank ein externer Partner des mittelständischen Unternehmens ist, erscheint die Exit-Voice-Theorie geeignet zur Erklärung der marktbasierten Rationalitätssicherung im Allgemeinen und durch Banken im Speziellen. Im Anschluss an die Darstellung der Grundlagen werden HIRSCHMANs Ausführungen für die vorliegende Arbeit konkretisiert sowie Anwendungsmöglichkeiten im ökonomischen Bereich aufgezeigt.

### 2.2.1 Grundlagen der Exit-Voice-Theorie nach Hirschman

Ausgangspunkt von HIRSCHMANs Exit-Voice-Theorie ist die Feststellung, dass Individuen bzw. Unternehmungen immer wieder von „den Normen effizienten, rationalen, gesetzestreuen, tugendhaftem oder sonst funktionsgerechten Verhaltens“ [173] abweichen. „Firmen [unterliegen] ständig [...] einem Abstiegs- und Verfallsprozess [...], d. h. einem allmählichen Verlust der Rationalität, Effizienz und überschussproduzierenden Energie“[174]. Diese Verschlechterungen erscheinen dabei weder so zwingend noch so dauerhaft, dass sie eine Rückkehr zu besseren Leistungsstufen ausschließen – unter der Bedingung, dass die Unternehmensleitung dieser Aufgabe ihre Aufmerksamkeit und Energie widmet.

Die Fehler bezeichnet HIRSCHMAN als „wiedergutzumachend“[175]. Damit wendet er sich von der traditionellen volkswirtschaftlichen Denkweise ab, die ein unveränderliches Niveau der Rationalität unterstellt und die Ursachen für einen Leistungsabfall in einer Verschiebung der Angebots- und Nachfragekurven sucht (d. h. eine Veränderung des Erfolgs wird als grundlegende Verschiebung der komparativen Vorteile eines Unternehmens interpretiert). Firmen, die im Konkurrenzkampf unterliegen, werden demnach sofort durch andere ersetzt, die deren Marktanteil und Produktionsfaktoren übernehmen und eine bessere Allokation ermöglichen. Aus volkswirtschaftlicher Sicht ist die Betrachtung der Fehlerkorrekturen daher nicht wesentlich.[176]

HIRSCHMAN bezieht in seine Argumentation jedoch ein, dass Handlungsträger regelmäßig nicht den „an sie gestellten Verhaltensanforderungen“[177] entsprechen. Der Wirtschaft und den in ihr handelnden Individuen ist demnach eine gewisse „Schlaffheit“ (engl.: „slack“) zu Ei-

[173] Hirschman (1974:1).

[174] Hirschman (1974:12).

[175] Hirschman (1974:1).

[176] Vgl. Hirschman (1974:2).

[177] Hirschman (1974:1).

gen.[178] Die einzelnen Wirtschaftssubjekte funktionieren weit weniger gut, als sie es könnten. Das Ausmaß an Schlaffheit ist gekennzeichnet als messbare Lücke zwischen der tatsächlichen und der möglichen Leistung von Individuen, Unternehmungen, Organisationen.[179]

Jede Gesellschaft lernt dabei, ein bestimmtes Ausmaß an fehlerhaftem Verhalten zu tolerieren. Allerdings muss eine Gesellschaft, wenn das Fehlverhalten nicht zu einem allgemeinen Verfall führen soll, aus sich heraus Kräfte aktivieren, durch die möglichst viele der von der Norm abweichenden Handlungsträger „auf den rechten Weg" zurückgeführt werden.[180]

HIRSCHMAN identifiziert die Reaktionen der Marktteilnehmer (beispielsweise Kunden, Lieferanten oder auch Banken) auf die Leistungsdefizite des Unternehmens als potentiell korrigierende Kräfte. Um eine Verbesserung der Leistungsqualität des Unternehmens zu erreichen, stehen diesen zwei Mechanismen zur Verfügung:[181]

- Die Marktteilnehmer beenden die Zusammenarbeit mit dem Unternehmen („Exit" bzw. „Abwanderung").
- Die Marktteilnehmer bringen die Leistungsdefizite zur Sprache („Voice" bzw. „Widerspruch") und versuchen, auf das Unternehmen im Sinne ihrer Beseitigung einzuwirken.

Die Abwanderung versteht der Autor als „Verkörperung der Ökonomie", während der Widerspruch als „politisches Handeln par excellence"[182] beschrieben wird. Der Abwanderung werden die folgenden Attribute zugeschrieben: Der Mechanismus ist klar und säuberlich abgrenzbar, unpersönlich, indirekt – eine eventuelle Gesundung der Firma kommt durch die „unsichtbare Hand" zustande, als unbeabsichtigtes Nebenprodukt der Entscheidung des Partners abzuwandern.[183]

Der Widerspruch ist hingegen weniger abgrenzbar, da er eine Skala von Murren bis zum gewaltsamen Protest umfasst – zudem erfordert er eine Artikulation der Kritik und wird als geradlinig und direkt beschrieben.[184]

178 Vgl. Hirschman (1974:9 ff.).

179 Vgl. Hirschman (1974:12).

180 Vgl. Hirschman (1974:1 u. 13).

181 Vgl. Hirschman (1974:3 f.). Obwohl die Theorie als Exit-Voice-Theorie bekannt ist und auch in dieser Arbeit so bezeichnet wird, werden die deutschen Übersetzungen der Begriffe Exit und Voice, Abwanderung und Widerspruch, für die Erläuterungen im Text verwendet.

182 Hirschman (1974:13).

183 Vgl. Hirschman (1974:13).

184 Vgl. Hirschman (1974:13). HIRSCHMAN weicht in seiner weiteren Argumentation allerdings von dieser Beschreibung von Abwanderung und Widerspruch ab – es scheinen auch eine indirekte Form des Widerspruchs oder eine direkte Form der Abwanderung denkbar.

### 2.2.1.1 Funktionsweise der Abwanderung[185]

Die Funktionsweise der Abwanderung soll analog zu den Ausführungen HIRSCHMANS am Beispiel eines Unternehmens und seiner Abnehmer verdeutlicht werden. Hierbei wird angenommen, dass die Nachfragefunktion anstatt vom Preis von der Qualität des Produktes abhängt, während der Preis konstant gesetzt wird (d. h. es erfolgt keine Preisänderung, auch wenn die Qualität des Produktes sinkt). Qualitätsdefizite führen demnach zur Abwanderung von Konsumenten. Jede Abwanderung eines Konsumenten führt im nächsten Schritt zu Einkommensverlusten des Unternehmens, die umso größer sind, je mehr Kunden abwandern.

Die Unternehmensleitung bemerkt die Abwanderung der Kunden und ergreift Maßnahmen, um die begangenen Fehler zu korrigieren. Es existiert demnach eine Unternehmensreaktionsfunktion, die Umsatzrückgang und Unternehmensreaktion (im Sinne einer Qualitätsverbesserung) verknüpft. Bei einem geringen Rückgang der Einnahmen erfolgt keine Reaktion der Unternehmensleitung. Bei einem Rückgang mittlerer Größe kommt es zu einer Wiederherstellung, während sich das Unternehmen nicht mehr erholen kann, wenn der Einkommensverlust einen großen Teil des Umsatzes ausmacht – die Firma ist bankrott, bevor die Gegenmaßnahmen greifen können.

Wenn die Abwanderung als Korrekturmechanismus wirken soll, ist es am besten, eine Mischung aus passiven und aktiven Partnern zu haben. Die aktiven Partner geben dem Unternehmen durch ihre Abwanderung Feedback, während die passiven Partner dem Unternehmen Geld und Zeit zur Verfügung stellen und ihm so ermöglichen, eine Verbesserung der Leistungsfähigkeit durchzusetzen.

### 2.2.1.2 Funktionsweise des Widerspruchs[186]

Die Entscheidung eines Marktteilnehmers für den Widerspruch bedeutet, dass dieser seine kritische Einstellung artikuliert, in der Absicht, eine Veränderung des gegenwärtigen Zustandes herbeizuführen.[187] Als Widerspruch gilt dabei „jeder wie auch immer geartete Versuch, einen ungünstigen Zustand zu verändern, anstatt ihm auszuweichen, sei es durch individuelle oder kollektive Petition an die unmittelbar Verantwortlichen, durch Berufung an eine höhere Stelle in der Absicht, einen Führungswechsel zu erzwingen, oder durch verschiedene Arten von Aktionen und Protesten, einschließlich jener, die zur Mobilisierung der öffentlichen Meinung dienen sollen“[188].

Analog zur Abwanderung kann auch hier eine Unternehmensreaktionsfunktion abgeleitet werden. Als Ausgangspunkt wird eine Qualitätsverschlechterung angenommen. Führt der

---

[185] Vgl. zu den folgenden Ausführungen Hirschman (1974:17 ff.).

[186] Vgl. zu den folgenden Ausführungen Hirschman (1974:25 ff.).

[187] Vgl. Hirschman (1974:25).

[188] Hirschman (1974:25).

Leistungsrückgang zu einem Widerspruch, dann steigt die Reaktion auf den Mechanismus mit der Zunahme des Widerspruchs.[189] Allerdings benötigt die Unternehmensführung nach erfolgtem Feedback ebenfalls Zeit, um auf den auf sie ausgeübten Druck reagieren zu können.

HIRSCHMANs Theorie umfasst demnach zwei wesentliche Mechanismen, mit denen die Partner eines Unternehmens auf einen Leistungsabfall reagieren können: Abwanderung und Widerspruch. Zwei Kernfragestellungen seiner Theorie lauten:[190]

- Welche Einflussfaktoren sind für die Entscheidung des Marktteilnehmers zwischen Abwanderung und Widerspruch ausschlaggebend?
- Welche Wirkung hat die Wahl von Abwanderung oder Widerspruch auf die „Gesundung" eines Unternehmens und von welchen Faktoren hängt sie ab?

#### 2.2.1.3 Die Wahl zwischen Abwanderung und Widerspruch

Sobald eine Abwanderung stattgefunden hat, ist die Möglichkeit, Widerspruch auszuüben, vergeben – dies gilt allerdings nicht für die entgegengesetzte Richtung. Wird der Widerspruch als Alternative zur Abwanderung gesehen, so erscheint die Abwanderung immer noch als „letzter Ausweg"[191] möglich, nämlich für den Fall, dass der Widerstand versagt hat. Der Widerspruch hat in diesem Fall ein zeitliches Hinausschieben der Abwanderung zur Folge. Entscheidungskriterium für den Widerspruch ist dabei der aus einem günstigen Ausgang zu ziehende Vorteil, abzüglich der durch den Widerspruch entstehenden Kosten, multipliziert mit der Wahrscheinlichkeit, die Entscheidung beeinflussen zu können.[192]

Der Vorteil des Marktteilnehmers wird dann hoch sein, wenn es sich um ein dauerhaftes Produkt oder eine dauerhafte Dienstleistung handelt. Auch die Erfolgschancen erhöhen sich in diesem Fall, da das Unternehmen Gefahr läuft, einen langjährigen Kunden zu verlieren. Bei einem günstigen, nicht dauerhaften Produkt bzw. einer günstigen, nicht dauerhaften Dienstleistung wird zumeist die Abwanderung bevorzugt.[193]

Wenn das Portfolio des Marktteilnehmers eine Vielzahl von Produkten und Dienstleistungen umfasst, werden die Kosten des Widerspruchs relativ hoch sein – dies wirkt potentiell negativ auf die Entscheidung für einen Widerspruch. Eine große Bedeutung wird der Widerspruch demgegenüber auf Märkten haben, auf denen wenige Marktteilnehmer auftreten oder auf eine

---

[189] HIRSCHMAN weist in diesem Zusammenhang darauf hin, dass auch der Widerspruch übertrieben werden kann – nämlich in dem Falle, in dem die Partner so aufdringlich werden, dass die Proteste die im Gang befindlichen Rettungsarbeiten behindern und nicht unterstützen. Dies ist nach HIRSCHMAN aber in Beziehungen zwischen Wirtschaftsunternehmen und ihren Partnern höchst unwahrscheinlich. Vgl. Hirschman (1974:26). Deswegen soll in der vorgenannten Untersuchung davon abstrahiert werden.

[190] Vgl. Hirschman (1974:4), Wallenburg (2004:69).

[191] Vgl. Hirschman (1974:31).

[192] Vgl. Hirschman (1974:32 f.).

[193] Vgl. Hirschman (1974:34).

kleine Anzahl von Marktteilnehmern ein bedeutender Prozentsatz des Umsatzvolumens entfällt.[194]

Dem Widerspruch kommt demnach dann besondere Bedeutung zu, wenn dauerhafte, eher teure Produkte oder Dienstleistungen betroffen sind und wenn auf wenige Partner ein bedeutender Prozentsatz des Umsatzes entfällt.[195]

Die Abwanderungstendenz der qualitätsbewussten Partner kann zudem durch Loyalität neutralisiert werden – nach HIRSCHMAN kann es bei loyalen Partnern häufig vorkommen, dass eine verstärkte Nutzung des Widerspruches erfolgt. Es ist aber auch möglich, dass loyale Partner abwarten, in der Erwartung, dass der Leistungsabfall korrigiert wird, ohne dass eine Aktion notwendig ist. Diese „trägen" Partner (s. o.) sind für eine Erholung des Unternehmens von Bedeutung, da die Führungspersonen so die Chance haben, Maßnahmen gegen die Leistungsdefizite zu ergreifen.[196]

Häufig existieren institutionelle Beschränkungen der Abwanderung, um eine Stimulierung des Widerspruches zu gewährleisten und dem Unternehmen Zeit einzuräumen, Maßnahmen zu ergreifen und umzusetzen.[197] Die Chancen der Wirksamkeit des Widerspruchs erhöhen sich dabei, wenn dieser durch die Androhung einer Abwanderung unterstützt wird. Diese muss dazu nicht offen ausgesprochen werden. Vielmehr muss die Möglichkeit einer Abwanderung lediglich allen Beteiligten bewusst sein. Die leichte Durchführbarkeit der Abwanderung ist also einerseits dazu geeignet, die Wahrscheinlichkeit des Widerspruches zu verringern. Allerdings wird andererseits die Wirksamkeit des Widerspruchs durch die Möglichkeit abzuwandern verstärkt.[198]

Institutionelle Regelungen, die eine Abwanderung erschweren, aber nicht unmöglich machen, wirken demnach verstärkend auf die Wahrnehmung des Widerspruchs und damit auf eine Gesundung des Unternehmens.[199]

Bisher wurde die Exit-Voice-Theorie in enger Anlehnung an den Originaltext nach ihrem Begründer A. O. HIRSCHMAN beschrieben. Da der Begriff „Loyalität" im Originaltext jedoch auf zwei unterschiedliche Arten verwendet wird und dies Auswirkungen auf das Forschungs-

---

194 Vgl. Hirschman (1974:34).

195 Übertragen auf die hier vorliegende Problemstellung (Rationalitätssicherung durch Banken in mittelständischen Unternehmen) kommt dem Widerspruch dann besondere Bedeutung zu, wenn es sich um eher langfristige Kredite handelt oder die Bank dem Unternehmen ein bedeutendes Kreditvolumen gewährt.

196 Vgl. Hirschman (1974:66 ff.).

197 HIRSCHMAN verweist auf das einleuchtende Beispiel der komplizierten Regelungen des Scheidungsrechts, die eine schnelle Abwanderung aus einer ehelichen Verbindung erschweren. Vgl. Hirschman (1974:68).

198 Vgl. Hirschman (1974:70 ff.).

199 Zur Veranschaulichung kann HIRSCHMANS Beispiel des Zweiparteiensystems herangezogen werden. Vgl. Hirschman (1974:71).

modell hat, erscheint für die vorliegende Arbeit eine Präzisierung bezüglich der Rolle der Loyalität notwendig.[200]

HIRSCHMAN argumentiert einerseits, dass Loyalität die Bevorzugung des Feedbackmechanismus Widerspruch gegenüber der Abwanderung bewirkt. Dabei wird Loyalität als Faktor verstanden, der die Wahl zwischen Abwanderung und Widerspruch beeinflusst.[201] Andererseits zeigt HIRSCHMAN, dass Loyalität dazu führen kann, dass weder Abwanderung noch Widerspruch gewählt wird, sondern die Marktpartner stillschweigend abwarten (Loyalität als dritte Reaktionsmöglichkeit auf Leistungsdefizite).[202]

Deshalb herrschen in der Literatur, die sich der Exit-Voice-Theorie zur Erklärung von Phänomenen bedient, zwei Sichtweisen vor. Einerseits wird Loyalität als Einflussfaktor des Widerspruches untersucht.[203] Andererseits wird Loyalität neben Abwanderung und Widerspruch als dritte Strategie der Reaktion auf Leistungsdefizite angesehen.[204]

Für die weitere Argumentation ist eine Klarstellung vonnöten. In der vorliegenden Arbeit soll Loyalität verstanden werden als Gegenstrategie zur Abwanderung. Ein Marktpartner gilt dann als loyal, wenn er bei Rationalitätsdefiziten des Unternehmens nicht abwandert. Der loyale Marktteilnehmer kann angesichts der Defizite zwischen Widerspruch oder Schweigen[205] wählen, wobei Schweigen ein bloßes Abwarten ohne Ergreifen von Handlungen angesichts der Defizite bedeutet. Schweigen ist also kein Mechanismus, durch den die Unternehmensleitung von den Defiziten erfährt. Als *Feedback-Mechanismen* gelten deshalb weiterhin nur Abwanderung und Widerspruch (vgl. Abbildung 6). Schweigen angesichts des Vorliegens von Rationalitätsdefiziten beschreibt keine Strategie im Umgang mit Rationalitätsdefiziten und kann in der weiteren Argumentation deswegen vernachlässigt werden.

---

200 Was genau unter dem Begriff der „Loyalität" zu verstehen ist, lässt HIRSCHMAN im Dunkeln – er unternimmt keinen Definitionsversuch. Loyalität wird lediglich als besondere Anhänglichkeit an eine Organisation beschrieben. Vgl. Hirschman (1974:66).

201 Vgl. Hirschman (1974:66).

202 Vgl. Hirschman (1974:32 u. 67).

203 Vgl. Lewin/ Boroff (1996:81 f.). In einer empirischen Untersuchung, die Loyalität als Einflussfaktor des Widerspruchs untersucht, zeigt sich allerdings ein negativer Zusammenhang zwischen Loyalität und Widerspruch. Es ergibt sich, dass Partner „who are more loyal to the firm are less apt to grieve"[203]. Lewin/ Boroff (1996:81).

204 Vgl. z. B. Panther/ Farquhar (2004:244), Ping (1993:323), Buckley (1999:46), Rusbult et al. (1988:601), Levesque/ McDougall (1992:5).

205 KOLARSKA/ ALDRICH prägen in diesem Zusammenhang den Begriff „Silence". vgl. Kolarska/ Aldrich (1980:43).

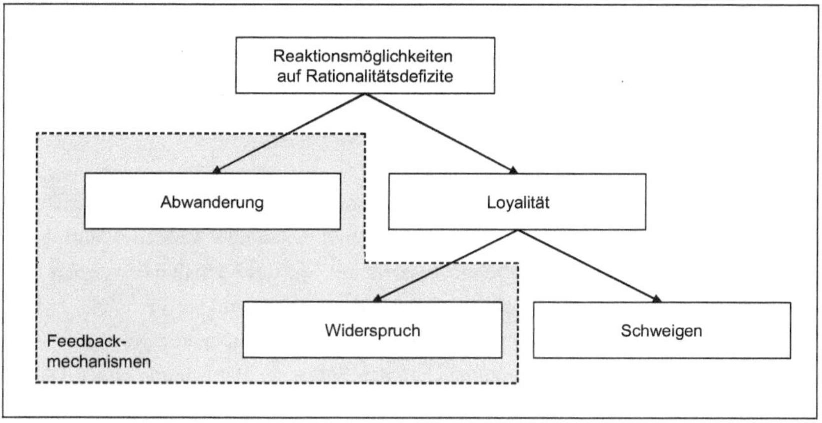


Abbildung 6: Abwanderung, Widerspruch und Schweigen[206]

## 2.2.2 Anwendungsmöglichkeiten der Exit-Voice-Theorie im ökonomischen Bereich

Die Exit-Voice-Theorie steht einer Vielzahl von Bezugsobjekten offen. So ist die Analyse von Interaktionen zwischen Parteimitglied und Partei, zwischen Konfessionsangehörigem und Kirche oder Staatsangehörigem und Staat unter Anwendung der Exit-Voice-Theorie ebenso möglich wie die Untersuchung der Interaktionen von Wirtschaftssubjekten, die HIRSCHMAN selbst häufig als Anwendungsbeispiele heranzieht. Im Folgenden soll kurz auf die häufigsten Anwendungen im Bereich wirtschaftlicher Beziehungen eingegangen werden.

Das Beispiel, das HIRSCHMAN in seinem Standardwerk am häufigsten zur Erläuterung seiner Theorie heranzieht, ist die Interaktion zwischen einem Unternehmen und seinen Kunden. Es findet sich demnach auch eine Reihe von Forschungsarbeiten, die das Verhältnis zwischen Abnehmer und Unternehmen unter dem Blickwinkel der Exit-Voice-Theorie analysieren.[207] Auch im Bereich Supply Chain Management ist die Exit-Voice-Theorie auf fruchtbaren Boden gefallen. So untersuchen HELPER/ SAKO beispielsweise die Beziehungen zwischen der Automobilindustrie und ihren Zulieferern vor dem Hintergrund der Erkenntnisse HIRSCHMANS.[208]

Eine andere Forschungsrichtung bedient sich der Exit-Voice-Theorie zur Erklärung des Verhältnisses zwischen dem Unternehmen und seinen Mitarbeitern.[209] Das Verhältnis zwischen

---

[206] Quelle: Eigene Darstellung.

[207] Vgl. Ping (1997), Singh (1990), Ping (1993), Ping (1999), Dawid/ Kopel (2003).

[208] Vgl. Helper/ Sako (1995); vgl. auch Sako/ Helper (1999), Helper (1991) und Helper/ Levine (1992).

[209] Vgl. Rusbult et al. (1988), Buckley (1999:49), Lewin/ Boroff (1996).

Aufsichtsräten und dem Unternehmen, in dem sie ihr Mandat ausüben, wird ebenfalls unter dem Blickwinkel der Exit-Voice-Theorie betrachtet.[210] Andere Autoren beziehen die Exit-Voice-Theorie auf das Verhältnis des Unternehmens zu seinen Eigenkapitalgebern.[211] TRIANTIS/ DANIELS schließlich beziehen die Exit-Voice-Theorie auf das Verhältnis zwischen Banken und Unternehmen.[212]

Allen Anwendungsmöglichkeiten ist dabei gemein, dass die Exit-Voice-Theorie zur Untersuchung einer Beziehung zwischen dem Unternehmen und einem oder mehreren Marktteilnehmern herangezogen wird – sei es auf dem Absatzmarkt, wo das Verhältnis zwischen Kunde und Unternehmen im Mittelpunkt steht, auf dem Arbeitsmarkt, wo das Verhältnis zwischen Mitarbeiter und Unternehmen betrachtet wird, oder auf dem Kapitalmarkt, wo beispielsweise das Verhältnis zwischen Bank und Unternehmen den Fokus der Betrachtung bildet. Die Exit-Voice-Theorie kann somit als Erklärungsgrundlage für die marktbasierte Rationalitätssicherung im Allgemeinen und für die Rationalitätssicherung durch Banken in mittelständischen Unternehmen im Besonderen dienen. Ihre Erkenntnisse sollen deshalb mit den Vorarbeiten LANGENBACHS in diesem Bereich zusammengeführt werden. Auf dieser Basis wird im Folgenden das Konzept der marktbasierten Rationalitätssicherung ergänzt und präzisiert.

210 Vgl. Brown/ Maloney (1994), Nooteboom (1999).

211 Vgl. Bassen (2002:54).

212 Vgl. Triantis/ Daniels (1995).

## 2.3 Zusammenführung der theoretischen Grundlagen

Die bisherigen Ausführungen zu den theoretischen Grundlagen lehnten sich eng an die Ausführungen der jeweiligen Autoren an – unter Beibehaltung der jeweils verwendeten Termini. Eine Übertragung in ein einheitliches Sprachsystem ist ein Ziel dieses Kapitels. Da die Arbeit auf dem Konzept der Rationalitätssicherung beruht, sollen dessen Termini als Grundlage der weiteren Ausführungen dienen.

Obwohl LANGENBACH seinen Ausführungen nicht explizit die Exit-Voice-Theorie zugrunde legt, sind Gemeinsamkeiten zwischen seinen Überlegungen zur marktbasierten Rationalitätssicherung und HIRSCHMANs Exit-Voice-Theorie festzustellen. So sind die Ausgangspunkte beider Autoren die Existenz von Rationalitätsdefiziten bzw. Leistungsdefiziten im Unternehmen, die als Differenz zwischen der tatsächlichen und einer möglichen Leistung von Unternehmen definiert sind. Während diese bei LANGENBACH schon explizit als Rationalitätsdefizite bzw. Rationalitätsengpässe bezeichnet werden,[213] verwendet HIRSCHMAN den Terminus „Verlust der Rationalität und Effizienz“[214].

Aufgrund dieser Parallele erscheint es plausibel, die Exit-Voice-Theorie als Ergänzung zur marktbasierten Rationalitätssicherung heranzuziehen. Zudem ist die Exit-Voice-Theorie im Gegensatz zur Rationalitätssicherung international etabliert und wird immer wieder als Grundlage für Forschungsarbeiten im ökonomischen Bereich eingesetzt,[215] wenn es sich um externes Feedback auf das Vorliegen von Rationalitätsdefiziten in Unternehmen handelt. Damit ergibt sich aus der Verwendung der Exit-Voice-Theorie als theoretischer Grundlage auch eine gute Anschlussfähigkeit an die bisherige Forschung in diesem Bereich.

Allerdings unterscheiden sich die Ansätze in Hinblick auf ihre Systematik. Während HIRSCHMAN Abwanderung und Widerspruch als Strategien der Rationalitätssicherung unterscheidet,[216] differenziert LANGENBACH in „Rationalitätssicherung anhand des Marktes“, „Rationalitätssicherung durch den Markt“ und „Rationalitätssicherung durch Marktteilnehmer“.[217]

Versucht man, diese unterschiedlichen Strukturierungen in Übereinstimmung zu bringen, bleibt festzuhalten, dass die Rationalitätssicherung anhand des Marktes in der Exit-Voice-Theorie unberücksichtigt bleibt. Dagegen entspricht die „Rationalitätssicherung durch den Markt“ bei LANGENBACH einer Form der Abwanderung und die „Rationalitätssicherung durch Marktteilnehmer“ einer Form des Widerspruchs.

---

213 Vgl. Langenbach (2000:63).

214 Hirschman (1974:1).

215 Vgl. 2.2.2.

216 Vgl. 2.2.1.

217 Vgl. 2.1.2.

Im Folgenden sollen die beiden relevanten Ansätze zusammengeführt werden. Es erscheint hierbei sinnvoll, eine neue Systematik der marktbasierten Rationalitätssicherung einzuführen, die es vermag, beide Ansätze zu integrieren und, wo notwendig, zu präzisieren.

In der vorliegenden Arbeit sollen zwei Formen marktbasierter Rationalitätssicherung unterschieden werden:

- Die erste Form marktbasierter Rationalitätssicherung soll im Folgenden als *Rationalitätssicherung anhand von Marktinformationen* bezeichnet werden. Sie gründet auf den Informationen, die das Unternehmen durch die Beobachtung des Marktes bzw. der Marktteilnehmer erhält. Dazu gehören Preis- und Abwanderungsinformationen, wobei Abwanderungsinformationen sowohl die Information über die Beendigung einer Geschäftsbeziehung durch einen einzelnen, wichtigen Marktteilnehmer als auch über die Negativselektion durch eine Vielzahl von Marktteilnehmern auf einem Markt umfassen.[218]

  Die treibende Kraft ist bei dieser Form der marktbasierten Rationalitätssicherung allerdings nicht der Markt oder ein Marktteilnehmer, sondern eine unternehmensinterne Institution, die Preisinformationen, sinkende Absatzzahlen oder die Kündigung eines Geschäftspartners als Anstoß für die Notwendigkeit rationalitätssichernder Aktivitäten wahrnimmt und daraufhin entsprechende Maßnahmen ergreift.

- Als zweite Form marktbasierter Rationalitätssicherung soll die *Rationalitätssicherung durch Widerspruch* berücksichtigt werden. Diese Form der Rationalitätssicherung umfasst die Einwirkung eines Marktteilnehmers auf ein Unternehmen, zum Beispiel, indem er das Unternehmen auf Rationalitätsdefizite aufmerksam macht (Problemanregung) oder als „Sparringspartner" für das Unternehmen fungiert (Argumentationsfunktion). Bei dieser Form der Rationalitätssicherung übernimmt ein Marktteilnehmer (zum Beispiel eine Bank) die primäre Rationalitätssicherungsfunktion. Dem Unternehmen obliegt es dann, rationalitätsgenerierende Maßnahmen umzusetzen.

Dabei ist zu beachten, dass die beiden Formen der Rationalitätssicherung auch in Kombination auftreten können. So kann ein Geschäftspartner kündigen, aber gleichzeitig auch Träger der Rationalitätssicherung durch Widerspruch sein, indem er im Kündigungsgespräch rationalitätssichernde Aspekte aufgreift.

Abbildung 7 soll diese Systematik nochmals verdeutlichen.

---

[218] Während das Unternehmen eine Negativselektion am Markt beispielsweise durch sinkende Umsatzzahlen zugetragen bekommt, findet eine Abwanderung durch einen längerfristigen Marktpartner beispielsweise statt, indem dieser die Geschäftsbeziehung schriftlich kündigt.

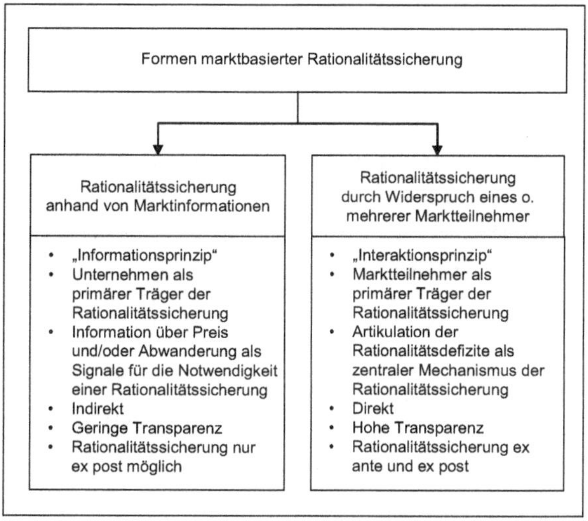


Abbildung 7: Analyseraster der marktbasierten Rationalitätssicherung[219]

Mit dieser Systematik lassen sich die beiden theoretischen Grundlagen zusammenführen. Dabei entspricht die Rationalitätssicherung anhand von Marktinformationen in der vorliegenden Systematik der „Rationalitätssicherung anhand des Marktes" nach LANGENBACH, der sich hier jedoch lediglich auf Preisinformationen bezieht. Der LANGENBACH'sche Begriff „Rationalitätssicherung durch den Markt" stellt ebenfalls eine Form der Rationalitätssicherung anhand von Marktinformationen dar, nämlich der Rationalitätssicherung anhand von Abwanderungsinformationen. Der Begriff Rationalitätssicherung durch den Markt wurde nicht übernommen, da zum einen die Abwanderung eines einzelnen (wichtigen) Marktteilnehmers ebenfalls einen Anstoß zur Rationalitätssicherung geben kann und insofern der Begriff „Markt" irreführend erscheint, zum anderen die Rationalitätssicherung nicht primär *durch* den Markt bzw. Marktteilnehmer erscheint, sondern innerhalb des Unternehmens *anhand* der aus der Abwanderung gewonnenen Informationen.

„Rationalitätssicherung durch Marktteilnehmer" nach LANGENBACH würde in der vorliegenden Systematik mit der Rationalitätssicherung durch Widerspruch übereinstimmen.

Auch die HIRSCHMAN'sche Unterteilung in Abwanderung und Widerspruch findet sich in der Systematik wieder: Dabei entspricht die Rationalitätssicherung anhand von Marktinformationen (nämlich Abwanderungsinformationen) der Abwanderung, während der Widerspruch in der zweiten Form der marktbasierten Rationalitätssicherung (durch Widerspruch) subsumiert wird.

---

[219] Quelle: Eigene Darstellung.

Zusammenfassend bleibt festzuhalten: Durch die Integration der Erkenntnisse aus der Arbeit von LANGENBACH zur Rationalitätssicherung durch Märkte und Marktteilnehmer und aus der Exit-Voice-Theorie nach HIRSCHMAN gelang es, ein Analyseraster der marktbasierten Rationalitätssicherung zu entwickeln, das als Grundlage der weiteren Untersuchung dienen soll. Demnach kann eine marktbasierte Rationalitätssicherung erfolgen (1) anhand von Marktinformationen, wenn das Unternehmen Signale von Marktteilnehmern interpretiert und zum Anlass für rationalitätssichernde Maßnahmen nimmt, und (2) durch Widerspruch, wenn Marktteilnehmer aktiv auf das Unternehmen einwirken und die Funktion eines kritischen Counterparts übernehmen.

Das folgende Kapitel widmet sich der Übertragung der in diesem Kapitel gewonnenen theoretischen Erkenntnisse auf den Kontext, in dem mittelständische Unternehmen als Rationalitätssicherungsobjekt und Banken als Rationalitätssicherungsträger fungieren.

# 3 Rationalitätssicherung durch Banken in mittelständischen Unternehmen

In diesem Kapitel wird das im vorigen Kapitel erarbeitete allgemeine Analyseraster auf den gewählten Kontext, die Rationalitätssicherung durch Banken in mittelständischen Unternehmen, übertragen. Zunächst werden mittelständische Unternehmen als Objekte der Rationalitätssicherung dargestellt. Nach einer Begriffsdefinition werden typische Führungsdefizite sowie potentielle Träger der Rationalitätssicherung in mittelständischen Unternehmen aufgezeigt.

Banken als Träger der Rationalitätssicherung sind Thema in Kapitel 3.1.2. Auf die Begriffsdefinition folgt die Erläuterung der unterschiedlichen Rollen, die Banken als Träger der Rationalitätssicherung übernehmen können, sowie empirische Erkenntnisse zum Wirken der Banken als Rationalitätssicherer. In welchen Rollen Banken als Träger der Rationalitätssicherung in mittelständischen Unternehmen agieren, stellt Kapitel 3.1.3 dar.

Das zweite Unterkapitel zeigt die Spezifika der Rationalitätssicherung durch Banken, unter besonderer Berücksichtigung des Kreditgeschäfts, auf. Zunächst werden die Grundlagen des Kreditgeschäfts beschrieben. Kapitel 3.2.2. stellt die Rationalitätssicherung durch Banken im Kreditgeschäft auf der Basis des in Kapitel 2 entwickelten Analyserasters vor.

## 3.1 Darstellung der Untersuchungsobjekte

### 3.1.1 Mittelständische Unternehmen als Objekte der Rationalitätssicherung

#### 3.1.1.1 Begriffsdefinition

Mittelständischen Unternehmen[220] kommt eine große Bedeutung für das Wirtschaftsgeschehen in Deutschland und der Europäischen Union zu. „These enterprises are a source of employment, innovation, entrepreneurship and growth. They are particularly important in a context of insecurity and with a view to achieving the objectives [....] regarding the competitiveness of the European Union."[221] Mittelständische Unternehmen überwiegen zahlenmäßig in allen europäischen Volkswirtschaften und stellen damit einen Grundpfeiler eines funktionierenden Wettbewerbs dar.[222] In Deutschland stellen diese Unternehmen über 70 % der Ar-

[220] Die Begriffe „mittelständische Unternehmen", „Klein- und Mittelbetriebe" und KMU werden häufig synonym verwendet. In der vorliegenden Arbeit wird auf ersteren rekurriert. Der Begriff kennzeichnete ursprünglich die gesellschaftliche Stellung der Betriebsinhaber (vgl. Pfohl (1997:3), Wossidlo (1993), Sp. 2888), ist aber in Deutschland allgemein üblich. So nennt sich ein bekanntes deutsches Forschungsinstitut, dass sich schwerpunktmäßig mit den oben genannten Unternehmen beschäftigt, Institut für Mittelstandsforschung.

[221] Europäische Kommission (2006).

[222] Vgl. Hamer (1988:32 f.); Gruber (2000:28); Hamer (2001:102 ff.).

beitsplätze und erwirtschaften über 45 % des Gesamtumsatzes.[223] Aufgrund der Heterogenität der unter dem Begriff „Mittelständische Unternehmen" zusammengefassten Unternehmensgruppe gestaltet sich eine Begriffsklärung jedoch schwierig.[224]

In der Mittelstandsforschung hat sich bisher keine allgemein anerkannte Definition für mittelständische Unternehmen durchsetzen können.[225] Im folgenden Kapitel soll die für die Untersuchung maßgebliche Definition präzisiert und festgelegt werden. Dazu werden zunächst unterschiedliche Definitionsansätze vorgestellt. Zur begrifflichen Abgrenzung lassen sich quantitative und qualitative Kriterien heranziehen.

##### *3.1.1.1.1 Quantitative Merkmale*

Zur Unterscheidung zwischen mittelständischen und Großunternehmen wird die Betriebsgröße als Maßstab herangezogen. Da die Entwicklung eines einheitlichen Größenmaßes, das die jeweiligen betrieblichen Besonderheiten angemessen berücksichtigt, kaum möglich erscheint, wird zumeist auf Merkmale rekurriert, die als repräsentativ für die Betriebsgröße angesehen werden und deren Ausprägungen möglichst objektiv zu ermitteln sind.[226] Die am häufigsten zur Abgrenzung herangezogenen Kriterien sind Umsatz, Jahresbilanzsumme und Mitarbeiterzahl.[227]

In dieser Arbeit soll als quantitatives Abgrenzungskriterium die Mitarbeiterzahl der Unternehmen verwendet werden. Zwei Gründe können hierfür angeführt werden: Zum einen unterliegt die Beschäftigtenzahl im Gegensatz zur Umsatzhöhe geringeren Schwankungen, zum anderen können Informationen über die Mitarbeiterzahl mit einem vertretbaren Aufwand erfragt werden.[228]

Die Festlegung der Mitarbeiterzahl, bis zu der ein Unternehmen als mittelständisch gilt, wird in der Literatur höchst unterschiedlich gehandhabt. Die Grenze zu Großunternehmen differiert dabei zwischen 250 und 1000 Beschäftigten.[229] Die vorliegende Untersuchung folgt der quantitativen Abgrenzung anderer empirischer Studien im Bereich des Mittelstands. Ein Unter-

---

[223] Vgl. z. B. Günterberg/ Kayser (2004:5).

[224] Vgl. Rohlfing/ Funck (2002).

[225] In der Literatur finden sich bereits 1980 über 200 unterschiedliche Definitionsansätze, die teilweise erhebliche Unterschiede aufweisen. Vgl. Rohlfing/ Funck (2002:III).

[226] Vgl. Pfohl (1997:3).

[227] Als andere klassische quantitative Kriterien gelten Wertschöpfung, Kapitaleinsatz, Einsatzwert und -menge der Produktionsfaktoren, mögliche oder effektive Leistungsmenge (Produktions- und Absatzmenge). Vgl. Rohlfing/ Funck (2002:VI).

[228] Vgl. Rohlfing/ Funck (2002:XIII).

[229] Vgl. Kratz (1996:16).

nehmen ist im Rahmen einer quantitativen Abgrenzung demnach dann als mittelständisch anzusehen, wenn es weniger als 1000 Mitarbeiter beschäftigt.[230]

Die Vorschläge zur quantitativen Abgrenzung sind der Kritik ausgesetzt, dass mit Hilfe dieser Messgrößen die Besonderheiten der ausgewählten Unternehmen nicht erfasst werden können: „A small business is not a little big business.“[231] Deshalb vertreten zahlreiche Autoren die Ansicht, dass die rein quantitative Abgrenzung durch qualitative Merkmale ergänzt werden sollte.[232]

#### *3.1.1.1.2 Qualitative Merkmale*

In der Literatur herrscht weitgehend Einigkeit darüber, dass mittelständische Unternehmen nicht allein auf der Basis quantitativer Kriterien von Großunternehmen abgegrenzt werden können. Eine einheitliche qualitative Definition existiert jedoch nicht. Stattdessen finden sich unterschiedliche Merkmalskataloge mit einer Vielzahl von Kriterien.[233] Problematisch hierbei ist zu sehen, dass viele Kriterien in isolierter Betrachtung auch auf Großunternehmen zutreffen können.[234]

Die Vielfalt der aufgeführten Kriterien lässt sich auf einige wenige grundlegende Eigenschaften verdichten. Bei den wesentlichen Besonderheiten handelt es sich um die zentrale Stellung der leitenden Person im Unternehmen und deren Eigenschaften einerseits und die begrenzte Betriebsgröße im Sinne begrenzter Ressourcen andererseits.[235]

*Zentrale Stellung des Unternehmers*

Die Unternehmensleitung nimmt eine dominierende Stellung bei Unternehmensentscheidungen und Unternehmensabläufen ein. Die Organisation ist im Einliniensystem ganz auf sie ausgerichtet; eine Delegation von Aufgaben und Entscheidungen findet nur in geringem Maße statt.[236]

Häufig ist der Eigentümer selbst wesentlich an der Geschäftsleitung beteiligt.[237] Selbst wenn das Unternehmen nicht durch einen Eigentümer-Unternehmer geführt wird, sondern ein fremder Geschäftsführer bestellt ist, hat die Familie in mittelständischen Unternehmen häufig noch

---

230 Vgl. zur gewählten Abgrenzung zum Beispiel Reitmeyer (1999:87), Frank (2000:69).

231 Welsh/ White (1981).

232 Vgl. Z .B. Mank (1991:53), Mugler (1998:32).

233 Vgl. beispielhaft Pfohl (1997:19 ff.).

234 Vgl. Rohlfing/ Funck (2002:XV).

235 Vgl. Daschmann (1994:55), Bussiek (1994:18 ff.). Auch ROHLFING/ FUNK sehen diese Kriterien als zentrale qualitative Abgrenzungskriterien für mittelständische Unternehmen an. Außerdem führen sie die mangelhafte Anwendung moderner Managementmethoden, eine hohe Kundennähe und die hohe Bedeutung persönlicher Beziehungen als wichtige Kriterien an. Vgl. Rohlfing/ Funck (2002:XVII ff.) .

236 Vgl. z. B. Kellerwessel (1984:82 ff.).

237 Vgl. Pfohl (1997:19), Grünig (1996:67).

gravierenden Einfluss auf die Geschäftsführung. Dadurch existiert eine Verflechtung der Unternehmensexistenz mit der wirtschaftlichen Existenz des Unternehmerkreises. Man spricht von einer „inhaberorientierten Führungsstruktur“[238].

*Begrenzte Betriebsgröße*

Die begrenzte Betriebsgröße mittelständischer Unternehmen schlägt sich nieder in einer geringeren Ressourcenausstattung. Ein vergleichsweise beschränkter Zugang zum Kapitalmarkt,[239] eine geringere Mitarbeiterzahl, geringere Marktpräsenz[240] und geringere Wirtschaftskraft sind die Folgen.

#### 3.1.1.1.3 Festlegung der verwendeten Definition

Für die vorliegende Untersuchung erfolgt die Abgrenzung des mittelständischen Unternehmens auf der Basis der Unternehmensgröße sowie der qualitativen Merkmale Führungsstruktur bzw. Familienunternehmen. Ein mittelständisches Unternehmen ist demnach definiert als ein Unternehmen,

- dessen Führungsstruktur inhabergeprägt ist und
- das höchstens 1000 Mitarbeiter beschäftigt.[241]

Diese Definition ist sowohl aussagebezogen als auch erhebungsgenau.[242] Das qualitative Kriterium der inhabergeprägten Führungsstruktur stellt eine grundlegende Wesensverschiedenheit zum Großunternehmen dar und ermöglicht es, eine in diesem Sinne homogene Gruppe zu selektieren, deren Eigenschaften untersucht werden können. Zudem sind sowohl die Erhebungsmöglichkeit, der Erhebungsaufwand als auch die Erhebungsgenauigkeit im Rahmen einer empirischen Untersuchung gegeben. Gleiches gilt für das Kriterium der Mitarbeiterzahl.

Im Folgenden soll dargestellt werden, welche Rationalitätsdefizite in mittelständischen Unternehmen typischerweise auftreten und welche Rationalitätssicherungsträger zur Disposition stehen.

---

238 Bickel (1981:182).

239 Vgl. Buchhart (2001:57f.).

240 Vgl. Hermann (1996:148).

241 Mit der Wahl des quantitativen Kriteriums Mitarbeiterzahl kann zugleich das qualitative Kriterium der begrenzten Betriebsgröße abgedeckt werden. Diese schlägt sich in einer geringeren Mitarbeiterzahl nieder. Es ist davon auszugehen, dass die Größen hoch korreliert sind.

242 Vgl. Pfohl (1997:6). PFOHL unterscheidet als Meta-Kriterien für die Wahl einer Definition aussagebezogene Auswahlkriterien und erhebungsbezogene Aussagekriterien. Während die aussagebezogenen Kriterien das Merkmal nach dessen Angemessenheit bezüglich dem Inhalt der zu treffenden Aussage beurteilen, geben erhebungsbezogene Kriterien darüber Auskunft, ob eine Erhebung möglich ist, der Aufwand angemessen erscheint und die Genauigkeit ausreichend ist. Vgl. Pfohl (1997:6).

### 3.1.1.2 Rationalitätsdefizite in mittelständischen Unternehmen

Von Rationalitätsdefiziten ist zu sprechen, wenn Einsatzfaktoren, Prozesse oder Ergebnisse existieren, die hinsichtlich ihrer Effektivität und/ oder Effizienz vorteilhafter sind als die Ist-Faktoren, -Prozesse oder -Ergebnisse. Der Rationalitätsgrad wird dabei von der herrschenden Meinung der Fachleute bestimmt.[243] Zur Identifikation der für mittelständische Unternehmen charakteristischen Rationalitätsdefizite werden die Erkenntnisse unternehmensexterner Sachverständiger herangezogen.[244]

Dabei zeigt sich, dass in mittelständischen Unternehmen häufiger situative Rahmenbedingungen gegeben sind, die eine beschränkte Rationalität der Entscheidungsfindung begünstigen. Diese sollen im Folgenden kurz erläutert werden.

Ein besonders prägendes qualitatives Merkmal mittelständischer Unternehmen ist die extreme Abhängigkeit von der Unternehmensleitung, oft dem Eigentümer-Unternehmer. Die Unternehmensleitung dominiert Unternehmensentscheidungen und -abläufe.[245] Die Organisation ist im Einliniensystem auf sie ausgerichtet; eine Delegation von Aufgaben und Entscheidungen findet nur in geringem Maße statt.[246] Diese Konzentration führt dazu, dass „gerade die Führung in mittelständischen Unternehmen [...] tendenziell der höchsten Belastung ausgesetzt [ist]"[247].

- Die mittelständische Unternehmensleitung hat i. d. R. ein sehr hohes Arbeitpensum und steht oft unter Zeitdruck.[248]
- Sie entscheidet häufig in Situationen mit hoher Unsicherheit.[249]
- Die mittelständische Unternehmensleitung muss entscheidungsrelevante Informationen oft alleine aufnehmen, verarbeiten und weitergeben.[250]

Solche Rahmenbedingungen begünstigen das Auftreten von Rationalitätsdefiziten im Führungszyklus. Welche Rationalitätsdefizite in mittelständischen Unternehmen auftreten, soll im Folgenden entlang des idealtypischen Führungsprozesses aufgezeigt werden.[251]

---

243 Vgl. Kapitel 2.1.1.1.

244 Unternehmensexterne Sachverständige gelten als Fachleute, die das Vorliegen von Rationalitätsdefiziten beurteilen können. Vgl. 2.1.1.1. Der Sachverstand kann in diesem Falle vorausgesetzt werden, da die Untersuchungen dem Gebiet der Mittelstandsforschung oder der Entrepreneurforschung zuzurechnen sind.

245 Vgl. Weber (1995:5 f.). BUSSIEK vermerkt hierzu: „Die Mentalität des Unternehmers ist entwicklungsbestimmend für das ganze Unternehmen." Bussiek (1996:19).

246 Vgl. z. B. Kellerwessel (1984:82 ff.).

247 Dittrich/ Flaschberger/ Frank (1995:202).

248 Vgl. zur Arbeitsbelastung mittelständischer Unternehmen Utsch/ Frese (1998:52), Hamermesh (1990:127), Kellerwessel (1984:82 ff.).

249 Vgl. Baron (1998:279).

250 Vgl. Sievers (1982:46), Baron (1998:279).

In mittelständischen Unternehmen wird die *Willensbildung* zumeist weitgehend intuitiv zu Lasten einer reflexiven, formalisierten Entscheidungsfindung vollzogen.[252] Fehlt es jedoch an Reflexion, treten Rationalitätsdefizite auf, „bleiben alle noch so starken persönlichen Antriebe und alle noch so großen betriebswirtschaftlichen Zielsetzungen ohne Wirkung“[253]. Das Ziel ist ein „Ausbalancieren“[254], die Sicherstellung eines ausgewogenen Anteils von Reflexion und Intuition. Die rationale Durchführung der Willensbildung wird weiterhin durch einen mangelhaften Einsatz moderner Managementmethoden in mittelständischen Unternehmen erschwert.[255]

Die *Problemdefinition* ist der Ausgangspunkt für das Durchlaufen des Führungsprozesses. Eine mangelhafte Problemwahrnehmung kann entweder bei der Definition des Solls oder bei der Erfassung des Ists bestehen. Eine mangelhafte Vorstellung über das Soll identifiziert KLAILE als Ursache für Rationalitätsdefizite im Unternehmen. Ebenso identifiziert sie die Erkennung des Ists als Defizit. Häufig ist dafür eine zeitliche Überlastung des Unternehmers verantwortlich.[256] MUGLER stellt eine sehr selektive Wahrnehmung von Problemsituationen heraus.[257]

Die *Zielformulierung* unterbleibt in mittelständischen Unternehmen teilweise völlig.[258] Da ihre Festlegung allerdings eine richtungsgebende Funktion für den gesamten Führungsprozess erfüllt, ist die Rationalität des Entscheidungsprozesses in diesem Fall nicht mehr gewährleistet. Schwierigkeiten bei der Festlegung von Zielen im Unternehmen bereitet auch das multidimensionale Zielsystem der Unternehmensleitung.[259] Da das mittelständische Unternehmen für die Unternehmensleitung zumeist eine Lebensaufgabe darstellt, verfolgt der Unternehmer über die reine Gewinnmaximierung hinaus weitere Ziele, wie beispielsweise die Sicherstel-

---

[251] Dabei beschränkt sich die Aufzählung auf solche Defizite, die charakteristisch für mittelständische Unternehmen sind. Vgl. für eine allgemeingültige Zusammenstellung von Defiziten Langenbach (2000:63 ff.). Für eine Übersicht über im Preismanagement auftretende Defizite vgl. Florissen (2005).

[252] Vgl. z. B. Hamer (1990:85 f.), Mank (1991:34), Mugler (1998:97), Kellerwessel (1984:95), Chicha/ Julien/ Marchesnay (1990:195), Weber (1995:5). Vgl. zum Zusammenspiel zwischen Reflexion und Intuition Weber/ Schäffer (1998).

[253] Gutenberg (1983:7).

[254] Weber/ Schäffer (2001a:81).

[255] Vgl. Kellerwessel (1984:70), Hamer (1990:73), Paffenholz (1998) und Rohlfing/ Funck (2002:XVIII).

[256] Vgl. Klaile (1984:69 ff.).

[257] Vgl. Mugler (1992:377). Die genannten Punkte lassen sich auf Beschränkungen der Wahrnehmungsfähigkeit der Akteure, hier des mittelständischen Unternehmers, zurückführen. Vgl. Kapitel 2.1.1.3.

[258] Vgl. Klaile (1984:69ff.).

[259] Vgl. z. B. Rohlfing/ Funck (2002:XIX), Bussiek (1996:18 f.).

lung des Wohlergehens der Familie oder der Mitarbeiter.[260] Dies erschwert eine Abstimmung der Ziele untereinander bzw. die Widerspruchsfreiheit der Ziele.[261]

Auch in der Phase der *Datenbereitstellung* können bei mittelständischen Unternehmen erhebliche Defizite auftreten. Mittelständische Unternehmen leiden häufig unter einem generellen Mangel an Informationen, insbesondere an differenzierten monetären Informationen sowie einem falschen Mix von Informationen.[262] Selbst wenn die Informationen im Unternehmen vorhanden sind, werden sie teilweise nicht genutzt.[263]

In der Phase der *Erwartungsbildung* werden Rationalitätsdefizite durch die Anwendung von Heuristiken von Seiten des Entscheiders verursacht.[264] Sie wird begünstigt durch den Zeitdruck und die Überlastung, in denen sich die mittelständische Unternehmensleitung häufig befindet. Mittelständischen Unternehmern wird deshalb in verschiedenen Studien ein häufigeres Zurückgreifen auf Heuristiken im Vergleich zu Managern von Großunternehmen zugeschrieben.[265]

In der Phase der *Alternativengenerierung* beschränken sich Unternehmer häufig zu früh auf eine Entscheidungsalternative.[266] Bei der *Alternativenbewertung* stehen die Bewertungsfähigkeiten des Unternehmers im Fokus der Betrachtung. Nach WOO/ DAELLENBACH/ NICHOLLS-NIXON werden die Bewertungsfähigkeiten eines Entscheiders durch seine Qualifikation und Expertise geprägt.[267] Da der mittelständischen Unternehmensleitung meist nur geringe Kenntnisse im kaufmännischen Bereich zugeschrieben werden (i. d. R. verfügt diese über eine eher technische Ausbildung),[268] können Defizite der Bewertungsfähigkeiten auftreten.[269]

In der *Willensdurchsetzung* werden Mängel bei Durchsetzungs- sowie Kommunikationsfähigkeiten gegenüber den Mitarbeitern als Ursachen von Rationalitätsdefiziten identifiziert.[270] Einen weiteren Problembereich der Willensdurchsetzung stellt die mangelnde Delegationsbe-

---

260 Vgl. z. B. Pleitner (1984:519), Buchhart (2001:53f.), Hamer (1988:26), Mugler (1998:S.15ff.).

261 Vgl. Langenbach (2000:73).

262 Vgl. Weber (2003:187).

263 Vgl. Kellerwessel (1984:94).

264 Vgl. Langenbach (2000:77).

265 Vgl. Busenitz/ Barney (1994). Die Defizite in der Phase der Erwartungsbildung werden durch Beschränkungen der Prognosefähigkeit des Akteurs, hier des mittelständischen Unternehmers, hervorgerufen. Vgl. 2.1.1.3.

266 Vgl. Rohlfing/ Funck (2002:XVIII).

267 Vgl. Woo/ Daellenbach/ Nicholls-Nixon (1994:513).

268 Vgl. z. B. Pfohl (1997:19), Grünig (1996:69), Kellerwessel (1984:94).

269 Vgl. auch Kapitel 2.1.1.3.

270 Vgl. Marner/ Jaeger (1990:50 ff.), Weber, J. (2005:72).

reitschaft der mittelständischen Unternehmensleitung dar.[271] Die Delegation der Willensdurchsetzung scheitert auch daran, dass häufig ein Mangel an entsprechend qualifizierten Mitarbeitern in mittelständischen Unternehmen herrscht.[272] Die geringere Formalisierung der mit dem Entscheidungsprozess verknüpften Informationen erschwert eine Delegation an Mitarbeiter zusätzlich, da diese in diesem Falle mit einem höheren Kommunikationsaufwand verbunden ist.[273]

Die geringe Formalisierung des Entscheidungsprozesses in mittelständischen Unternehmen[274] hat zudem auch Auswirkungen auf die Phase der *Kontrolle*. Sie wird durch die Konzentration auf verbale Medien in mittelständischen Unternehmen erschwert.

Eine weitere Quelle von Rationalitätsdefiziten mittelständischer Unternehmer in der Kontrollphase wird in der Dissonanzforschung aufgezeigt. Entscheider wollen kognitive Dissonanzen vermeiden, indem sie negatives Feedback bewusst nicht wahrnehmen. Hierbei wirkt hohes Commitment, das der mittelständischen Unternehmensleitung i. d. R. nachgesagt wird, verstärkend.[275] Die Durchführung von Kontrollhandlungen wird dadurch erschwert. Abbildung 8 fasst die dargestellten Rationalitätsdefizite zusammen.

---

[271] Vgl. Klaile (1984:69 ff.), Kellerwessel (1984:82 ff.). Für die Darstellung der mangelnden Delegation als Rationalitätsdefizit vgl. Florissen (2005:88).

[272] Vgl. Klaile (1984:69 ff.), Hermann (1996).

[273] Vgl. Schreyögg/ Hübl (1992:87).

[274] Vgl. Schreyögg/ Hübl (1992:84 ff.), Kellerwessel (1984:68).

[275] Vgl. Woo/ Daellenbach/ Nicholls-Nixon (1994:512 ff.).

| Führungszyklus | Potentielle Rationalitätsdefizite in mittelständischen Unternehmen |
|---|---|
| Willensbildung: | |
| Problemdefinition | Mangelnde Definition des Solls; mangelnde Erfassung des Ists; selektive Wahrnehmung |
| Zielformulierung | Unterbleiben der Zielformulierung; multidimensionales Zielsystem führt zu Zielkonflikten |
| Datenbereitstellung | Zu wenige oder zu viele Daten; schlechte Datenqualität; keine Verwendung der Daten; unzureichende Grundkenntnisse |
| Erwartungsbildung | Anwendung von Heuristiken |
| Alternativengenerierung | Unzureichende Anzahl der generierten Alternativen |
| Bewertung | Fehler bei der Bewertung |
| Entscheidung | Weitgehend intuitiv zu Lasten einer reflexiven Entscheidungsfindung |
| Willensdurchsetzung | Defizite der Durchsetzungs- und Kommunikationsfähigkeiten, mangelnde Delegationsbereitschaft, geringe Formalisierung erschwert Delegation |
| Ausführung | |
| Kontrolle | Probleme bei der Messung der Zielerreichung aufgrund fehlender Formalisierung; Dissonanzen erschweren die Wahrnehmung negativen Feedbacks |

Abbildung 8: Potentielle Rationalitätsdefizite in mittelständischen Unternehmen[276]

### 3.1.1.3 Träger der Rationalitätssicherung in mittelständischen Unternehmen

Die Akteure, die Rationalitätssicherungsaufgaben in mittelständischen Unternehmen übernehmen, unterscheiden sich von den Trägern der Rationalitätssicherung in Großunternehmen. So kommen den in Kapitel 2.1.1.6 genannten internen Trägern in mittelständischen Unternehmen häufig keine Bedeutung zu, da die dort aufgeführten Abteilungen aufgrund der begrenzten Betriebsgröße und der weniger intensiv ausgeprägten Spezialisierung gar nicht existieren. Diejenigen internen und externen Akteure, die in mittelständischen Unternehmen üblicherweise Träger der Rationalitätssicherung sind, sollen im Folgenden dargestellt werden.

#### *3.1.1.3.1 Mögliche interne Träger der Rationalitätssicherung in mittelständischen Unternehmen*

Rationalitätssicherungsmaßnahmen können in mittelständischen Unternehmen durch verschiedene interne Träger wahrgenommen werden.[277] Zu nennen sind hier insbesondere Controller, leitende Personen im Rechnungswesen oder auch die Unternehmensleitung selbst („Selbst-Controlling"[278]). Im Folgenden soll auf die Ergebnisse von vier ausgewählten Stu-

[276] Quelle: Eigene Darstellung.

[277] Vgl. Weber (2001b:164).

[278] Vgl. Schäffer (2001a:180).

dien zurückgegriffen werden, um interne Träger der Rationalitätssicherung in mittelständischen Unternehmen zu identifizieren.[279]

KOSMIDER legt dar, dass die Wahrnehmung von Rationalitätssicherungsaufgaben in Unternehmen mit bis zu 100 Beschäftigten vorzugsweise durch die Unternehmensleitung selbst erfolgt (über 50 % der Unternehmen).[280] Mit zunehmender Unternehmensgröße wird die Unternehmensleitung als Träger dieser Funktion vom Leiter des Rechnungswesens abgelöst. Erst bei einer Unternehmensgröße über 500 Mitarbeiter überwiegen Controller als hauptamtliche Träger.[281]

Ähnliche Ergebnisse legen DINTNER/ SCHORCHT vor.[282] Bei ihrer empirischen Untersuchung des Controllings in mittelständischen thüringischen Unternehmen ergab sich, dass mehr als die Hälfte der Unternehmen nicht über eigenständige Controllerstellen verfügt. Die Wahrnehmung von Rationalitätssicherungsaufgaben fällt zumeist der Unternehmensleitung selbst (27 %) oder dem Leiter des Rechnungswesens (25 %) zu. Controller folgen an dritter Stelle mit 22 %.[283]

Im Gegensatz dazu gaben in der Untersuchung von OSSADNIK/ BARKLAGE/ VAN LENGERICH 64 % der befragten mittelständischen Unternehmen an, über eine oder mehrere eigenständige Controllerstellen zu verfügen, während in 31 % der Unternehmen Controllingaufgaben von Mitarbeitern wahrgenommen werden, die auch andere Aufgaben erfüllen.[284]

Die Studie von ZIMMERMANN ergab, dass 53,2 % der Unternehmen eine Institutionalisierung der Controllingfunktion vorgenommen haben, während bei den restlichen 46,8 % Controllingaufgaben zum überwiegenden Teil durch die Geschäftsführung (68,2 %), das Rechnungswesen (68,2 %) und die kaufmännische Leitung (36,4 %) wahrgenommen

---

279 Die ausgewählten Studien trennen z. T. nicht zwischen Aufgaben der Führungsunterstützung i.e.S. und Aufgaben der Rationalitätssicherung. Deshalb erfolgt in diesen Arbeiten auch keine Trennung zwischen den Trägern von Rationalitätssicherung und Führungsunterstützung i. e. S. Da die Studien jedoch Rationalitätssicherungsmaßnahmen (wie zum Beispiel die Schwachstellenanalyse oder die Beratung in betriebswirtschaftlichen Fragen) durchweg als überaus wichtige Aufgaben empirisch bestätigen (vgl. Kosmider (1994:96); Dintner/ Schorcht (1999:150), Ossadnik/ Barklage/ Lengerich (2004:624 u. 625), Zimmermann (2001:265)), kann davon ausgegangen werden, dass die genannten ermittelten Träger sowohl Aufgaben der Führungsunterstützung i. e. S. als auch der Rationalitätssicherung übernehmen.

280 Vgl. Kosmider (1994:139).

281 Vgl. Kosmider (1994:139).

282 Vgl. Dintner/ Schorcht (1999).

283 Vgl. Dintner/ Schorcht (1999:152).

284 Vgl. Ossadnik/ Barklage/ Lengerich (2004:628).

wurden.[285] In vielen mittelständischen Unternehmen mangelt es demnach an einem systematischen internen Counterpart zur Hinterfragung des unternehmerischen Willens.[286]

#### *3.1.1.3.2 Interne Träger vs. externe Träger der Rationalitätssicherungsfunktion in mittelständischen Unternehmen*

Der Wahrnehmung von Controllingaufgaben durch unternehmensinterne Träger werden verschiedene Vorteile im Vergleich zu einem möglichen externen Trägereinsatz zugeschrieben. Unternehmensinterne Träger sind generell näher am Betriebsgeschehen und deshalb mit den dort auftretenden Problemen sowie den betroffenen Personen, insbesondere der Unternehmensleitung, vertraut.[287] Die unternehmenspolitische Sensibilität der Informationen, über die die Träger verfügen sollten, wird als weiteres Argument für eine unternehmensinterne Leistungserstellung genannt.[288]

Jedoch weist die alleinige Übernahme von Rationalitätssicherungsmaßnahmen durch interne Träger auch Nachteile auf. Als Argumente werden die Abhängigkeit der internen Rationalitätssicherungsinstitution von der Führung[289] und eine daraus resultierende fehlende Autorität sowie eine ungenügende Objektivität aufgeführt.[290]

Diese Mängel können durch die Übernahme von Rationalitätssicherungsmaßnahmen durch externe Träger beseitigt werden. Da sie kein Mitglied des Unternehmens sind, ist bei ihnen eine „Betriebsblindheit" nicht zu vermuten. Sie sind zudem unabhängiger von der Unternehmensführung. Einer externen Entscheidungshilfe wird deswegen das Potential zugesprochen, das Entscheidungsverhalten mittelständischer Unternehmen zu verbessern.[291]

Zwei weitere Aspekte werden in der Literatur als Begründung für eine Übertragung von Rationalitätssicherungsmaßnahmen auf externe Träger genannt: Die Wahrnehmung von Rationalitätssicherungsaufgaben durch interne Träger „scheitert in mittelständischen Unternehmen nicht selten daran, dass keine hinreichend qualifizierte Person gefunden wird"[292], die die Rationalitätssicherung übernehmen kann. Da mittelständische Unternehmen außerdem nur über

---

[285] Vgl. Zimmermann (2001:274 f.). Die Prozentzahlen beziehen sich nur auf die Unternehmen ohne institutionalisierte Controllerstellen; Mehrfachnennungen waren möglich.

[286] Vgl. Weber/ Schäffer (2001b:44), Marner/ Jaeger (1990:45).

[287] Vgl. Gushurst (1990:4), Roth (2000:130).

[288] Vgl. Mosiek (2002:124).

[289] Vgl. Langenbach (2001:232).

[290] Vgl. Weber/ Schäffer (2001b:44), Gushurst (1990:1), Bartling (1985:39 ff.).

[291] Vgl. Hamer (1988:103 ff.).

[292] Vgl. Goetzke/ Knief (1982:411), ähnlich Konermann (2001:128), Stöckl (2000:52), Roth (2000:130).

begrenzte Ressourcen verfügen, wird die Schaffung einer separaten Controllerstelle häufig als zu teuer bezeichnet.[293]

Deshalb erscheint es sinnvoll, die Rationalitätssicherung durch interne Träger in mittelständischen Unternehmen zumindest teilweise um externe Träger zu ergänzen.[294] Auch WEBER/ SCHÄFFER sind dieser Meinung: „Die Sicherstellung der Rationalität [in mittelständischen Unternehmen, M.S.] erfolgt am besten durch eine Kombination aus institutioneller Verankerung des Controllings im Unternehmen und einem kritischen externen Counterpart."[295]

#### *3.1.1.3.3 Mögliche externe Träger der Rationalitätssicherung in mittelständischen Unternehmen*

Grundsätzlich kommen als externe Träger der Rationalitätssicherung in mittelständischen Unternehmen Beiräte, externe Unternehmensberater, Wirtschaftsprüfer oder Steuerberater sowie Marktteilnehmer in Frage.[296]

Bei einem *Beirat* handelt es sich um ein fakultatives Gesellschaftsorgan, dessen Existenz auf einem entsprechenden Entschluss des Unternehmens und seiner Gesellschafter beruht. Beiräte können in mittelständischen Unternehmen Beratungs-, Überwachungs- und Entscheidungs- sowie Repräsentationsfunktionen übernehmen.[297] Als Aufgaben von Beiräten werden häufig genannt:[298]

- Überwachung/ Kontrolle der Geschäftsführung,
- Einbringen externen Wissens,
- Kontinuitätssicherung und Ausgleich unterschiedlicher Gesellschaftsinteressen,
- Unterstützung beim Aufbau und der Nutzung von Kontakten bzw. Repräsentation,
- Beratung der Geschäftsführung,
- Verminderung des Risikos von Fehlentscheidungen der Geschäftsführung.

---

293 Vgl. Horváth/ Weber (1997:347), Mugler (1998:232).

294 Vgl. z. B. Weber (2003:187). Einige Autoren plädieren sogar dafür, auch die führungsunterstützenden Maßnahmen i. e. S. extern zu vergeben, vgl. Breitkopf (1999:323), Gushurst (1990), Goetzke/ Knief (1982:426).

295 Weber/ Schäffer (2001b:44). Ähnlich auch Langenbach (2001:231 f.).

296 Vgl. z. B. Pössl (1991), Gushurst (1990:106 ff.), Weber/ Schäffer (2001b:44). Da mittelständische Unternehmen zumeist nicht in der Rechtsform der Aktiengesellschaft firmieren, ist die Übernahme von Rationalitätssicherungsfunktionen durch den Aufsichtsrat vernachlässigbar. Dies bestätigte sich auch in der hier durchgeführten empirischen Untersuchung.

297 Vgl. z. B. Schiffer/ Peters (1996:14), Richter/ Freund (1990:3 ff.), Westhoff (1984:17 ff.), Rieger/ Sandmeier/ Keese (2003:55 ff.), Klaus (1988:58 ff.).

298 Vgl. Gaugler (1984:563), Jansen/ Pohlmann (1998:122), Ruter/ Thümmel (1994:36 ff.), Gaugler (1998:13). SCHIFFER/ PETERS betonen die Möglichkeit, durch einen Beirat externe Fachleute in die Entscheidungsfindung des Unternehmens einzubeziehen. Vgl. Schiffer/ Peters (1996:14).

Insbesondere die letzten beiden Punkte verdeutlichen, dass Beiräte eine Rationalitätssicherungsfunktion in mittelständischen Unternehmen wahrnehmen können. STEINMANN/ MÜLLER/ KLAUS bezeichnen als eine Aufgabe des Beirates sogar explizit, „die Qualität der Führungsentscheidungen der Unternehmensspitze zu verbessern und ihre Rationalität zu sichern"[299]. Ob Beiräte tatsächlich zur Rationalitätssicherung beitragen, ist jedoch stark davon abhängig, welche Funktion der jeweilige Beirat in einem mittelständischen Unternehmen vorrangig ausübt.[300] Die Beurteilung des Potentials eines Beirates zur Rationalitätssicherung sollte demnach berücksichtigen, ob es sich dabei eher um ein Repräsentationsorgan handelt oder um ein Beratungs- oder Kontrollorgan. Eine empirische Untersuchung von GAUGLER/ HEIMBURGER zeigt, dass die Beratungsfunktion (61 %) und die Überwachungs- und Kontrollfunktion (74 %) die Hauptaufgaben von Beiräten darstellen.[301] RICHTER/ FREUND können die Bedeutung der Beratungs- sowie der Überwachungsfunktion bestätigen: In 73 % der Unternehmen, die einen Beirat eingerichtet haben, hat dieser beratende Funktion; 76 % der Unternehmen stellen die Überwachungs- und Kontrollfunktion des Beirats heraus.[302] Eine neuere Untersuchung von RIEGER/ SANDMEIER/ KEESE bestätigt die Konstanz und Wichtigkeit dieser beiden Hauptaufgaben (jeweils ca. 63% bzw. 81%) über die Zeit hinweg.[303] Damit wird die Wichtigkeit von Beiräten als Trägern von Rationalitätssicherungsmaßnahmen deutlich.

Das Berufsbild des *Wirtschaftsprüfers* war über lange Jahre hinweg neben der Durchführung betriebswirtschaftlicher Prüfungen, der Funktion als Gutachter und Sachverständiger und der steuerlichen Beratung auch von der Durchführung betriebswirtschaftlicher Beratungen geprägt.[304] Auch *Steuerberater* können ihren Mandanten externe Entscheidungshilfe gewähren.[305] HAMER bezeichnet den Steuerberater als „erstrangige[n] Ratgeber".[306]

Die Bedeutung von *Wirtschaftsprüfern* und *Steuerberatern* als Trägern der Rationalitätssicherung in mittelständischen Unternehmen wird durch verschiedene Studien bekräftigt. So stellen LACHNIT/ MÜLLER fest, dass Wirtschaftsprüfer und Steuerberater von über 50 % der mittel-

---

[299] Steinmann/ Müller/ Klaus (1982:17).

[300] Vor diesem Hintergrund ist auch das Ergebnis von WEBER/ FRANK/ REITMEYER zu beurteilen, die die Rationalitätssicherungsfunktion von Beiräten anzweifeln. Vgl. Weber/ Reitmeyer/ Frank (2000:72 Reitmeyer). Auch die Rechtsprechung lässt einen großen Spielraum für die Ausgestaltung von Beiratsgremien. Vgl. Gaugler (1984:559).

[301] Vgl. Gaugler/ Heimburger (1984:48).

[302] Vgl. Richter/ Freund (1990:39 ff.).

[303] Vgl. Rieger/ Sandmeier/ Keese (2003:56 ff.).

[304] Vgl. Potthoff (1979:117). Allerdings kann eine Beratungstätigkeit in bestimmten Fällen dazu führen, dass der Wirtschaftsprüfer seine eigentliche Prüfungsfunktion in diesem Unternehmen nicht mehr wahrnehmen darf. Vgl. für diese Tatbestände zum Beispiel Hülsmann (2005:169), Ring (2002).

[305] Vgl. Kratz (1996:3). Die Bedeutung von Steuerberatern und Wirtschaftsprüfern bei der Insolvenzprophylaxe mittelständischer Unternehmen ist Gegenstand der Untersuchung von HANTSCHEL. Vgl. Hantschel (1993). Vgl. dazu auch Arens/ Schäfer (2001).

[306] Hamer (1988:119). Vgl. auch Scharl (1992:188 ff.).

ständischen Unternehmen in betriebswirtschaftlichen Fragen konsultiert werden.[307] Dies wird durch die Studie von MARNER/ JAEGER bestätigt, wonach über 50 % der mittelständischen Unternehmen von ihrem Steuerberater in betriebswirtschaftlichen Fragen beraten werden, die über den Buchführungs- und Steuerbereich hinausgehen.[308]

Die von *externen Unternehmensberatern* bereitgestellte Leistung besteht in einer Identifizierung und Anleitung zur Lösung betriebswirtschaftlicher Probleme.[309] Nach GUSHURST gilt die „Optimierung und Rationalisierung betrieblicher Entscheidungen [...] als Domäne der Unternehmensberater."[310] Externe Unternehmensberater können demnach als Rationalitätssicherungsträger eingesetzt werden. Die Studie von MARNER/ JAEGER belegt, dass sich 11,5 % mittelständischer Unternehmen regelmäßig durch externe Berater unterstützen lassen.[311] Nach einer Studie, herausgegeben von GRUNER + JAHR AG/ DEUTSCHER SPARKASSEN- UND GIROVERBAND E.V. arbeiten 14,9 % der mittelständischen Unternehmen mit externen Unternehmensberatern zusammen.[312]

Daneben ist es auch möglich, dass *Marktteilnehmer* Rationalitätssicherungsfunktionen in mittelständischen Unternehmen wahrnehmen. Welche Marktteilnehmer diese Funktion übernehmen, ist jedoch generell stark branchenspezifisch. So wird Lieferanten in der Literatur keine besondere Rolle als Träger der Rationalitätssicherung in mittelständischen Unternehmen eingeräumt.[313] Am Beispiel Automobilhandel lässt sich jedoch durchaus bestätigen, dass die Automobilindustrie als bedeutendster Zulieferer dieser Branche eine wichtige Rationalitätssicherungsfunktion übernimmt.[314] Ziel der vorliegenden Arbeit ist allerdings die Generierung einer verallgemeinerbaren Aussage über alle mittelständische Unternehmen hinweg. Deshalb soll von branchenspezifischen Unterschieden abstrahiert werden und diejenigen Rationalitätssicherungsinstitutionen im Vordergrund stehen, die für einen überwiegenden Teil der mittelständischen Unternehmen Bedeutung haben.

Wichtige Träger der Rationalitätssicherungsfunktion in mittelständischen Unternehmen können, unabhängig von Branchenunterschieden, diejenigen *Banken* (als Marktteilnehmer des

---

307 Nach LACHNIT/ MÜLLER „durchleuchten" Steuerberater und Wirtschaftsprüfer die Funktionalbereiche in mittelständischen Unternehmen und können so Schwachstellen aufzeigen. Lachnit/ Müller (1993:1384).

308 Vgl. Marner/ Jaeger (1990:34).

309 Vgl. Elfgen/ Klaile (1987:29).

310 Gushurst (1990:166).

311 Vgl. Marner/ Jaeger (1990:10).

312 Vgl. Gruner + Jahr AG & Co KG/ Deutscher Sparkassen- und Giroverband e.V. (2005:80).

313 Vgl. Langenbach (2000:127 ff.).

314 Dies geschieht zum Beispiel durch die Vorgabe von Standards und die nachfolgende Kontrolle ihrer Einhaltung oder eine Zertifizierung der Handelsunternehmen durch die Industrie.

Fremdkapitalmarktes) sein, mit denen das Unternehmen in Geschäftsbeziehung steht.[315] Nach LACHNIT/ MÜLLER nehmen 35 % der mittelständischen Unternehmen Beratungsleistungen ihrer Kreditinstitute in Anspruch.[316] KAILICH ermittelt sogar einen Anteil von nahezu 50 % der Unternehmen, die durch Kreditinstitute auch in nicht-finanzwirtschaftlichen Themenfeldern beraten wurden.[317] Banken als Träger der Rationalitätssicherung werden im folgenden Abschnitt näher beschrieben, da sie, über Branchenunterschiede hinweg, häufig rationalitätssichernde Funktionen in mittelständischen Unternehmen wahrnehmen und deswegen als Untersuchungsobjekt ausgewählt wurden.

---

[315] Vgl. z. B. Weber (2003:187), Weber/ Schäffer (2001b:44), Bartling (1985:156), Schmidt (2001:163). Für die Rationalitätssicherung durch Banken in Großunternehmen vgl. beispielsweise Langenbach (2000:194 ff.), Schumacher (2005:205).

[316] Vgl. Lachnit/ Müller (1993:1385).

[317] Vgl. Kailich (1990:192).

## 3.1.2 Banken als Träger der Rationalitätssicherung

### 3.1.2.1 Begriffsdefinition

Die gängige Definition von Banken[318] entspringt § 1 (1) S. 1 des Kreditwesengesetzes. Als Banken werden demnach diejenigen Unternehmen bezeichnet, die Bankgeschäfte gewerbsmäßig oder in einem Umfang betreiben, der einen in kaufmännischer Weise eingerichteten Geschäftsbetrieb erfordert. Banken sind Dienstleistungsbetriebe, die anderen Wirtschaftsteilnehmern Bankleistungen anbieten.[319]

In § 1 (1) S. 3 KWG findet sich die Konkretisierung des Begriffes Bankgeschäfte. Bankgeschäfte umfassen demnach das Einlagen-, Kredit- und Diskontgeschäft, das Finanzkommissions-, Depot- und Investmentgeschäft, das Garantie- und das Girogeschäft sowie das Emissionsgeschäft. Ferner zählen die Verpflichtung, Darlehensforderungen vor Fälligkeit zu erwerben, sowie die Ausgabe und Verwaltung von elektronischem Geld zu den Bankgeschäften. Bankgeschäfte werden traditionell unterteilt in Aktivgeschäfte, Passivgeschäfte und Dienstleistungsgeschäfte (vgl. Abbildung 9).[320]

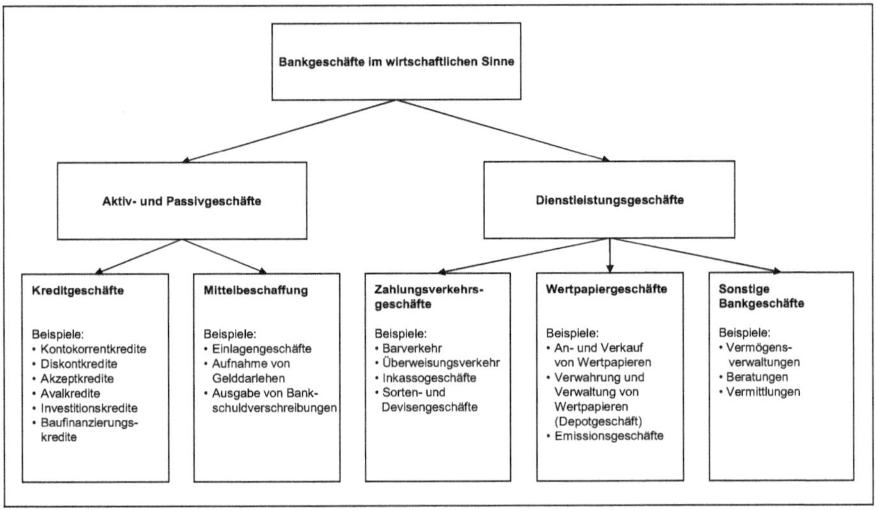


Abbildung 9: Unterteilung der Bankgeschäfte[321]

---

[318] Synonym soll in dieser Arbeit der Begriff „Kreditinstitut" gebraucht werden.

[319] Vgl. Grill/ Perczynski (2005:11).

[320] Vgl. Grill/ Perczynski (2005:12).

[321] Quelle: in Anlehnung an Grill/ Perczynski (2005:11).

Das deutsche Finanzsystem ist durch Universalbanken geprägt, die grundsätzlich alle bzw. eine Vielzahl der oben genannten Bankgeschäfte anbieten, während Trennbanken durch eine weitgehende Spezialisierung gekennzeichnet sind.[322] Zu den Geschäftsbanken in Deutschland, die zum überwiegenden Teil Universalbanken sind,[323] zählen private Geschäftsbanken (Großbanken, Regionalbanken, Privatbankiers, Postbank), die öffentlich-rechtlichen Geschäftsbanken (Sparkassen und Girozentralen) sowie Genossenschaftsbanken.[324]

### 3.1.2.2 Die Rollen von Banken bei der Rationalitätssicherung[325]

Banken können grundsätzlich außerhalb und innerhalb der in Kapitel 3.1.2.1 aufgeführten Bankgeschäfte rationalitätssichernde Funktionen übernehmen.

*Außerhalb der Bankgeschäfte* können Banken den Unternehmen zum Beispiel als Eigenkapitalgeber gegenübertreten und in dieser Funktion rationalitätssichernd wirken. Eine zweite Möglichkeit ergibt sich aus der Wahrnehmung des Auftragsstimmrechtes durch Banken. Auch über den Umweg einer Eigenkapitalbeteiligung durch bankeigene Fondsgesellschaften können Banken rationalitätssichernd auf Unternehmen einwirken.[326] Banken stellen ferner Vertreter in den Aufsichtsräten bzw. Beiräten von Unternehmen. Diese Potentiale sollen im Folgenden kurz erörtert werden, bevor die Möglichkeiten der Übernahme rationalitätssichernder Aufgaben innerhalb der Bankgeschäfte dargestellt werden.

Banken können zunächst in der Funktion des *Eigenkapitalgebers* Rationalität sichern. Anders als in anderen Rechtssystemen ist es Banken in Deutschland gestattet, sich an anderen Unternehmen zu beteiligen.[327] Trotz des in den letzten Jahren durch die Banken selbst forcierten

---

322 Vgl. Fischer/ Rudolph (2000:433).

323 Vgl. Alexander/ Bohl (2000:451). Neben den Geschäftsbanken existiert noch das Zentralbanksystem, das durch die Europäische Zentralbank und die Deutsche Bundesbank vertreten wird. Dieses wird aus der Untersuchung allerdings ausgeklammert. Für eine nähere Erläuterung des Zentralbanksystems vgl. Alexander/ Bohl (2000:454 ff.).

324 Vgl. Alexander/ Bohl (2000:451).

325 Die Rollen, innerhalb derer Banken rationalitätssichernd wirken können, werden in der Literatur häufig unter dem Stichpunkt „Corporate Governance" diskutiert. Der Begriff „Corporate Governance" bezeichnet die Organisation der Leitung und Kontrolle eines Unternehmens mit dem Ziel des Interessenausgleichs zwischen den beteiligten Anspruchsgruppen. Vgl. Witt (2003:1). Man unterscheidet zwischen der Binnenordnung eines Unternehmens und der Außenperspektive der Corporate Governance, die als Verhältnis der Träger der Unternehmensführung zu den wesentlichen Bezugsgruppen gekennzeichnet ist. Vgl. Werder (2003:13). Da sich Corporate Governance und Rationalitätssicherung „inhaltlich nahestehen" (Weber (2002:436)), wird in diesem Abschnitt teilweise auf Literatur aus der Corporate-Governance-Forschung zurückgegriffen. Ähnlich äußern sich auch FREIDANK/ PAETZMANN, die ausführen, dass Controlling, verstanden als Rationalitätssicherung der Führung „[...] konzeptionell den Zielen und Instrumenten der Corporate Governance nahe [steht]" bzw. dass Corporate Governance als Rationalitätssicherung verstanden werden kann. Vgl. Freidank/ Paetzmann (2003:310 f.).

326 Vgl. z. B. Witt (2003:90), Kester (1994:72 f.).

327 Vgl. Gerke/ Mager (2003:550), Wenger/ Kaserer (1998:503).

Abbaus der Bankbeteiligungen[328] ist die deutsche Unternehmenslandschaft, vor allem im Bereich der großen börsennotierten Aktiengesellschaften, noch immer von umfangreichen Überkreuz- und Ringbeteiligungen gekennzeichnet.[329] Im Zentrum dieser so bezeichneten „Deutschland AG“[330] stehen vor allem Banken, die an einer Vielzahl börsennotierter Aktiengesellschaften Anteile halten.[331] Als Anteilseigner einer Aktiengesellschaft steht ihnen das Recht zu, ihr Stimmrecht auf Hauptversammlungen auszuüben und damit auf Vorstand und Aufsichtsrat der betreffenden Aktiengesellschaft (rationalitätssichernd) einzuwirken.[332] Zudem ist es Banken als Eigenkapitalgeber möglich, ihre Anteile zu verkaufen und dem Unternehmen so zu signalisieren, dass Rationalitätsdefizite vorliegen.

Banken verfügen bei börsennotierten Aktiengesellschaften ferner über die Möglichkeit, Rationalitätssicherung über das *Auftragsstimmrecht* auszuüben. Das Auftragsstimmrecht bezeichnet die dem Aktionär gesetzlich eingeräumte Möglichkeit, sich bei der Wahrnehmung seines Stimmrechts vertreten zu lassen.[333] Die Vertretung kann auch der Bank übertragen werden, die Aktienanteile für einen Kunden in einem Depot verwahrt.[334] Banken können im Falle der Übertragung im Auftrag ihrer Depotkunden, die Aktienanteile an einem Unternehmen halten, Stimmrechte in der Hauptversammlung des Unternehmens wahrnehmen.[335] Untersuchungen zeigen, dass gerade bei Aktiengesellschaften mit großem Streubesitzanteil die Auftragsstimmen der Banken große Wirkung haben.[336]

Die führenden deutschen *Kapitalanlagegesellschaften* sind zum überwiegenden Teil Tochterunternehmen großer deutscher Banken. Da Investmentfonds in den letzten Jahren zu einem großen Wachstumsmarkt geworden sind,[337] gewinnt die Rationalitätssicherung über diesen

---

328 Vgl. z. B. Frankfurter Allgemeine Zeitung (2002:17), Frankfurter Allgemeine Zeitung (2003a:21); Frankfurter Allgemeine Zeitung (2004:15), Frankfurter Allgemeine Zeitung (2003b:12), Frankfurter Allgemeine Zeitung (2005:16).

329 Vgl. Gerke/ Mager (2003:551).

330 Vgl. z. B. Frankfurter Allgemeine Zeitung (2005:16).

331 Vgl. z.B. Früh (1999:103 f.), Seger (1997:78 ff.). So hielten Banken 2002 immer noch 10,9 % der Aktien in Deutschland. Vgl. Deutsches Aktieninstitut (2004:08.1-3b).

332 Aktionäre entscheiden auf der Hauptversammlung über die Gewinnverwendung, die Entlastung von Vorstand und Aufsichtsrat, die Bestellung von Anteilseignervertretern im Aufsichtsrat sowie in der Regel die Bestellung des Abschlussprüfers. Darüber hinaus sind Satzung und Gegenstand der Gesellschaft, wesentliche unternehmerische Maßnahmen, die Ausgabe neuer Aktien, Wandel- und Optionsschuldverschreibungen sowie der Erwerb eigener Aktien Gegenstand von Entscheidungen der Hauptversammlung. Vgl. Regierungskommission Deutscher Corporate Governance Kodex (2003:3).

333 Vgl. Weikert (2001:1), Seger (1997:89 ff.).

334 Vgl. Emmons/ Schmid (1998:26).

335 Die Vertretung des Stimmrechts durch Banken ist umfassend durch den deutschen Gesetzgeber kodifiziert. Mit dem Ziel, die Interessen der Aktionäre zu schützen, unterliegen die Banken Aufklärungspflichten sowie Vorschlags- und Weisungseinholungspflichten. Für die Wahrnehmung fremder Stimmrechte auf der eigenen Hauptversammlung gilt eine Einzelweisungserfordernis. Vgl. Weikert (2001:12 ff.).

336 Vgl. Baums/ Fraune (1995:103 f.), vgl. auch Mülbert (1998:455).

337 Vgl. Gerke/ Mager (2003:555).

Mechanismus zunehmend an Bedeutung. Bei Investmentfonds wird das Vermögen der Anleger nach dem Prinzip der Risikostreuung in verschiedene Anlageformen (Aktien, Renten, Immobilien) investiert. Bei Aktienfonds fungiert die Kapitalanlagegesellschaft demnach als Eigenkapitalgeber und verfügt über die o.g. Stimmrechte bzw. das Recht, die Anteile zu verkaufen.[338]

Hält ein Bankenvertreter ein *Aufsichtsratsmandat* oder ist im *Beirat* eines Unternehmens vertreten, kann die Bank über diese Funktion ebenfalls rationalitätssichernd auf die Führung des Unternehmens einwirken.[339] Deutsche Aktiengesellschaften sind per Gesetz dazu verpflichtet, ein duales Führungssystem einzurichten:[340] Während der Vorstand das Unternehmen als Exekutivorgan leitet, bestellt, überwacht und berät der Aufsichtsrat den Vorstand. Er ist in Entscheidungen von grundlegender Bedeutung für das Unternehmen unmittelbar eingebunden.[341] Die Ausübung von Aufsichtsratsmandaten durch Bankenvertreter ist bei deutschen börsennotierten Aktiengesellschaften durchaus üblich.[342] Allerdings nimmt der Anteil der Bankenvertreter in den Aufsichtsräten deutscher Aktiengesellschaften ab. So reduzierte sich beispielsweise die Einbindung der Geschäftsführungsmitglieder von Deutscher Bank und Commerzbank, die 2000 mit jeweils elf bzw. neun Unternehmen personelle Beziehungen unterhielten, auf sieben bzw. auf vier Mandate.[343] Dem Aufsichtsrat in Aktiengesellschaften entsprechen *Beiräte* in anderen Gesellschaftsformen. Wie in Kapitel 3.1.1.3.3 beschrieben, ist die Bestellung eines Beirats nicht gesetzlich vorgeschrieben und hat lediglich fakultativen Charakter. Allerdings wird auch Beiräten eine Beratungs- und Überwachungsfunktion und damit die Möglichkeit einer rationalitätssichernden Einflussnahme zugesprochen.[344]

Da die deutschen Banken zum überwiegenden Teil Universalbanken sind und deshalb eine Vielzahl von Bankgeschäften anbieten, treten sie über die genannten Funktionen des Eigenkapitalgebers, des Wahrnehmens von Auftragsstimmrechten, des Aufsichtsratsmitglieds und des Eigentümers von Kapitalanlagegesellschaften hinaus auch noch in einer Reihe von Bankgeschäften mit dem Unternehmen in Kontakt und haben so grundsätzlich die Möglichkeit, rationalitätssichernd auf das Unternehmen einzuwirken. Allerdings bieten Bankgeschäfte wie die Übernahme des Zahlungsverkehrs, die Funktion als Kapitalnehmer im Einlagengeschäft,

---

338 Vgl. Gerke/ Mager (2003:555 f.).

339 Vgl. z. B. Seger (1997:106 ff.).

340 Vgl. Regierungskommission Deutscher Corporate Governance Kodex (2003:1).

341 Vgl. Regierungskommission Deutscher Corporate Governance Kodex (2003:1).

342 Vgl. Früh (1999:102), Baums/ Randow (1995:145).

343 Vgl. Monopolkommission (2005:274 ff.).

344 Vgl. Kapitel 3.1.1.3.3.

die Vermittlung von Wertpapiergeschäften oder das Emissionsgeschäft nur geringe Möglichkeiten einer rationalitätssichernden Einwirkung.[345]

Eine Ausnahme bildet die klassische Funktion des *Fremdkapitalgebers.* Da Banken im Rahmen des Kreditgeschäftes Risiken unterliegen, ist ihre Beziehung zum Unternehmen typischerweise in dem Fall besonders eng, in dem die Bank dem Unternehmen Kredite zur Verfügung stellt. Die Unternehmen werden einer Kreditprüfung vor Vertragsabschluss sowie einer Kreditüberwachung während der gesamten Laufzeit unterzogen. Im Rahmen der Kreditgewährung sowie in der laufenden Kreditüberwachung können Banken rationalitätssichernd auf Unternehmen einwirken.[346] Hinzu kommt, dass Banken eine zentrale Bedeutung als Finanzierungsquelle von Unternehmen haben.[347] So ist die Kreditfinanzierungsquote in Deutschland wesentlich höher als im internationalen Vergleich.[348] Als Fremdkapitalgeber sind Banken somit in der Lage, Rationalitätssicherungsaufgaben zu übernehmen.

Aufgrund der Vielfalt an Einwirkungsmöglichkeiten werden Banken in Deutschland häufig als wichtige rationalitätssichernde Instanzen angesehen.[349] Das deutsche Finanzsystem wird deshalb auch als bankorientiertes System bezeichnet.[350]

#### 3.1.2.3 Empirische Erkenntnisse zu Banken als Trägern der Rationalitätssicherung

Welchen Effekt die Rationalitätssicherung durch Banken auf die Performance von Unternehmen hat, ist in der Literatur umstritten. Es existiert eine Reihe von Studien, deren Ziel die empirische Überprüfung einzelner oder der kumulativen Wirkung aller o. g. Funktionen, in denen Banken rationalitätssichernd wirken können, auf die Performance von Unternehmen ist. Die Studien unterscheiden sich dabei stark voneinander nicht nur hinsichtlich des Untersuchungszeitraums, der Stichprobenauswahl und der Methodik, sondern auch in Hinblick auf ihre Ergebnisse. Diese sollen im Folgenden kurz skizziert werden.

---

[345] Vgl. beispielsweise die Erörterungen von Gerke/ Mager (2003), Langenbach (2000:194 ff.), Schumacher (2005:205 ff.), Emmons/ Schmid (1998), in denen Bankgeschäfte außerhalb der Kreditvergabe überhaupt nicht zur Sprache kommen.

[346] Vgl. für eine genauere Darstellung der Rationalitätssicherung durch Banken als Fremdkapitalgeber Kapitel 3.2.

[347] Vgl. z. B. Deutsche Bundesbank (2005:45).

[348] Vgl. Edwards/ Fischer (1998:259), Rajan/ Zingales (1995:1482).

[349] Vgl. z. B. Schumacher (2005:205 ff.), Langenbach (2000:194), Prigge (1998:1020).

[350] Vgl. z. B. Allen/ Gale (1995:180).

### *3.1.2.3.1 Übersicht über die empirischen Studien*

CABLE (1985) untersucht den Zusammenhang zwischen dem Einfluss der Banken (gemessen anhand der Höhe der von Banken ausgeübten Stimmrechte, der Zahl der von Bankenvertretern übernommenen Aufsichtsratsmandate sowie der Höhe der Verbindlichkeiten gegenüber Banken) und der Rentabilität der Unternehmen. Als relevant wurden dabei die 48 umsatzstärksten Unternehmen im Zeitraum von 1968 bis 1972 identifiziert. CABLE stellt fest: „Empirical estimates show that [...] there is a significant, positive relationship between the degree of bank involvement in leading industrial companies and their financial performance."[351]

Die Studie von PERLITZ/ SEGER (1994) analysiert die Einflusspotentiale Anteilsbesitz, Depotstimmrechte, Aufsichtsratsmandate sowie Kreditvergabe und die Wirkung dieser Potentiale auf die Jahresabschlusskennzahlen von 110 börsennotierten Industrieunternehmen für die Jahre 1990 bis 1992. Dabei stellen sie einen negativen Einfluss einer starken Bankeinwirkung fest.[352]

Die Untersuchung von SEGER (1997) beschäftigt sich mit vier Funktionen, in denen Banken rationalitätssichernd wirken können (Anteilsbesitz, Depotstimmrechte, Aufsichtsratsmandate sowie Verbindlichkeiten) und untersucht deren Wirkung auf die Performance von Unternehmen. In seine Untersuchung bezog er 144 börsennotierte Aktiengesellschaften im Zeitraum 1990 bis 1992 ein. Seine Ergebnisse zeigen kein einheitliches Bild: Während die Bankbeteiligungen positiv zum Unternehmenserfolg beitragen, weisen die Wahrnehmung von Depotstimmrechten durch die Bank sowie die Präsenz von Bankvertretern im Aufsichtsrat keine signifikanten Wirkungen auf.[353] Die Bankverbindlichkeitenquote ist negativ mit dem Unternehmenserfolg verknüpft.[354]

WENGER/ KASERER (1998) untersuchen die Wirkung der Einflussnahme durch Banken (gemessen durch den langfristigen Eigenkapitalanteil) auf die Performance des Unternehmens (gemessen durch die Aktienkursentwicklung). Im Ergebnis zeigt sich, dass ein negativer Zusammenhang zwischen langfristiger Bankbeteiligung und Performance besteht (n = 48).[355]

---

[351] Cable (1985:129 f.).

[352] Vgl. Perlitz/ Seger (1994:64).

[353] Allerdings unterscheidet SEGER zwischen einer „einfachen" Mitgliedschaft im Aufsichtsrat und dem Posten eines Aufsichtsratsvorsitzenden: Steht ein Bankvertreter dem Aufsichtsrat vor, so wirkt dies negativ auf den Unternehmenserfolg. Vgl. Seger (1997:206).

[354] SEGER weist in diesem Zusammenhang darauf hin, dass das Ergebnis nicht eindeutig interpretiert werden kann. Zum einen kann es bedeuten, dass die Kreditinanspruchnahme die Unternehmenspolitik negativ beeinflusst. Andererseits ist auch nicht auszuschließen, dass unrentable Gesellschaften in besonderem Maße auf Kreditfinanzierung angewiesen sind. Er legt deshalb nahe, dieses Ergebnis nicht zu deuten. Vgl. Seger (1997:206).

[355] Vgl. Wenger/ Kaserer (1998:522 ff.).

GORTON/ SCHMID (2000) analysieren die Wirkung des Beteiligungsbesitzes durch Banken sowie des Depotstimmrechtes auf die Performance von Unternehmen (gemessen durch das Market-to-Book-Ratio), wobei sie sich auf die Untersuchung von zwei Jahren (1974 und 1985) konzentrieren. Ihr Sample umfasst 283 (ohne Einbezug von Depotstimmrechten) bzw. 82 Unternehmen (unter Einbezug von Depotstimmrechten) für 1974 sowie 280 bzw. 56 für 1985. Nach ihrer Untersuchung steigt die Performance des Unternehmens „to the extent that banks have control rights from equity ownership"[356].

EDWARDS/ NIBLER (2000) untersuchen für den Zeitraum von 1988 bis 1991 die Wirkung der Banken als Eigenkapitalgeber, als Depotstimmrechtsbevollmächtigte sowie als Aufsichtsratsvertreter auf die Performance von Unternehmen (n=156). Sie kommen zu folgendem Ergebnis: „There was no evidence that large bank ownership stakes had greater effect on the market-to-book-ratio than those of all other types of large shareholders".[357] Auch für die Vertretung von Banken im Aufsichtsrat oder für die Ausübung von Depotstimmrechten konnte kein positiver Effekt festgestellt werden.

Die Studie von LEHMANN/ WEIGAND (2000) kommt zu dem Ergebnis, dass „having financial institutions as largest shareholders of traded corporations improves corporate performance."[358] Sie bezogen in ihre Untersuchung Daten von 361 deutschen Unternehmen im Zeitraum von 1991 bis 1996 ein. Ihr Untersuchungsfokus lag auf dem Effekt von Eigentümerkonzentration auf die Performance der Unternehmen, gemessen durch den Return on Assets.

ELSTON (2004) untersucht den Zusammenhang zwischen engen Bankbeziehungen und Überleben eines Unternehmens für den Zeitraum von 1970 bis 1986. Ihr Sample umfasst 719 Unternehmen. Enge Bankbeziehungen werden definiert als Beteiligungen an den Firmen über 50 % oder eine Beteiligung über 25 % verbunden mit der Wahrnehmung eines Aufsichtsratsmandats durch die Bank oder der Wahrnehmung von Depotstimmrechten durch die Bank von mehr als 50 % der Stimmrechte.[359] Die Analyse ergibt, dass „bank-influenced firms have higher survival rates than non-bank-influenced firms"[360].

CHIRINKO/ ELSTON (2006) können den Zusammenhang zwischen Bankeneinfluss (gemessen allerdings nur auf der Basis der Beteiligungen von Banken an Firmen) und Profitabilität des Unternehmens (gemessen durch den Return on Assets) nicht bestätigen. In ihre Untersuchung gehen Daten von 91 Unternehmen im Untersuchungszeitraum von 1966 bis 1988 ein.[361]

---

356 Gorton/ Schmid (2000:70).

357 Edwards/ Nibler (2000:260).

358 Lehmann/ Weigand (2000:191).

359 Vgl. Elston (2004:67).

360 Elston (2004:68).

361 Vgl. Chirinko/ Elston (2006).

### 3.1.2.3.2 Würdigung der Studien in Hinblick auf die vorliegende Untersuchung

Wie aus der obigen Übersicht zu entnehmen ist, beschäftigt sich eine Reihe von Analysen mit der Frage, ob eine enge Beziehung zur Bank einen Zusammenhang mit dem Unternehmenserfolg aufweist. Allerdings werden die Studien teilweise sehr kritisch beurteilt, unter anderem aufgrund methodischer Probleme.[362]

Ein zweiter Kritikpunkt bezieht sich auf die Auswahl der Einflussvariablen in den Untersuchungen. So wird zumeist auf öffentliche Daten aus den Jahresabschlüssen über Anteilsbesitz, Verbindlichkeiten oder Aufsichtsratsmandate zurückgegriffen und ihr Zusammenhang mit dem Unternehmenserfolg untersucht. EMMONS/ SCHMID kommentieren diese Vorgehensweise folgendermaßen: „They merely test for a statistical relationship, rather than providing much economic insight into what is taking place."[363] Jedoch ist die Aussagekraft solcher Zusammenhänge relativ schwach, da die als Variablen gewählten Kennzahlen aus dem Jahresabschluss noch nichts über die tatsächlich stattfindenden Prozesse aussagen (beispielsweise über eine Einwirkung auf die Unternehmensführung). Die Übertragung eines Aufsichtsratsmandats an einen Bankenvertreter alleine sagt beispielsweise noch nichts darüber aus, ob dieser rationalitätssichernd auf die Unternehmensführung eingewirkt hat, sie ergänzt und begrenzt, qualifiziert beraten oder in Diskussionen verwickelt hat. Nur die Erhebung der konkreten Information über die rationalitätssichernde Einwirkung an sich kann Auskunft darüber geben, ob die Bank tatsächlich (in welcher Funktion auch immer) rationalitätssichernd auf das Unternehmen eingewirkt hat. Die Erhebung dieser Information ermöglicht es zudem, den Zusammenhang zwischen der tatsächlichen Einwirkung der Bank und dem Unternehmenserfolg zu untersuchen.

Schließlich zeigt die Übersicht über die Studien, dass die Ergebnisse einander zum Teil widersprechen. Dies ist auch auf die verschiedenen Untersuchungszeiträume und die unterschiedliche Wahl der Mechanismen zurückzuführen. Insgesamt bleibt jedoch mit SHLEIFER/ VISHNY festzuhalten: "Although there has been a great deal of theoretical discussion [...], the empirical evidence of the role [of banks, M.S.] remains scarce."[364]

Aus dem Blickwinkel der vorliegenden Arbeit ist zudem zu konstatieren, dass in den o. g. Studien zumeist die Rationalitätssicherung bei Großunternehmen im Fokus der Untersuchung stand. Bei Großunternehmen ist es sinnvoll, alle beschriebenen Funktionen zu überprüfen. Ob eine Übertragbarkeit der Ergebnisse auf mittelständische Unternehmen möglich ist, soll im folgenden Abschnitt untersucht werden.

---

362 Insbesondere die Studien von CABLE, GORTON/ SCHMID und CHIRINKO/ ELSTON werden aufgrund der gewählten Datenbasis, der untersuchten Mechanismen und der Erhebungszeiträume sowie der verwendeten Erfolgsmaße kritisiert. Vgl. z. B. Seger (1997:144 f., 152 f.).

363 Emmons/ Schmid (1998:36).

364 Shleifer/ Vishny (1997:757).

#### 3.1.2.4 Banken als Träger der Rationalitätssicherung in mittelständischen Unternehmen

Im vorhergehenden Kapitel wurden die grundsätzlichen Potentiale unterschiedlicher Funktionen der Rationalitätssicherung dargestellt. Dabei wurde deutlich, dass Banken in der Literatur Rationalitätssicherungspotentiale im Rahmen ihrer Funktionen als Eigenkapitalgeber, Aufsichtsratsmandatsträger, Eigentümer von Kapitalanlagegesellschaften und als Fremdkapitalgeber zugesprochen werden. Es soll nun untersucht werden, inwiefern diese Funktionen auch im Rahmen der Rationalitätssicherung mittelständischer Unternehmen eine Rolle spielen.

Deutsche mittelständische Unternehmen verfügen über eine im internationalen Vergleich geringe Eigenkapitalquote.[365] Zu ihrer Erhöhung spielt die Innenfinanzierung durch Gewinne und Abschreibungen eine entscheidende Rolle. An zweiter Stelle folgt die Stärkung der Eigenkapitalbasis durch Einlagen der bisherigen Gesellschafter.[366] Die Finanzierung über externes Eigenkapital bzw. eine Beteiligung von Banken an mittelständischen Unternehmen sind hingegen eher ungewöhnlich[367] – die Rationalitätssicherung durch Banken in der Funktion als *Eigenkapitalgeber* ist deshalb bei mittelständischen Unternehmen zu vernachlässigen.

Mittelständische Unternehmen werden zumeist in den Rechtsformen der Personenhandelsgesellschaft (OHG, KG, GmbH & Co. KG) oder als GmbH betrieben.[368] Die Rechtsform der Aktiengesellschaft findet sich in mittelständischen Unternehmen eher selten.[369] Da die Wahrnehmung von *Auftragsstimmrechten* jedoch auf diese Rechtsform beschränkt ist, ist auch dieser Rationalitätssicherungsmechanismus für mittelständische Unternehmen nicht von Relevanz.

Die Rechtsform bestimmt weiterhin, ob ein duales Führungssystem im Unternehmen einzurichten ist. Da mittelständische Unternehmen zum überwiegenden Teil nicht in der Rechtsform der Aktiengesellschaft firmieren,[370] sind sie in der Regel von der gesetzlichen Verpflichtung zur Einrichtung eines Überwachungs- und Kontrollorgans in Form eines *Aufsichtsrates* befreit.

In jeder Rechtsform ist es dagegen möglich, einen *Beirat* als fakultatives Beratungs- und Überwachungsorgan einzurichten und einem Bankenvertreter ein Beiratsmandat zu übertra-

---

365 Vgl. z. B. Rajan/ Zingales (1995:1428).

366 Vgl. z. B. Kreditanstalt für Wiederaufbau (2005:62), Rosen (2003:39 ff.).

367 Vgl. z. B. Rosen (2003:16 ff.), Achleitner/ Fingerle (2004:27 ff.).

368 Vgl. z. B. Gruner + Jahr AG & Co KG/ Deutscher Sparkassen- und Giroverband e.V. (2005:15); Schiffer/ Peters (1996:13).

369 Vgl. z. B. Gruner + Jahr AG & Co KG/ Deutscher Sparkassen- und Giroverband e.V. (2005:15); Schiffer/ Peters (1996:13).

370 Vgl. z. B. Gruner + Jahr AG & Co KG/ Deutscher Sparkassen- und Giroverband e.V. (2005:15); Schiffer/ Peters (1996:13).

gen.[371] In der empirischen Untersuchung, die dieser Arbeit zugrunde liegt, ergab sich jedoch, dass auch die Beiratstätigkeit von Bankenvertretern einen zu vernachlässigenden Rationalitätssicherungsmechanismus darstellt. So zeigte sich, dass 14,2 % der befragten Unternehmen einen Beirat bestellt hatten. Ein Bankenvertreter war allerdings nur in 1,8 % der Fälle unter den Beiratsmitgliedern.

Bei der *Fremdkapitalversorgung* mittelständischer Unternehmen spielen Banken in Deutschland hingegen eine wesentlich wichtigere Rolle als in vielen anderen Ländern. Mittelständische Unternehmen weisen eine Abhängigkeit von der traditionellen Finanzierung über Kredite von teilweise über 50 % ihrer Gesamtfinanzierung auf.[372] Die Bedeutung der Finanzierungsquelle Bank wird auch in einer empirischen Studie deutlich: Demnach geben 27,5 % der Unternehmen an, dass Kredite zur Finanzierung von Investitionen unverzichtbar sind, weitere 33,9 % bestätigen, dass Bankkredite sehr wichtig sind, während nur 13,9 % der befragten mittelständischen Unternehmen angeben, Bankkredite seien nicht wichtig für die Finanzierung von Investitionen.[373] Dies wird sich in absehbarer Zeit auch nicht ändern, da der Zugang zu organisierten Kapitalmärkten mittelständischen Unternehmen häufig aufgrund von Größenbeschränkungen und zahlreichen Auflagen verschlossen bleibt.[374]

Aus den obigen Ausführungen wird deutlich, dass Banken als Eigenkapitalgebern, Aufsichtsrats- bzw. Beiratsmitgliedern oder durch die Wahrnehmung von Depotstimmrechten kein erhebliches Rationalitätssicherungspotential für mittelständische Unternehmen zugesprochen werden kann. Allein in ihrer Funktion als Fremdkapitalgeber ist es den Banken möglich, als Träger der Rationalitätssicherung in mittelständischen Unternehmen zu wirken.[375] Dieses Potential soll im Folgenden genauer untersucht werden.

---

[371] Vgl. Doberanzke (1993:24 ff.), Westhoff (1984).

[372] Vgl. Achleitner/ Fingerle (2004:16) Vgl. auch Kreditanstalt für Wiederaufbau (2003:8), Hommel/ Schneider (2004:580), Leidig (2004:804), vgl. auch Audretsch/ Elston (1997:97).

[373] Vgl. Gruner + Jahr AG & Co KG/ Deutscher Sparkassen- und Giroverband e.V. (2005:31).

[374] Vgl. z. B. Wossidlo (1997:296), Gerke/ Bank (1999:15 ff.).

[375] ELSAS/ KRAHNEN stellen fest: „[For] the vast majority of corporate Germany [...] bank involvement is neither in the function of shareholders, nor as proxy voters or board members, but usually just as lenders. However, for these firms, bank debt is the single most important source of outside financing, which in turn implies a major role for the banks." Elsas/ Krahnen (2003:1) oder später: „[…] bank influence via direct equity holdings, supervisory board representations, or proxy-voting-rights can easily be ignored. The reason is that they are irrelevant for small and medium enterprises […]." Elsas/ Krahnen (2003:13 f.).

## 3.2 Spezifika der Rationalitätssicherung durch Banken in mittelständischen Unternehmen

Wenn Kreditinstitute bei mittelständischen Unternehmen eine Rationalitätssicherungsfunktion ausüben, nehmen sie die Rolle eines (Fremdkapital-)Marktteilnehmers gegenüber dem Unternehmen ein. Der Rationalitätssicherungsfunktion liegt in diesem Falle ein Bankgeschäft zwischen Bank und Unternehmen, nämlich die Kreditvergabe zugrunde. Im Folgenden soll zunächst das Kreditgeschäft als Basis der Rationalitätssicherung dargestellt werden. In Anlehnung an die verschiedenen Formen der Rationalitätssicherung durch Marktteilnehmer (vorgestellt in Kapitel 2.3) folgt eine Diskussion, wie eine Bank innerhalb des Kreditgeschäftes rationalitätssichernd gegenüber mittelständischen Unternehmen wirken kann.

### 3.2.1 Das Kreditgeschäft als Basis der Rationalitätssicherung durch Banken in mittelständischen Unternehmen

In Kapitel 3.1.2.4 wurde dargestellt, dass sich in der Beziehung zwischen mittelständischen Unternehmen und Bank zumeist das Kreditgeschäft als Basis der Rationalitätssicherung erweist. Im Folgenden sollen deswegen der Kreditvertrag, der Kreditprozess, die Kreditprüfung und -überwachung sowie die Gestaltung der Kreditkonditionen genauer dargestellt werden. Im nächsten Schritt wird das Hausbankverhältnis als charakteristisches Merkmal der Geschäftsbeziehungen zwischen Banken und mittelständischen Unternehmen vorgestellt.

#### 3.2.1.1 Grundlagen des Kreditgeschäftes

##### *3.2.1.1.1 Der Kreditvertrag*

Eine Geschäftsbeziehung zwischen Bank und Unternehmen umfasst zumeist eine Vielzahl einzelner Kreditverträge. Ein Kreditvertrag ist ein Schuldvertrag gemäß § 241 BGB, der durch übereinstimmende Willenserklärungen zwischen einem Kreditgeber und einem Kreditnehmer zustande kommt. Gegenstand des Kreditvertrages ist entweder die Geldleihe, wenn der Gläubiger dem Schuldner einen Geldbetrag zur Verfügung stellt, oder die Kreditleihe, welche die Übernahme einer Haftungsverpflichtung durch den Kreditgeber darstellt.[376] Die gängigsten Kreditarten sind hierbei Investitionsdarlehen, Kontokorrentkredite und Diskontkredite als Formen der Geldleihe, sowie Bürgschaften und Garantien als Formen der Kreditleihe.[377] Als Entgelt für die Kreditbereitstellung wird durch den Kreditnehmer ein Zins oder

[376] Eine ausführliche Darstellung der verschiedenen Arten von Geld- und Kreditleihe findet sich u. a. bei Eichwald/ Pehle (2000), Grill/ Perczynski (2005:381 ff.), Hartmann-Wendels/ Pfingsten/ Weber (2000) oder auch Brettel/ Rudolf/ Witt (2005:164 ff.).

[377] Vgl. Machauer (1999:6), Grill/ Perczynski (2005:381 ff.).

eine Provision entrichtet. Bei einer Geldleihe verpflichtet der Kreditnehmer sich zusätzlich, den Kreditbetrag zurückzuerstatten.[378]

Neben den Vereinbarungen bezüglich des Gegenstandes legt der Kreditvertrag weitere Rechte und Pflichten der Vertragspartner fest (zum Beispiel Vereinbarungen über die Kreditbesicherung sowie die Höhe des Zinses und die Rückzahlungsvereinbarung). Zu beachten sind insbesondere die Bestimmungen der Allgemeinen Geschäftsbedingungen, die durch einen expliziten Hinweis seitens der Bank in der Regel Vertragsbestandteil eines jeden Kreditvertrages werden.[379]

#### *3.2.1.1.2 Der Kreditprozess*

Grundsätzlich können vier Phasen eines Kreditprozesses unterschieden werden.[380] In der ersten Phase erfolgt ein erster Kontakt zwischen Bank und Unternehmen. Der Kontakt wird dabei entweder von der Bank oder vom Unternehmen initiiert. Bei den Gesprächen stehen der Kreditbedarf sowie die Bedürfnisse und Anforderungen beider Seiten im Vordergrund.[381]

Die zweite Phase beginnt, wenn sich das Unternehmen für die Aufnahme eines Kredites bei der Bank entscheidet. In diesem Fall stellt das Unternehmen einen Kreditantrag. Das Kreditinstitut wird im Folgenden eine Kreditprüfung durchführen, bei der die Kreditfähigkeit[382] des potentiellen Kreditnehmers, seine Kreditwürdigkeit und die von ihm zur Verfügung gestellten Sicherheiten beurteilt werden.[383]

Die Bank trifft auf der Basis dieser Prüfung eine Kreditentscheidung. Im Falle eines positiven Beschlusses werden die Kredithöhe sowie die Konditionen mit dem Unternehmen verhandelt und ein Kreditvertrag aufgesetzt. Die Kreditzusage der Bank kann als erste Willenserklärung interpretiert werden. Nimmt das Unternehmen die Zusage an (zweite Willenserklärung), wird in der Regel der zustande gekommene Vertrag unterzeichnet.[384] Nach der Unterzeichnung des Vertrages, der Überlassung der vereinbarten Kreditsumme (im Falle der Kreditleihe nach der Übernahme der Bürgschaft oder Garantie) sowie ggf. der Bereitstellung der Sicherheiten endet die dritte Phase, die Realisationsphase.[385]

---

[378] Vgl. Machauer (1999:6), Grill/ Perczynski (2005:381 ff.).

[379] Vgl. AGB-Gesetz, § 2.

[380] Vgl. zu den folgenden Ausführungen Fischer (2004:15 ff.).

[381] Vgl. Fischer/ Holzkämper/ Mendel (2003:16 f.).

[382] Ein Kreditnehmer ist kreditfähig, wenn er rechtswirksam Kreditverträge abschließen kann. Kreditfähig sind demnach natürliche Personen, die voll geschäftsfähig sind, juristische Personen des privaten und öffentlichen Rechts und Personenhandelsgesellschaften. Vgl. Hagen/ Stein (2000:671), Grill/ Perczynski (2005:345).

[383] Vgl. Fischer/ Holzkämper/ Mendel (2003:17).

[384] Vgl. Grill/ Perczynski (2005).

[385] Vgl. Fischer/ Holzkämper/ Mendel (2003:17 f.).

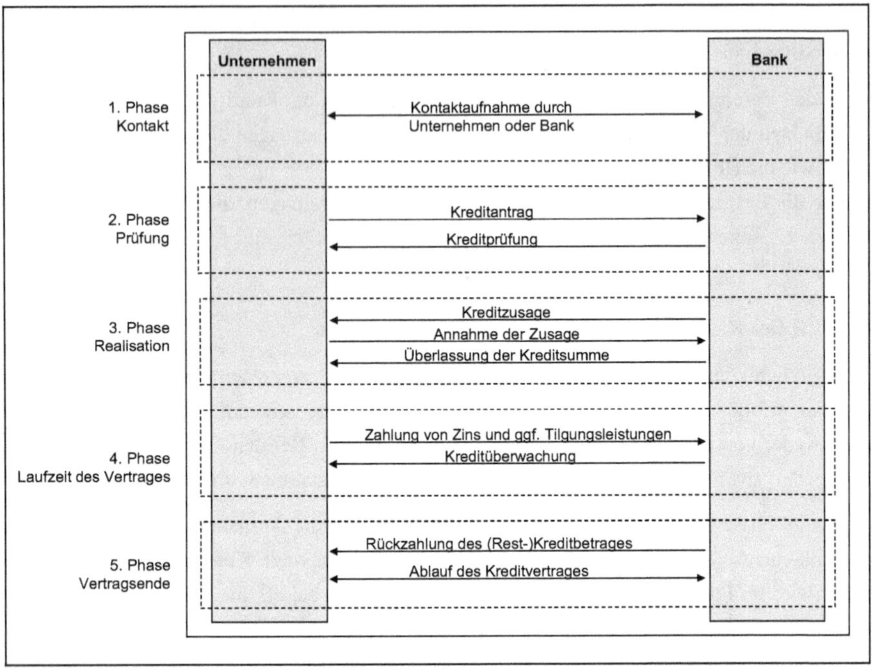


Abbildung 10: Ablauf des Kreditprozesses[386]

In der anschließenden vierten Phase zahlt das Unternehmen die im Kreditvertrag vereinbarten Zins- und Tilgungsleistungen an die Bank (im Falle der Kreditleihe zumeist je nach Laufzeit eine jährliche Provision). Das laufende Kreditengagement wird durch die Bank überwacht.[387] Die Kreditüberwachung ist ein System zur Früherkennung von Kreditrisiken – sie dient der Identifikation derjenigen Kreditnehmer, bei denen steigende Risiken die Erfüllung vereinbarter Zahlungsverpflichtungen gefährden könnten.

Bei Vertragsende (5. Phase) erstattet das Unternehmen der Bank im Falle der Geldleihe den (noch nicht durch Tilgungsleistungen erbrachten) verbleibenden Kreditbetrag zurück – der Vertrag läuft aus. Eine Übersicht über die Phasen des Kreditprozesses bietet Abbildung 10.

Da die Kreditwürdigkeitsprüfung sowie die Kreditüberwachung der Bank einen genauen Einblick in das Unternehmen ermöglichen, sollen diese im Folgenden nochmals vertiefend dargestellt werden.

---

386 Der Kreditprozess wurde in der Abbildung nur für den Fall der Geldleihe dargestellt. Quelle: Eigene Darstellung.

387 Vgl. Fischer/ Holzkämper/ Mendel (2003:18).

#### 3.2.1.1.3 Kreditwürdigkeitsprüfung und Kreditüberwachung

Die Kreditvergabeentscheidung einer Bank erfolgt unter Unsicherheit. Die Bank unterliegt hierbei dem Termin- sowie dem Ausfallrisiko, d. h. sie kann sich nicht sicher sein, ob der Kreditnehmer seinen vertraglich vereinbarten Pflichten (termingerecht) nachkommen wird.[388] Wesentliche Ursachen für diese Risiken liegen beim Kreditnehmer, dessen Eigenschaften und Verhalten für den Kreditgeber nur bedingt beobachtbar sind.

Die Kreditnehmer werden deshalb vor der Vergabe einer Kreditwürdigkeitsprüfung (auch: Rating) unterzogen. Als kreditwürdig gelten natürliche und juristische Personen bzw. Personenhandelsgesellschaften, von denen eine vertragsgemäße Erfüllung der Kreditverpflichtungen erwartet werden kann, d. h., wenn deren gegenwärtige und zukünftig erwarteten wirtschaftlichen Verhältnisse die Zins- und Rückzahlungsleistungen gesichert erscheinen lassen.[389] Bei der Kreditwürdigkeitsprüfung wird die Wahrscheinlichkeit bestimmt, mit der das Unternehmen seinen Verpflichtungen entsprechen kann (bzw. im Umkehrschluss dessen Ausfallwahrscheinlichkeit, d. h. das Risiko, dass das Unternehmen seinen Verpflichtungen nicht nachkommen kann). Die Bank bildet sich auf diesem Wege ein Urteil über die Bonität des Unternehmens und über die Risiken, die mit dem Kredit verbunden sind. Da sich jedoch auch während der Kreditlaufzeit wesentliche Risiken ergeben können, besteht der Informationsbedarf nicht nur vor der Kreditvergabeentscheidung, sondern während der gesamten Kreditlaufzeit.[390] Deswegen ist die Kreditwürdigkeit in regelmäßigen Abständen zu überprüfen (Kreditüberwachung).[391]

Kreditwürdigkeitsprüfung und Kreditüberwachung werden auch durch gesetzliche und bankaufsichtliche Regelungen vorgeschrieben. So verpflichtet § 18 KWG die Kreditinstitute dazu, bei Krediten, die € 750.000 oder 10 % des haftenden Eigenkapitals des Kreditinstitutes übersteigen, die wirtschaftlichen Verhältnisse des Kreditnehmers einzusehen.[392] Die Mindestanforderungen an das Risikomanagement (MaRisk) fordern die Banken dazu auf, sowohl im Rahmen der Kreditentscheidung als auch bei turnusgemäßen oder anlassbezogenen Beurteilungen die Risiken eines Engagements zu bewerten.[393] Ferner haben die Banken „aussage-

---

[388] Vgl. Hein (1993:172).

[389] Vgl. Grill/ Perczynski (2005:345).

[390] Vgl. Hein (1993:174).

[391] Kreditwürdigkeitsprüfung und Kreditüberwachung werden auch mit dem Begriff „Rating" bezeichnet. Dieser beschreibt das Verfahren zur Bonitätsbeurteilung. Vgl. Weber/ Müller/ Sorg (2004:8) .

[392] Vgl. Clausen (2005:1534), Grill/ Perczynski (2005:346). Nach § 18 S. 2 KWG kann das Kreditinstitut davon absehen, wenn das Offenlegungsverfahren in Hinblick auf die gestellten Sicherheiten oder auf die mitverpflichteten Personen offensichtlich unbegründet wäre, etwa wenn der Kredit durch erstrangige Grundpfandrechte auf selbst genutztes Wohneigentum abgesichert ist, wenn der Kredit vier Fünftel des Beleihungswertes nicht übersteigt und der Kreditnehmer Zins- und Tilgungsleistungen störungsfrei erbringt. Vgl. Walter (2005:2140 f.); Grill/ Perczynski (2005:346).

[393] Vgl. Bundesanstalt für Finanzdienstleistungsaufsicht (2005:Ziff. 1 BTO 1.4). Die Mindestanforderungen an das Risikomanagement wurden in einem Rundschreiben der Bundesanstalt für Finanzdienstleistungsaufsicht

kräftige“ Risikoklassifizierungssysteme für die erstmalige bzw. die turnusmäßige oder anlassbezogene Beurteilung des Adressenausfallrisikos einzurichten.[394] Ab Ende 2006 treten zudem die Bestimmungen zu „Basel II“ in Kraft.[395] Nach deren Mindestkapitalforderungen richtet sich die Eigenkapitalunterlegung der Bank nach dem speziellen Risiko des Engagements. Zur Beurteilung des Risikos (Risikoklassifizierung) muss eine Kreditwürdigkeitsprüfung durchgeführt werden.

*Ablauf einer Kreditwürdigkeitsprüfung*

Die Kreditwürdigkeit wird anhand einer Kreditwürdigkeitsprüfung bzw. eines Ratings festgestellt. Im ersten Schritt werden dazu alle notwendigen Informationen erhoben. Das Kreditinstitut greift auf bankinterne Informationen, auf unternehmensinterne Informationen sowie auf Auskünfte Dritter zurück.[396] Banken haben grundsätzlich die Möglichkeit, alle bankinternen Daten, die im Laufe einer Kundenbeziehung gespeichert werden, als Informationsquellen einzubeziehen. Dazu gehören beispielsweise Informationen über die Kontoführung, die privaten Vermögensverhältnisse des Unternehmers, die Kreditakten sowie das Verhandlungsverhalten des potentiellen Kreditnehmers.[397]

Des Weiteren fordert das Kreditinstitut vom Unternehmen die Vorlage einer Vielzahl von unternehmensinternen Unterlagen. Dazu zählen neben dem Jahresabschluss Planungsunterlagen (Umsatz- und Kostenplan, Ertrags-, Investitions- und Liquiditätsplan), Wettbewerbsanalysen, Beschreibungen des Geschäftsbetriebes oder der Produkte, Informationen zur Branchenstruktur, den Branchenaussichten und der Marktentwicklung.[398] Auskünfte von Dritten umfassen amtliche Informationsquellen wie das Handelsregister und das Grundbuch sowie nicht-amtliche Quellen wie Auskunfteien.[399]

Liegen die zur Bonitätsbeurteilung erforderlichen Unterlagen vor, wird das Unternehmen im zweiten Schritt entlang verschiedener Kriterien objektiv und zukunftsbezogen bewertet, wobei sich die Kriterien in zwei Kategorien (quantitativ und qualitativ) einteilen lassen.[400]

---

formuliert und sind für alle Kreditinstitute im Sinne des §1 KWG Abs. 1 bzw. §53 KWG Abs. 1 verpflichtend. Vgl. Bundesanstalt für Finanzdienstleistungsaufsicht (2005:Ziff. 1 AT 2.1). Vgl. auch 3.2.1.2.

394 Vgl.Bundesanstalt für Finanzdienstleistungsaufsicht (2005:Ziff. 1 BTO 1.4).

395 Vgl. 3.2.1.2.

396 Vgl. Eigermann (2001:84).

397 Vgl. Füser/ Heidusch (2002:90), Hauschildt/ Leker (2001:1324), Schlüter (2005:26).

398 Vgl. Füser/ Heidusch (2002:87 f.), Freidank/ Paetzmann (2002:1787), Weber/ Müller/ Sorg (2004:28).

399 Vgl. Fischer/ Holzkämper/ Mendel (2003:79), Grill/ Perczynski (2005:383), Füser/ Heidusch (2002:88).

400 Während sich quantitative Kriterien nach der Größe unterscheiden und numerisch, im Allgemeinen durch eine Kennzahl, beschreibbar sind, werden qualitative Kriterien nach der Art unterschieden und verbal wiedergegeben. Vgl. Eigermann (2001:67). In einigen Publikationen findet sich auch die Unterscheidung zwischen Geschäftsrisiko und finanziellem Risiko. Hierbei stimmen quantitative Kriterien im Allgemeinen mit dem finanziellen Risiko überein, während qualitative Kriterien unter dem Geschäftsrisiko zusammengefasst werden. Vgl. Schlüter (2005:19).

Bei den quantitativen Kriterien wird zumeist auf die Informationen aus dem Jahresabschluss zurückgegriffen.[401] Im Vordergrund steht dabei die Untersuchung der Vermögens-, Finanz- und Ertragslage. Um zu ermitteln, ob das Unternehmen über die zur Leistungserstellung notwendigen Werte verfügt, ob die Vermögensstruktur den Branchenbedürfnissen angepasst und ob Substanzerhaltung notwendig ist, werden Kennzahlen zur *Vermögenslage* erhoben (zum Beispiel Anlage- und Umlaufintensität).[402] Bei der Untersuchung der *Finanzlage* werden Finanzierungskennzahlen und Liquiditätskennzahlen ermittelt. Hier stehen insbesondere die Eigenkapitalquote, der Verschuldungsgrad, Liquiditätsgrade, Working Capital und Deckungsgrade im Vordergrund.[403] Die Cashflowanalyse gibt Auskunft über die zeitraumbezogene Liquidität.[404] Die *Ertragslage* wird mit Hilfe von Rentabilitätskennzahlen untersucht. Im Vordergrund stehen dabei Gesamtkapital-, Eigenkapital- und Umsatzrentabilität.[405]

Neben quantitativen Aspekten müssen auch qualitative Kriterien in die Kreditwürdigkeitsprüfung Eingang finden.[406] Die qualitativen Kriterien sind im Allgemeinen nicht direkt aus der Bilanz ersichtlich. In die Analyse quantitativer Kriterien werden Aspekte des Informationsverhaltens, der Unternehmensführung, des Unternehmensumfeldes sowie eine Analyse des Branchenumfeldes und der Kontoführung einbezogen:[407]

- Das *Informationsverhalten* des Unternehmens wird als Hinweis auf dessen Selbsteinschätzung gewertet. Es wird unterstellt, dass Unternehmen mit einer guten Bonität einen Anreiz haben, diese durch die Übergabe aller zur Bonitätsbeurteilung relevanten Informationen zu belegen.[408]
- Die Analyse der *Unternehmensführung* umfasst eine Vielzahl von Aspekten.[409] Neben der Qualifikation, Erfahrung und Motivation stehen vor allem die Glaubwürdigkeit und Zuverlässigkeit der unternehmensleitenden Personen im Vordergrund.[410] Die Managementphilosophie (insbesondere hinsichtlich der Finanzierungspolitik) sowie die Konsistenz in der Geschäftspolitik sind weitere Beurteilungsschwerpunkte.

---

401 Vgl. Eigermann (2001:55), Pawlik (2001:121).

402 Vgl. Füser/ Heidusch (2002:92 f.), Everling (2003:350), Höynck (2004:18).

403 Vgl. z. B. Gänßlen/ Meissner (2002:281).

404 Vgl. Weber/ Müller/ Sorg (2004:13 f.), Füser/ Heidusch (2002:105 ff.).

405 Vgl. Füser/ Heidusch (2002:107 ff.), Gänßlen/ Meissner (2002:281).

406 Dies ist u.a. auf die MaRisk zurückzuführen. Vgl. Bundesanstalt für Finanzdienstleistungsaufsicht (2005:Ziff. 3, BTO 1.4).

407 Vgl. zu den folgenden Ausführungen: Fischer/ Holzkämper/ Mendel (2003), Brunner/ Krahnen/ Weber (2000:8), Weber/ Müller/ Sorg (2004:17 ff.).

408 Vgl. Herke (2004:42).

409 Vgl. Weber/ Müller/ Sorg (2004:17 f.).

410 Vgl. z. B. Hückmann (2003:72), Everling (2003:351 f.). Vgl. für die Bedeutung der Managementqualifikation für die Kreditvergabe auch Arndt (1995:132 ff.).

Die Regelung der Vertretungsbefugnisse bzw. die Nachfolgeplanung sind für eine konsistente Fortführung des Unternehmens bei einem Ausfall des Managements überaus wichtig.[411] Ein weiterer Schwerpunkt der Untersuchung ist die Ausgestaltung der führungsunterstützenden Funktionen, insbesondere des Rechnungswesens und der Controllership.[412]

- Das *Unternehmensumfeld* wird in Hinblick auf die Bereiche Marktstellung und Marktanteil, Wettbewerbssituation, Diversifikation, Produktqualität und -lebenszyklus, Programmstruktur, Preisentwicklung, Kunden- und Lieferantenabhängigkeit untersucht.[413]
- Der Einfluss der *Branchenzugehörigkeit* auf das Unternehmensrisiko wird auf bis zu 50 % geschätzt.[414] Im Mittelpunkt der Analyse des Branchenrisikos stehen deswegen Wachstum, Profitabilität, Konzentration, Kapitalintensität und Anfälligkeit der Branche gegenüber saisonalen oder konjunkturellen Schwankungen, Arbeitsunruhen oder technologischem Wandel.[415]
- Bankinterne Ratinganalysten haben ferner die Möglichkeit, aus der Analyse der *Kontoführung* des Unternehmens Informationen über die Bonität abzuleiten. Für diese Analyse werden Daten der Kontoinanspruchnahme, des Überziehungsverhaltens und der Umsatzentwicklung herangezogen.[416] Diese Daten sind jederzeit verfügbar und tagesaktuell. Besteht jedoch eine Vielzahl von Bankverbindungen, ist diese Information weniger aussagekräftig. Kontoführungsdaten sind insbesondere beim Rating mittelständischer Unternehmen mit Hausbankverbindung von Bedeutung.[417]
- Bei Unternehmen, deren Aktivitätsschwerpunkt in Drittländern liegt, werden ferner auch Länderrisiken evaluiert. Ein *Länderrating* bewertet länderspezifische Risken wie beispielsweise makroökonomische Volatilität, Wechselrisiken, Regulierungen, Steuern, Korruption oder Inflation.[418]

---

[411] Vgl. Höynck (2004:22).

[412] Vgl. Flacke/ Siemes (2005:253), Weber/ Müller/ Sorg (2004:29 ff.), Fischer/ Holzkämper/ Mendel (2003:320 ff.), Gänßlen/ Meissner (2002:281), Lehr (1996:61).

[413] Vgl. Füser/ Heidusch (2002:95 f.), Hückmann (2003:74 ff.).

[414] Vgl. Everling (2002:7), Weiß (2001:433).

[415] Vgl. Hückmann (2003:76), Füser/ Heidusch (2002:117), Gleißner/ Füser (2003:123 ff.), Claussen (2003:218). Die Berücksichtigung von Branchenrisiken wurde durch die MaK bzw. MaRisk verpflichtend. Vgl. Bundesanstalt für Finanzdienstleistungsaufsicht (2002:15) und Bundesanstalt für Finanzdienstleistungsaufsicht (2005:Ziff. 3 BTO 1.2).

[416] Vgl. z. B. Wiendieck (1992:158).

[417] Vgl. Brunner/ Krahnen/ Weber (2000:8), Weber/ Müller/ Sorg (2004:23 f.).

[418] Vgl. zu Länderratings Berblinger (1996:64). Die MaRisk verpflichten die Banken ebenfalls explizit zur Berücksichtigung der Länderrisiken in der Risikoklassifizierung. Vgl. Bundesanstalt für Finanzdienstleistungsaufsicht (2005:Ziff. 3 BTO 1.2).

Die gesammelten Informationen werden im dritten Schritt unter Anwendung verschiedener Verfahren ausgewertet und verdichtet. Zu den üblichen Verfahren zählen Scoring-Verfahren[419], Diskriminanzanalysen, Expertensysteme, neuronale Netze und Fuzzy-Systeme[420]. Das Ergebnis der Auswertung und Verdichtung wird in einem Bonitätsurteil (auch Ratingsymbol, Ratingnote) zusammengefasst. Auf der Basis des Bonitätsurteils entscheidet die Bank über die Kreditvergabe und die Kreditkonditionen.[421]

*Kreditüberwachung*

Da sich die Kreditnehmerqualität über die Dauer einer Kunde-Bank-Beziehung verändern kann, muss sich die Bank immer wieder ein aktuelles Bild von der Kreditnehmersituation und der Situation des Kreditengagements machen, um Informationsasymmetrien abzubauen und auf entstandene Rationalitätsdefizite reagieren zu können.[422] Eine turnusgemäße Überwachung (Beurteilung des Ausfallrisikos mindestens jährlich) fordern auch die MaRisk sowie die Neue Baseler Eigenkapitalvereinbarung.[423] Zusätzlich sind außerordentliche Überprüfungen zumindest dann durchzuführen, wenn dem Kreditinstitut „aus externen oder internen Quellen Informationen bekannt werden, die auf eine negative Änderung der Risikoeinschätzung der Engagements oder der Sicherheiten hindeuten."[424]

#### *3.2.1.1.4 Die Ausgestaltung der Konditionen im Kreditgeschäft*

Im Kreditvertrag werden auch die Konditionen geregelt, zu denen die Geldleihe erfolgt. Eine wichtige Rolle spielen dabei der Zinssatz, zu dem den Unternehmen Liquidität zur Verfügung gestellt wird, sowie die Sicherheiten, die das Unternehmen der Bank stellen muss. In diesem Unterkapitel wird deswegen dargestellt, wie sich ein Kreditzinssatz zusammensetzt und welche Kreditsicherheiten üblicherweise zur Unterlegung von Kreditrisiken herangezogen werden.

Bei der Kalkulation von Kreditzinsen werden in der Regel vier Bestandteile berücksichtigt: der Kapitalmarktzinssatz, der Betriebskostensatz, der Standardrisikokostensatz und der Eigenkapitalkostensatz.[425]

---

419 Vgl. Krahnen/ Weber (2000:7), Weber/ Krahnen/ Voßmann (1999:121 ff.).

420 Vgl. Günther/ Grüning (2000), Pfingsten (2000:676 ff.) und zu den einzelnen Verfahren Schewe/ Leker (2000), Baetge/ Dossmann/ Kruse (2000), Salomo/ Kögel (2000), Blochwitz/ Eigermann (2000).

421 Bezüglich der risikoadjustierten Konditionengestaltung empfehlen die MaRisk: „Zwischen der Einstufung [des Engagements] im Risikoklassifizierungsverfahren und der Konditionengestaltung sollte ein sachlich nachvollziehbarer Zusammenhang bestehen". Bundesanstalt für Finanzdienstleistungsaufsicht (2005:Ziff. 6 BTO 1.2). Vgl. auch Tallner (2003:31 ff.), Schmeisser/ Schmeisser (2005), Grunert et al. (2002).

422 Vgl. Machauer/ Weber (2000:13).

423 Vgl. Bundesanstalt für Finanzdienstleistungsaufsicht (2005:Ziff. 2 BTO 1.2.2).

424 Bundesanstalt für Finanzdienstleistungsaufsicht (2005:Ziff. 4 BTO 1.2.2).

425 Vgl. Schmeisser/ Schmeisser (2005:344), Tallner (2003:33), Bisani (2004:119).

Kreditinstitute müssen das beim Kredit entliehene Geld durch Spareinlagen oder Transaktionen am Kapitalmarkt refinanzieren. Die so entstehenden Kosten werden an den Kreditnehmer als Bestandteil des Kreditzinses weitergegeben. Der *Kapitalmarktsatz* reflektiert die Refinanzierungskosten der Bank bzw. die Opportunitätskosten einer alternativen Mittelverwendung.[426] Die Kosten der Refinanzierung können von Bank zu Bank variieren und sind insbesondere vom Rating der Bank sowie vom allgemeinen Zinsniveau abhängig.[427]

Der *Betriebskostensatz* beschreibt die Faktornutzung im Betriebsbereich.[428] Hier sind sowohl Kreditbearbeitungs- als auch Kreditbetreuungskosten enthalten, die außer von den internen Kostenstrukturen der Bank auch vom spezifischen Ausfallrisiko des Unternehmens abhängig sind. Dies ist darauf zurückzuführen, dass bei Unternehmen mit einem höheren Ausfallrisiko eine intensivere Betreuung erforderlich ist.[429]

Der *Standardrisikokostensatz* deckt das für einen gegebenen Zeithorizont erwartete Kreditausfallrisiko ab. Diese Kosten stehen in direktem Zusammenhang mit dem bei der Kreditwürdigkeitsprüfung ermittelten Ausfallrisiko,[430] wobei die Bestellung von Sicherheiten bei der Bewertung des Risikos berücksichtigt wird.[431] Allerdings wurden die Standardrisikokosten in der Vergangenheit bisher nur unzureichend bei der Kalkulation des Kreditzinssatzes berücksichtigt.[432]

Die *Eigenkapitalkosten* bestimmen sich nach zwei Faktoren: der vorgeschriebenen Unterlegung von unerwarteten Verlusten mit Eigenkapital sowie der Renditeforderung der Eigenkapitalgeber.[433] Die Höhe der Eigenkapitalunterlegung wird dabei zukünftig auch vom Ausfallrisiko des Unternehmens bestimmt werden.[434]

Kreditsicherheiten dienen der Verringerung des Risikos von Krediten durch eine Risikoüberwälzung auf andere Personen bzw. durch die Risikobegrenzung über die Gewährung von Verwertungsrechten an Vermögensgegenständen. Differenzieren lassen sich Kreditsicherheiten zum einen nach der rechtlichen Beziehung zwischen Kreditforderung und Sicherheit sowie zum anderen nach der Art der Risikobegrenzung.

---

[426] Vgl. Grunert et al. (2002:1047).

[427] Vgl. Tallner (2003:33), Hartmann (2005:29).

[428] Vgl. Grunert et al. (2002:1047).

[429] Vgl. Hartmann (2005:29), Schmeisser/ Schmeisser (2005:345).

[430] Vgl. Grunert et al. (2002:1047).

[431] Vgl. Hartmann (2005:29).

[432] Vgl. Hanker (2003:66). Gegenwärtig findet jedoch eine Veränderung im Sinne einer Kalkulation risikoadjustierter Preise statt. Vgl. 3.2.1.2.

[433] Vgl. Bisani (2004:109 f.), Schmeisser/ Schmeisser (2005:345).

[434] Die vorgeschriebene Unterlegung der Kreditrisiken mit Eigenkapital ist derzeit noch durch die bankaufsichtlichen Bestimmungen von Basel I geregelt. Eine Änderung der derzeitigen Vorschriften ist jedoch schon in der Umsetzung (Basel II). Vgl. 3.2.1.2.

| | Personensicherheiten | Sachsicherheiten |
|---|---|---|
| Akzessorisch | Bürgschaft, Schuldmitübernahme | Pfandrechte an beweglichen Sachen und Rechten, Hypotheken |
| Fiduziarisch | Garantie | Sicherungsabtretung, Sicherungsübereignung, Grundschuld |

Abbildung 11: Überblick über Kreditsicherheiten[435]

Die rechtliche Beziehung zwischen Kreditforderung und Sicherheit kann demnach akzessorisch (zwingend vom Bestand einer Forderung abhängig) oder fiduziarisch (unabhängig vom Bestand einer Forderung) sein.[436] Außerdem können Personen- und Sachsicherheiten unterschieden werden. Während Personensicherheiten eine Risikoüberwälzung auf eine dritte Person zum Gegenstand haben, stehen dem Kreditinstitut bei Sachsicherheiten konkrete Gegenstände bzw. Rechte zur Verwertung zur Verfügung.[437] Einen Überblick über Kreditsicherheiten gibt Abbildung 11.

### 3.2.1.2 Die gegenwärtigen Bedingungen des Kreditgeschäftes

Das Verhältnis zwischen Banken und mittelständischen Unternehmen befindet sich derzeit aufgrund einer Reihe von Entwicklungen im Umbruch. Diese Entwicklungen und ihre Konsequenzen für das Verhältnis von Banken und mittelständischen Unternehmen werden im Folgenden dargestellt. Zu nennen sind zum einen strukturelle Probleme des Bankensektors, zum anderen bankaufsichtsrechtliche Änderungen.[438]

#### *3.2.1.2.1 Strukturelle Probleme des Bankensektors*

Die Zinsüberschüsse deutscher Banken liegen beträchtlich unter denen anderer europäischer Länder. So wurde der Zinsüberschuss deutscher Banken für das Jahr 2001 mit durchschnittlich 2% gemessen – während im gesamteuropäischen Durchschnitt 3,1 % Zinsüberschüsse eingenommen wurden.[439] Dieses niedrige Zinsniveau wird im Allgemeinen auf den starken Wettbewerb zwischen den Banken in Deutschland zurückgeführt.[440]

---

435 Quelle: Vgl. Pfingsten (2000:693).

436 Vgl. Pfingsten (2000:693).

437 Vgl. Pfingsten (2000:693).

438 Vgl. Steiner/ Mader/ Starbatty (2003:513 f.), Achleitner/ Fingerle (2004:17).

439 Vgl. Steiner/ Mader/ Starbatty (2003:517), Achleitner/ Fingerle (2004:17), Paul/ Stein (2003:37).

440 Vgl. z. B. Deter/ Diegelmann (2003:8).

Die Ertragslage der Banken war in der Vergangenheit häufig durch hohen Abschreibungsbedarf, niedrige Erträge aufgrund des starken Wettbewerbs und hohe Kosten gekennzeichnet.[441] Das führte dazu, dass im Firmenkundenkreditgeschäft „in erheblichem Maße Wert [vernichtet wurde]".[442]

Im Bereich der öffentlichen Banken (darunter vor allem Sparkassen und Landesbanken) ist eine weitere Änderung von Bedeutung: Diese profitierten bislang von staatlichen Haftungsgarantien.[443] Die Garantien führten zu günstigeren Refinanzierungsmöglichkeiten und ermöglichten es den öffentlichen Banken, Zinsvorteile in Form günstiger Fremdkapitalzinsen an Unternehmen weiterzugeben. Diese Haftungsgarantien endeten jedoch Mitte 2005.[444]

#### *3.2.1.2.2 Bankaufsichtsrechtliche Bestimmungen*

Bankaufsichtsrechtliche Bestimmungen, die Einfluss auf das Verhältnis zwischen Banken und mittelständischen Unternehmen haben, sind zum einen die Neuregelungen der Baseler Eigenkapitalvereinbarung sowie die Mindestanforderungen an das Risikomanagement (MaRisk) der Bundesanstalt für Finanzdienstleistungsaufsicht. Diese sollen im Folgenden kurz in ihren Grundzügen erläutert werden.

Unter dem Titel „The New Basel Capital Accord", deutsch: die „*Neue Baseler Eigenkapitalvereinbarung (Basel II)*" wurden vom Baseler Ausschuss für Bankenaufsicht neue Standards zur Unterlegung von Risiken mit Eigenkapital verabschiedet,[445] welche die Bestimmungen von Basel I, die seit 1988 in Kraft sind, ab Ende 2006 ersetzen werden.

Basel I konzentriert sich vor allem auf die Regelung der Unterlegung von Risiken der Bank mit Eigenkapital. Die Kapitalunterlegung ist nach diesem Regelwerk von zwei Risikokategorien (Kreditrisiken sowie Marktrisiken) abhängig und bestimmt sich nach folgender Formel.[446]

---

441 Vgl. z. B. Pfaff (2003:5).

442 Tallner (2003:24).

443 Darunter fallen die Gewährträgerhaftung sowie die Anstaltslast. Nach der Gewährträgerhaftung hat jeder Gläubiger einer öffentlich-rechtlichen Bank Anspruch auf Erfüllung seiner Forderung durch den jeweiligen öffentlichen Anspruchsträger. Die Anstaltslast bedeutet hingegen, dass eine Verpflichtung des öffentlichen Trägers besteht, das Kreditinstitut mit den zur Aufgabenerfüllung notwendigen finanziellen Mitteln auszustatten. Vgl. Achleitner/ Fingerle (2004:19).

444 Am 19. Juli 2005 wurden die Gewährträgerhaftung sowie die Anstaltslast aufgehoben. Vgl. Weber, Manfred (2005:712).

445 Der Baseler Ausschuss für Bankenaufsicht setzt sich aus hochrangigen Vertretern der Zentralbanken namhafter Industrienationen zusammen; dazu zählen Belgien, Deutschland, Frankreich, Großbritannien, Italien, Japan, Kanada, Luxemburg, die Niederlande, Schweden, die Schweiz, Spanien und die USA. Zielsetzung der Vereinbarungen des Baseler Ausschusses für Bankenaufsicht, die zum international akzeptierten Standard wurden, ist die Stabilisierung des internationalen Finanzsystems durch die Sicherung einer angemessenen Eigenkapitalausstattung und die Schaffung einheitlicher Wettbewerbsbedingungen.

446 Vgl. Deutsche Bundesbank (2001:17), Meeh/ Sattler (2005a:1506).

$$\frac{\text{Eigenkapital}}{\text{Standardisiert gewichtete Kreditpositionen + Anrechnungsbetrag Marktrisiko * 12,5}} \geq 8\%$$

Kreditrisiken werden nach Basel I standardisiert gewichtet – Unternehmenskredite fließen zu 100 % in die Summe der Kreditpositionen ein, unabhängig vom konkreten Ausfallrisiko des einzelnen Kredites. Insbesondere die fehlende Berücksichtigung des konkreten Ausfallrisikos war der Anlass einer Neuordnung der Regelungen von Basel I, in denen sich das Gesamtrisiko der Bank nur unzureichend widerspiegelte.[447]

Die Bestimmungen von Basel II beruhen auf drei Säulen (vgl. Abbildung 12). Der erste Bereich regelt die Eigenkapitalunterlegung für Risikoaktiva (Mindestkapitalanforderungen). Säule 2 (bankaufsichtlicher Überprüfungsprozess) beinhaltet Regelungen zur Qualitätssicherung der Risikomessverfahren durch die Bankenaufsicht. Die dritte Säule sieht eine Erweiterung der Offenlegungspflichten für Banken vor, durch die die Banken unter anderem zu qualitativen und quantitativen Angaben über Eigenkapital, Risikopositionen und Risikomessverfahren verpflichtet werden.[448] Im Folgenden sollen zunächst die Regelungen zu den Mindestkapitalanforderungen vertieft werden, da diese von Bedeutung für das Verhältnis von Banken und mittelständischen Unternehmen sind.[449]

---

447 Vgl. Deutsche Bundesbank (2004:76).

448 Vgl. Volkenner/ Walter (2004:1400).

449 Vgl. Meeh/ Sattler (2005a:1507).

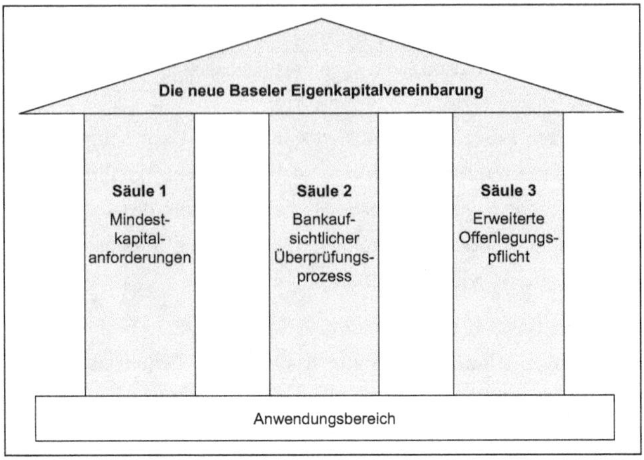


Abbildung 12: Die drei Säulen der Baseler Eigenkapitalvereinbarung[450]

Im Rahmen der Mindestkapitalunterlegung werden zunächst die bisher berücksichtigten Risikoarten Kreditrisiko und Marktrisiko um das operationelle Risiko ergänzt. Das operationelle Risiko bezeichnet „die Gefahr von Verlusten, die in Folge der Unangemessenheit oder des Versagens von internen Verfahren, Menschen und Systemen oder in Folge externer Ereignisse eintreten“.[451] Die Definition umfasst auch Rechtsrisiken, jedoch keine strategischen Risiken oder Reputationsrisiken.[452]

Eine wichtige Änderung betrifft ferner die Unterlegung der Kreditrisiken mit Eigenkapital:[453] Es erfolgt eine Abkehr von der im Rahmen von Basel I pauschalen Gewichtung der Unternehmenskredite mit 100 %. Forderungen an Unternehmen werden künftig in Abhängigkeit von ihrer Bonitätseinstufung gewichtet. Zur Beurteilung der Bonität muss ein Rating durchgeführt werden. Das Baseler Abkommen sieht grundsätzlich zwei Ratingansätze vor: den Standardansatz sowie den Internal-Ratings-Based-Ansatz (IRB-Ansatz). Im *Standardansatz* kann das Rating einer bankexternen Ratingagentur anerkannt werden.[454] Forderungen an Unter-

450 Quelle: Deutsche Bundesbank (2001:17).

451 Baseler Ausschuss für Bankenaufsicht (2003:140).

452 Vgl. Baseler Ausschuss für Bankenaufsicht (2003:140).

453 Vgl. zu den folgenden Ausführungen Deutsche Bundesbank (2004), Meeh/ Sattler (2005a), Meeh/ Sattler (2005b), Volkenner/ Walter (2004).

454 Voraussetzung hierfür ist allerdings die Anerkennung der Ratingagentur durch die nationale Bankenaufsichtsbehörde, vgl. Meeh/ Sattler (2005a:1508). Für ein Fallbeispiel zur Berechnung der Eigenkapitalunterlegung im Standardansatz vgl. Gürtler/ Heithecker (2005:792 ff.).

nehmen werden dann in Abhängigkeit ihres externen Ratings zu 20 %, 50 %, 100 % oder 150 % gewichtet.[455]

Der *IRB-Ansatz* stützt sich hingegen auf ein bankinternes Rating. Berechnungskomponenten der Eigenkapitalunterlegung eines spezifischen Engagements sind hierbei neben der Ausfallwahrscheinlichkeit des Unternehmens (Probability of Default) der erwartete Verlust zum Zeitpunkt des Ausfalls (Loss Given Default), die erwartete Höhe der ausstehenden Forderung im Zeitpunkt des Ausfalls (Exposure at Default) sowie die Restlaufzeit (Effective Maturity). Eine Bank kann hierbei alle Risikokomponenten selbst schätzen (fortgeschrittener IRB-Ansatz) oder ausschließlich die Ausfallwahrscheinlichkeit festlegen (IRB-Basisansatz). Im letztgenannten Fall werden die anderen Komponenten von der Bankenaufsicht bestimmt. Bei beiden IRB-Ansätzen wird die tatsächliche Eigenkapitalunterlegung mit Hilfe von Risikogewichtungsfunktionen angesetzt. Aus der Bestimmung der Eigenkapitalunterlegung mit Hilfe des Risikogewichtes resultiert im Gegensatz zum Standardansatz eine differenziertere Ermittlung des benötigten haftenden Eigenkapitals.[456]

Sicherheiten werden sowohl beim Standardansatz als auch bei den IRB-Ansätzen als risikomindernde und damit die Eigenkapitalunterlegung senkende Komponenten berücksichtigt. Als anerkennungsfähige Sicherheiten gelten Bareinlagen, Wertpapiere von Staaten, Investmentfonds sowie Wertpapiere von gerateten Banken, Sparkassen und Unternehmen, bestimmte private und gewerbliche Immobilien, bestimmte sicherungsübereignete Gegenstände, Forderungen aus Lieferungen und Leistungen, Gold und bestimmte weitere finanzielle Sicherheiten (z. B. Termineinlagen).[457]

Zudem gelten Erleichterungen bei der Kapitalunterlegung von Krediten an mittelständische Unternehmen.[458] So unterliegen Kredite an Kleinunternehmen bis zu einer Million Euro den vereinfachten Regelungen für das Retail-Portfolio, das aufgrund der breiten Streuung mit weniger Eigenkapital hinterlegt werden muss.[459] Im IRB-Ansatz können Banken bei Forderungen an Unternehmen mit einem Umsatz von weniger als 50 Millionen Euro ferner eine Größenanpassung in die Risikogewichtsfunktion einfließen lassen. Diese Anpassung kann bei den Unternehmen einen Risikoabschlag von bis zu 20 % bewirken.[460]

---

455 Vgl. für ein Rechenbeispiel Gürtler/ Heithecker (2005).

456 Vgl. Meeh/ Sattler (2005a:1508).

457 Vgl. Hartmann (2005:28).

458 Vgl. zu den folgenden Ausführungen Volkenner/ Walter (2004:1402).

459 Eine Abgrenzungsdefinition für Kleinunternehmen ist dabei von der nationalen Bankenaufsicht vorzugeben. Vgl. Volkenner/ Walter (2004:1402). Als vorläufige Arbeitshypothese der Bundesanstalt für Finanzdienstleistungsaufsicht gilt eine Jahresumsatzgrenze von 5 Mio. Euro. Vgl. Kreditanstalt für Wiederaufbau (2003:11).

460 Vgl. Kreditanstalt für Wiederaufbau (2003:12).

Die Neue Baseler Eigenkapitalvereinbarung besitzt keinerlei direkte Gesetzeskraft, sondern wird erst über die Transformation in nationales Recht maßgeblich für inländische Banken. Eine entsprechende EU-Richtlinie, die auf dem Drei-Säulen-Modell aufbaut, wurde bereits verabschiedet – bis Ende 2006 müssen die EU-Mitgliedsstaaten die geplanten Richtlinien in nationales Recht und Verwaltungsvorschriften umgesetzt haben. In Deutschland sind neben Änderungen des KWG auch Änderungen der Vorschriften über die Einhaltung der Eigenkapitalanforderungen und der Groß- und Millionenkreditverordnung notwendig.[461]

Neben den soeben beschriebenen quantitativen Anforderungen an die Eigenkapitalausstattung der Kreditinstitute besitzt insbesondere die zweite Säule der Neuen Baseler Eigenkapitalvereinbarung in diesem Zusammenhang Relevanz. Die *Mindestanforderungen an das Risikomanagement (MaRisk)* [462], von der nationalen Bankenaufsicht erlassen und seit Ende 2005 in Kraft, dienen der Umsetzung einer qualitativ ausgerichteten Bankenaufsicht (Supervisory Review Process). [463] Nachfolgend sollen diejenigen Regelungen der MaRisk vorgestellt werden, die für das Kreditgeschäft der Kreditinstitute von Relevanz sind. [464]

Die MaRisk sehen in diesem Zusammenhang zunächst die Formulierung einer für die wesentlichen Geschäftsaktivitäten differenzierten Risikostrategie unter Berücksichtigung der Risikotragfähigkeit der Bank vor.[465] Zum anderen fordern sie von den Banken die Einrichtung eines effizienten Risikomanagements, welches die Identifizierung, Beurteilung, Steuerung sowie Überwachung und Kommunikation aller wesentlichen Risiken gewährleistet.[466]

Ferner werden in den MaRisk detaillierte Regelungen über sachgerechte aufbau- und ablauforganisatorische Strukturen formuliert. Ein Schwerpunkt liegt auf der Funktionstrennung von unter Risikomanagementaspekten unvereinbaren Arbeitsabläufen, die durch das Vier-Augen-Prinzip im Kreditgeschäft manifestiert wird – mit dem Ziel, Kreditrisiken wirksamer zu beherrschen. Die Regelungen sehen dabei die Trennung der Funktionsbereiche Markt (verant-

---

[461] Vgl. Borgel/ Loch/ Thelen-Pischke (2005:911).

[462] Die MaRisk integrieren in ihrer Fassung von 2005 die dahin geltenden Mindestanforderungen an das Betreiben von Handelsgeschäften der Kreditinstitute (MaH), die Mindestanforderungen an die Ausgestaltung der Internen Revision der Kreditinstitute (MaIR) sowie die Mindestanforderungen an das Kreditgeschäft der Kreditinstitute (MaK) und sollen Schnittstellenprobleme und Redundanzen zwischen MaH, MaIR und MaK beseitigen. Vgl. Füser/ Weber (2005:1 ff.), Theileis/ Althoff/ Hörlin (2006:7 f.).

[463] Vgl. Bundesanstalt für Finanzdienstleistungsaufsicht (2005:Ziff. 2, AT 1); Theileis/ Althoff/ Hörlin (2006:7 f.). Gesetzliche Grundlage der MaRisk ist § 25a Abs. 1 KWG, nachdem jedes Institut über eine ordnungsgemäße Geschäftsführung verfügen muss. „Das Risikomanagement [als Teil einer angemessenen Geschäftsorganisation] umfasst die Festlegung angemessener Strategien sowie die Einrichtung angemessener interner Kontrollverfahren." Vgl. Bundesanstalt für Finanzdienstleistungsaufsicht (2005:Ziff. 1 AT 1).

[464] Dies sind insbesondere die Regelungen, die zuvor Bestandteil der MaK waren. Vgl. Bundesanstalt für Finanzdienstleistungsaufsicht (2002), Röhrig (2003), Deutsche Bundesbank (2003).

[465] Vgl. Bundesanstalt für Finanzdienstleistungsaufsicht (2005:Ziff. 1 AT 4.1 und Ziff. 1 AT 4.2).

[466] Vgl. Bundesanstalt für Finanzdienstleistungsaufsicht (2005:Ziff. 1 AT 4.3.2). Hierbei sind neben Marktpreisrisiken, Liquiditätsrisiken und operationellen Risiken vor allem Adressenausfallrisiken zu berücksichtigen. Vgl. Bundesanstalt für Finanzdienstleistungsaufsicht (2005:Ziff. 1 AT 2.2)

wortlich für die Akquisition von Kreditgeschäften) und Marktfolge (Beurteilung der Kreditentscheidungen unabhängig von den Marktbereichen) vor. Von beiden Bereichen sind im Rahmen einer Kreditentscheidung zustimmende Voten einzuholen.[467] Der durch die MaRisk konkretisierte Kreditprozess verlangt zudem eine gründliche und risikogerechte Analyse der Engagements sowie die laufende Kreditüberwachung mit dem Ziel, die Kreditrisiken entsprechend der Kreditrisikostrategie zu steuern.[468]

Die genannten strukturellen Probleme und bankaufsichtlichen Neuregelungen haben drei Konsequenzen:

1) Die Umsetzung der bankaufsichtlichen Bestimmungen stellt hohe qualitative Anforderungen und forciert eine organisatorische und prozessuale Neuausrichtung des Kreditgeschäfts der Banken.[469] Dies beinhaltet eine zunehmende Objektivierung, Standardisierung und Professionalisierung der Risikoklassifizierungsverfahren. Diese Entwicklung wird auch durch die in der Vergangenheit hohen Abschreibungsbeträge im Kreditbereich unterstützt, die eine objektivere Kreditrisikoevaluierung in Hinblick auf eine konsequente Umsetzung einer Risiko-Rendite-Steuerung erforderlich erscheinen ließen.[470]

2) Die Banken setzen in zunehmendem Maße auf die Einführung einer risikoadjustierten Preisgestaltung.[471] Dies ist auf die differenziertere Eigenkapitalunterlegung der Banken durch Basel II[472] sowie auf die MaRisk zurückzuführen.[473] Daneben ermöglichen risikoadjustierte Konditionen den Banken eine bessere Kalkulation unter Risiko-Rendite-Aspekten. Auch dazu sind aussagekräftige und verlässliche Risikoklassifizierungsverfahren erforderlich.

3) Neben der Umgestaltung der Prozesse und Systeme sind zur verlässlichen Risikoklassifizierung ferner umfangreiche Informationen erforderlich. Deshalb werden die Anforderungen an Umfang, Dichte und Qualität der vom Unternehmen zu liefernden In-

467 Bei Nichtübereinstimmung der Voten wird gemäß der ebenfalls zu verabschiedenden Kompetenzordnung die Entscheidung von der nächsthöheren Instanz getroffen. Vgl. Bundesanstalt für Finanzdienstleistungsaufsicht (2005:Ziff. 1 ff. BTO 1.1.1).

468 Vgl. Bundesanstalt für Finanzdienstleistungsaufsicht (2005:Ziff. 1 ff., BTO 1.2). Konkret wird die Einrichtung von Prozessen für die Kreditbearbeitung, die Kreditbearbeitungskontrolle, die Intensivbetreuung, die Problemkreditbearbeitung und die Risikovorsorge gefordert.

469 Vgl. Röhrig (2003:33).

470 Vgl. Grunert et al. (2002:1046).

471 Vgl. Pfaff (2003:57).

472 Vgl. Fischer/ Holzkämper/ Mendel (2003:311).

473 Die MaRisk fordern ebenfalls: „Zwischen der Einstufung im Risikoklassifizierungsverfahren und der Konditionengestaltung sollte ein sachlich nachvollziehbarer Zusammenhang bestehen." Vgl. Bundesanstalt für Finanzdienstleistungsaufsicht (2005:Ziff. 6 BTO 1.2).

formationen steigen.[474] Eine Umfrage der Kreditanstalt für Wiederaufbau bestätigt die im Zuge der aktuellen Entwicklungen erhöhten Anforderungen an die Offenlegung seitens der Unternehmen.[475]

Zusammenfassend bleibt festzuhalten, dass die Bank im Rahmen der Kreditgeschäfte, insbesondere bei der Kreditwürdigkeitsprüfung und der Kreditüberwachung einen tiefen Einblick in das Unternehmen erhält. Dies wird durch die derzeitigen strukturellen und bankaufsichtlichen Entwicklungen noch verstärkt.

#### 3.2.1.3 Die Hausbankbeziehung

Der Begriff „Hausbankbeziehung"[476] hat sich als Folge des in Deutschland traditionell sehr engen Verhältnisses zwischen Banken und Unternehmen entwickelt. Er beschreibt eine besondere Form der Bank-Unternehmensbeziehung,[477] bei der die Bank einen großen Anteil an der Finanzierung des Unternehmens hat und deren Charakter als eher langfristig zu bezeichnen ist.[478] Die Hausbank begleitet das Unternehmen in allen wesentlichen Finanzierungsangelegenheiten über einen längeren Zeitraum – ein Wechsel der Hausbank erfolgt nur sehr selten.[479]

Ausgehend von dieser Definition werden einer Hausbank eine Reihe weiterer Merkmale zugeschrieben:[480]

- Die Bank hat einen sehr guten Informationsstand hinsichtlich des Unternehmens.[481]
- Zwischen den Entscheidungsträgern beider Seiten besteht ein enger Kontakt.[482]
- Die Hausbank hat eine einflussreiche Position gegenüber dem Unternehmen.[483]
- Die Geschäftsbeziehung ist partnerschaftlich ausgerichtet und ist durch Wohlwollen gekennzeichnet. Zudem wird der Hausbank eine besondere Verantwortung für den Er-

---

474 Vgl. Deipenbrock (2004:48), Ott/ Böing (2002:596 ff.), Fischer/ Holzkämper/ Mendel (2003:320 ff.).

475 Vgl. Kreditanstalt für Wiederaufbau (2005:23).

476 Im englischsprachigen Schrifttum wird der Begriff übersetzt mit „house bank", „main bank" und dem Term des „Relationship Banking" bzw. „Relationship Lending". Vgl. z. B. Edwards/ Fischer (1998), Berger/ Udell (1995), Boot (2000), Degryse/ Cayseele (2000).

477 Vgl. Fischer (1990:3).

478 Vgl. Elsas/ Krahnen (2003:19), Rüschen (1990:4).

479 Vgl. Rüschen (1990:15), Fischer (1990:4), Arbeitskreis "Finanzierung" der Schmalenbach-Gesellschaft (1988).

480 Vgl. z. B. Fischer (1990:3 f.).

481 Vgl. z. B. Fischer (1990:3); Boot (2000).

482 Vgl. Fischer (1990:3). Petersen/ Rajan sprechen in diesem Zusammenhang von „continued and close interaction". Petersen/ Rajan (1994:6).

483 Vgl. Fischer (1990:4), Hommel/ Schneider (2004:578).

halt des Unternehmens zugesprochen:[484] Die Hausbank unterstützt das Unternehmen auch in Krisenzeiten.

Die anhaltende Bedeutung von Hausbankbeziehungen für mittelständische Unternehmen kann auch empirisch bestätigt werden. So stellen HOMMEL/ SCHNEIDER in ihrer empirischen Untersuchung fest, dass mittelständische Unternehmen sich auf die Pflege einer oder weniger, intensiver Bankverbindungen konzentrieren.[485] HARHOFF/ KÖRTING weisen ähnliche Ergebnisse vor.[486] Auch in der empirischen Untersuchung der vorliegenden Arbeit bestätigte sich, dass mittelständische Unternehmen nur wenige Bankverbindungen intensiv nutzen. So wurden bei 78 % der Unternehmen nur eine oder zwei Bankverbindungen intensiv genutzt.[487]

ELSAS/ KRAHNEN kommen zu dem Ergebnis: „[...] we found support for the idea that housebanks develop an [...] intense relationship with their customers, and that these special relationships are common among mid-sized firms. [...] The overall evidence [...] clearly supports the hypothesis that relationship lending in Germany is a fact rather than a myth [...].“[488]

---

484 Vgl. Rüschen (1990:16), Fischer (1990:3).

485 Vgl. Hommel/ Schneider (2004:579). Die Untersuchung von MACHAUER/ WEBER bestätigt in diesem Zusammenhang, dass eine geringe Anzahl von Bankverbindungen ein Indikator für das Vorliegen eines Hausbankverhältnisses ist. Vgl. Machauer/ Weber (2000). ELSAS/ KRAHNEN kommen ebenfalls zu dem Schluss, dass die Zahl der Bankverbindungen stark mit dem Vorliegen eines Hausbankverhältnisses korreliert ist. Vgl. Elsas/ Krahnen (2003:19).

486 Vgl. Harhoff/ Körting (1998:1334).

487 37 % der Unternehmen gaben an, nur eine Bankverbindung intensiv zu nutzen, während 41 % der Unternehmen zwei und 14 % der Unternehmen drei Bankverbindungen intensiv nutzen.

488 Elsas/ Krahnen (2003:37 f.). Hausbankbeziehungen bzw. das „Relationship Banking“ sind ein Forschungsschwerpunkt der Finanzierungstheorie. Im Fokus stehen dabei allerdings zumeist der ökonomische Nutzen und die ökonomischen Kosten des „Relationship Banking“. Vgl. z. B. Elsas (2001), Harhoff/ Körting (1998), Petersen/ Rajan (1994), Boot/ Thakor (2000), Berger/ Udell (1995), Sharpe (1990), Boot (2000), Degryse/ Cayseele (2000), Lehmann/ Neuberger (2000); Blackwell/ Winters (1997) und Ongena/ Smith/ Michalsen (2000:235 ff.) für einen Überblick.

### 3.2.2 Die Rationalitätssicherung durch Banken im Kreditgeschäft

Wie in den vorhergehenden Kapiteln ausgeführt, werden vor der Kreditvergabe und während der Kreditlaufzeit immer wieder Bonitätsprüfungen vorgenommen, bei denen die Erfolgs- und Risikofaktoren des Unternehmens identifiziert werden. Die kreditgebende Bank erhält so einen tiefen Einblick in das Schuldnerunternehmen. Dies ermöglicht es ihr, Rationalitätsdefizite des Unternehmens zu erkennen.[489] Da in vielen Unternehmen zudem Hausbankverhältnisse gepflegt werden, die sich über eine Vielzahl von unterschiedlichen Verträgen erstrecken und langfristigen Bestand haben, wird dieses Potential noch erhöht. Banken haben zudem die Möglichkeit, interkorporative Vergleiche anzustellen, da Geschäftsbeziehungen mit einer Vielzahl von Unternehmen unterhalten werden.

Banken bieten somit gute Voraussetzungen, um Rationalität in mittelständischen Unternehmen zu sichern. Die Bedeutung von Banken als Rationalitätssicherungsträgern für mittelständische Unternehmen wird durch die Literatur bestätigt. So beurteilen TRIANTIS/ DANIELS Banken gar als wichtigste (unternehmensexterne) Rationalitätssicherungsinstitution: „[...] they enjoy significant monitoring advantages over other stakeholders and can [...] therefore play the principal role in controlling managerial slack".[490] WEBER konstatiert: „[...] die Prüfung durch die Bank [kann] Rationalität sichern helfen."[491] Als Hinweis auf die Fähigkeiten der Bank, Rationalitätsdefizite zu erkennen, gilt auch, dass eine Kreditentscheidung als „Qualitätssignal" an andere Stakeholder interpretiert werden kann: „The decision to lend signals to other stakeholders and potential stakeholders the quality of the borrower"[492].

Eine Bank kann auf unterschiedliche Art und Weise rationalitätssichernd wirken.[493] Zum einen kann sie dem Unternehmen ein Signal übermitteln, dass eine Rationalitätssicherung erforderlich erscheint (Rationalitätssicherung anhand von Marktinformationen). Dies ist im hier behandelten Kontext auf zwei verschiedene Arten möglich:

---

489 Vgl. Wieben (2003:259), Kistner (2004:32).

490 Triantis/ Daniels (1995:1082).

491 Weber (2004:187).

492 Triantis/ Daniels (1995:1078). Empirische Einsicht gibt die Studie von LUMMER/ MCCONNELL, die einen positiven Zusammenhang zwischen der Bekanntgabe von Kreditverlängerungen und dem Aktienkurs feststellt. Vgl. Lummer/ McConnell (1989:120 f.). Dies gilt nach einer Untersuchung von SLOVIN/ JOHNSON/ GLASCOCK insbesondere für kleinere Unternehmen. Vgl. Slovin/ Johnson/ Glascock (1992). Vgl. auch Hand/ Holthausen/ Leftwich (1992), Wansley/ Clauretie (1985), Griffin/ Sanvicente (1982), die den Zusammenhang zwischen der Bekanntgabe der Änderung von Ratings und dem Aktienkurs untersuchen. Eine Studie der F.A.Z., wonach 50 % aller Unternehmenskrisen zuerst von Banken erkannt wurden, gibt einen weiteren Hinweis auf die Fähigkeiten der Bank, Rationalitätsdefizite zu entdecken, vgl. F.A.Z. Institut für Management-/ Ernst & Young AG/ Bayerische Hypo- und Vereinsbank AG (2003:16).

493 Vgl. zu den folgenden Ausführungen auch Kapitel 2.3.

- Durch die Änderung der Konditionen der Kreditvergabe gegenüber einem Unternehmen (Anstoß zur Rationalitätssicherung anhand von Preisinformationen)[494] und
- durch die kurz-, mittel- oder langfristige Beendigung der Zusammenarbeit mit dem mittelständischen Unternehmen (Anstoß zur Rationalitätssicherung anhand von Abwanderungsinformationen).[495]
- Zum anderen kann die Bank selbst eine rationalitätssichernde Funktion wahrnehmen. Dies geschieht, indem die Bank vorhandene Rationalitätsdefizite in direktem Kontakt mit dem Unternehmen anspricht und auf deren Beseitigung dringt (Rationalitätssicherung durch Widerspruch). Diese drei Möglichkeiten einer rationalitätssichernden Wirkung der Bank im Rahmen des Kreditgeschäftes sollen im Folgenden erörtert werden.[496]

### 3.2.2.1 Rationalitätssicherung anhand von Preisinformationen

Durch die aktuellen Entwicklungen im Bankgeschäft (vgl. 3.2.1.2), insbesondere die bankaufsichtlichen Regelungen, ist die Umsetzung eines risikoadjustierten Preissystems in den Banken in vollem Gange. Die Höhe des Kreditzinses im risikoadjustierten Pricing berücksichtigt dadurch explizit, welches Ausfallrisiko die Bank für das Unternehmen im Zuge der Kreditwürdigkeitsprüfung ermittelt hat,[497] und ist somit abhängig von der Beurteilung der Erfolgs- und Risikofaktoren des Unternehmens im Rahmen der Kreditwürdigkeitsprüfung bzw. -überwachung.

Die Höhe des Kreditzinses ist ebenfalls abhängig von der Höhe der gestellten Sicherheiten, da diese das Risiko der Bank im Falle eines Ausfalls des Unternehmens mindern. Deshalb kann die Forderung nach zusätzlichen Sicherheiten ebenfalls als Signal der Erforderlichkeit von Rationalitätssicherung gelten.[498]

Somit kann die Höhe des Kreditzinses bei gegebenen Einstandszinsen sowie eine Forderung nach zusätzlichen Sicherheiten als Signal für das Vorliegen von Rationalitätsdefiziten und

494 Vgl. Kapitel 2.3.

495 Vgl. Kapitel 2.3.

496 Vgl. Kapitel 2.3.

497 Betroffen sind davon neben dem Betriebskostensatz insbesondere der Standardrisikoansatz sowie die Kosten der Eigenkapitalunterlegung nach Basel II. Vgl. 3.2.1.1.4.

498 Nach Ziff.13 der AGB der Banken können Banken, auch wenn sie zunächst ganz oder teilweise auf eine Besicherung verzichtet haben, diese nachträglich fordern, sofern dies nicht vertraglich ausgeschlossen wurde. Voraussetzung für eine Erhöhung der Sicherheiten ist, dass „Umstände eintreten, die eine erhöhte Risikobewertung der Ansprüche gegen den Kunden rechtfertigen". Deutsche Bank AG (2006:Ziff. 13.2), Dresdner Bank AG (2006:Ziff. 13.2). Dies ist der Fall, „wenn sich die wirtschaftlichen Verhältnisse des Kunden nachteilig verändert haben oder sich zu verändern drohen". Deutsche Bank AG (2006:Ziff. 13.2), Dresdner Bank AG (Ziff. 13.2). Ähnlich ist auch die Regelung der Sparkassen, vgl. z.B. Sparkasse Fulda (2005:Ziff. 22).

damit auch als Signal für die Notwendigkeit einer Rationalitätssicherung gewertet werden. Diese Signale müssen im Folgenden durch das Unternehmen interpretiert und gegebenenfalls Rationalitätssicherungsmaßnahmen eingeleitet werden.

### 3.2.2.2 Rationalitätssicherung anhand von Abwanderungsinformationen

Einer Rationalitätssicherung anhand von Abwanderungsinformationen geht eine Beendigung der Zusammenarbeit zwischen Bank und mittelständischem Unternehmen voraus. Eine Möglichkeit der Beendigung ist die Kündigung der Kreditverträge durch die Bank. Eine Beendigung der Geschäftsbeziehung kann längerfristig aber auch beinhalten, dass bestehende Verträge nicht verlängert oder dem Unternehmen keine zusätzlichen Kredite gewährt werden.[499] Im Folgenden sollen die Abwanderungsmöglichkeiten der Bank detaillierter aufgezeigt werden.

Eine Bank verfügt nach den Allgemeinen Geschäftsbedingungen (AGB), die i. d. R. Bestandteil eines jeden Kreditvertrages sind, über ein ordentliches sowie ein außerordentliches Kündigungsrecht. Nach Ziff. 19.1 und 19.2 der Banken dürfen die Banken unbefristete Kredite und Kreditzusagen jederzeit ohne Einhaltung einer Kündigungsfrist kündigen (ordentliches Kündigungsrecht). Bei der Ausübung des Kündigungsrechtes muss die Bank jedoch auf die berechtigten Belange des Kunden Rücksicht nehmen. Die Regelung der Sparkassen sieht vor, dass jeder Vertrag jederzeit fristlos kündbar ist, wobei „den berechtigten Belangen des Kunden angemessen Rechnung zu tragen, insbesondere nicht zur Unzeit zu kündigen" ist.[500] Diese Klauseln sind aber nur anwendbar, wenn keine anderweitige Vereinbarung (z. B. eine bestimmte Laufzeit) getroffen wurde und/ oder kein bestimmter Zweck mit dem Kredit verbunden ist.[501]

Das außerordentliche Kündigungsrecht ermöglicht eine fristlose Kündigung dann, wenn dem Kündigenden nach Treu und Glauben nicht zugemutet werden kann, das Schuldverhältnis fortzusetzen.[502] Ein solch wichtiger Grund liegt insbesondere vor, wenn eine wesentliche Verschlechterung des Vermögens oder eine erhebliche Vermögensgefährdung vorliegt, wenn der Kunde seiner Verpflichtung zur Bestellung oder Verstärkung von Sicherheiten nicht nachkommt oder der Kunde unrichtige Angaben über seine Vermögenslage gemacht hat.[503]

---

499 Vgl. Triantis/ Daniels (1995:1084).

500 Sparkasse Fulda (2005:Ziff. 26.1).

501 Vgl. Voglis (2001:43), Moellers (1991:6 ff.).

502 „Eine fristlose Kündigung der gesamten Geschäftsbeziehung ist zulässig, wenn ein wichtiger Grund vorliegt, der der Bank, auch unter Berücksichtigung der berechtigten Belange des Kunden, deren Fortsetzung unzumutbar erscheinen lässt." Deutsche Bank AG (2006:Ziff. 19.3), Dresdner Bank AG (2006:Ziff. 19.3). Ähnlich Sparkasse Fulda (2005: Ziff. 26).

503 Vgl. Moellers (1991:8 ff.), Voglis (2001:127 ff.).

Sowohl das ordentliche Kündigungsrecht als auch die außerordentliche Kündigung erfahren jedoch zwei Einschränkungen: Die Bank muss zum einen auf die Interessen ihrer Schuldner hinlänglich Rücksicht nehmen. Zum anderen dürfen die Kündigungen nicht ohne ernstlichen Anlass ausgesprochen werden.[504] Daraus ergibt sich, dass die Abwanderung der Bank durch rechtliche Regelungen erschwert ist.

Eine Abwanderung der Bank kann (in Abhängigkeit von der Größe des Kreditvolumens) für das Unternehmen überaus destruktive Tendenzen beinhalten. Eine Kreditkündigung und Forderung der sofortigen Rückzahlung durch das Kreditinstitut wirkt bei vielen Unternehmen, die von der Finanzierung der Bank abhängig sind, krisenauslösend oder krisenverstärkend.[505] Die Beendigung der Zusammenarbeit durch eine Bank ist zudem ein Signal an andere Gläubiger und erschwert häufig auch das Verhältnis zu diesen.[506] Eine Rationalitätssicherung innerhalb des Unternehmens anhand von Abwanderungsinformationen ist jedoch nur dann möglich, wenn die Beendigung des Vertrages für das Unternehmen nicht zur Folge hat, dass es daran zugrunde geht.[507]

Eine Abwanderung der Bank kann aber nicht nur im Falle einer Kreditkündigung, sondern auch im Falle der Verweigerung einer Verlängerung oder Neukreditvergabe krisenauslösend wirken. Dies ist insbesondere dann der Fall, wenn eine Hausbankbeziehung gepflegt wird. Durch das Eingehen einer Hausbankbeziehung werden Informationsasymmetrien zwischen Kunde und Bank abgebaut. Dies kann für den Kunden vorteilhaftere Kreditkonditionen, eine flexiblere Vertragsgestaltung und eine bessere Unterstützung in Krisenzeiten beinhalten.[508] Gegenüber Neubanken bestehen die Asymmetrien allerdings noch, deren Abbau wäre mit hohen Kosten verbunden. Für eine neue Bank ist es deshalb nicht ohne weiteres nachvollziehbar, weshalb ein Kunde eine etablierte Bankbeziehung aufgibt oder sie nicht ausnutzt.[509] Andere Banken sind deswegen dem Risiko ausgesetzt, nur schlechte Kreditnehmer abwerben zu können und agieren entsprechend vorsichtig.[510] Es wird also für den Kunden schwieriger, einen Wechsel zu einer anderen Bank glaubhaft zu vertreten.[511]

---

504 Vgl. Moellers (1991:10 ff.). Dabei gilt es aber zu berücksichtigen, dass Banken auch wegen einer verspäteten Abwanderung u. U. als Haftende herangezogen werden können (Tatbestand der Insolvenzverschleppung). Vgl. für die genauen Regelungen Schäffler (2006).

505 Vgl. Leminsky (2003:116).

506 Vgl. Triantis/ Daniels (1995:1086).

507 Vgl. Hirschman (1974).

508 Dies kann für den Kunden vorteilhaftere Kreditkonditionen, eine flexiblere Vertragsgestaltung und eine bessere Unterstützung in Krisenzeiten beinhalten. Vgl. Petersen/ Rajan (1994:34 f.), Elsas/ Krahnen (2003:38).

509 Vgl. Hommel/ Schneider (2004:578).

510 Vgl. Machauer (1999:67); Fischer (1990).

511 Vgl. Hommel/ Schneider (2004:578). Für einen Überblick über diese Forschungsfrage vgl. Farinha/ Santos (2002).

Zusammenfassend zeigt sich, dass die Rationalitätssicherung anhand von Abwanderungsinformationen für eine Vielzahl von Unternehmen nur schwer durchführbar erscheint. Eine Abwanderung ist zum einen durch rechtliche Regelungen erschwert, d.h. dem Unternehmen kann das entsprechende Signal nicht übermittelt werden. Zum anderen ist eine Rationalitätssicherung anhand von Abwanderungsinformationen unmöglich, wenn die Abwanderung für das Unternehmen destruktive Konsequenzen hat und es nicht mehr die Möglichkeit hat, rationalitätssichernde Maßnahmen zu ergreifen.

#### 3.2.2.3 Rationalitätssicherung durch Widerspruch

Während die Bank bei der Rationalitätssicherung anhand von Preisinformationen und bei der Rationalitätssicherung durch Abwanderungsinformationen nur einen Anstoß zur Rationalitätssicherung gibt, ist sie bei der Rationalitätssicherung durch Widerspruch selbst der primäre Rationalitätssicherungsträger. Die Rationalitätssicherung durch Widerspruch ist im Verhältnis zwischen Banken und mittelständischen Unternehmen von großer Bedeutung.

Dies ergibt sich daraus, dass zwischen Banken und mittelständischen Unternehmen häufig Hausbankverhältnisse und damit eher langfristige, dauerhafte Geschäftsbeziehungen gepflegt werden, bei denen die Rationalitätssicherung durch Widerspruch in der Regel eine große Rolle spielt.

Hinweise auf die Wichtigkeit dieser Form der Rationalitätssicherung ergeben sich auch aus der Literatur. So hebt GUSHURST die „Förderung des [unternehmens-, M.S.] intern vorhandenen Problemlösungspotentials“[512] durch die Zusammenarbeit des Unternehmens mit einem Kreditinstitut hervor. Er weist zudem darauf hin, dass die Kreditwürdigkeitsprüfung das Unternehmen auf zuvor nicht bedachte Aspekte hinweisen könne. Der Zwang, Fragen zu beantworten, rege zum kritischen Überprüfen an.[513] Er führt weiter aus: „Das Kreditinstitut ist für das Unternehmen insofern nutzbar als Kontrollinstrument und Planungsinitiator“.[514]

BENNEWITZ/ KASTERICH sprechen davon, dass die Bank mögliche Fehlentwicklungen des Unternehmens frühzeitig erkennen sollte, um auf dieser Basis gemeinsam mit dem Unternehmer wirksame Gegensteuerungsmaßnahmen entwickeln zu können.[515] OTT/ BÖING sehen den Zweck eines Ratinggesprächs darin, das Unternehmen auf Defizite und Schwachstellen hinzuweisen.[516] KOCH betont den Beratungsaspekt des Ratings, das eine Anstoßfunktion erfülle und zu konkreten Verbesserungsvorschlägen führe.[517] IRSCH empfiehlt den Unternehmen, die

512 Gushurst (1990:124).

513 Vgl. auch Fischer/ Mengers (2001:106).

514 Gushurst (1990:122).

515 Vgl. Bennewitz/ Kasterich (2004:3).

516 Vgl. Ott/ Böing (2002:602 f.). Ähnlich auch Wildemann (2005:234 f.) und Stuhlinger (2001:76).

517 Vgl. Koch (2003:277). Auf den Anstoßeffekt verweist auch Winkeljohann/ Hölscher (2001:558).

Widerspruchsfunktion des Kreditinstituts aktiv einzufordern: „Unternehmen sollten anstreben, das Rating-Ergebnis mit dem Kreditinstitut zu besprechen und konkret nachfragen, was sie für eine Ratingverbesserung tun müssen. An dieser Stelle kann das Kreditinstitut in die Pflicht genommen werden. Rating ist damit eine Chance, die Unternehmensorganisation und die Unternehmensfinanzierung auf den Prüfstand zu stellen und zu verbessern."[518] PAUL/ STEIN/ KALTOFEN folgern: „Der Rating-Prozess muss als Röntgenschirm genutzt werden, um zu einer Stärken-Schwächen-Analyse aus externer Sicht zu kommen und diese dann für Gespräche über Verbesserungsnotwendigkeiten zu nutzen".[519] HAMER bezeichnet den Bankvorstand als „erstrangige[n] Ratgeber".[520] SCHMIDT beschreibt den Firmenkundenbetreuer als unternehmerischen „Sparringspartner" und Ratgeber der Entscheidungsträger.[521]

## 3.3 Zusammenfassung

Nach der Vorstellung der Untersuchungsobjekte mittelständische Unternehmen und Banken wurden in diesem Kapitel die Spezifika der Rationalitätssicherung durch Banken in mittelständischen Unternehmen erörtert. Es wurde abgeleitet, dass sie auf der Rolle der Banken als Kreditgeber basiert. Deshalb wurden im Folgenden die Grundlagen des Kreditgeschäftes dargestellt. Banken erhalten durch die Kreditprüfung und -überwachung einen tiefen Einblick in das Unternehmen. Da die Geschäftsbeziehung zudem meist eher langfristigen Charakter hat und sehr umfassend ist (Hausbankverhältnis), wird ihr Rationalitätssicherungspotential noch gefördert. Banken haben drei Möglichkeiten, rationalitätssichernd auf mittelständische Unternehmen einzuwirken. Sie können ein Signal an das Unternehmen senden, dass eine Rationalitätssicherung notwendig ist. Dies kann durch die Übermittlung von Preis- oder Abwanderungsinformationen geschehen. Zudem können Banken auch durch Widerspruch rationalitätssichernd auf Unternehmen einwirken.

Aus den Ausführungen ließ sich ableiten, dass Banken nur im Rahmen der Rationalitätssicherung durch Widerspruch als primäre Rationalitätssicherungsträger fungieren. Durch Widerspruch leisten Banken somit potentiell den größten Beitrag zur Rationalitätssicherung. Diese Form der Rationalitätssicherung soll deshalb im Fokus der empirischen Untersuchung stehen. Banken werden als primäre Träger der Rationalitätssicherungsfunktion untersucht und die Einflussfaktoren und die Auswirkungen der Wahrnehmung der Rationalitätssicherungsfunktion durch die Bank auf mittelständische Unternehmen analysiert.

---

518 Irsch (2003:56).

519 Paul/ Stein/ Kaltofen (2002:540).

520 Hamer (1988:119).

521 Vgl. Schmidt (2001:151 ff.). Vgl. auch die Ergebnisse der bereits in Kapitel 3.1.1.3.3 zitierten empirischen Studien von KAILICH, SCHARL und LACHNIT/ MÜLLER. Vgl. Kailich (1990:192 ff.), Lachnit/ Müller (1993:1381), Scharl (1992:138). Aus diesen Studien lässt sich ableiten, dass Banken eine wichtige Rolle als Träger des Widerspruchs bei mittelständischen Unternehmen innehaben.

# 4 Ableitung des Forschungsmodells

Nachdem in Kapitel 3 die Rationalitätssicherung durch Widerspruch als wichtigste Form der Rationalitätssicherung unter Beteiligung von Banken herausgearbeitet wurde, ist es Ziel des vierten Kapitels, ein Forschungsmodell mit Einflussfaktoren, Auswirkungen und moderierenden Faktoren der Rationalitätssicherung durch Banken in mittelständischen Unternehmen aufzustellen. Dazu werden im ersten Unterkapitel die relevanten Faktoren aus den theoretischen Grundlagen abgeleitet. Im zweiten Unterkapitel erfolgt die Konzeptualisierung der identifizierten Faktoren. Die Aufstellung der Hypothesen zur Wirkung der Faktoren ist das Thema des dritten Unterkapitels. Im vierten Unterkapitel schließlich erfolgt die Aufstellung eines detaillierten Forschungsmodells.

## 4.1 Ableitung der Einflussfaktoren, Auswirkungen und moderierenden Faktoren der Rationalitätssicherung durch Banken

Zur empirischen Überprüfung der Rationalitätssicherung durch Banken in mittelständischen Unternehmen werden in diesem Unterkapitel Einflussfaktoren und Auswirkungen der Rationalitätssicherung durch Widerspruch sowie moderierende Faktoren abgeleitet, basierend auf dem in Kapitel 2 gelegten theoretischen Fundament.

### 4.1.1 Einflussfaktoren der Rationalitätssicherung durch Widerspruch

Die Beantwortung der Frage, wann sich ein Marktpartner dafür entscheidet, Rationalitätssicherung durch Widerspruch zu betreiben, ist eines der zentralen Anliegen der Exit-Voice-Theorie.[522] Deshalb werden zunächst Einflussfaktoren aus der Exit-Voice-Theorie abgeleitet. Im Folgenden wird die Arbeit von LANGENBACH zur Rationalitätssicherung durch Märkte auf potentielle Einflussfaktoren untersucht.[523]

#### 4.1.1.1 Einflussfaktoren des Widerspruchs nach Hirschman

Liegen Rationalitätsdefizite in einem Unternehmen vor, dann verfügt ein Marktteilnehmer nach HIRSCHMAN über zwei Möglichkeiten, die Unternehmensleitung darauf aufmerksam zu machen: Abwanderung und Widerspruch.[524] Für welche dieser Alternativen sich der Marktpartner entscheidet, ist nach HIRSCHMAN von drei Einflussfaktoren abhängig.

---

522 Vgl. 2.2.1.3.

523 Da die beiden theoretischen Grundlagen, wie in Kapitel 2.3 festgestellt, einander nicht widersprechen, sondern ergänzen und zusammengeführt werden konnten, kann auf beide zur Ableitung von Einflussfaktoren zurückgegriffen werden.

524 HIRSCHMAN thematisiert in diesem Zusammenhang nur die Entscheidung zwischen Abwanderung und Widerspruch. Die Entscheidung zwischen Schweigen und Widerspruch oder zwischen Schweigen und Abwanderung wird nicht aufgegriffen. Vgl. Hirschman (1974:30 ff.).

Die Entscheidung für Widerspruch ist zunächst von dem Urteil abhängig, dass es „zweckmäßig“[525] ist, dem Unternehmen treu zu bleiben. Der Marktteilnehmer und Entscheidungsträger führt zu diesem Zweck eine *Kosten-Nutzen-Abwägung* durch. Er vergleicht den bei günstigem Ausgang zu ziehenden Nutzen mit den durch den Widerspruch verursachten Kosten.[526] Der Nutzen des Marktteilnehmers aus der Ausübung des Widerspruchs ist höher, wenn es sich bei dem Basisprodukt bzw. der Basisdienstleistung um ein teures, dauerhaftes Gut handelt.[527] Kosten entstehen in dem Maße, wie Zeit und Geld dafür aufgewendet werden, die Grundsätze und Praktiken des Unternehmens zu ändern.[528]

Die Entscheidung für einen Widerspruch ist zum zweiten auch von der Wahrscheinlichkeit abhängig, mit der die Firma durch den Widerspruch wieder auf „den rechten Weg“[529] gebracht werden kann. Es erfolgt deshalb eine Evaluierung der *Erfolgschancen* des Widerspruches. Wenn die Marktteilnehmer „hinreichend überzeugt sind, dass der Widerspruch wirksam sein wird“, entscheiden sie sich dafür zu widersprechen.[530] Die Erfolgschancen sind dabei wiederum von zwei Faktoren abhängig: von der Verhandlungsposition des Widerspruchsträgers sowie von der Einstellung des Unternehmens.

- Die Verhandlungsposition des Marktteilnehmers ist gut, wenn dieser gegenüber dem Unternehmen eine *Machtposition* innehat. Dann nämlich hat er die Chance, seinen Willen auch gegen Widerstreben durchzusetzen.[531] Die Macht des Marktteilnehmers ist dann größer, wenn es auf dem Markt nur wenige Teilnehmer gibt oder auf nur wenige Käufer ein bedeutender Prozentsatz des Gesamtumsatzes entfällt.[532]
- Die Erfolgschancen des Widerspruchs sind auch dann höher, wenn die *Einstellung* des Unternehmens gegenüber dem Widersprechenden und dessen Ausübung des Widerspruchs positiv ist und das Unternehmen den Widerspruch des Marktteilnehmers ernst nimmt.[533]

Die Bereitschaft, Widerspruch auszuüben, ist zum Dritten abhängig von der Existenz von Institutionen oder Mechanismen, mit deren Hilfe der Widerspruch kostengünstig und wirksam

---

525 Hirschman (1974:32).

526 TRIANTIS/ DANIELS beziehen die Exit-Voice-Theorie auf das Verhältnis zwischen Banken und Unternehmen und identifizieren ebenfalls die Kosten-Nutzen-Abwägung der Bank als wichtigen Einflussfaktor: Sie kommen zu dem Schluss, dass „the bank's choice between exit und voice is based on a self-interested evaluation of the relative net benefits from each option“[526]. Triantis/ Daniels (1995:1087)

527 Vgl. Hirschman (1974:34).

528 Vgl. Hirschman (1974:33).

529 Hirschman (1974:32).

530 Hirschman (1974:31).

531 Vgl. Weber, Max (2005:38).

532 Vgl. Hirschman (1974:34).

533 Vgl. Hirschman (1974:103).

weitergegeben werden kann. Marktteilnehmer benötigen *Kommunikationswege*, über die sie sich Gehör verschaffen können.

Als Einflussfaktoren des Widerspruches führt HIRSCHMAN somit an: das Ergebnis einer Kosten-Nutzen-Abwägung, eine Evaluierung der Erfolgschancen (hier sind insbesondere die Macht des Marktteilnehmers sowie die Einstellung des Unternehmens gegenüber dem Widerspruch zu berücksichtigen) sowie die Kommunikation zwischen dem Marktteilnehmer und dem Unternehmen. Diese Einflussfaktoren sind bei der Aufstellung des Forschungsmodells im Folgenden einzubeziehen.[534]

#### 4.1.1.2 Einflussfaktoren der Rationalitätssicherung nach Langenbach

LANGENBACH identifiziert in seiner Arbeit Anforderungen, denen Marktteilnehmer als rationalitätssichernde Institutionen allgemein genügen müssen. Er beschreibt zwei Anforderungen an Rationalitätssicherungsinstitutionen, die erfüllt sein müssen, um Rationalitätsengpässe überhaupt identifizieren zu können.[535]

Um Rationalität im Unternehmen sichern zu können, muss ein rationalitätssichernder Akteur zum einen der *Wissensanforderung* genügen. Rationalitätssicherung setzt nach LANGENBACH eine kritische Überprüfung der Zweck-Mittel-Rationalitäten zur Identifizierung von Rationalitätsdefiziten voraus.[536] Hierzu müssen Ergebnisse, Prozesse und/ oder Inputs überprüft werden. Zur Überprüfung benötigt eine Rationalitätssicherungsinstitution sowohl Informationen als auch Informationsverarbeitungsfähigkeiten.[537] Entscheidend sind hierbei Art und Umfang des Wissens der Rationalitätssicherungsinstitution.

Als weiterer Einflussfaktor wird die *Motivation* des rationalitätssichernden Akteurs in die Betrachtung integriert. LANGENBACH unterteilt die Motivationsanforderung in zwei Gesichtspunkte:[538]

- Eine Institution hat nur dann ein Interesse daran, rationalitätssichernd zu wirken, wenn ihr Nutzen aus der Rationalitätssicherung die dabei entstehenden Kosten übersteigt. Die Wahrnehmung der Rationalitätssicherungsfunktion ist nach LANGENBACH also vom Ergebnis der *Kosten-Nutzen-Analys*e abhängig.[539] Dies deckt sich mit den konzeptionellen Überlegungen HIRSCHMANS.

---

534 Vgl. 4.1.4.

535 Vgl. Langenbach (2000:108).

536 Vgl. Langenbach (2000:111).

537 Vgl. Langenbach (2000:111).

538 Vgl. Langenbach (2000:113).

539 Vgl. Langenbach (2000:113).

- Anders als HIRSCHMAN zählt LANGENBACH auch den potentiellen *Opportunismus* des rationalitätssichernden Akteurs zur Motivationsanforderung.[540] Hier geht es um die Möglichkeit, dass die Ziele der Rationalitätssicherungsinstitution mit den Zielen des Unternehmens nicht übereinstimmend bzw. nicht kompatibel sind. Auch mangelnde Interessenkongruenz hat folglich Einfluss auf die Ausübung einer Rationalitätssicherungsfunktion durch den Marktteilnehmer.[541]

LANGENBACH entwickelt in seiner Arbeit somit drei Faktoren, die die Ausübung der Rationalitätssicherung durch einen Marktteilnehmer beeinflussen: zum einen das Wissen des Marktteilnehmers, zum anderen das Ergebnis der Kosten-Nutzen-Überlegung sowie drittens den potentiellen Opportunismus des Marktteilnehmers. Auch diese potentiellen Einflussfaktoren finden im Forschungsmodell sowie in der Hypothesenbildung Berücksichtigung.[542]

### 4.1.2 Auswirkungen der Rationalitätssicherung durch Widerspruch

Um Auswirkungen der Rationalitätssicherung durch Widerspruch zu identifizieren, werden in Analogie zum Vorgehen bei der Identifikation der Einflussfaktoren sowohl die Exit-Voice-Theorie als auch die Literatur zur externen Rationalitätssicherung herangezogen.

Nach der Exit-Voice-Theorie ist das Ziel des Widerspruchs die „Rückkehr zu früheren Leistungsstufen"[543], die „Wiederherstellung"[544] des Unternehmens, das „von den Normen [...] rationalen [...] Verhaltens abweicht"[545]. Das Ziel der Rationalitätssicherung ist grundsätzlich die Verringerung und Beseitigung von Rationalitätsdefiziten der Unternehmensführung bzw. im Führungsprozess,[546] d. h. eine „Reduzierung von Rationalitätsdefiziten zur Steigerung der Effizienz und Effektivität der Führungshandlung des rationalitätsgesicherten Akteurs."[547] Sowohl aus der Exit-Voice-Theorie als auch aus der Literatur zur Rationalitätssicherung ergibt sich, dass die Wahrnehmung einer Rationalitätssicherungsfunktion sich auf die Qualität des Führungszyklus auswirken sollte.

Der Qualität des Führungszyklus wird im nächsten Schritt ein Zusammenhang mit dem Erfolg des Unternehmens zugeschrieben:[548] „Durch die Reduzierung der Defizite wird eine Verbes-

---

540 Vgl. Langenbach (2000:113).

541 Vgl. Langenbach (2000:113 f.).

542 Vgl. 4.1.4.

543 Hirschman (1974:3).

544 Hirschman (1974:3).

545 Hirschman (1974:1). Vgl. auch Hirschman (1974:3). TRIANTIS/ DANIELS, die die Exit-Voice-Theorie auf Banken beziehen, formulieren: Widerspruch ist ein Mechanismus, „that deters and corrects managerial slack" Triantis/ Daniels (1995:1075).

546 Vgl. Schäffer (2001b:117), Langenbach (2000:108).

547 Schumacher (2005:41).

548 Vgl. Weber (2001b:155).

serung des übergeordneten Unternehmensziels erwartet.“[549]. LANGENBACH argumentiert wie folgt: Da es Aufgabe der Führung ist, das Unternehmensziel, d. h. im Allgemeinen die Gewinnmaximierung, zu verfolgen, hat eine Änderung der Qualität des Führungszyklus auch Auswirkungen auf den Erfolg des Unternehmens.[550]

Die Untersuchung der Auswirkungen von Rationalitätssicherung durch Banken in mittelständischen Unternehmen bezieht sich also zunächst auf die Qualität des Führungszyklus. Im zweiten Schritt werden die Auswirkungen auf den Erfolg des Unternehmens untersucht.

### 4.1.3 Moderierende Faktoren der Rationalitätssicherung durch Widerspruch

Moderierende Faktoren beeinflussen die (Richtung und/ oder) Stärke der Wirkung zwischen einer unabhängigen und einer abhängigen Variablen.[551] In der vorliegenden Arbeit sollen moderierende Faktoren einbezogen werden, die die Wirkung der Rationalitätssicherung auf die Qualität des Führungszyklus beeinflussen.

Aus den zugrunde gelegten Quellen lassen sich zwei moderierende Faktoren identifizieren. Dies sind zum einen die Macht der Bank gegenüber dem Unternehmen und zum anderen die Einstellung des Unternehmens gegenüber der Rationalitätssicherung.

HIRSCHMAN identifiziert die Verhandlungs- bzw. Machtposition des Marktteilnehmers sowie die Einstellung des Unternehmens gegenüber dem Widerspruch als moderierende Faktoren. Er sieht demnach die Machtposition des Marktteilnehmers und die Einstellung des Unternehmens zum einen als Einflussfaktoren der Rationalitätssicherung – in dem Sinne, dass der Marktteilnehmer seine Entscheidung zu widersprechen von den Erfolgschancen des Widerspruchs, d. h. seiner Verhandlungsposition, und der Einstellung des Unternehmens gegenüber dem Widerspruch abhängig macht (vgl. 4.1.1.1). Die Machtposition des Marktteilnehmers und die Einstellung des Unternehmens identifiziert HIRSCHMAN aber auch als moderierende Faktoren der Wirkung von Rationalitätssicherung auf die Qualität des Führungszyklus.[552]

LANGENBACH berücksichtigt in seinen konzeptionellen Überlegungen ähnliche moderierende Faktoren. So muss die Rationalitätssicherungsinstitution über eine Machtbasis verfügen, um

---

549 Schumacher (2005:41). Vgl. auch Langenbach (2000:62).

550 Vgl. Langenbach (2000:25).

551 Baron/ Kenny (1986:1174); ähnlich auch Sharma/ Durand/ Gur-Arie (1981:291) und Giering (2000:93 f.). Davon zu unterscheiden ist eine mediierende Variable. „In einer mediierten Wirkbeziehung wird der Effekt der exogenen auf die endogene Variable teilweise oder vollständig durch einen Mediator vermittelt.“ Eggert/ Fassott/ Helm (2005:103). Die mediierende Variable steht dabei in der Kausalkette zwischen der endogenen und der exogenen Variablen. Vgl. Baron/ Kenny (1986:1176).

552 Auf Banken bezogen argumentieren TRIANTIS/ DANIELS, dass die „ability to influence the management“ sehr entscheidend für den Erfolg des Widerspruches ist. Triantis/ Daniels (1995:1087). Auch die Einstellung beschreiben sie als moderierenden Faktor: „The value of voice depends on the responsiveness of managers“. Triantis/ Daniels (1995:1104).

die Unternehmensleitung zur Korrektur des Rationalitätsdefizits bewegen zu können.[553] Außerdem bezieht er Akzeptanz als moderierenden Faktor in seine Überlegungen ein.[554] Die Akzeptanz der Rationalitätssicherung durch den rationalitätsgesicherten Akteur ist dann gegeben, wenn dieser Akteur „die Einflussnahme versteht und mit ihr einverstanden ist“[555]. Die Akzeptanz ist wiederum abhängig von den Charakteristika der Unternehmensleitung sowie der Rationalitätssicherungsinstitution, der Art des Rationalitätsengpasses und der Art der Rationalitätssicherung.[556]

### 4.1.4 Zusammenfassung

Auf der Basis der Exit-Voice-Theorie sowie der Vorgängerarbeit von LANGENBACH zur Rationalitätssicherung durch Marktteilnehmer lassen sich verschiedene Einfluss- sowie moderierende Faktoren identifizieren (vgl. Tabelle 1).

Als Einflussfaktor ist zunächst das *Wissen* der Bank von Bedeutung. Dies lässt sich aus der Arbeit von LANGENBACH ableiten. Der Wille der Bank, auf das Unternehmen einzuwirken, ist nach HIRSCHMAN und LANGENBACH zunächst vom *Ergebnis einer Kosten-Nutzen-Analyse* abhängig. LANGENBACH identifiziert in diesem Zusammenhang weiterhin den potentiellen *Opportunismus* der Bank als Einflussfaktor.

553 Vgl. Langenbach (2000:117).

554 Der Begriff der Akzeptanz, den sowohl LANGENBACH als auch SCHUMACHER zur Umschreibung des Einverständnisses mit der Rationalitätssicherung verwenden, stimmt weitgehend mit dem in dieser Arbeit gewählten Begriff der Einstellung des Unternehmens gegenüber der Rationalitätssicherung überein. Vgl. Langenbach (2000:108), Schumacher (2005:46) und die Ausführungen in Kapitel 4.2.6 zur Konzeptualisierung des Begriffes Einstellung.

555 Langenbach (2000:120).

556 Vgl. Langenbach (2000:120 f.).

| | Exit-Voice-Theorie (Hirschman) | Rationalitätssicherung durch Märkte und Marktteilnehmer (Langenbach) |
|---|---|---|
| Wissen der Marktteilnehmer | | Einflussfaktor |
| Kosten-Nutzen-Analyse durch den Marktteilnehmer | Einflussfaktor | Einflussfaktor |
| Opportunismus des Marktteilnehmers | | Einflussfaktor |
| Kommunikation | Einflussfaktor | |
| Machtpotential des Marktteilnehmers gegenüber dem Unternehmen | Einflussfaktor/ Moderierender Faktor | Moderierender Faktor |
| Einstellung des Unternehmens gegenüber der Rationalitätssicherung | Einflussfaktor/ Moderierender Faktor | Moderierender Faktor |

Tabelle 1: Übersicht der identifizierten Faktoren[557]

Zudem kann auch das Vorhandensein von Mechanismen und Kommunikationswegen, durch die Rationalitätssicherung erfolgt, Einfluss auf die Rationalitätssicherung ausüben. Dies lässt sich aus den Überlegungen HIRSCHMANS ableiten.

Darüber hinaus können nach HIRSCHMAN die *Macht* der Bank sowie die *Einstellung* des Unternehmens gegenüber der Rationalitätssicherung Einfluss auf die Rationalitätssicherung nehmen.

Die Auswirkungen der Rationalitätssicherung werden einheitlich beurteilt. HIRSCHMAN und LANGENBACH sehen eine *Verbesserung der Führungsqualität* als primäre Auswirkung. LANGENBACH merkt darüber hinaus an, dass die Verbesserung der Führungsqualität im nächsten Schritt auch eine Auswirkung auf den *Erfolg* des Unternehmens hat.

Bei den moderierenden Faktoren gibt es zwischen den Autoren keine Unterschiede. Sowohl HIRSCHMAN als auch LANGENBACH identifizieren eine *Machtposition* des rationalitätssichernden Akteurs sowie die *Einstellung* der Unternehmensleitung als Erfolgsfaktoren der Rationalitätssicherung.

Auf der Basis der theoretischen Grundlagen wurden Einflussfaktoren, Auswirkungen und moderierende Faktoren der Rationalitätssicherung hergeleitet, die in sich widerspruchsfrei sind. Die Einbeziehung dieser Faktoren ermöglicht ein umfassendes Bild der Rationalitätssicherung durch Banken. Aus diesen Überlegungen lässt sich ein Forschungsmodell mit drei aufeinander folgenden Schritten (vgl. Abbildung 13) entwickeln. Im ersten Schritt werden die Wirkungen der sechs identifizierten Einflussfaktoren auf die Rationalitätssicherung untersucht. Im nächsten Schritt wird der Zusammenhang der Rationalitätssicherung mit der Füh-

557 Quelle: Eigene Darstellung.

rungsqualität unter Berücksichtigung moderierender Faktoren analysiert. Im letzten Schritt soll die Wirkung der Führungsqualität auf den Unternehmenserfolg ermittelt werden.

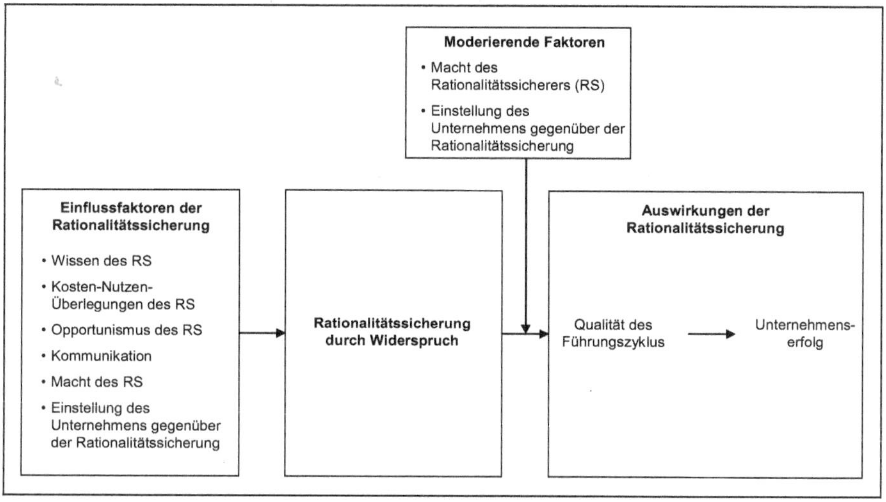


Abbildung 13: Überblick über das Forschungsmodell[558]

Bevor ein detailliertes Forschungsmodell entwickelt werden kann, müssen die aus der Theorie abgeleiteten Faktoren zunächst konzeptualisiert werden und auf der Basis vorliegender theoretischer und empirischer Erkenntnisse Hypothesen zu ihrer Wirkungsrichtung aufgestellt werden.

558 Quelle: Eigene Darstellung.

## 4.2 Konzeptualisierung der Konstrukte

Bei den identifizierten relevanten Faktoren handelt es sich um theoretische Konstrukte, die nicht direkt beobachtbar oder messbar sind.[559] Die Faktoren lassen sich vielmehr als „abstract nonobservational phenomena“ [560] beschreiben. Das Ziel der vorliegenden Arbeit ist eine empirische Überprüfung des in Abbildung 13 dargestellten Forschungsmodells. Um eine Messung der Konstrukte zu ermöglichen, müssen zunächst ihre Dimensionen erarbeitet und vollständig beschrieben werden (Konzeptualisierung der Konstrukte).[561] Dazu erfolgt eine intensive Auswertung der Literatur hinsichtlich der einzelnen Faktoren.[562]

### 4.2.1 Wissen des Bankmitarbeiters

Wissen wird in Theorie und Praxis als zentraler Wettbewerbsfaktor beurteilt.[563] Insbesondere das in einer Organisation oder einem Unternehmen vorhandene Wissen und dessen Management findet dabei in der Literatur Beachtung. Allerdings ist der Begriff nicht einheitlich definiert.[564] Insbesondere die Abgrenzung von „Informationen“ und „Daten“ bereitet Schwierigkeiten. Für die Konzeptualisierung soll deshalb zunächst der Begriff „Wissen“ in Beziehung zu diesen Begriffen gesetzt werden.

Der Begriff „Daten“ beschreibt alle in gedruckter, gespeicherter, visueller, akustischer oder sonstiger Form verwertbaren Angaben. Diese bestehen aus beliebigen wahrnehmbaren Zeichen-, Signal- oder Reizfolgen.[565] Demgegenüber werden unter „Informationen“ diejenigen Daten verstanden, die in einem bestimmten Kontext interpretierbar sind und damit für den Empfänger einen Bedeutungsgehalt besitzen.[566]

Wissen entsteht durch die zweckorientierte Nutzung von Information in einem gewissen Handlungsfeld. In Anlehnung an PROBST/ RAUB/ ROMHARDT soll Wissen in dieser Arbeit wie folgt definiert werden: Der Begriff bezeichnet die Gesamtheit der Kenntnisse und Fähigkeiten, die Individuen zur Lösung von Problemen einsetzen. Dies umfasst sowohl theoretische

---

559 Vgl. Bagozzi/ Fornell (1982:24).

560 Fornell (1985:7).

561 Vgl. Homburg/ Giering (1998:114), Rossiter (2002:308).

562 Vgl. Götz/ Liehr-Gobbers (2004a:719). CHURCHILL äußert sich dazu wie folgt: „It is imparative, [...] that researchers consult the literature when conceptualizing constructs […].“ Churchill (1979:67).

563 Vgl. z. B. Weber/ Grothe/ Schäffer (1999:9).

564 Vgl. z. B. die Übersicht bei Wank (2005:7 ff.), Albrecht (1993:31 ff.), Bode (1997).

565 Vgl. Albrecht (1993:45), Güldenberg (2003:158), Boisot/ Canals (2004:46).

566 Vgl. Davenport/ Prusak (1998:30), Probst/ Raub/ Romhardt (2003:16), Boisot/ Canals (2004:47), Picot/ Reichwald (1991:252).

Erkenntnisse als auch praktische Alltagsregeln und Handlungsanweisungen. Wissen stützt sich auf Daten und Informationen und ist immer an Personen gebunden.[567]

| | Individuelles Wissen | Kollektives Wissen |
|---|---|---|
| Implizites Wissen | z. B. Verhaltens-erfahrung eines Firmenkunden-beraters in Kredit-verhandlungen | z. B. Führungsroutinen |
| Explizites Wissen | z. B. Methodenwissen Unternehmens-analyse eines Firmenkunden-beraters | z. B. Ergebniswerte aus der Unternehmens-analyse |

Abbildung 14: Wissenskategorien mit Beispielen aus dem Bankenkontext[568]

Wissen kann in explizites und implizites Wissen unterteilt werden (vgl. Abbildung 14).[569] Explizites Wissen kann artikuliert oder kodifiziert, in strukturierter Weise in Datenbanken, Dokumentationen, Patenten und Produktbeschreibungen gespeichert werden. Darüber hinaus kann es leichter an andere Personen übermittelt werden.[570]

Implizites Wissen umfasst hingegen subjektive Einsichten, Ahnungen und Intuition und ist tief verankert in den Erfahrungen, Idealen, Werten und Gefühlen des Einzelnen.[571] Es ist „persönlich, kontextspezifisch und [...] schwer kommunizierbar."[572] Daher fällt es auch schwer, dieses Wissen auf andere Personen zu übertragen. Implizites Wissen ist in unserem alltäglichen Handeln verwurzelt und immer mit einem Kontext verbunden.[573] Zum impliziten Wissen zählen informelle und schwer beschreibbare Fertigkeiten sowie eine kognitive Dimension, die die mentalen Modelle des Einzelnen umfasst.[574]

567 Vgl. Probst/ Raub/ Romhardt (2003:22), ähnlich auch Hunold (2003:66).

568 Quelle: Eigene Darstellung in Anlehnung an Weber (2001a).

569 Diese Unterteilung bezeichnet die epistemologische Dimension. Vgl. Enkel (2005:46), Nonaka/ Takeuchi (1997:72).

570 Vgl. Enkel (2005:46).

571 Vgl. Nonaka/ Takeuchi (1997:19).

572 Nonaka/ Takeuchi (1997:72).

573 Vgl. Enkel (2005:47).

574 Vgl. Nonaka/ Takeuchi (1997:19). Wissen kann entlang des Begriffskontinuums von implizit zu explizit variieren – durch verschiedene Transformationsprozesse ist es außerdem möglich, dass explizites Wissen in implizites sowie implizites in explizites Wissen übergeht. Vgl. Nonaka/ Takeuchi (1997:84 ff.).

Zu unterscheiden sind weiterhin individuelles und kollektives Wissen.[575] Während individuelles Wissen nur einzelnen Personen zur Verfügung steht, kann kollektives Wissen von mehreren Personen gleichzeitig genutzt werden. Ebenso wie individuelles Wissen kann kollektives Wissen dabei implizit und explizit sein. „Collective tacit knowledge is developed communally, over time, in interactions among individuals in the group. It exists more or less in the head of each group member who has been completely socialized into the group."[576]

Mitarbeiter eines Unternehmens verfügen demnach über Zugang zu ihrem individuellen sowie dem kollektiven Wissen der Organisation, der sie angehören, d. h. ihres Unternehmens. Vom Begriff des kollektiven Wissens abzugrenzen ist das „organisationale Wissen". Unter organisationalem Wissen wird der Gesamtumfang des in einer Organisation vorhandenen Wissens verstanden. Es setzt sich zusammen aus den individuellen und den kollektiven Wissensbeständen einer Organisation.[577]

Übertragen auf den in dieser Arbeit behandelten Kontext bedeutet dies Folgendes: Das Wissen des Bankmitarbeiters umfasst implizite und explizite sowie individuelle und kollektive Bestandteile. Es bezeichnet die Gesamtheit seiner Kenntnisse und Fähigkeiten, die er zur Lösung von Problemen einsetzt. Da die Problemlösung und das dafür angewandte Wissen immer kontextbezogen sind, soll als Kontext in diesem Fall die Betreuung von Firmenkunden, insbesondere von mittelständischen Unternehmen, angenommen werden.

### 4.2.2 Kosten-Nutzen-Überlegungen der Bank

Unter Wirtschaftlichkeit versteht man das Verhältnis von Input zu Output[578] bzw. von Ertrag zu Aufwand. Auch die Rationalitätssicherung unterliegt dem Gebot der Wirtschaftlichkeit. Nach WEBER sollten „Rationalitätsdefizite [...] nur soweit verringert werden, wie der damit erzielte zusätzliche Nutzen die Kosten der Rationalitätssicherung übertrifft."[579]

Eine Institution hat demnach nur dann ein Interesse (einen Anreiz) daran, rationalitätssichernd zu wirken, wenn der Nutzen der Rationalitätssicherung deren Kosten nicht übersteigt.[580] Im Falle der Rationalitätssicherung durch Banken ist als Output (Nutzen bzw. Ertrag) die Möglichkeit anzusehen, durch die Rationalitätssicherung Leistungsdefizite zu reduzieren oder seine Entscheidungsqualität zu verbessern, was wiederum zu einer Steigerung der Bonität beitragen kann.[581] Dadurch reduziert sich die Unsicherheit für die Bank hinsichtlich der Fähig-

---

[575] Diese Unterteilung wird auch als ontologische Dimension des Wissens bezeichnet. Vgl. Enkel (2005:49).

[576] Leonard/ Sensiper (1998:121).

[577] Vgl. Probst/ Raub/ Romhardt (2003:22).

[578] Vgl. Dyckhoff/ Ahn (2001:112), Ahn/ Dyckhoff (1997:2), Scholz (1992:533).

[579] Weber (2004:61), vgl. auch Weber (2001b:155), Florissen (2005:60).

[580] Vgl. Langenbach (2000:113), Schumacher (2005:46), Triantis/ Daniels (1995:1087), vgl. auch Cartwright (1987:8).

[581] Vgl. Gushurst (1990:112 u. 116).

keit des mittelständischen Unternehmens, fällige Zinsen und Tilgung bedienen zu können.[582] Außerdem kann die Geschäftsbeziehung zwischen Bank und Unternehmen durch die Rationalitätssicherung an Intensität gewinnen und die Kundenbindung gefördert werden.[583] Mit einer höheren Intensität der Geschäftsbeziehung ist zumeist auch deren Ausbau verbunden.[584] Der Input (Kosten bzw. Aufwand), der sich vor allem aus Personalkosten konstituiert, wird bei der Bank durch die erforderliche Informationsverarbeitung zur Identifikation der Rationalitätsdefizite verursacht.[585]

Sollte es sich bei der Rationalitätssicherung durch Banken allerdings um ein Kuppelprodukt handeln, was im Folgenden zu untersuchen ist, ändern sich die Bestimmungsfaktoren der Kosten-Nutzen-Betrachtung. Deshalb soll zunächst dargelegt werden, ob und wenn ja, warum es sich bei der Rationalitätssicherung durch Banken um ein Kuppelprodukt handelt. Mit Kuppelproduktion wird das Phänomen beschrieben, dass bei Produktionsprozessen „zwangsläufig verschiedenartige Produkte oder Leistungen aus ein und demselben Prozess hervorgehen"[586]. Der Kuppelproduktionsprozess ist durch einen gemeinsamen, leistungsabhängigen Ressourceneinsatz gekennzeichnet.[587]

Kuppelproduktionsprozesse sind unterteilbar nach der ökonomischen Rangordnung der anfallenden Produkte.[588] RIEBEL unterscheidet nach dem Grad der Inanspruchnahme des wirtschaftlichen Interesses des Produktionsbetriebes:[589]

- Sich selbst beseitigende, ungenutzte Kuppelprodukte („Verluste") entfernen sich nach dem Aufspaltungsprozess selbst und belasten dabei weder den Betrieb noch die Umwelt.
- Für unter Aufwand zu beseitigende, nicht verwertbare Abfälle (lästige Abfälle), findet sich weder im eigenen Betrieb noch im Markt eine wirtschaftliche Verwertung.
- Verwertbare Abfälle können gelegentlich oder auch regelmäßig im eigenen Betrieb verwendet oder auch verkauft werden. Ihre Erträge sind im Vergleich zu den übrigen

---

582 Vgl. Buchmann (1996:75).

583 GUSHURST sieht im Aufbau einer engeren Geschäftsbeziehung einen der Gründe, warum es für ein Kreditinstitut von Interesse sein kann, rationalitätssichernd zu wirken. Vgl. Gushurst (1990:112).

584 Vgl. Gushurst (1990:112). MACHAUER/ WEBER stellen einen Zusammenhang zwischen der Enge der Geschäftsbeziehung und dem Kreditvolumen fest. Vgl. Machauer/ Weber (1998:30), Hanser (2001:73). HARHOFF/ KÖRTING kommen zu dem Ergebnis, dass die Intensität der Geschäftsbeziehung die Sicherheitenanforderungen, Zinssätze und die Verfügbarkeit von Krediten erhöht. Vgl. Harhoff/ Körting (1998:1319).

585 Vgl. Langenbach (2000:123).

586 Riebel (1955:11).

587 Vgl. Riebel (1993:28).

588 Vgl. Riebel (1955:126).

589 Vgl. Riebel (1955:126 ff.) Andere Autoren unterscheiden je nach der „Erwünschtheit" des Outputs erwünschte, unerwünschte und neutrale Produkte. Vgl. Oenning (1997:45).

Produkten jedoch so gering, dass ihr Mengenanteil möglichst vermindert werden sollte.

- Nebenprodukte sind nicht das eigentliche Ziel der Produktion, aber doch so interessant, dass man ihren Märkten durchaus Beachtung schenkt. Jedoch bestimmen sie nicht wesentlich die Kapazitätsausnutzung.
- Koprodukte sind mehr oder weniger gleichrangig als wesentliche Ertragsbringer zu betrachten.
- Das Hauptprodukt ist der relativ bedeutsame Ertragsbringer und tritt immer im Zusammenhang mit Nebenprodukten auf. Das Hauptprodukt ist vom produzierenden Betrieb beabsichtigt.
- Das Zweckprodukt entsteht, wenn neben dem allein beabsichtigten Produkt keines der Produkte die ertragswirtschaftliche Bedeutung eines Nebenproduktes hat. Der Ertrag des Zweckproduktes wird in der Regel die Gesamtkosten decken können.

Die Kuppelproduktion tritt demnach nicht notwendigerweise wirtschaftlich in Erscheinung, beispielsweise dann, wenn nur eines der Kuppelprodukte wirtschaftlich verwertet wird.[590] In solchen Fällen bezeichnet man die Produktkopplung als „wirtschaftlich latent". RIEBEL weist allerdings darauf hin, dass dies nicht gleichbedeutend mit „wirtschaftlich bedeutungslos" ist, da sich immer eine Chance ergibt, diese zu einer wirtschaftlich wirksamen Kuppelproduktion zu entwickeln.[591]

Die Rationalitätssicherung durch die Bank ist somit dann als Kuppelprodukt anzusehen, wenn diese in Zusammenhang mit einer anderen Dienstleistung während eines gemeinsamen leistungsabhängigen Ressourceneinsatzes erbracht wird. Dieser gemeinsame Ressourceneinsatz findet im Rahmen der Kreditprüfung und -überwachung statt. Kreditprüfung und -überwachung sind zum einen als Teilprozesse des Kreditgeschäftes zu sehen (vgl. Kapitel 3.2.1), da die Bank in der Kreditprüfung das Ausfallrisiko des Unternehmens als Grundlage der Kreditentscheidung bzw. der Konditionengestaltung ermittelt. Zum anderen wird durch Kreditprüfung und -überwachung auch die Rationalitätssicherung in Gang gesetzt. Die Bank erhält dabei einen tiefen Einblick in das Unternehmen, bestimmt die Erfolgs- und Risikofaktoren des Unternehmens, damit auch dessen Rationalitätsdefizite, und thematisiert diese. Da in diesem Zusammenhang allein das Kreditgeschäft ertragswirtschaftliche Bedeutung hat, ist dieses als Zweckprodukt der Kuppelproduktion anzusehen, wohingegen die Rationalitätssicherung als bisher ungenütztes Kuppelprodukt angesehen wird und durch die Banken bisher

---

590 Vgl. Riebel (1955:63).

591 Vgl. Riebel (1955:63).

in der Regel (noch) keine wirtschaftliche Verwertung erfährt.[592] Es gibt jedoch Stimmen, die dafür sprechen, eine Beratung durch Banken als separate Leistung in Rechnung zu stellen. Im Bereich der so genannten Bank-Unternehmensberatungen ist dies bereits der Fall.[593]

Die Rationalitätssicherung durch Banken in mittelständischen Unternehmen ist demnach als Kuppelprodukt anzusehen. Dies hat Konsequenzen für die Kosten-Nutzen-Betrachtung der Rationalitätssicherung durch die Bank. Zur Erläuterung soll die Kalkulation von Kuppelprodukten im Folgenden kurz dargestellt werden.

Hierbei lassen sich zwei Verfahrenstypen unterscheiden: die Restwertrechnung und das Verteilungsverfahren.[594] Die Restwertrechnung wird bei Kuppelproduktbündeln angewendet, die aus einem Hauptprodukt und mehreren Neben- bzw. Abfallprodukten bestehen. Da dies bei der Rationalitätssicherung durch Banken der Fall ist, soll sie bei der weiteren Erläuterung im Vordergrund stehen. Bei der Restwertrechnung werden die Überschüsse bzw. Kosten aus der Verwertung oder Entsorgung der Neben- und Abfallprodukte als Kostenminderungen bzw. Kostenerhöhungen des Hauptproduktes behandelt.[595]

Eine separate Betrachtung von Kosten und Nutzen der Rationalitätssicherung ist deswegen nicht zielführend. Um Rationalitätssicherungsleistungen zu erbringen, muss es im Interesse der rationalitätssichernden Institution liegen, das Zweckprodukt oder die Zweckdienstleistung (in diesem Falle die Kreditvergabe) weiterhin zu erstellen. LANGENBACH fasst zusammen: „Ist die Rationalitätssicherung ein Kuppelprodukt, so ist das Interesse zur Erstellung des ersten Primärproduktes wichtig."[596]

Übertragen auf die Rationalitätssicherungsinstitution Bank bedeutet dies, dass das Interesse der Bank an einer weiteren Zusammenarbeit mit dem Unternehmen als Einflussfaktor ihrer Rationalitätssicherung gilt.

### 4.2.3 Opportunismus der Bank

Als Einflussfaktor der Rationalitätssicherung ist nach LANGENBACH zudem der Opportunismus des Rationalitätssicherers zu betrachten.[597] Demnach ist die Wahrnehmung der Rationalitätssicherungsfunktion durch die Bank davon abhängig, ob deren Ziele mit den Zielen der Unternehmung kompatibel sind.

---

592 Auch andere Bankdienstleistungen können als Kuppelprodukte verstanden werden, vgl. Jacob (1977), der Einlagen- und Kreditvergabegeschäft als Kuppelprodukte in Beziehung setzt.

593 Unter einer Bank-Unternehmensberatung versteht man ein bankfremdes Geschäft, welches selbständig neben der Leistungspalette des Kreditinstitutes erfolgt und auf einem Beratungsvertrag mit dem Kunden basiert. Vgl. Brinkmann (1993:4 f.).

594 Vgl. Hummel/ Männel (1990:309).

595 Vgl. Hummel/ Männel (1990:309).

596 Langenbach (2000:113).

597 Vgl. Langenbach (2000:113 f.) und Kapitel 4.1.1.2.

Opportunismus wird generell als wichtiges Verhaltensrisiko in einer Interaktionsbeziehung betrachtet.[598] Da die Angst vor Opportunismus effizienzhemmend wirken kann, indem sie die Akteure oftmals von beiderseits vorteilhaften Kooperationen abhält, ist Opportunismus ein ernstzunehmendes und allgegenwärtiges Problem.[599]

Er ist dadurch gekennzeichnet, dass die Interessen eines Interaktionspartners auch zum Nachteil des anderen Partners verwirklicht werden[600] und begründet so die Möglichkeit eines Schadens durch strategisches Verhalten eines Interaktionspartners.[601]

Für den gewählten Kontext bedeutet dies, dass Rationalitätssicherung nicht zustande kommen kann, wenn das Unternehmen davon ausgeht, dass sich die Bank als Rationalitätssicherungsinstitution opportunistisch verhalten und ihre Interessen zum Nachteil des Unternehmens durchsetzen wird. Für die Rationalitätssicherung ist es von großer Bedeutung, dass die Bank sich *nicht* opportunistisch gegenüber dem Unternehmen verhält. Diese Annahme wird in der Literatur mit Wohlwollen („Benevolence") umschrieben.[602]

„Benevolence refers to the belief, that the partner is interested in the firm's welfare"[603] und „neither will act without first considering the action's impact on the other"[604]. Wenn eine Geschäftsbeziehung durch Wohlwollen geprägt ist, bedeutet dies, dass der Geschäftspartner nicht nur einseitig an seinem eigenen Nutzen interessiert ist, sondern ebenso Anteil am Wohlergehen seines Geschäftspartners nimmt und somit die Interessen und Zielvorstellungen seines Partners bei seinen Aktionen berücksichtigt.[605] Wohlwollen bezieht sich auf die Motive und Absichten des Partners und äußert sich durch wohlwollendes Verhalten.[606] Da sich das Wohlwollen aber auch in unterschiedlichen kontextunabhängigen Handlungen äußern kann, wird es in der vorliegenden Arbeit über die Absichten erfasst.

598 Vgl. Ripperger (2003:23), Steiff (2004:3).

599 Ripperger (2003:23).

600 Vgl. Picot/ Dietl (1990:179).

601 Vgl. Ripperger (2003:23).

602 Hierbei ist zu beachten, dass Wohlwollen („Benevolence") auch als Teil des Vertrauenskonstruktes aufgefasst wird. Vgl. z. B. Wallenburg (2004:106). Vertrauen wird als Folge glaubwürdigen und wohlwollenden Verhaltens des Vertrauensobjektes aufgefasst. Im Verständnis von Vertrauen als Erwartung, dass das eingegangene Risiko vom Vertrauensnehmer nicht opportunistisch ausgenutzt wird, offenbart sich die Nähe zur hier verfolgten Argumentation. Im gewählten Kontext steht allerdings das Wohlwollen der Bank im Vordergrund.

603 Geyskens/ Steenkamp/ Kumar (1999:225), ähnlich auch Kumar/ Scheer/ Steenkamp (1995:350), Ganesan (1994:3), Rempel/ Holmes/ Zanna (1985:96).

604 Kumar (1996:95).

605 Ganesan (1994:3), Anderson/ Narus (1986:326).

606 Vgl. Ganesan (1994:3).

### 4.2.4 Kommunikation zwischen Bank und Unternehmen

Mechanismen, die die Rationalitätssicherung vereinfachen, sind nach HIRSCHMAN ein wichtiger Einflussfaktor des Widerspruchs.[607] Ein solcher Mechanismus ist dann gegeben, wenn die rationalitätssichernde Institution und die rationalitätsgesicherte Institution häufig miteinander kommunizieren und über unterschiedliche Kommunikationsmedien verfügen.[608] Der Faktor „Kommunikation“ wird als wichtig für die Erklärung und Analyse der Rationalitätssicherung erachtet und in die Untersuchung einbezogen.

Unter Kommunikation wird die Übermittlung von Informationen verstanden, der dabei stattfindende Ablauf als Kommunikationsprozess. Dieser setzt die Beteiligung von mindestens zwei Akteuren voraus: einem Sender und einem Empfänger.[609] So schreibt HEINEN: „Jede Kommunikation beinhaltet als elementaren Vorgang die Übermittlung von Informationen oder Nachrichten von einem Sender an einen Empfänger.“[610]

Die wesentlichen Variablen des Kommunikationsprozesses wurden durch LASSWELL in folgende Formel gebracht: „Who Says What In Which Channel To Whom with What Effect?“[611] Beim Kommunikationsvorgang verschlüsselt ein Sender eine aus Signalen bestehende Nachricht und leitet sie mit Hilfe eines Mediums einem Empfänger zu, der die Botschaft aufschlüsselt, sie in seiner Bedeutung erkennt und reagiert.[612]

Kommunikation hat demnach zwei konstituierende Elemente: Zum einen wird immer Information ausgetauscht, zum anderen findet sie immer zwischen mindestens zwei Subjekten statt.[613] Aus diesen Elementen leiten WATZLAWICK/ BEAVIN/ JACKSON her, dass jede Kommunikation einen Inhalts- und einen Beziehungsaspekt besitzt.[614] Während der Inhaltsaspekt die Daten vermittelt, zeigt der Beziehungsaspekt an, wie diese Daten aufzufassen sind.[615]

Die Kommunikationshäufigkeit steht für die Quantität der in einem bestimmten Zeitraum vollzogenen Kommunikation.[616] Sie wird als wichtiger Erklärungsfaktor in einer Reihe von Disziplinen gesehen. In der Forschung wird unter anderem ihr Einfluss auf die Harmonie zwischen Funktionen, interfunktionale Integration, Marktorientierung, Umgang mit Umweltdy-

---

607 Vgl. Hirschman (1974:34 ff.).

608 Vgl. Hirschman (1974:34).

609 Vgl. Jehle (2001:85).

610 Heinen (1979:67).

611 Lasswell (1964:37).

612 Vgl. Lasswell (1964:37 ff.), Hummrich (1976:29).

613 Vgl. Large (2003: 17).

614 Vgl. Watzlawick/ Beavin/ Jackson (2000:53).

615 Vgl. Watzlawick/ Beavin/ Jackson (2000:55), vgl. auch Schulz von Thun (1999:25 ff.), der den Beziehungsaspekt noch weiter unterteilt.

616 Vgl. Fisher/ Maltz/ Jaworski (1997:55), Mohr/ Nevin (1990:38 f.), Mohr/ Sohi (1995:395).

namik sowie das Unsicherheitsempfinden herausgehoben.[617] Auch für die überbetriebliche Zusammenarbeit wird die Kommunikationshäufigkeit als wichtige Variable identifiziert. Dort wird ihre Wirkung auf die Koordination von Aktivitäten und den Zusammenarbeitserfolg untersucht.[618] Auf einen Vertriebskanal bezogen, sprechen MOHR/ NEVIN sogar von der interbetrieblichen Kommunikation als „glue, that holds together a channel of distribution“[619].

Dabei soll unter Kommunikation sowohl formelle als auch informelle Kommunikation verstanden werden. Formelle Kommunikation ist durch die Möglichkeit einer objektiven Nachweisbarkeit gekennzeichnet, während sich informelle Kommunikation durch Spontaneität ausdrückt und durch situative Treffen oder Telefonate manifestiert.[620] Bei der Kommunikation ist weiterhin die „Richness“ des Kommunikationsmediums von Bedeutung.[621] Reichere Medien (wie zum Beispiel persönliche Zusammentreffen) ermöglichen unmittelbares Feedback und die Sammlung weiterer Informationen durch Beobachtung. Dagegen werden die schriftliche und die elektronische Kommunikation als weniger reich eingeschätzt. Ziel ist es, den „richtigen“ Kommunikationsweg für ein Problem zu wählen. Wenn die Themen komplex bzw. unstandardisiert sind, erscheint die Wahl eines reichen Mediums besser.[622]

Diese Arbeit untersucht daher, wie intensiv Akteure in Bank und Unternehmen miteinander kommunizieren.

### 4.2.5 Macht der Bank

In sozialen Beziehungen ist Macht allgegenwärtig. Dies gilt auch und besonders bei betriebswirtschaftlichen Entscheidungen, da Machtaspekte vor allem dann wirksam werden, wenn Entscheidungs- und Verhaltensspielräume bestehen.[623]

Als „unverrückbarer definitorischer Markstein“[624] gilt in den Sozialwissenschaften die Beschreibung von Macht durch MAX WEBER als „jede[r] Chance, innerhalb einer sozialen Beziehung den eigenen Willen auch gegen Widerstreben durchzusetzen, gleichviel, worauf diese

617 Vgl. z. B. Fisher/ Maltz/ Jaworski (1997:55), Maltz/ Kohli (1996:48), Menon/ Varadarajan (2001:65), Griffin/ Hauser (1996:193 ff. ), Moenaert/ Souder (1990:98 f.), Katrichis (1998:137 ff.).

618 Vgl. z. B. Cannon/ Homburg (2001:32), Mohr/ Fisher/ Nevin (1996:103), Mohr/ Nevin (1990:36), Mohr/ Sohi (1995:393).

619 Mohr/ Nevin (1990:36).

620 Vgl. Maltz/ Kohli (1996:48), Hunold (2003:167).

621 Vgl. Lengel/ Daft (1988:226).

622 Vgl. Cannon/ Homburg (2001:32), Lengel/ Daft (1988:227).

623 Vgl. Wolf (2003:208), Becker (1984:235). Macht wird in diesem Zusammenhang als relationales Phänomen betrachtet, d. h. sie ist immer bezogen auf einen Machthaber und einen spezifischen Adressatenkreis. Vgl. für den Gegensatz zwischen nicht-relationalem und relationalem Machtbegriff. Sandner (1992:13 ff.), Buschmeier (1994:19 f.), Dahl (1957:202).

624 Wolf (2003:204).

Chance beruht“[625]. Sehr ähnlich definieren auch andere Autoren den Begriff, so zum Beispiel DAHL, der Macht als die Fähigkeit sieht, einen Akteur zu einem bestimmten Verhalten zu veranlassen, das dieser sonst nicht notwendigerweise zeigen würde.[626]

Dabei muss zwischen ausgeübter Macht und latenter Macht unterschieden werden. Macht wird dann ausgeübt, wenn der Machtabhängige zu einem bestimmten Verhalten bewegt wird.[627] Macht existiert aber auch dann, wenn nur die Fähigkeit vorliegt, den Machtabhängigen zu einem bestimmten Verhalten zu bewegen.[628] Entscheidend ist hierbei die Wahrnehmung dieser Fähigkeit durch den Machtabhängigen. RAVEN drückt es folgendermaßen aus: “It is not the *objective* ability of the influencing agent […] that is important but rather the *potential* [power, M.S.] […] as perceived by the influencee”[629].

Die einer Institution zugesprochene Macht basiert auf so genannten Machtgrundlagen.[630] Um Machtkonstellationen richtig beurteilen zu können, ist es erforderlich, das Machtvolumen hinsichtlich seiner Grundlagen zu abzuschätzen.[631] Verschiedene Systematisierungen sind in der Literatur gängig.[632] Die bekannteste stammt von FRENCH/ RAVEN. Diese unterscheiden sechs Machtgrundlagen:[633]

- Eine erste Machtbasis ist mit dem Vorliegen von Belohnungsmöglichkeiten gegeben (reward power).[634] Die Verhaltenssteuerung erfolgt gemäß den Prinzipien der behavioristischen Lerntheorie durch Verstärkung. Derjenige, der von anderen begehrte Res-

---

625 Weber, Max (2005:38).

626 Vgl. Dahl (1957:202). Vgl. auch Frazier/ Summers (1986:169), Hunt/ Nevin (1974:186). NEUBERGER beschreibt Macht als die Fähigkeit, etwas in Bewegung zu setzen. Vgl. Neuberger (1995:954).

627 Vgl. Ronchetto/ Hutt/ Reingen (1989:52), Gaski (1992:124 f.).

628 In diesem Zusammenhang ist der Unterschied zwischen den Begriffen „Einfluss“ bzw. „Beeinflussung“ und „Macht“ zu klären. Auf die Schwierigkeit dieser Abgrenzung verweisen z. B. NEUBERGER, WOLF und FRAZIER/ SUMMERS. Vgl. Neuberger (1995:954), Wolf (2003:207), Frazier/ Summers (1984:43 f.). In dieser Arbeit soll Einfluss bzw. Beeinflussung als tatsächliche Einwirkung (ausgeübte Macht) verstanden werden, während der Machtbegriff die Potenzialität der Einwirkung widerspiegelt. Dies stimmt mit der Ansicht von FRENCH/ RAVEN überein: „Power is potential influence“. French/ Raven (1959:152).

629 Raven (1965:373). Vgl. auch Gaski/ Nevin (1985:130), Hunt/ Nevin (1974:188).

630 HUNT/ NEVIN formulieren: „The power of any given channel is a function of the sources of power available to him at any given time.” Vgl. Hunt/ Nevin (1974:186). Als Synonyme für Machtgrundlagen werden die Begriffe „Machtbasen”, „Machtquellen”, „Machtdomänen“ und „Machtressourcen” verwendet, vgl. Wolf (2003:213).

631 Vgl. Wolf (2003:213).

632 Vgl. die Übersicht in Sandner (1992:27 f.); einen Überblick gewährt außerdem Gaski (1986:62 f.).

633 Vgl. zu den folgenden Ausführungen French/ Raven (1959:155 ff.) und French/ Raven (1965).

634 Allerdings sind „Belohnungsmöglichkeiten“ hier auch im Sinne der Fähigkeit zu verstehen, negative Konsequenzen von einer Person abzuwenden. Vgl. French/ Raven (1965:137).

sourcen kontrolliert, besitzt demnach die Fähigkeit, den diese Ressourcen begehrenden Akteur zu einem bestimmten Verhalten zu veranlassen.[635]

- Bestrafungsmöglichkeiten (coercive power) können die Auftrittswahrscheinlichkeit unerwünschten Verhaltens verringern. Der Mächtige bewirkt in diesem Falle durch so genannte „Strafreize", dass dem Machtunterworfenen die Unterlassung der vom Mächtigen erwünschten Handlung unangenehmer erscheint als die Ausführung der Handlung selbst.[636]

- Im Falle der Macht durch Legitimation (legitimate power) ist der Machtunterworfene der Auffassung, dass es dem Mächtigen zusteht, von ihm etwas zu verlangen.[637] Dies kann zum Beispiel aufgrund von kulturellen Werten, akzeptierten Sozialstrukturen, geltenden Normen, Vorschriften, Gesetzen oder Vereinbarungen der Fall sein. Ausschlaggebend sind in diesem Falle die verinnerlichten Normen und Werte des Machtuntergebenen.[638]

- Macht durch Identifikation (referent power) liegt vor, wenn der Mächtige die Fähigkeit hat, den Machtuntergebenen aufgrund seiner Identifikation mit dem Mächtigen zu einem bestimmten Verhalten zu bewegen, aufgrund eines Bedürfnisses nach „oneness"[639] des Machtuntergebenen mit dem Mächtigen. Dies liegt zum Beispiel vor, wenn der Machtuntergebene den Mächtigen als Vorbild anerkennt. Charisma und emotionale Beziehungen stehen hierbei im Mittelpunkt.[640]

- Wenn ein Akteur die Forderungen eines anderen akzeptiert, weil er glaubt, sie seien durch einen Wissensvorsprung gerechtfertigt, liegt Macht durch Expertentum (expert power) vor. Ausschlaggebend ist auch hier nicht das absolute Wissen des Experten, sondern eine relativ zur eigenen Wissensbasis vorgenommene Evaluierung durch den Machtuntergebenen.[641]

- In der Folge wurden diese fünf klassischen Machtgrundlagen durch RAVEN noch um eine sechste erweitert:[642] Er ergänzt Macht durch Information („informational power"), die mit der Macht durch Expertentum eng verwandt ist.[643] Macht durch Infor-

---

635 Vgl. Neuberger (1995:955).

636 Vgl. Wolf (2003:215).

637 Vgl. French/ Raven (1965:139 f.).

638 Vgl. Wolf (2003:215).

639 French/ Raven (1965:141).

640 Dies gilt spiegelbildlich für negative Bezugspersonen. Der Wunsch, jemandem so wenig wie möglich zu ähneln, kann Personen ebenfalls dazu veranlassen, ihr Verhalten zu ändern. Vgl. Sandner (1992:19).

641 Vgl. French/ Raven (1965:143).

642 Vgl. Raven (1965:372).

643 Vgl. Neuberger (1995:955).

mation unterscheidet sich von ihr dadurch, dass es bei ersterer mehr auf den Prozess der Übertragung von Informationen auf den Machtuntergebenen ankommt. Ein Akteur wird deshalb mächtig, weil er in einer bestimmten Situation über Informationen verfügt, mit denen er einen anderen Akteur überzeugen kann. Demgegenüber ist die Expertenmacht nicht von der Informationsübertragung abhängig – der Experte erfährt Anerkennung, unabhängig von der Weitergabe seiner Kenntnisse.[644]

Die Strukturierung von FRENCH/ RAVEN ist nicht unumstritten.[645] Besonders die Trennung von Belohnung und Bestrafung in zwei Klassen erscheint vielen Autoren fragwürdig, da das Zurückhalten einer Belohnung wie eine Bestrafung wirken kann. Ein weiterer Kritikpunkt bezieht sich auf die von RAVEN vorgenommene Unterscheidung zwischen Expertentum und Informationsmacht sowie den Nichteinbezug von Voraussetzungen der Machtgrundlagen.

MINTZBERG wählt eine andere Systematisierung. Er unterteilt Machtgrundlagen in

- Verfügungsgewalt über eine Ressource,
- Verfügungsgewalt über eine technische Fähigkeit,
- Verfügungsgewalt über ein spezifisches Wissen,
- Macht durch Legitimation sowie
- Macht durch Netzwerkzugang.[646]

Dabei überschneidet sich MINTZBERGs Systematisierung im Bereich Fähigkeiten und Wissen mit dem Expertentum bzw. der Informationsmacht bei FRENCH/ RAVEN. Analog zu FRENCH/ RAVEN identifiziert er die Machtgrundlage Legitimation.[647] MINTZBERG ergänzt außerdem die Machtgrundlage Netzwerkzugang. Demnach verfügt derjenige, der Zugang zu einem anderen (mächtigen) Akteur hat, ebenfalls über eine Machtgrundlage.[648]

Durch Ressourcenkontrolle als Machtgrundlage bezieht er eine wichtige Voraussetzung für Macht in seine Systematisierung ein. Ein Akteur ist, um seine Leistungen als Unternehmen, Abteilung, Mitarbeiter etc. erbringen zu können, von den Ressourcen eines anderen Akteurs abhängig.[649] Das Ausmaß dieser Abhängigkeit von den extern zur Verfügung gestellten Ressourcen und damit der Machtgrundlage wird von drei Aspekten bestimmt.[650]

---

644 Vgl. Wolf (2003:217).

645 Vgl. zu den folgenden Ausführungen z. B. Sandner (1992:23 u.25), Wolf (2003:218).

646 Vgl. Mintzberg (1983:24).

647 Vgl. Mintzberg (1983:24), Wolf (2003:214).

648 Vgl. Mintzberg (1983:24).

649 Vgl. auch Pfeffer/ Salancik (1978). Ähnlich auch Cartwright (1987:5).

650 Vgl. zu den folgenden Ausführungen Mintzberg (1983:24).

Zum einen muss die Ressource wichtig („essential“) für den Akteur sein. Ihre Wichtigkeit kann mit dem relativen Anteil der Ressource am Ressourcengesamtaufkommen abgebildet werden.[651] Zum zweiten spielt die Konzentration der Ressource eine gewisse Rolle. Zu welchem Grad liegt die Versorgung mit der Ressource derzeit in den Händen *eines* Akteurs („concentrated“)? Der dritte Aspekt betrifft die Substituierbarkeit des Akteurs. In diesem Zusammenhang ist von Bedeutung, ob der Akteur, der über die Ressource verfügt, ersetzbar oder vielmehr unersetzbar („nonsubstitutable“) ist.[652]

Dabei gelten folgende Annahmen über den Zusammenhang zwischen diesen Faktoren und der Macht des Ressourcengebers:

- Je wichtiger die Ressource für das Unternehmen ist, desto größer ist die Macht des Ressourcengebers.
- Je konzentrierter die Ressource in den Händen eines Ressourcengebers ist, desto größer ist seine Macht.
- Je weniger die Ressource ersetzbar ist, desto größer ist die Macht des Ressourcengebers.[653]

Für die vorliegende Untersuchung erscheint die Konzeptualisierung des theoretischen Konstruktes „Macht“ über den Ansatz von MINTZBERG zweckmäßig. Die Bank als externer Marktpartner eines mittelständischen Unternehmens verfügt über Ressourcen (Fremdkapital), die für das Unternehmen überlebenswichtig sein können.[654] Die Vergabe von Krediten und damit der Ressource Fremdkapital wurde in Kapitel 3.2 als Grundlage einer Rationalitätssicherung durch Banken bestimmt. Für die Konzeptualisierung des theoretischen Konstruktes „Macht“ ist besonders die Kontrolle der Ressource Fremdkapital von Bedeutung. Als Einflussfaktoren („cause indicators“) wurden wiederum die Wichtigkeit, die Konzentration sowie die Ersetzbarkeit der Ressource identifiziert.[655]

Überträgt man diese Faktoren auf den Kontext Banken und mittelständische Unternehmen, dann können sie wie folgt konzeptualisiert werden: Die *Wichtigkeit* der Ressource für das Unternehmen kann als relativer Anteil der Ressource an der Ressourcengrundgesamtheit abgebildet werden, in diesem Fall als Anteil des Fremdkapitals am Gesamtkapital des Unter-

---

651 Vgl. Wolf (2003:226).

652 Vgl. Mintzberg (1983:38), Heide/ John (1988:23).

653 Vgl. Mintzberg (1983:38).

654 „A critical influencer [...] can be the financial institution that supplies the organization with capital. Small firms in particular are often [...] dependent on their bankers“, Mintzberg (1983:39). Ähnlich auch JACOBS, der unter anderem die Akquisition von Kapital als wichtiges Feld identifiziert, auf dem Organisationen häufig abhängig von externen Marktteilnehmern sind. Vgl. Jacobs (1974:50).

655 Dies deutet auf die Notwendigkeit einer Operationalisierung durch ein formatives Messmodell hin. Vgl. Kapitel 6.1.

nehmens.[656] Der zweite Faktor betrifft die *Konzentration* der Ressource. Im vorliegenden Untersuchungskontext gilt die Ressource (das Fremdkapital) als umso konzentrierter, je höher der Anteil der Kreditverbindlichkeiten des Unternehmens bei der betreffenden Bank an den Gesamtverbindlichkeiten ist. Die *Ersetzbarkeit* der Ressource betrifft in diesem Zusammenhang die Möglichkeit des Unternehmens, ihr Fremdkapital aus anderen Quellen zu beziehen.[657]

### 4.2.6 Einstellung des Unternehmens gegenüber der Rationalitätssicherung

Die Einstellung wird als Schlüsselbegriff der Sozialwissenschaften angesehen.[658] Da diese das Individuum nicht als isoliertes Objekt betrachtet, sondern zu anderen sozialen Objekten in Beziehung setzt, erscheint dieses Konzept geeignet, die Beziehung des Individuums zu seiner Umwelt zu erfassen.[659] Als Einstellungsgegenstand kann alles gelten, was eine Person wahrnehmen oder sich vorstellen kann, so beispielsweise konkrete Objekte, Personen oder abstrakte Konzepte (wie beispielsweise Rationalitätssicherung).[660]

Die besondere Relevanz des Einstellungskonzeptes, sowohl in der Sozialpsychologie als auch in der Betriebswirtschaftslehre, fußt auf der Annahme, dass Einstellungen einen gerichteten und dynamischen Einfluss auf das Verhalten ausüben.[661]

Diese Annahme wurde in der Literatur häufig kritisiert. Mangelnde empirische Evidenz[662] und methodische Probleme[663] sind die am häufigsten genannten Punkte. Allerdings finden sich auch gegenteilige Stimmen. Die Einstellungs-Verhaltensforschung ist demnach vom „Trauma ihrer skandalös geringen Übereinstimmung befreit worden“[664]. So zeigen SIX/ ECKES anhand von sieben Metaanalysen auf, dass das Konzept der Einstellung „der wichtigste, wenn auch nicht der alleinige Prädiktor“[665] für das Verhalten ist.[666]

---

656 Vgl. Knyphausen-Aufseß (2000:465); Wolf (2003:225 f.).

657 Vgl. Heide/ John (1988:23).

658 Vgl. Schäffer (2001a:123), Balderjahn (1995:542).

659 Vgl. Meinefeld (1988:120). Der Begriff „Einstellung“ ist dabei von dem verwandten Begriff des Wertes abzugrenzen. Im Gegensatz zu Werten bezieht sich die Einstellung immer auf ein bestimmtes Objekt – Werte sind objektunspezifisch. Des Weiteren sind Werte abstrakter und können auch für Gruppen erfasst werden, während Einstellungen nicht generalisierbar und immer personenbezogen sind. Vgl. Klein (1991:36 ff.).

660 Vgl. Bohner (2002:267).

661 Vgl. Six/ Eckes (1996:8).

662 Vgl. z. B. Meinefeld (1988:122) und Six/ Eckes (1996:8) für einen Überblick.

663 Vgl. z. B. Chandon/ Morwitz/ Reinartz (2005), Meinefeld (1988:123).

664 Six (2000:363).

665 Six/ Eckes (1996:8). Vgl. auch die Übersicht über die Metastudien auf S. 15. In den aufgeführten Studien sind die gemittelten Korrelationen zwischen Einstellungen und Verhalten größer als r=0,36 und zwischen Einstellungen und Verhaltensintentionen größer als r=0,40. Vgl. Six (2000:363).

666 Vgl. auch Triandis (1975:20 ff.).

Die Ausbildung einer Einstellung ist als Ergebnis eines sozialen Prozesses zu verstehen – sie stellt das Ergebnis einer Auseinandersetzung des Einzelnen mit seiner Umwelt dar.[667] Einstellungen sind damit erlernte, veränderbare Verhaltensdispositionen.[668] Zur Erklärung des Einstellungserwerbs bzw. der Einstellungsänderung werden neben Lerntheorien vor allem Wahrnehmungstheorien und Konsistenztheorien herangezogen.[669]

Die Struktur einer Einstellung wird dabei in der Literatur uneinheitlich gesehen – es existieren sowohl mehrdimensionale als auch eindimensionale Auffassungen der Einstellungsstruktur. Das mehrdimensionale Einstellungskonzept geht davon aus, dass eine Einstellung mehrere inhaltlich unterscheidbare Komponenten aufweist, deren Beziehung untereinander durch Konsistenz gekennzeichnet ist.[670] In der Literatur findet sich insbesondere der Drei-Komponenten-Ansatz, bei dem Einstellungen folgende Unterteilung erfahren:[671]

- Die kognitive Komponente betont die mit der Wahrnehmung des Einstellungsobjektes verbundenen Denk- und Informationsverarbeitungsvorgänge, die dem Objekt seine relationale Stellung im individuellen kognitiven System des Individuums zuweisen.[672] „Kognitionen spiegeln damit das subjektiv geprägte Wissen des Individuums über das Einstellungsobjekt bzw. die Kenntnisse über das infrage stehende Einstellungsobjekt, seine Beziehungen zu anderen Objekten [...] wider."[673]
- Die affektive Komponente bezieht sich auf die mit dem Einstellungsobjekt verbundenen Gefühle, Emotionen und Bewertungen. Diese Komponente wird als bedeutsamste angesehen, da sie der Einstellung erst ihre Richtung sowie ihren motivationalen Charakter verleiht.[674]
- Als konative Komponente wird die dem Einstellungsobjekt gegenüber intendierte und in Aussicht gestellte Verhaltensweise bezeichnet.[675] Hierbei geht es nicht um das tatsächliche Verhalten des Individuums, die Komponente stellt vielmehr eine Verhaltensabsicht dar.

Diese drei Komponenten stimmen nach dem theoretischen, mehrdimensionalen Ansatz in konsistenter, harmonischer Weise überein, beeinflussen und unterstützen einander gegensei-

---

667 Vgl. Meinefeld (1988:120), Schäffer (2001a:123), McGuire (1954:172 ff.).

668 Vgl. Balderjahn (1995:543), Geise (1984:41).

669 Vgl. Geise (1984:42), McGuire (1954:265).

670 Vgl. Geise (1984:57), Triandis (1975:11 ff.).

671 Vgl. z. B. McGuire (1954:155), Jost (2000:49), Hammann/ Erichson (2000:334).

672 Vgl. Geise (1984:69).

673 Geise (1984:69). Vgl. auch Nagel (1995:49).

674 Vgl. Schnetkamp (1982:30) und Geise (1984:64).

675 Vgl. Geise (1984:72), Triandis (1975:16 ff.).

tig.[676] Allerdings ist die Drei-Komponenten-Theorie auch Kritik ausgesetzt, insbesondere wegen der fehlenden Trennschärfe zwischen den Komponenten.[677] So hebt OPPERMANN hervor, dass die affektive Bewertung eines Einstellungsobjektes immer einen kognitiven Prozess voraussetzt.[678] Zudem kritisieren einige Autoren auch die Konsistenzannahme der drei Komponenten.[679]

Dennoch ist der Drei-Komponenten-Ansatz immer noch vorherrschend in der Literatur zur Einstellungsforschung.[680] Die meisten Autoren sehen es als plausibel an, dass alle drei Komponenten in die Einstellungsbildung einfließen. Daher soll der Drei-Komponenten-Ansatz auch in dieser Arbeit als „heuristisches Orientierungsschema"[681] dienen.

Unter dem Begriff Einstellung soll im Folgenden die zusammenfassende Bewertung eines Gegenstandes verstanden werden, in die sowohl kognitive, affektive sowie konative Elemente eingehen.[682] EAGLY/ CHAIKEN definieren: „Eine Einstellung ist eine psychische Tendenz, die dadurch zum Ausdruck kommt, dass man ein bestimmtes Objekt mit einem gewissen Grad an Zuneigung oder Abneigung bewertet"[683]. Übertragen auf den Untersuchungskontext ist das Objekt die Rationalitätssicherung durch die Bank, die das Unternehmen mit einem gewissen Grad an Zustimmung oder Abneigung bewertet.

### 4.2.7 Rationalitätssicherung der Führung

Der Begriff Rationalitätssicherung der Führung umschreibt Maßnahmen, die die Wahrscheinlichkeit erhöhen, dass die Führungshandlungen den antizipierten Zweck-Mittel-Beziehungen entsprechen, d. h. Maßnahmen zur Verringerung bzw. Vermeidung von Rationalitätsdefiziten im Führungsprozess.[684]

In Kapitel 3.1.1.2 wurden Rationalitätsdefizite entlang des Führungsprozesses identifiziert, die insbesondere in mittelständischen Unternehmen auftreten. LANGENBACH ermittelt verschiedene Maßnahmen, die externe Marktteilnehmer an unterschiedlichen Stellen im Führungsprozess zur Rationalitätssicherung ergreifen. So können externe Marktteilnehmer in der

---

676 Vgl. Balderjahn (1995:543), Triandis (1975:181), Kroeber-Riel/ Weinberg (2003:171).

677 So konnte die Unterteilung in drei Komponenten bisher keine empirische Bestätigung finden. Vgl. Balderjahn (1995:543), Geise (1984:74 f.).

678 Vgl. Oppermann (1976:29).

679 Vgl. Jost (2000:49 f.).

680 Vgl. z. B. Bohner (2002:267), Jost (2000:49 f.), Schäffer (2001a:123), Stroebe (1980:334), Nieschlag/ Dichtl/ Hörschgen (2002:69).

681 Kroeber-Riel/ Weinberg (2003:170).

682 Vgl. Bohner (2002:267), Stroebe (1980:334), Schäffer (2001a:123), Six (2000:361). Ähnlich auch Thurstone (1928:531).

683 Eagly/ Chaiken (1993:1).

684 Vgl. Schäffer (2001a:117).

Phase der Problemdefinition neue Probleme entdecken, andere Problemdefinitionen entgegenspielen und so zu einer kompletteren Definition beitragen.[685] Die Rationalität der Zielformulierung kann durch die Diskussion der Ziele mit externen Marktteilnehmern gesichert werden. Dadurch können Zielkontradiktionen besser erkannt werden.[686] Bei der Datenbereitstellung kann sich eine ergänzende externe Sichtweise als hilfreich im Sinne der Sicherung der Rationalität erweisen.[687] Externe Marktteilnehmer können in der Phase der Erwartungsbildung insbesondere „den Anstoß zur Reflexion über die eigene Erwartungsbildung und zur Verbesserung der verwendeten Daten und Modelle geben“[688]. In der sich anschließenden Alternativengenerierung sollen durch den Anstoß zur Reflexion Anzahl und Art der Alternativen ausgeweitet werden.[689] In der Entscheidungsphase ist es sinnvoll, den zugrunde gelegten Bewertungen diejenigen externer Marktteilnehmer gegenüberzustellen und diese gemeinsam zu diskutieren. Marktteilnehmer können so einen Anstoß zum Überdenken der Entscheidungen liefern.[690] Die Kontroll- und Lernphase können Marktteilnehmer rationalitätssichernd unterstützen, indem sie Feedback zu einer konkreten Entscheidung geben.[691]

Diese Ansätze lassen sich in zwei Bereiche gliedern:

- Zum einen können in der Phase der Problemdefinition neue Probleme angeregt werden. Marktteilnehmer können den Führungsinstanzen die Wahrnehmung von Problemen erleichtern und verhindern, dass sich Problemlösungsanstrengungen auf ein ‚falsches' Problem richten.[692]
- Zum anderen können Marktteilnehmer, wenn der Prozess der Willensbildung schon weitgehend abgeschlossen ist, zur Reflexion anregen, mit den verantwortlichen Personen diskutieren und eine argumentative Überprüfung vorschlagen.[693] Damit übernehmen externe Marktteilnehmer die Funktion eines ‚Advocatus Diaboli'[694], indem sie die Positionen der Führungsinstanz herausfordern.[695]

---

685 Vgl. Langenbach (2000:67).

686 Vgl. Langenbach (2000:73).

687 Vgl. Langenbach (2000:76).

688 Langenbach (2000:79).

689 Vgl. Langenbach (2000:80).

690 Vgl. Langenbach (2000:82).

691 Vgl. Langenbach (2000:85).

692 Vgl. Spieker (2004:175).

693 Das Anstoßen zur Reflexion durch Marktteilnehmer hat besondere Vorteile, da sie anderes Wissen, ein anderes mentales Modell und zusätzliche Verarbeitungskapazität sowie ggf. bessere Verarbeitungskompetenz einbringen können. Vgl. Langenbach (2000:86).

694 Vgl. Spieker (2004:173).

695 Vgl. Kehrmann (2002:184 f.).

Explizit auf mittelständische Unternehmen bezogen nimmt WEBER analog zu den obigen Ausführungen ebenfalls eine Unterteilung der Rationalitätssicherungsaufgaben in zwei Ausprägungen vor.[696] Rationalitätssicherung für den laufenden Führungsprozess in mittelständischen Unternehmen bedeutet demnach:

- „Zum einen die Information des Unternehmers über dort typische Rationalitätsdefizite bzw. [...] mögliche Gestaltungselemente zur Eliminierung dieser Defizite",
- „zum anderen die Ergänzung des Unternehmers durch einen Counterpart bei wesentlichen Entscheidungen"[697].

Diese Unterteilung der Rationalitätssicherungsfunktion findet sich mit wechselnden Bezeichnungen auch in anderen Arbeiten zur Rationalitätssicherung der Führung.[698] Die vorliegende Arbeit folgt der Bezeichnung von SPIEKER, der die Rationalitätssicherungsaufgaben Externer wahrgenommen werden können, in „Problemanregung" und „Argumentation" unterteilt.[699] Diese Funktionen können auch von Banken wahrgenommen werden:[700]

---

[696] Vgl. Weber (2003:187).

[697] Weber (2003:187).

[698] WEBER/ SCHÄFFER/ PRENZLER und SPILLECKE trennen die Beratung der Unternehmensführung sowie die Übernahme der Funktion des kritischen Counterparts. SPIEKER unterscheidet zwischen Problemanregung und Argumentation. Vgl. Weber/ Schäffer/ Prenzler (2001:137 ff.), Spillecke (2006:158 ff.), Spieker (2004:175 f.).

[699] Dies erscheint vor allem deshalb sinnvoll, da durch diese Bezeichnung direkt auf den Zeitpunkt der Rationalitätssicherung im Führungszyklus Bezug genommen wird.

[700] Vgl. Weber (2003:187) und Weber/ Schäffer (2001b:44). Vgl. insbesondere auch die Ausführungen in Kapitel 3.2.2.

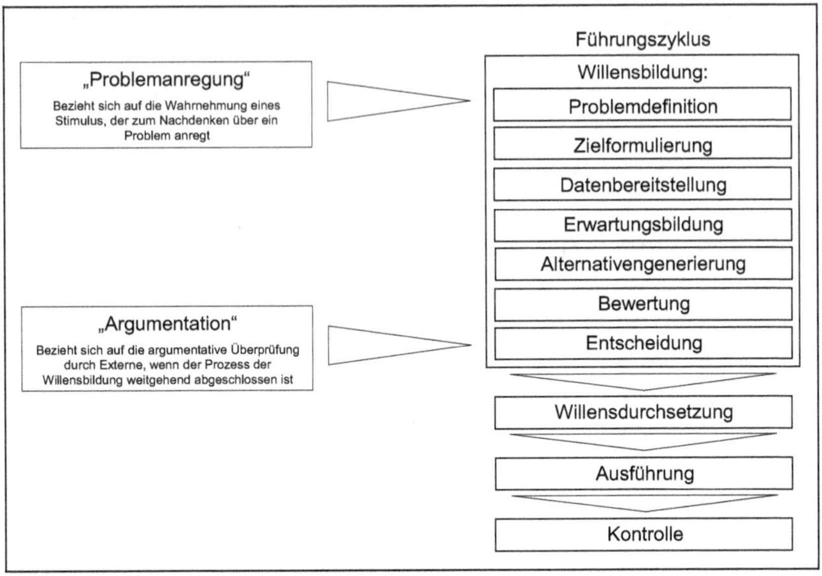


Abbildung 15: Problemanregung und Argumentation im Führungszyklus[701]

*Problemanregung*

Im Rahmen der Kreditwürdigkeitsprüfung sowie der Kreditüberwachung decken die Banken „nahezu zwangsläufig Schwachstellen auf"[702]. Die Banken können die Unternehmen darauf gezielt hinweisen und eine Beratung einleiten,[703] um eine „Verbesserung des Managements beim Kreditnehmer"[704] zu bewirken. Zusätzlich lassen sich beginnende Krisen rechtzeitig erkennen[705] und bekämpfen, die Problemanregung kann somit als „Insolvenzprophylaxe"[706] gelten. Die frühzeitige Diagnose von Schwachstellen und Bedrohungen stellt für das betreute Unternehmen und das Kreditinstitut gleichermaßen ein wichtiges Anliegen dar.[707]

---

701 Quelle: Eigene Darstellung.

702 Bartling (1985:156 f.).

703 Vgl. z. B. Buchmann (1996:75), Schmidt (2001:157 ff. und 166 ff.), Paul/ Stein (2002:92), Bennewitz/ Kasterich (2004:3).

704 Gushurst (1990:112), vgl. auch Winkeljohann/ Hölscher (2001:558).

705 Vgl. F.A.Z. Institut für Management, Markt- und Medieninformationen GmbH/ Ernst & Young AG/ Bayerische Hypo- und Vereinsbank AG (2003:16 u. 39).

706 Gushurst (1990:112), Woeste (1986:810).

707 Vgl. Lachnit (1991:2145), Hartmann/ Schwarzhaupt (2005:23).

*Argumentation*

Kreditinstitute können in mittelständischen Unternehmen ferner die Funktion übernehmen, Ziele, Einsichten und Handlungen des Unternehmers kritisch zu hinterfragen.[708] Kreditinstitute werden somit zum „konstruktiv-kritischen Partner“[709], zum „unternehmerischen Sparringspartner“[710]. Der Zwang, kritische Fragen der Kreditinstitute zu beantworten, führt zu einer Überprüfung der getroffenen Entscheidungen und kann als Chance genutzt werden, eigene Prozesse zu optimieren[711] – Kreditinstitute können somit auch Entscheidungshilfen geben.[712]

In der vorliegenden Arbeit soll die Rationalitätssicherung demnach durch zwei Konstrukte abgebildet werden: Problemanregung und Argumentation.

### 4.2.8 Qualität des Führungszyklus

Die Aufgabe der Rationalitätssicherung ist die Vermeidung bzw. Beseitigung von Rationalitätsdefiziten im Führungszyklus. Deswegen ist die Wirkung der Rationalitätssicherung von Banken auf die Rationalität des Führungszyklus der Unternehmen in die Untersuchung einzubeziehen.

Eine objektive Beurteilung der Rationalität von Führungshandlungen ist jedoch praktisch nicht zu realisieren – eine Annäherung an eine objektiv rationale Führungshandlung ließe sich nur unter bestimmten Bedingungen in Laborversuchen verwirklichen. In mittelständischen Unternehmen sind die Unternehmer zudem selbst maßgeblich für die Zieldefinition und die Auswahl der zur Zielerreichung notwendigen Handlungsschritte verantwortlich. Eine Beurteilung der Rationalität kann nur bei genauer Kenntnis der Zielvorstellungen verwirklicht werden und ist abhängig vom jeweils vorherrschenden Wissensstand.[713]

In dieser Arbeit soll, anderen Untersuchungen folgend, die Qualität des Führungszyklus als Indikator für dessen Rationalität herangezogen werden.[714] Dies deckt sich mit der Argumentation WEBERs, der die Rationalitätssicherungsfunktion mit der Funktion von Qualitätsverantwortlichen in der Produktion eines Industrieunternehmens vergleicht und in diesem Zusammenhang bereits explizit von der „Führungsqualität“[715] als Ziel der Rationalitätssicherung spricht.

---

708 Vgl. Weber/ Schäffer (2001b:44).

709 Hartmann/ Schwarzhaupt (2005:23).

710 Schmidt (2001:151).

711 Vgl. Gushurst (1990:122), Schmidt (2001:174), KPMG (2003:3), Woeste (1986:811).

712 Vgl. Hamer (1988:119).

713 Vgl. Spieker (2003:196 f.).

714 Vgl. Spieker (2003:196 f.), Spillecke (2006:164), Sandt (2004:193).

715 Vgl. Weber (2004:44).

Zur Konzeptualisierung der Qualität des Führungszyklus werden im Folgenden der Qualitätsbegriff sowie der Begriff des Führungszyklus konkretisiert. Der Qualitätsbegriff wird im betriebswirtschaftlichen Sprachgebrauch meist auf zwei Arten verwendet.[716] Sie unterscheiden sich in ihrem Ausgangspunkt: Einerseits wird von den Mitteln, andererseits von den Zwecken ausgegangen. Zum einen kann Qualität als die Eignung von Objekten verstanden werden, gewisse Zwecke zu erfüllen. Sie wird dabei durch die objektiven Leistungsmerkmale eines Objektes determiniert[717] und beschreibt dessen Erfüllungskapazität. Zum anderen kann Qualität als Beitrag eines Objektes zur Zweckerreichung oder Zielerfüllung verstanden werden. Das Objekt wird zu einem Mittel, das einem Zweck möglichst optimal dienen soll.[718]

Objekte können zwar zumeist zur Erreichung mehrerer Zwecke gleichzeitig beitragen, aber manchen Zwecken besser als anderen dienen. Ihre an sich neutralen Eigenschaften gewinnen daher erst durch menschliche Zwecksetzungen Relevanz. Deshalb muss einer Aussage über die Qualität von Objekten „grundsätzlich die explizite Bestimmung der mit ihnen in Verbindung gebrachten Zwecke voraus[...]gehen“[719].

Die Gliederung des Führungszyklus nach WEBER/ SCHÄFFER umfasst die Phasen der Willensbildung, Willensdurchsetzung, Ausführung und Kontrolle.[720] Während die Willensbildung in der Formulierung der Ziele mündet, umfasst die Willensdurchsetzung die Maßnahmen zur Umsetzung. Die Realisierung des Willens vollzieht sich in der Ausführung. Unter Kontrolle versteht man den Abgleich des Ist-Zustandes mit dem gebildeten Willen nach erfolgter Ausführung.[721]

Zusammenfassend soll im Folgenden unter der Qualität des Führungszyklus in Anlehnung an SCHOPPHOVEN das Ausmaß verstanden werden, mit dem eine Entscheidung in Input, Prozess und Ergebnis den individuellen Zielen der Führungsperson entspricht.[722] Die Qualität des Führungszyklus wird somit durch das individuelle Ziel bestimmt und kann für unterschiedliche Individuen mit verschiedenen Zielhierarchien sehr unterschiedlich ausgeprägt sein. LEHNER schließt daraus: „Viele relevante Aspekte des Führungserfolges können nur über subjektive Beurteilungen erfasst werden.“[723]

---

716 Vgl. Gzuk (1975:7).

717 Vgl. z. B. Benkenstein (1993:1099), Schopphoven (1996:18).

718 Vgl. Gzuk (1975:7).

719 Gzuk (1975:7 f.).

720 Vgl. Weber/ Schäffer (2001b:32).

721 Vgl. Kapitel 2.1.1.2 und Bach et al. (2001:32).

722 „Entscheidungsqualität ist das Ausmaß, mit dem eine Entscheidung in Ergebnis und Prozessablauf der individuellen Präferenzstruktur des Entscheiders entspricht.“ Schopphoven (1996:112).

723 Vgl. Lehner (1995:552).

Diese Vorgehensweise deckt sich mit anderen Untersuchungen, die die subjektiv gemessene Entscheidungsqualität als adäquates Beurteilungskriterium für die Effektivität und Effizienz des Entscheidungsprozesses ansehen.[724] Da ein Führungszyklus immer auch eine Entscheidungssituation beinhaltet, können diese Erkenntnisse auf die Qualität des Führungszyklus übertragen werden und die subjektive Qualität des Führungszyklus kann als Indikator für die Rationalität des Führungszyklus dienen.

### 4.2.9 Unternehmenserfolg

Der Begriff „Erfolg" wird vielseitig, auch außerhalb der Ökonomie verwendet. Erfolg wird allgemein als „positives Ergebnis einer Bemühung; Eintreten einer beabsichtigten erstrebten Wirkung" verstanden.[725] Bezogen auf den Erfolg von Unternehmen definiert SEIBERT den Begriff ähnlich: Er versteht Erfolg als „positives Ergebnis zweckvollen Handelns"[726].

Andere Autoren interpretieren Erfolg als den Grad des Erreichens von Zielen.[727] Versteht man Erfolg als Zielerreichungsgrad, dann ist zu hinterfragen, wessen Ziele für die Beurteilung maßgeblich sind. Die konkrete Ausprägung des Erfolgs wird durch den Betrachter beeinflusst und kann von verschiedenen Interessengruppen unterschiedlich bewertet werden. Eine Übersicht über die Erfolgsmaße von Interessengruppen bietet SCHENK.[728]

Da bei kleinen und mittleren Unternehmen die Unternehmensentwicklung entscheidend vom Erreichen der Ziele abhängt, ist in diesem Fall die Sicht der Unternehmensleitung maßgebend.[729] Dabei ist zwischen individuellen Zielen der Unternehmensleitung und unternehmensbezogenen Zielen zu unterscheiden. Zu den individuellen Zielen zählen Selbstverwirklichung, Unabhängigkeit, persönliches Einkommen oder Ansehen. Unternehmensbezogene Ziele können sich auf Wachstum, Qualität der Produkte, Kunden und den Markt oder auf finanzielle Aspekte beziehen.[730]

Da individuelle Ziele wie persönliches Einkommen oder Ansehen jedoch häufig mit unternehmensbezogenen Zielen wie Gewinn oder Wachstum korrelieren und zudem individuelle Ziele wesentlich schwieriger zu erfassen sind, sollen in dieser Arbeit lediglich unternehmens-

---

[724] Vgl. z. B. Spillecke (2006:164 f.), Sandt (2004:193), Reitmeyer (1999:77), Spieker (2004:197), Hauschildt et al. (1983:220 f.), Amason (1996:133). Ergebnisse aus dem Bereich des Unternehmenserfolges zeigen zudem, dass subjektive und objektive Maßstäbe stark korrelieren. Vgl. Dess/ Robinson (1984:268 ff.), Venkatraman/ Ramanujam (1986:801 ff.).

[725] Vgl. Wissenschaftlicher Rat der Dudenredaktion (1999:1072).

[726] Seibert (1987:53).

[727] Vgl. z. B. Nöcker (1999:54). DEGENER versteht Erfolg als „Ergebnis eines zielorientiert gesteuerten wirtschaftlichen Handelns zur Erreichung eines angestrebten Zustandes". Degener (2004:15).

[728] Vgl. Schenk (1998:64).

[729] Vgl. Schenk (1998:62).

[730] Vgl. Schenk (1998:63).

bezogene Ziele betrachtet werden. In der Literatur wird der Unternehmenserfolg als unternehmensbezogenes Ziel mehrdimensional konzeptualisiert.[731]

Als Dimensionen des Unternehmenserfolgs werden die Anpassungsfähigkeit, der Markterfolg und der wirtschaftliche Erfolg des Unternehmens untersucht. Diese Dreiteilung folgt der Konzeptualisierung des Unternehmenserfolgs von RUEKERT/ WALKER/ ROERING, die schon in zahlreichen Untersuchungen Verwendung fand.[732]

Unter Anpassungsfähigkeit soll die Fähigkeit verstanden werden, sich auf Veränderungen der Umwelt einzustellen.[733] Der Markterfolg beschreibt die Effektivität der Unternehmung auf dem Absatzmarkt.[734] Zur Ermittlung des wirtschaftlichen Erfolgs soll in diesem Zusammenhang die Erfolgskennzahl Umsatzrendite herangezogen werden. Kennzahlen setzen zwei Größen miteinander in Beziehung. Unter Umsatzrendite versteht man den Quotienten aus Jahresüberschuss und Umsatz eines Geschäftsjahres.[735]

Mit diesen drei Faktoren werden auch unterschiedliche zeitliche Horizonte abgedeckt. Während der wirtschaftliche Erfolg eher eine kurz- bis mittelfristige Perspektive abdeckt, sind der Markterfolg als Voraussetzung für die mittelfristige sowie die Anpassungsfähigkeit als Bedingung für die langfristige Überlebensfähigkeit des Unternehmens anzusehen.[736]

---

731 Vgl. z. B. Schenk (1998:64).

732 Vgl. Ruekert/ Walker/ Roering (1985:16). Vgl. auch Sandt (2004:191), Spillecke (2006:149), Willauer (2005:217 ff.); Bhargava/ Dubelaar/ Ramaswami (1994:243).

733 Vgl. Ruekert/ Walker/ Roering (1985:16).

734 Vgl. Sandt (2004:191).

735 Vgl. Baetge/ Kirsch/ Thiele (2004:353 ff.).

736 Vgl. Seibert (1987:54 ff.). In einer kurzfristigen Betrachtungsweise wäre ferner noch die Sicherung der Zahlungsfähigkeit des Unternehmens (Liquidität) als Zielgröße für die Bestimmung des Unternehmenserfolges von Bedeutung.

## 4.3 Hypothesenformulierung

Im folgenden Abschnitt werden die Hypothesen zu den Einflussfaktoren und Auswirkungen der Rationalitätssicherung sowie zu den identifizierten, potentiell moderierenden Faktoren aufgestellt. In der Sozialwissenschaft wird unter dem Begriff Hypothese eine Aussage über den Zusammenhang zwischen zwei oder mehr Variablen verstanden.[737] Die im Folgenden aufgestellten Hypothesen lassen sich als „Je-Desto-Hypothesen" kategorisieren.[738]

Die Ableitung der betrachteten Einflussfaktoren, Auswirkungen sowie moderierenden Faktoren in Kapitel 4.1 basierte auf der theoretischen Grundlage der Exit-Voice-Theorie und auf der Literatur zur Rationalitätssicherung durch Marktteilnehmer.[739] In den analysierten Quellen werden jedoch nicht nur Angaben zu den Faktoren, sondern auch solche zu deren Wirkungsrichtung gemacht.[740] Deshalb sollen sie im Folgenden auch zur Ableitung der Hypothesen dienen. Außerdem werden in einigen Fällen empirische Untersuchungen mit ähnlichen Themen auf Hinweise über Wirkungszusammenhänge untersucht.

Eine Zunahme der Rationalitätssicherung durch Banken bei mittelständischen Unternehmen erfordert ein erhöhtes Wissen der beteiligten Akteure der Bank. Der zuständige Bankmitarbeiter kann durch höheres Wissen Rationalitätsdefizite besser identifizieren und die Rationalitätssicherung kompetenter und detaillierter durchführen. Die Bank hat mit einem höheren Wissen die Chance, die Rationalitätssicherung genau auf das Unternehmen abzustimmen. Rationalitätssicherung kann umso intensiver erfolgen, je größer das Wissen der beteiligten Akteure ist.[741] Dies gilt sowohl für die Problemanregung als auch für die Argumentation. Daraus leiten sich folgende Hypothesen ab:

*H1: Das Wissen der Bankmitarbeiter beeinflusst die Wahrnehmung der Problemanregung durch die Bank positiv.*

*H2: Das Wissen der Bankmitarbeiter beeinflusst die Wahrnehmung der Argumentation durch die Bank positiv.*

---

[737] Vgl. Diekmann (2004:107), Schnell/ Hill/ Esser (2005:53). Man spricht hier auch von nomologischen Hypothesen oder Zusammenhangshypothesen.

[738] Vgl. Schnell/ Hill/ Esser (2005:53), Stier (1999:12).

[739] Vgl. Kapitel 4.1.

[740] Die herangezogenen Quellen waren der Grundlagentext zur Exit-Voice-Theorie von HIRSCHMAN und die Dissertation von LANGENBACH. Vgl. Hirschman (1974), Langenbach (2000) sowie Kapitel 4.1.

[741] Vgl. Langenbach (2000:110), Schumacher (2005:45 f.).

Ob Banken Rationalität in mittelständischen Unternehmen sichern, hängt weiterhin vom Ergebnis der Kosten-Nutzen-Überlegungen hinsichtlich der Rationalitätssicherung ab.[742] In diesem Fall ist ausschlaggebend, ob die Bank noch Interesse an der Geschäftsbeziehung mit dem Unternehmen hat.[743] Je größer das Interesse, desto eher wird die Bank Rationalität im Unternehmen sichern.[744] Dies gilt sowohl für die Problemanregung als auch für die Argumentation. Die Wirkungshypothesen werden daher wie folgt formuliert:

*H3: Das Interesse der Bank an der Geschäftsbeziehung beeinflusst die Wahrnehmung der Problemanregung durch die Bank positiv.*

*H4: Das Interesse der Bank an der Geschäftsbeziehung beeinflusst die Wahrnehmung der Argumentation durch die Bank positiv.*

Als weiteren wichtigen Einflussfaktor der Rationalitätssicherung identifiziert LANGENBACH den Opportunismus bzw. das Wohlwollen der Rationalitätssicherungsinstitution.[745] Übertragen auf diesen Kontext bedeutet dies: Nur wenn die Bank wohlwollend gegenüber dem Unternehmen eingestellt ist, wird sie rationalitätssichernd (durch die Wahrnehmung der Problemanregungs- und Argumentationsfunktion) auf das Unternehmensgeschehen Einfluss nehmen. Daraus leiten sich die folgenden Wirkungshypothesen ab:

*H5: Das Wohlwollen der Bank beeinflusst die Wahrnehmung der Problemanregung durch die Bank positiv.*

*H6: Das Wohlwollen der Bank beeinflusst die Wahrnehmung der Argumentation durch die Bank positiv.*

HIRSCHMAN verweist auf die Wichtigkeit der Kommunikation für die Wahrnehmung der Rationalitätssicherung. Kommunikation ist ein Maß für wiederholte Interaktionen und gegenseitigen Austausch – dadurch erlangen die Akteure neben umfangreichen spezifischen Kenntnissen auch Wissen über den anderen Akteur, dessen Ziele, Handlungsspielräume und Fähigkeiten.[746] Dies führt dazu, dass die Akteure ihre Handlungen berechnen und beeinflussen kön-

742 Vgl. Langenbach (2000:113), Schumacher (2005:46), Hirschman (1974:32 f.), Triantis/ Daniels (1995:1087).

743 Vgl. die Ausführungen in 4.2.2.

744 Vgl. Langenbach (2000:110), Schumacher (2005:46).

745 Vgl. Langenbach (2000:108 bzw. 113).

746 Vgl. Maltz/ Kohli (1996:49), Hunold (2003:190).

nen. Ein Mindestmaß an Austausch zwischen den Akteuren ist erforderlich, damit die Bank überhaupt in der Lage ist, Rationalitätssicherung vorzunehmen.[747] Je häufiger Bank und Unternehmen miteinander kommunizieren, desto intensiver kann die Bank ihre Rationalitätssicherungsfunktion wahrnehmen.[748] Auf die Wichtigkeit der Kommunikation für die Wahrnehmung der Rationalitätssicherung durch Banken in mittelständischen Unternehmen verweisen auch SCHMOLL und KOCH.[749] Aus dieser Argumentation lassen sich folgende Hypothesen ableiten:

*H7: Die Kommunikation zwischen Bank und Unternehmen beeinflusst die Wahrnehmung der Problemanregung durch die Bank positiv.*

*H8: Die Kommunikation zwischen Bank und Unternehmen beeinflusst die Wahrnehmung der Argumentation durch die Bank positiv.*

Aus HIRSCHMAN lässt sich ableiten, dass die Rationalitätssicherung durch einen Akteur dann erfolgt, wenn dieser über eine Machtposition gegenüber dem rationalitätsgesicherten Akteur verfügt.[750] Je größer die Macht des Akteurs ist, desto eher wird dieser rationalitätssichernd auf das Unternehmen einwirken. Dies liegt daran, dass die Erfolgschancen der Rationalitätssicherung größer sind, wenn der Akteur über Macht verfügt.

Verschiedene empirische Quellen weisen zudem darauf hin, dass die Existenz von Macht positiv auf die Beeinflussung eines Akteurs wirkt. So untersucht ETGAR die Beziehung zwischen Macht und Beeinflussung in Distributionskanälen und kommt zu einem positiven Wirkungszusammenhang.[751] Vergleichbare Ergebnisse erzielen GASKI/ NEVIN und KOHLI.[752] HUNT/ NEVIN stellen fest: „The greater the availability of the power sources, the more they will be applied"[753]. Dies führt zur Aufstellung der folgenden Hypothesen:

---

747 Vgl. ähnlich Hunold (2003:190). PICOT/ REICHWALD weisen darauf hin, dass Arbeitsteilung zwischen Unternehmen nur möglich ist, wenn Informationen in ausreichendem Umfang ausgetauscht werden, d. h., wenn kommuniziert wird. Vgl. Picot/ Reichwald (1991:260).

748 Vgl. Hirschman (1974:35).

749 Vgl. Koch (2003:272) und Schmoll (2003), die bestätigen, dass die Kommunikation ein zentraler Faktor für das Verhältnis zwischen Bank und Unternehmen ist – die Wahrnehmung einer Counterpartfunktion kann nur erfolgen, wenn Kommunikation erfolgt.

750 Vgl. Hirschman (1974:34).

751 Vgl. Etgar (1976:258).

752 Vgl. Gaski/ Nevin (1985:138), Kohli (1989:60).

753 Hunt/ Nevin (1974:192).

*H9: Die Macht der Bank beeinflusst die Wahrnehmung der Problemanregung durch die Bank positiv.*

*H10: Die Macht der Bank beeinflusst die Wahrnehmung der Argumentation durch die Bank positiv.*

Ferner ergibt sich aus HIRSCHMANS Ausführungen, dass die Einstellung des Unternehmens gegenüber der Rationalitätssicherung die Wahrnehmung der Rationalitätssicherungsfunktion positiv beeinflusst.[754] Für den gewählten Untersuchungskontext bedeutet dies, dass die Einstellung des Unternehmens die Wahrnehmung von Problemanregung und Argumentation durch die Bank positiv beeinflusst.

Auf einen positiven Wirkungszusammenhang weisen auch die Ergebnisse der empirischen Untersuchung EDMONDSONS hin: „[...] a primary influence on detected error rates is unit members' willingness to discuss mistakes openly."[755]

*H11: Die Einstellung des Unternehmens gegenüber der Rationalitätssicherung durch die Bank beeinflusst die Wahrnehmung der Problemanregung durch die Bank positiv.*

*H12: Die Einstellung des Unternehmens gegenüber der Rationalitätssicherung durch die Bank beeinflusst die Wahrnehmung der Argumentation durch die Bank positiv.*

Das Ziel der Rationalitätssicherung ist grundsätzlich die Verringerung und Beseitigung von Rationalitätsdefiziten der Unternehmensführung bzw. im Führungsprozess.[756] Werden Rationalitätsdefizite beseitigt, steigt die Qualität des Führungszyklus. Dies bedeutet, dass zwischen der Rationalitätssicherung und der Qualität des Führungszyklus ein positiver Wirkungszusammenhang unterstellt wird.[757]

Hinweise auf eine positive Wirkung lassen sich ferner aus verschiedenen empirischen Studien ableiten. So stellt SPILLECKE einen positiven Zusammenhang zwischen der Nutzungsintensität der Rationalitätssicherung und der Qualität des Führungszyklus fest.[758]

Zwei Autoren haben explizit die Wirkung der externen Entscheidungsunterstützung auf die Entscheidungsqualität in mittelständischen Unternehmen bzw. in Gründerunternehmen unter-

---

754 Vgl. Hirschman (1974:103).

755 Edmondson (1996:24).

756 Vgl. Schäffer (2001b:117), Langenbach (2000:108); ähnlich auch: Hirschman (1974:1), Triantis/ Daniels (1995:1075).

757 Vgl. auch Weber (2004:44).

758 Vgl. Spillecke (2006:188). Die Studie bezieht sich allerdings nicht auf mittelständische Unternehmen.

sucht. REITMEYER stellt einen positiven Wirkungszusammenhang zwischen der Entscheidungsunterstützung mittelständischer Unternehmen durch Kunden und der Entscheidungsqualität des Unternehmens fest.[759] Die Untersuchung von SPIEKER belegt einen positiven Wirkungszusammenhang von Problemanregung und Argumentation durch externe Parteien auf die Entscheidungsqualität von Gründerteams.[760]

Ein positiver Wirkungszusammenhang kann auch aus der Feedback-Forschung abgeleitet werden. So stellen TAYLOR/ FISHER/ ILGEN fest, dass Feedback positiv auf die Performance von Unternehmen wirken kann.[761]

Somit können folgende Hypothesen formuliert werden:

*H13: Die Wahrnehmung der Problemanregung beeinflusst die Qualität des Führungszyklus positiv.*

*H14: Die Wahrnehmung der Argumentation beeinflusst die Qualität des Führungszyklus positiv.*

Um den Gesamteffekt der Rationalitätssicherung zu analysieren, muss eine Hypothese hinsichtlich der Wirkung der Qualität des Führungszyklus auf den Unternehmenserfolg aufgestellt werden. Es ist davon auszugehen, dass bei einer hohen Qualität des Führungszyklus (ökonomisch) sinnvolle Entscheidungen getroffen werden, die wiederum eine positive Wirkung auf den Erfolg des Unternehmens, insbesondere auf die Anpassungsfähigkeit und den Markterfolg haben.[762] Hinweise auf diesen Wirkungszusammenhang geben verschiedene empirische Studien. So stellen SANDT und SPILLECKE einen positiven Zusammenhang zwischen der Qualität des Führungszyklus und dem Unternehmenserfolg fest.[763] Ähnliche Ergebnisse erzielen auch SPIEKER und REITMEYER, in deren Fokus die Wirkung der Entscheidungsqualität auf den Unternehmenserfolg steht.[764] Zudem ist davon auszugehen,

---

759 Vgl. Reitmeyer (1999:168 ff.). Allerdings kann in dieser Untersuchung kein positiver Wirkungszusammenhang zwischen der Entscheidungsunterstützung durch Hausbanken und der Entscheidungsqualität mittelständischer Unternehmen festgestellt werden. Vgl. Reitmeyer (1999:168 ff.).

760 Vgl. Spieker (2004:274).

761 Vgl. Taylor/ Fisher/ Ilgen (1984:114).

762 Dies liegt darin begründet, dass bei einer hohen Qualität des Führungszyklus „gute" Entscheidungen getroffen werden und schnell und effektiv umgesetzt werden, was einen hohen Erfolg am Markt sichern sollte. Zudem werden bei einer hohen Qualität des Führungszyklus Abweichungen umgehend festgestellt und Anpassungen getroffen. Vgl. auch Spillecke (2006:182).

763 Vgl. Sandt (2004:201), Spillecke (2006:188).

den Unternehmenserfolg steht.[764] Zudem ist davon auszugehen, dass zwischen den Erfolgskonstrukten untereinander positive Wirkungsbeziehungen bestehen[765].

Auf diesen Erkenntnissen basierend sollen folgende Hypothesen abgeleitet werden:

*H15: Die Qualität des Führungszyklus beeinflusst die Anpassungsfähigkeit des Unternehmens positiv.*

*H16: Die Qualität des Führungszyklus beeinflusst den Markterfolg des Unternehmens positiv.*

*H17: Die Anpassungsfähigkeit beeinflusst den Markterfolg positiv.*

*H18: Der Markterfolg beeinflusst den wirtschaftlichen Erfolg positiv.*

LANGENBACH und HIRSCHMAN verweisen auf die Einstellung als positiv moderierenden Faktor der Beziehung zwischen Rationalitätssicherung und der Qualität des Führungszyklus. Um durch die Rationalitätssicherung Engpässe im Führungszyklus beseitigen und damit die Qualität des Führungszyklus verbessern zu können, ist eine positive Einstellung des rationalitätsgesicherten Akteurs gegenüber der Rationalitätssicherung wichtig.[766] Empirische Erkenntnisse sprechen ebenfalls von einer positiven moderierenden Wirkung.

SPIEKER unterstellt in seiner Arbeit, dass Problemanregung und Argumentation durch Teamexterne gewürdigt werden müssen (d. h., dass die Einstellung positiv sein muss), damit das Team seine Handlungen auch modifiziert und sich Problemanregung und Argumentation auf die Entscheidungsqualität auswirken. Seine Hypothese bestätigt sich: Er kann einen positiven moderierenden Effekt der Einstellung auf den Zusammenhang zwischen Problemanregung und Argumentation sowie der Entscheidungsqualität im Unternehmen feststellen.[767] Einen weiteren Hinweis auf einen positiven Wirkungszusammenhang gibt die Arbeit von KAILICH, der zu dem Ergebnis kommt, dass die Einstellung der Kunden gegenüber der Bank die Qualität der Bankberatung im Firmenkundengeschäft positiv beeinflusst.[768] ILGEN/ FISHER/ TAYLOR bestätigen den positiv moderierenden Einfluss für die Feedbackforschung: Demnach ist die Akzeptanz des Feedbacks eine wichtige Voraussetzung für eine Verhaltensänderung.[769]

---

764 Vgl. Reitmeyer (1999:148), Spieker (2004:320).

765 So ist davon auszugehen, dass ein Unternehmen, welches in der Lage ist, sich schnell an neue Marktentwicklungen anzupassen, einen hohen Markterfolg erzielt. Der Markterfolg wiederum hat eine positive Wirkung auf den wirtschaftlichen Erfolg und mediiert die Beziehung zwischen Anpassungsfähigkeit und wirtschaftlichem Erfolg. Vgl. Fußnote 551.

766 Vgl. Langenbach (2000:109), Schumacher (2005:46), Hirschman (1974:103), Triantis/ Daniels (1995:1104).

767 Vgl. Spieker (2004:275).

768 Vgl. Kailich (1990:233).

769 Vgl. Ilgen/ Fisher/ Taylor (1979:367).

Als zweiter zu berücksichtigender moderierender Faktor wurde in 4.1.3 die Macht der Rationalitätssicherungsinstitution identifiziert. Der Macht wird, ebenso wie der Einstellung des Rationalitätsgesicherten, in den analysierten theoretischen Bezügen ebenfalls eine positive moderierende Wirkung zugesprochen.[770] Deswegen sollen im Folgenden zwei Hypothesen untersucht werden:

*H19: Die Einstellung des Unternehmens gegenüber der Rationalitätssicherung durch die Bank sowie die Macht der Bank gegenüber dem Unternehmen haben zusammen einen positiv moderierenden Einfluss auf die Beziehung Problemanregung – Qualität des Führungszyklus.*

*H20: Die Einstellung des Unternehmens gegenüber der Rationalitätssicherung durch die Bank sowie die Macht der Bank gegenüber dem Unternehmen haben zusammen einen positiv moderierenden Einfluss auf die Beziehung Argumentation – Qualität des Führungszyklus.*

---

770 Vgl. Langenbach (2000:117), Hirschman (1974:34), vgl. auch Schumacher (2005:46) und Triantis/ Daniels (1995:1087).

## 4.4 Das Forschungsmodell im Überblick

Die aufgestellten Hypothesen sollen nun in einem übergreifenden vierstufigen Forschungsmodell empirisch getestet werden. Insgesamt werden sechs Einflussfaktoren in ihrer Wirkung auf die beiden Rationalitätssicherungskonstrukte Problemanregung und Argumentation untersucht. Im nächsten Schritt wird die Wirkung der beiden Konstrukte auf die Qualität des Führungszyklus untersucht, unter Berücksichtigung zweier moderierender Faktoren. Bei einer positiven Wirkung kann von erfolgreicher Rationalitätssicherung gesprochen werden. Schließlich wird geprüft, inwieweit die Qualität des Führungszyklus einen Einfluss auf den Erfolg des Unternehmens ausübt. Abbildung 16 fasst das Forschungsmodell dieser Arbeit zusammen.

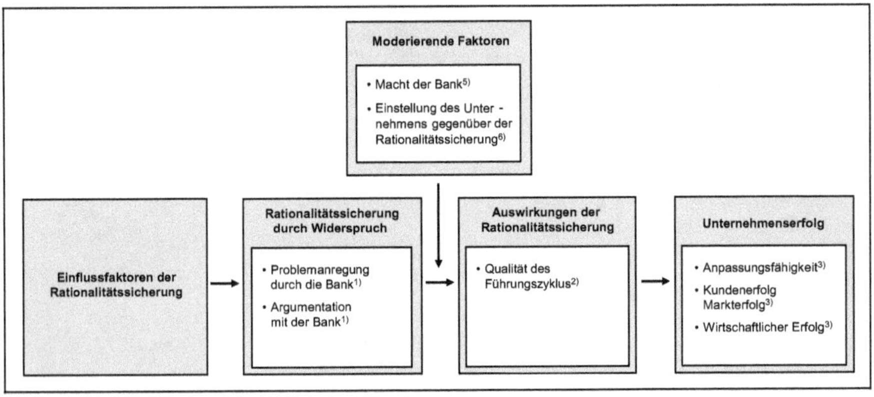


Abbildung 16: Ableitung des Forschungsmodells[771]

Kapitel 4 hatte das Ziel, Einflussfaktoren, Auswirkungen und moderierende Faktoren der Rationalitätssicherung durch Banken in mittelständischen Unternehmen zu identifizieren und zu konzeptualisieren, um die Ableitung von Hypothesen und die Aufstellung eines Forschungsmodells zu ermöglichen, das als Basis für die empirische Untersuchung dienen soll. Aus den Vorarbeiten von Langenbach und den Erkenntnissen der Exit-Voice-Theorie konnten sechs Einflussfaktoren abgeleitet werden.

[771] Quelle: Eigene Darstellung.

Dies waren das Wissen des Bankmitarbeiters, das Interesse der Bank an der Geschäftsbeziehung, das Wohlwollen der Bank, die Kommunikation zwischen Bank und Unternehmen, die Macht der Bank sowie die Einstellung des Unternehmens gegenüber der Rationalitätssicherung. Zudem soll die Wirkung der Rationalitätssicherung auf die Qualität des Führungszyklus unter Berücksichtigung der moderierenden Faktoren Macht der Bank und Einstellung des Unternehmens gegenüber der Rationalitätssicherung untersucht werden. Dazu wird im nächsten Kapitel zunächst die Methodik der Untersuchung sowie die zugrunde liegende Datenbasis vorgestellt.

# 5 Methodik und Datenbasis der Untersuchung

Nachdem im vorherigen Kapitel die Hypothesen abgeleitet wurden, bedarf es nun eines Abgleichs der theoretischen Erkenntnisse mit der Realität. Dies geschieht mit Hilfe einer empirischen Untersuchung, die auf Primärdaten basiert. Anliegen der Primärdatenforschung ist es, die für die Lösung eines Problems relevanten Fakten zu erheben.[772] Das vorliegende Kapitel stellt die Methodik der Datenerhebung, die gewonnene Datenbasis sowie die methodischen Grundlagen der Datenanalyse dar.

## 5.1 Datenerhebung

Zur Darstellung der Datenerhebung werden Untersuchungsobjekt, Erhebungsmethodik, und -konstellation, befragte Personen, die Gestaltung des Fragebogens, die Prüfung seiner Eignung mittels Pretests sowie die Konzeption der Datenerhebung erörtert.[773]

### 5.1.1 Untersuchungsobjekt und Erhebungsmethodik

Mittelständische Unternehmen bilden das Untersuchungsobjekt der vorliegenden Arbeit. Als mittelständisches Unternehmen gilt dabei ein Unternehmen, das weniger als 1000 Mitarbeiter hat und/ oder eine inhaberorientierte Geschäftsführungsstruktur vorweist. Da die Verallgemeinerbarkeit der Studienerkenntnisse sichergestellt werden soll, fand keine Fokussierung auf bestimmte Branchen statt. Allerdings wurden Kreditinstitute und Banken unter Rücksichtnahme auf das Untersuchungsziel aus der Studie ausgeschlossen.

Ziel der vorliegenden Arbeit ist es, von den Erkenntnissen aus der Stichprobe auf die Grundgesamtheit schließen zu können. Diese Generalisierbarkeit der Ergebnisse erfordert eine hohe externe Validität, die nur durch eine „große" Stichprobe gewährleistet werden kann.

Ein hoher Stichprobenumfang wird durch eine großzahlige empirische Erhebung mittels eines schriftlichen Fragebogens erreicht. Im Vergleich zu qualitativen Erhebungen ist diese Erhebungsart kostengünstiger und mit einem geringeren Zeitaufwand verbunden, so dass sich höhere Fallzahlen erreichen lassen.[774]

Als Vorteile der schriftlichen gelten im Vergleich zur persönlichen Befragung das Ausschließen eines Interviewer-Bias sowie die in diesem Falle zumeist überlegtere und präzisere Beantwortung der Fragen.[775] Der Informant kann den Fragebogen zudem flexibel an einem von ihm gewählten Zeitpunkt und Ort ausfüllen. Dies ist gerade bei der starken zeitlichen Belas-

---

772 Vgl. Nieschlag/ Dichtl/ Hörschgen (2002:387).

773 Vgl. Wallenburg (2004:121).

774 Vgl. Koch (2004:71), Diekmann (2004:439), Atteslander (2003:175).

775 Vgl. Herrmann/ Homburg (1999:27), Hildebrandt (1999:69), Diekmann (2004:439).

tung der befragten Zielgruppe (der Geschäftsführung mittelständischer Unternehmen) von Bedeutung.[776]

Aufgrund der oben genannten Vorteile wurde für diese Arbeit die Entscheidung zugunsten einer großzahligen quantitativen Erhebung mittels postalisch versandtem Fragebogen getroffen.[777] Bei dieser Vorgehensweise ist allerdings zu berücksichtigen, dass die Erhebungssituation unkontrollierbar ist und Restriktionen bezüglich der Thematik und Länge des Fragebogens gelten.[778]

### 5.1.2 Erhebungskonstellation

Bei der Analyse von Geschäftsbeziehungen lassen sich zentrale und dezentrale Erhebungen unterscheiden.[779] Bei einer zentralen Erhebung werden nur die Geschäftsbeziehungen eines Referenzunternehmens betrachtet. Für die vorliegende Untersuchung würde dies bedeuten, dass entweder nur die Bankverbindungen eines Unternehmens betrachtet werden oder nur die Firmenkunden eines Kreditinstitutes. Dieses Design wurde für die vorliegende Untersuchung als ungeeignet angesehen. Im erstgenannten Fall stellt sich das Problem einer sehr kleinen und unrepräsentativen Datenmenge, da ein Großteil der mittelständischen Unternehmen nur mit wenigen Banken zusammenarbeitet.[780] Auch für den zweitgenannten Fall ergeben sich Probleme, da Besonderheiten und Spezifika eines bestimmten Kreditinstitutes die Verallgemeinerung der Aussagen erschweren könnten.

Bei einem dezentralen Erhebungsdesign wird die Geschäftsbeziehung zwischen verschiedenen Unternehmen und Kreditinstituten untersucht.[781] Aus Gründen der Verallgemeinerbarkeit wurde für die vorliegende Untersuchung ein dezentrales Design gewählt, da so eine Vielzahl verschiedener Geschäftsbeziehungen als Grundlage dient.

Weiterhin ist eine Unterscheidung zwischen einem einseitigen und einem dyadischen Erhebungsdesign möglich.[782] In einer dyadischen Untersuchung würden in diesem Falle sowohl Unternehmen als auch die Kreditinstitute zu derselben Beziehung befragt werden. Für die vorliegende Arbeit wurde jedoch eine einseitige Befragung gewählt. Dies entspricht der übli-

---

776 Vgl. Lucà (2004:120).

777 Die Entscheidung für die postalische Versendung der Fragebögen erfolgte nach den Ergebnissen des Pretests, die eine eindeutige Ablehnung einer Online-Befragung ergaben.

778 Vgl. Herrmann/ Homburg (1999:27 f.).

779 Vgl. Zimmer (2000:130).

780 Dies konnte unter anderem durch die Befragung bestätigt werden. Intensiv genutzt werden demnach in der Regel nur eine bis zwei Bankverbindungen. Vgl. auch Hommel/ Schneider (2004:578) und Harhoff/ Körting (1998:1334).

781 Vgl. Zimmer (2000:130).

782 Vgl. Zimmer (2000:130 f.).

chen Vorgehensweise bei Untersuchungen zu Geschäftsbeziehungen.[783] Ferner sind die Unterschiede zwischen den Perspektiven von Kreditinstitut und Unternehmen nicht im Fokus der vorliegenden Studie, so dass wegen des wesentlich höheren Aufwands auf diese Erhebungsform verzichtet wurde.

Da die Erfassung mehrerer Bankverbindungen pro Unternehmen aufgrund der Restriktionen bezüglich des Fragebogenumfangs nicht möglich war, wurden die Unternehmen jeweils zu ihrer wichtigsten Bankverbindung befragt. Dieser Vorgehensweise wurde gefolgt, weil davon auszugehen ist, dass die wichtigste Bank auch den wichtigsten Counterpart darstellt.[784]

### 5.1.3 Befragte Personen

Aus theoretischer Sicht wäre es wünschenswert, alle im Unternehmen arbeitenden Personen, die in irgendeiner Form Kontakt zur Bank haben, zur Rationalitätssicherung durch die Bank zu befragen. Dabei ergeben sich jedoch Schwierigkeiten bei der Datenerhebung und der Datenaggregation.[785] Es ist in der empirischen Forschung deshalb allgemein üblich, sich bei der Befragung auf so genannte Schlüsselinformanten (Key Informands) zu stützen.[786]

Als Schlüsselinformanten werden bewusst diejenigen Personen ausgewählt, die als „supposedly knowledgeable about the issues being researched and able and willing to communicate about them"[787] gelten. Schlüsselinformanten werden nicht gebeten, Auskunft über persönliche Einstellungen, Meinungen oder Verhaltensweisen zu geben,[788] sie sollen vielmehr Aussagen über „properties of organizations, their relationships with other organizations or other group or aggregate data"[789] machen.

Allerdings ist diese Art der Befragung in der Literatur umstritten,[790] da erhebliche Messfehler auftreten können. Diese können durch die gezielte Auswahl kompetenter Informanten reduziert werden.[791] Als Indikatoren der Kompetenz können die Dauer der Unternehmenszugehö-

---

783 Vgl. Homburg (2000).

784 Vgl. Kapitel 3.2.1.3.

785 Vgl. Wallenburg (2004:125).

786 Vgl. für die Forschung im Bereich der Neuproduktentwicklung Montoya-Weiss/ Calantone (1994), für den Logistikbereich Wallenburg (2004), Engelbrecht (2004); vgl. auch die genannten Quellen bei Ernst (2001:87).

787 Kumar/ Stern/ Anderson (1993:1634).

788 Vgl. Phillips (1982:97), Ernst (2003:1250).

789 Bagozzi/ Yi/ Phillips (1991:423).

790 So kann der Rückgriff auf einzelne Informanten zu erheblichen Messfehlern führen, die auf unterschiedliche Motive, beschränkte Informationsverarbeitungskapazitäten, Wahrnehmungsunterschiede und divergierende Informationsstände zwischen den Informanten zurückzuführen sind. Vgl. Ernst (2001:87) und die dort genannte Literatur, Ernst (2003:1250 f.), Kumar/ Stern/ Anderson (1993:1634).

791 Vgl. Kumar/ Stern/ Anderson (1993:1634), Ernst (2001:90).

rigkeit des Informanten, seine hierarchische Position oder die Dauer und Intensität der Beschäftigung mit dem zu erforschenden Sachverhalt herangezogen werden.[792]

In mittelständischen Unternehmen ist der primäre Gesprächspartner der Hausbank die Geschäftsführung des Unternehmens.[793] Deswegen wurden die Geschäftsführung bzw. die kaufmännische Leitung des Unternehmens als Schlüsselinformanten identifiziert und persönlich angeschrieben. Bei diesen Personen ist davon auszugehen, dass sie ein umfassendes Wissen und einen guten Überblick über die Geschäftsbeziehung zur wichtigsten Bank haben. Zudem nehmen sie als leitende Personen auch hinsichtlich der Rationalitätsdefizite und ihrer Beseitigung eine Schlüsselrolle ein.[794]

### 5.1.4 Fragebogengestaltung

Die Entwicklung des Fragebogens basierte auf der in Kapitel 4.2 erfolgten Konzeptualisierung der theoretischen Konstrukte, die anhand von Indikatoren operationalisiert wurden. Diese Beobachtungsvariablen wurden überwiegend geschlossen in Aussageform formuliert und der Grad der Zustimmung der Informanten anhand von fünfstufigen Likert-Skalen gemessen. Eine Likert-Skala ist eine balancierte Ratingskala mit einer ungeraden Zahl von Antwortmöglichkeiten und einem Neutralpunkt.[795] Auf offene Fragen wurde weitgehend verzichtet.[796] Für die Beantwortung wurden die Informanten ausdrücklich darauf hingewiesen, alle Fragen ausschließlich auf das für das Unternehmen wichtigste Kreditinstitut zu beziehen.[797]

Die ersten beiden Teile des Fragebogens A und B dienten der Ermittlung der Einflussfaktoren der Rationalitätssicherung. Während im ersten Teil Fragen zur Beziehung zwischen Unternehmen und Kreditinstitut im Allgemeinen von Belang waren, standen im zweiten Teil Fragen über den Firmenkundenbetreuer des Kreditinstitutes im Vordergrund. In Teil C wurden Fragen zur Rationalitätssicherung gestellt. Teil D befragte die Teilnehmer zur Übernahme der Counterpartfunktion durch andere Träger, Teil E zur Erfolgssituation des Unternehmens und

---

792 Vgl. Kumar/ Stern/ Anderson (1993:1634).

793 Dies ergab sich auch aus der in der vorliegenden Arbeit durchgeführten Untersuchung, Demnach ist in 89 % der Fälle die Geschäftsleitung der wichtigste Ansprechpartner der Hausbank, in weiteren 10 % der Fälle ist der Leiter der Finanzabteilung der zuständige Gesprächspartner.

794 Vgl. Kapitel 3.1.1.2.

795 Vgl. zur Likert-Skalierung z. B. Koch (2004:187), Nieschlag/ Dichtl/ Hörschgen (2002:406 ff.), Diekmann (2004:209).

796 Eine offene Frage enthält im Gegensatz zu einer geschlossenen Frage keine festen Antwortkategorien. Antworten können völlig selbständig formuliert werden. Vgl. Atteslander (2003:161).

797 Dieses Vorgehen folgt damit unter anderem den Arbeiten von WALLENBURG und ENGELBRECHT, die die Informanten baten, die Fragen auf den für sie jeweils wichtigsten Logistikdienstleister zu beziehen, vgl. Wallenburg (2004), Engelbrecht (2004:79).

Teil F diente der Erhebung von Angaben zur antwortenden Person und der Unternehmensstruktur.[798]

### 5.1.5 Pretest

Vor der endgültigen Erhebung sind intensive und systematische Evaluationsmaßnahmen zur Überprüfung der Eindeutigkeit und Verständlichkeit der Fragen sowie der Ermittlung der durchschnittlichen Befragungszeit durchzuführen.[799] Die Eignung des Fragebogens wurde im Februar und März des Jahres 2005 mit Hilfe eines Pretests geprüft. Im Mittelpunkt standen die Kriterien Verständlichkeit, Vollständigkeit, Aufbau und Länge des Fragebogens. Hierzu wurde der Fragebogen fünf Geschäftsführern mittelständischer Unternehmen, zwei Vorständen von Kreditinstituten sowie fünf Wissenschaftlern vorgelegt. Auf der Basis der persönlichen Interviews wurden geringfügige Anpassungen vorgenommen.[800] Zudem wurden einzelne Fragen ergänzt und die Erläuterungen zum Ausfüllen des Fragebogens präzisiert.

### 5.1.6 Konzeption der Datenerhebung

Als Untersuchungsmethode wurde die schriftliche, postalische Befragung mittels eines standardisierten Fragebogens gewählt. Die Befragung erfolgte in Zusammenarbeit mit den Industrie- und Handelskammern (IHK) Fulda, Hanau-Gelnhausen-Schlüchtern, Koblenz, Limburg und Südthüringen. Auf diese Weise konnten Unternehmen aus Regionen in drei verschiedenen Bundesländern in die Befragung einbezogen werden. Die Adressen wurden, soweit noch nicht von der Kammer mit dem Namen des Geschäftsführers versehen, anhand der Hoppenstedt-Firmendatenbank Mittelständische Unternehmen personalisiert.[801] Konnte der Name des Geschäftsführers nicht ermittelt werden, wurde der Brief zu Händen der Geschäftsleitung adressiert.

Dem Fragebogen wurde ein Anschreiben beigefügt, das im Namen der jeweils zuständigen IHK und des Lehrstuhls verfasst und sowohl von einem Vertreter der IHK als auch vom Lehrstuhlinhaber des Lehrstuhls für Controlling und Telekommunikation der WHU – Otto Beisheim School of Management unterzeichnet wurde. In diesem Anschreiben wurden die potentiellen Teilnehmer gebeten, den Fragebogen auszufüllen. Den Teilnehmern der Studie wurde strengste Vertraulichkeit bezüglich ihrer Angaben zugesichert. Um die Bereitschaft zu ant-

---

798 Vgl. den Fragebogen im Anhang.

799 Vgl. Diekmann (2004:415), Bagozzi (1994:42), Stede/ Young/ Chen (2005:670 f.).

800 So wurde im Rahmen der Pretests festgestellt, dass der Begriff der Rationalitätssicherung bei der Zielgruppe der Befragung als unverständlich und unpassend wahrgenommen wurde. Dies stimmt mit den Erfahrungen aus der empirischen Untersuchung von SPIEKER überein, vgl. Spieker (2003:59 f.). Deshalb wurde in der Befragung der Begriff Rationalitätssicherung vermieden und durch das Wort Counterpart ersetzt.

801 Vgl. Hoppenstedt Firmeninformationen GmbH (2005).

worten zu erhöhen, wurden die Teilnehmer der Befragung incentiviert.[802] Ihnen wurde eine Publikation zu aktuellen Fragen des Controllings,[803] die Teilnahme an einem Workshop an der jeweiligen IHK sowie eine Zusammenfassung der Ergebnisse angeboten. Ein adressierter und portofreier Rückumschlag lag dem Schreiben anbei.

Der Versand der Fragebögen an diese Adressen erfolgte in zwei Tranchen. Im April wurden zunächst die Briefe an die Kammern Südthüringen, Fulda und Hanau-Gelnhausen-Schlüchtern verschickt. Im Juni folgten dann die Fragebögen der Kammern Limburg und Koblenz. Insgesamt wurden 1582 Fragebögen versandt.

---

802 Der positive Zusammenhang zwischen der Incentivierung und dem Antwortverhalten der Beteiligten wurde beispielsweise durch die Metastudie von CHURCH belegt. Vgl. Church (1993:67).

803 Zur Auswahl standen zwei Bände der Advanced-Controlling-Reihe zu den Themen „Rating & Controlling" sowie „Accounting Excellence".

## 5.2 Datengrundlage

### 5.2.1 Umfang der Datenbasis und Charakterisierung der Unternehmen

Insgesamt wurden 356 Fragebögen ausgefüllt zurückgesandt. Dies entspricht einer Rücklaufquote von 22,5 %. Von den erhaltenen Fragebögen waren 332 Fragebögen auswertbar, was einer effektiven Rücklaufquote von 21 % entspricht. In Anbetracht der Länge des Fragebogens und der hohen hierarchischen Position der befragten Personengruppen ist die Rücklaufquote als sehr gut zu bewerten. Auf eine Nachfassaktion konnte daher verzichtet werden.

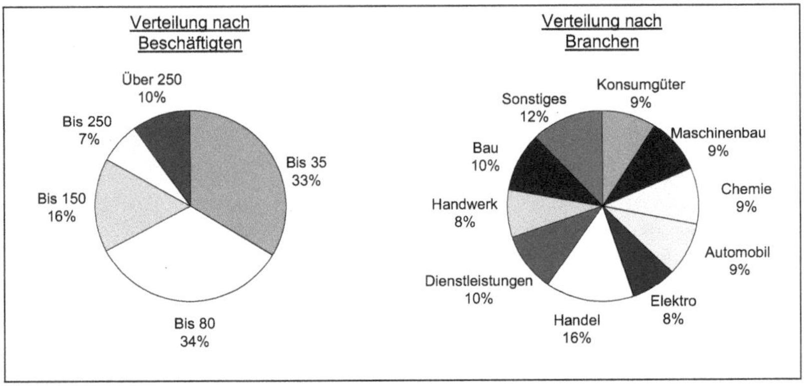


Abbildung 17: Charakteristika der Stichprobe

Abbildung 17 zeigt die Charakteristika der Stichprobe. Bezüglich der Unternehmensgröße ist eine sehr breite Streuung festzustellen. Einen hohen Anteil an der Stichprobe haben kleinere mittelständische Unternehmen von bis zu 80 Mitarbeitern. Der Branchensplit zeigt eine heterogene Zusammensetzung. Hinsichtlich der antwortenden Personen ist anzumerken, dass fast 90 % eine leitende Stellung in der Firma innehaben.

### 5.2.2 Repräsentativität der Stichprobe

Um die Repräsentativität der Stichprobe festzustellen, muss die Frage gestellt werden, ob systematische Unterschiede zwischen denjenigen Unternehmen bestehen, die den Fragebogen beantwortet zurückgeschickt haben, und denjenigen, die nicht geantwortet haben.[804] Dies kann mit Hilfe eines Non-Response-Bias-Tests überprüft werden. Diesem Testverfahren liegt

[804] Vgl. Stede/ Young/ Chen (2005:673 f.).

die Annahme zugrunde, dass diejenigen Unternehmen, die spät geantwortet haben, den Unternehmen, die gar nicht geantwortet haben, ähnlich sind.[805]

Die Stichprobe wurde dazu anhand des Rücksendungsdatums in drei Teile unterteilt. Das Drittel der früh antwortenden Unternehmen wurde dann mit den spät antwortenden Unternehmen verglichen. Der Vergleich mittels T-Test ergab bei einem Signifikanzniveau von 10 % nur für 12 der 112 erfragten Variablen einen signifikanten Mittelwertunterschied. Es ist also davon auszugehen, dass kein Non-Response-Bias vorliegt.

In einem zweiten Schritt wurde die Stichprobe auf das Vorliegen eines Informant Bias geprüft. Dazu wurde nach persönlichen Angaben der Informanten gefragt und ihre Eignung im Rahmen der Auswertung geprüft.[806] In 91 % der Fälle handelt es sich bei den Informanten um Geschäftsführer, kaufmännische Leiter oder Abteilungsleiter des Finanzwesens oder angrenzender Verantwortungsbereiche. Die Informanten sind zudem in der Regel schon lange in ihren Positionen tätig (der Mittelwert liegt bei 13 Jahren), so dass zu vermuten ist, dass sie über das notwendige Wissen zur Beantwortung der Fragen verfügen. Es ist daher nicht davon auszugehen, dass ein Informant Bias vorliegt.

Eine Stichprobe gilt dann als repräsentativ, wenn sie ein verkleinertes Abbild der Zielpopulation darstellt. Als relevantes Merkmal wurde die Branche des Unternehmens herangezogen. Die Verteilung zeigt, dass eine heterogene Branchenzusammensetzung erzielt wurde. Zur Feststellung, ob ein signifikanter Unterschied zwischen der Branchenverteilung der Hoppenstedt-Mittelständische-Unternehmen-Datenbank und der antwortenden Unternehmen vorliegt, wurde ein $\chi^2$-Test durchgeführt. Dieser ergab keinen signifikanten Unterschied. Die Hypothese, dass die Datenbasis der Untersuchung repräsentativ ist, wird somit gestützt.

---

805 Vgl. hierzu Armstrong/ Overton (1977:401).

806 Vgl. Kumar/ Stern/ Anderson (1993:1645 f.).

## 5.3 Grundlagen der quantitativen Analyse

### 5.3.1 Auswahl der Analysemethodik

Im Rahmen der Datenanalyse kann zwischen explorativen, deskriptiven und explikativen Untersuchungen unterschieden werden. Eine explorative Studie dient einer ersten Strukturierung des interessierenden Problemfeldes. Eine deskriptive Studie versucht hingegen, problemrelevante Tatbestände möglichst genau zu erfassen und zu beschreiben,[807] während es Aufgabe einer explikativen Untersuchung ist, Ursache-Wirkungszusammenhänge zu ermitteln.[808] In dieser Studie liegt der Fokus auf dem letztgenannten Vorgehen.

Das explikative Untersuchungsziel stellt höhere Anforderungen an die Methodik. Sie muss verschiedene Voraussetzungen erfüllen.[809] Zunächst muss sie kausale Beziehungen statistisch analysieren können. Um die Zusammenhänge zwischen mehreren Variablen messen zu können, muss die Methodik multivariate Untersuchungen ermöglichen. Zusätzlich ist zu berücksichtigen, dass die in Kapitel 4.2 identifizierten Variablen zum Großteil nicht direkt messbar sind. Man spricht in diesem Zusammenhang von latenten Variablen oder Konstrukten. Diese werden unter Zuhilfenahme manifester Variablen (Indikatoren) messbar gemacht, die in empirisch beobachtbarer Form ein Vorliegen der latenten Variablen widerspiegeln.[810] Diese Messung latenter Variablen ist jedoch mit Fehlern behaftet, die bei Nichtberücksichtigung zu Falschaussagen führen können.[811] Die zu wählende Methodik sollte also zum Dritten eine Berücksichtigung von Messfehlern zulassen.

Alle drei genannten Kriterien werden vom multivariaten Verfahren der Kausalanalyse erfüllt.[812] Es stellt den Standard auf dem Gebiet der Untersuchung von Wirkungszusammenhängen zwischen hypothetischen Konstrukten dar[813] und soll daher zur Analyse der erhobenen Daten dienen. Im Folgenden werden wichtige Aspekte der Kausalanalyse dargelegt. Zunächst werden Aspekte der Konstruktmessung aufgezeigt, bevor die Methodik der Dependenzanalyse vorgestellt wird.

---

807 Für deskriptive Analysen wird auf univariate Maßzahlen und Verhältniszahlen wie beispielsweise Mittelwerte und Prozentzahlen sowie auf bivariate Methoden (Kreuztabellierung, Korrelationen) zurückgegriffen. Vgl. Nieschlag/ Dichtl/ Hörschgen (2002:469), vgl. auch Diekmann (2004:555 ff. u. 571 ff.).

808 Vgl. Herrmann/ Homburg (1999:15), ähnlich Nieschlag/ Dichtl/ Hörschgen (2002:381), Diekmann (2004:30 ff.).

809 Vgl. Peter (1999:128 f.), Wallenburg (2004:122).

810 Vgl. 4.2.

811 Vgl. Homburg (1992:499), Bentler (1983:13).

812 Vgl. bspw. Homburg (1992:499 f.).

813 Vgl. bspw. Homburg/ Baumgartner (1995:1092), Homburg/ Hildebrandt (1998:17).

## 5.3.2 Konstruktmessung

### 5.3.2.1 Grundlegende Aspekte zur Konstruktmessung

Ein theoretisches Konstrukt stellt nach BAGOZZI/ FORNELL den wahren, nicht beobachtbaren Zustand eines Phänomens dar.[814] Es ist keiner direkten Messung zugänglich und wird deshalb auch als latente Variable beschrieben. Um dennoch eine Messung zu ermöglichen, wird ein zweistufiges Vorgehen empfohlen.[815]

Im ersten Schritt muss das theoretische Konstrukt konzeptualisiert werden.[816] Unter der Konzeptualisierung eines Konstruktes versteht man die Erarbeitung seiner Dimensionen.[817] Im zweiten Schritt erfolgt die Operationalisierung des Konstruktes. Der Begriff bezeichnet die auf der Konzeptualisierung aufbauende Entwicklung eines Messinstruments.[818] Dazu werden der latenten Variablen beobachtbare Sachverhalte (auch: manifeste Variablen, Indikatoren oder Items) zugeordnet, die in empirisch beobachtbarer Form ein Vorliegen der latenten Variablen widerspiegeln.[819]

In der Literatur wird im Rahmen der Operationalisierung zwischen Single-Item- und Multi-Item-Ansätzen unterschieden. Der Single-Item-Ansatz, bei dem das Konstrukt durch einen einzigen Indikator gemessen wird, ist nur bei einfach strukturierten Konstrukten anwendbar.[820] Demgegenüber erfolgt die Konstruktmessung beim Multi-Item-Ansatz auf der Grundlage mehrerer Indikatoren, die im Anschluss auf Konstruktebene aggregiert werden.[821] Diese Vorgehensweise ermöglicht die Anwendbarkeit eines umfassenden quantitativen Methodenspektrums zur Güteprüfung der Konstruktmessung. Da in der vorliegenden Arbeit zum größten Teil komplexe Sachverhalte betrachtet werden, basiert die folgende empirische Erhebung überwiegend auf Multi-Item-Ansätzen.

Eine weitere Unterteilung betrifft die Anzahl und Struktur der Ebenen, über die die einzelnen Indikatoren zu einem Konstrukt zusammengefügt werden. Es lassen sich einfaktorielle und

---

814 Vgl. Bagozzi/ Fornell (1982:24). Ähnlich formuliert auch FORNELL: „A theoretical variable represents an abstract nonobservational phenomenon" Fornell (1985:7).

815 Vgl. z. B. Homburg/ Giering (1998).

816 Die Konzeptualisierung der in dieser Arbeit relevanten theoretischen Konstrukte erfolgte bereits in Kapitel 4.2.

817 Vgl. Homburg/ Giering (1998:114).

818 Vgl. Homburg/ Giering (1998:114), Stier (1999:30 f.).

819 Vgl. Schnell/ Hill/ Esser (2005:127).

820 Die Multi-Item-Messung besitzt Vorzüge gegenüber der Single-Item-Messung. Vgl. Churchill (1979:66), Jacoby (1978:93). JACOBY geht soweit, der Messung komplexer Konstrukte anhand eines Single-Item-Ansatzes die Qualität abzusprechen: „What makes us think we can use single items [...] as measures of these concepts, then relate these scores to a host of other variables, arrive to conclusions based on such an investigation, and get away calling what we have done ‚quality research'?" Jacoby (1978:93).

821 Vgl. Jacoby (1978:93), Henseler (2005:70 f.).

mehrfaktorielle Konstrukte unterscheiden. Im Falle eines einfaktoriellen Konstrukts können alle Indikatoren auf der Konstruktebene verdichtet werden.[822] Mehrfaktorielle Konstrukte werden durch zwei oder mehr Faktoren erfasst. Diese können der gleichen theoretischen Dimension zuzurechnen sein. In diesem Fall spricht man von einem mehrfaktoriellen eindimensionalen Konstrukt. Sind die Faktoren unterschiedlichen inhaltlichen Dimensionen zuzuordnen, so liegt ein mehrfaktorielles mehrdimensionales Konstrukt vor.[823]

Die Messung von Konstrukten mittels Indikatoren kann zudem entweder formativ oder reflektiv erfolgen (vgl. Abbildung 18). Der Unterschied zwischen den Messungen liegt in der Richtung der Kausalität zwischen der latenten Variablen und ihren Indikatoren.[824] Ein formatives Messmodell unterstellt hierbei, dass die Indikatoren die latente Variable verursachen – so genannte „cause indicators", während beim reflektiven Messmodell die latente Variable ihre Indikatoren verursacht („effect indicators").[825]

Bei reflektiven Messmodellen führt eine Änderung der latenten Variablen dementsprechend zur Änderung aller ihr zugeordneten Indikatoren.[826] Reflektive Messmodelle haben dabei zwei Eigenschaften. Zum einen müssen alle reflektiven Indikatoren eines Konstruktes untereinander hoch korreliert sein, da ihnen annahmegemäß ein gemeinsamer theoretischer Kern zugrunde liegt. Zum anderen sind reflektive Indikatoren grundsätzlich untereinander austauschbar, da sie lediglich eine Teilmenge aller Indikatoren darstellen, die ein Konstrukt abbilden können.[827] DIAMANTOPOULOS/ WINKLHOFER verdeutlichen: „The removal of an item does not change the essential nature of the underlying construct."[828]

---

[822] Vgl. Homburg/ Giering (1998:115).

[823] Vgl. Homburg/ Giering (1998:115), Anderson/ Gerbing/ Hunter (1987:435).

[824] Vgl. Eggert/ Fassott (2003:3), Fassott (2006:68 ff.).

[825] Vgl. z. B. Bollen/ Lennox (1991:305), Jarvis/ Mackenzie/ Podsakoff (2003:201).

[826] Vgl. Diamantopoulus (1999:446), Fassott/ Eggert (2005:37 Verwendung).

[827] Vgl. Bollen/ Lennox (1991:308), Fassott/ Eggert (2005:37).

[828] Diamantopoulus/ Winklhofer (2001:271).

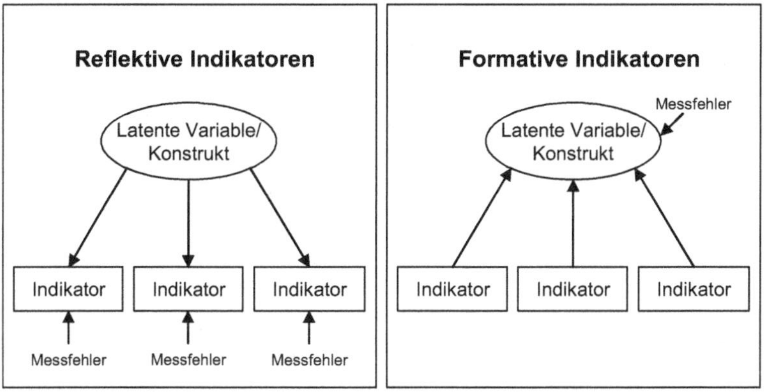


Abbildung 18: Reflektive und formative Indikatoren[829]

Bei formativen Messmodellen wird die latente Variable als Funktion ihrer Indikatorvariablen modelliert. Im Gegensatz zur reflektiven Messung führt eine Änderung der latenten Variablen deshalb nicht zur Änderung der Indikatoren – vielmehr ändert sich die latente Variable, wenn sich eine Änderung des Wertes *einer* ihrer Indikatoren ergibt.[830] Die Auswahl der zur Messung herangezogenen formativen Indikatoren unterliegt dabei wesentlich strengeren Kriterien als im Falle reflektiver Indikatoren.[831] Grund dafür ist, dass formative Indikatoren alle Facetten eines Konstruktes in ihrer gesamten Breite und Tiefe erfassen müssen. Da die Indikatoren untereinander nicht austauschbar sind, bedeutet das „Omitting an item is omitting a part of the construct."[832] Eine Ex-post-Eliminierung von Indikatoren ist demnach aus messtheoretischer Sicht nicht vertretbar.[833] Die Entscheidung, ob eine Messung formativ oder reflektiv modelliert wird, sollte dabei primär auf der Basis theoretisch fundierter Überlegungen hinsichtlich der kausalen Wirkungskette zwischen Konstrukt und Indikatoren erfolgen.[834]

Die Güte der Messung bestimmt die Möglichkeit eines Erkenntnisgewinns aus der quantitativen Analyse. Sie lässt sich durch die Kriterien Reliabilität und Validität abbilden, welche als „sine qua non of science"[835] beschrieben werden.

---

829 Quelle: in Anlehnung an Jarvis/ Mackenzie/ Podsakoff (2003:201), Edwards/ Bagozzi (2000:161 f.).

830 Vgl. Fassott/ Eggert (2005:38), Bollen/ Lennox (1991:306).

831 Vgl. Rossiter (2002:305 f.).

832 Bollen/ Lennox (1991:308).

833 Vgl. Diamantopoulus (1999:453 f.), Jarvis/ Mackenzie/ Podsakoff (2003:202).

834 Vgl. Jarvis/ Mackenzie/ Podsakoff (2003:203), Fornell/ Bookstein (1982:442), Bagozzi/ Yi/ Phillips (1991:421 ff.), Herrmann/ Huber/ Kressmann (2004:12), Diamantopoulus (1999:445), Albers/ Hildebrandt (2006:10 ff.).

835 Peter (1979:6), Fassott (2006:69).

- Die *Reliabilität* betrifft die formale Genauigkeit der Erfassung der Merkmalsausprägungen und kann wie folgt definiert werden: „A measure is reliable to the extent that independent but comparable measures of the same trait or construct of a given object agree. Reliability depends on how much of the variation in scores is attributable to random or chance error."[836] In der betriebswirtschaftlichen Forschung kommt der Internen-Konsistenz-Reliabilität die höchste Bedeutung zu.[837] Sie wird daher auch in der vorliegenden Arbeit zur Gütebeurteilung von (reflektiven) Konstrukten herangezogen.[838]

- Die *Validität* drückt die konzeptionelle Richtigkeit der Messung aus[839] und wird definiert als „the extent to which an operationalization measures the concept it is supposed to measure"[840]. Eine Messung ist dann als valide anzusehen, wenn sie frei von zufälligen und systematischen Fehlern ist. Reliabilität ist damit eine notwendige, aber nicht hinreichende Bedingung für die Validität einer Messung.[841] Die Überprüfung der Validität erfolgt anhand der Inhaltsvalidität, der Konvergenzvalidität, der Diskriminanzvalidität sowie der nomologischen Validität.[842]

  Als Inhaltsvalidität wird der Grad bezeichnet, zu dem die Indikatoren eines Messmodells dem inhaltlich-semantischen Bereich des Konstruktes angehören und die inhaltlichen Dimensionen des Konstruktes abbilden.[843] Die Konvergenzvalidität hingegen misst „the degree to which two or more attempts to measure the same concept [...] are in agreement"[844]. Dies erfordert bei reflektiven Messmodellen eine ausreichend hohe Beziehung derjenigen Indikatoren untereinander, die demselben Konstrukt zugeordnet sind.[845]

  Mit der Diskriminanzvalidität wird untersucht, inwieweit sich die Messungen verschiedener Konstrukte voneinander unterscheiden. Dabei wird gefordert, dass die As-

---

836 Churchill (1979:65), vgl. auch Peter/ Churchill (2001:4).

837 Vgl. Carmines/ Zeller (1979:37 ff.), Hildebrandt (1998:88). Generell lassen sich die Test-Retest-Reliabilität, die Parallel-Test-Reliabilität und die Interne-Konsistenz-Reliabilität unterscheiden. Vgl. Carmines/ Zeller (1979:37 ff.), Hildebrandt (1998:88).

838 Dabei ist zu beachten, dass die Interne-Konsistenz-Reliabilität generell nur für die Reliabilitätsbeurteilung reflektiver Messmodelle geeignet ist. In dieser Arbeit erfolgt die Konstruktmessung überwiegend reflektiv, so dass ein Rückgriff auf die Beurteilung der internen Konsistenz in den meisten Fällen möglich ist.

839 Vgl. Herrmann/ Homburg (1999:23 f.), Homburg/ Giering (1998:116).

840 Bagozzi/ Yi/ Phillips (1991:427).

841 Vgl. Peter (1979:6), Carmines/ Zeller (1979:1979), Homburg/ Giering (1998:117).

842 Vgl. Bagozzi (1982:13), Carmines/ Zeller (1979:17 ff.), Hildebrandt (1998:90).

843 Vgl. Homburg/ Giering (1998:117), Bohrnstedt (1977a:91 f.).

844 Bagozzi/ Phillips (1982:468).

845 Vgl. Homburg/ Giering (1998:117).

soziation zwischen zwei Indikatoren, die den gleichen Konstrukten zugeordnet sind, höher ist als die Assoziation zwischen Indikatoren unterschiedlicher Konstrukte.[846] Nomologische Validität ist dann gegeben, wenn vorausgesagte Beziehungen zwischen den Konstrukten auf der Basis von Konstruktmessungen bestätigt werden können. Dies ist nur dann möglich, wenn die Zusammenhänge aus einem übergeordneten theoretischen Rahmen abgeleitet werden.[847]

Formal lässt sich die Beziehung zwischen Reliabilität und Validität einer Messung anhand folgender Gleichung verdeutlichen:[848]

$$X_0 = X_T + X_R + X_S$$

Hierbei stellt $X_0$ den im Rahmen der Messung ermittelten Wert dar („Observed Score"). Er ergibt sich aus dem wahren Wert $X_T$ („True Score") sowie dem systematischen Fehler $X_S$ („Systematic Error") und dem Zufallsfehler einer Messung $X_R$ („Random Error").[849] Eine Messung ist reliabel, wenn sie zu konsistenten Messungen führt ($X_R = 0$). Validität ist gegeben, wenn zudem kein systematischer Fehler der Messung vorliegt ($X_S = 0$). Ist die Messung sowohl reliabel als auch valide, so entspricht der beobachtete Wert dem wahren Wert ($X_0 = X_T$).

Die Anwendbarkeit dieser grundlegenden Konzepte der Reliabilitäts- und Validitätsmessung ist davon abhängig, ob das Konstrukt formativ oder reflektiv modelliert wurde. Während alle oben genannten Kriterien bei reflektiven Konstrukten uneingeschränkt Gültigkeit besitzen, können sie bei formativen Messungen nur bedingt zur Gütebeurteilung herangezogen werden. Dies liegt in den zentralen Eigenschaften der formativen und reflektiven Messmodelle begründet. Weder die Diskriminanzvalidität oder die Konvergenzvalidität noch die Interne-Konsistenz-Reliabilität können zur Prüfung formativer Konstrukte herangezogen werden.[850]

Reliabilität und Validität der Messungen können mit Hilfe von Gütekriterien überprüft werden. Im Folgenden sollen die wesentlichen Gütekriterien zur Beurteilung formativer und reflektiver Messmodelle dargestellt werden.

#### 5.3.2.2 Gütebeurteilung für reflektive Messmodelle

Die Kriterien, die bei der Beurteilung der reflektiven Messmodelle zur Anwendung kommen, lassen sich in Gütekriterien der ersten und Gütekriterien der zweiten Generation unterteilen.[851]

---

846 Vgl. Bagozzi/ Yi/ Phillips (1991:425), Bollen/ Lennox (1991:308), Ruekert/ Churchill (1984:231).

847 Vgl. Homburg/ Giering (1998:118), Churchill (1999:457), Ruekert/ Churchill (1984:231 f. ).

848 Vgl. Churchill (1979:65), Ernst (2001:83).

849 Vgl. Churchill (1979:65), Ernst (2001:83).

850 Vgl. Eggert/ Fassott (2003:4), Götz/ Liehr-Gobbers (2004b:17).

851 Vgl. Fornell (1985), Wallenburg (2004:141).

Während erstere der Psychometrie entstammen, wurden die Gütekriterien der zweiten Generation aus der Kovarianzstrukturanalyse heraus entwickelt. Sie gelten als leistungsfähiger, was sich beispielsweise darin ausdrückt, dass Messfehler explizit berücksichtigt werden können.[852]

*Kriterien der ersten Generation*

Als Kriterien der ersten Generation werden in der vorliegenden Untersuchung die explorative Faktorenanalyse, das Cronbach'sche Alpha sowie die Corrected Item-to-Total-Korrelation zur Gütebeurteilung der Messmodelle herangezogen.

Die *explorative Faktorenanalyse* untersucht die Indikatoren in Hinblick auf die ihnen zugrunde liegende Faktorenstruktur.[853] Im Gegensatz zur konfirmatorischen Faktoranalyse werden im Voraus keine Hypothesen über die Faktorenzuordnung getroffen. Somit zählt diese Form der Faktorenanalyse zu den strukturentdeckenden Datenanalyseverfahren.[854] Von Konvergenz- bzw. Diskriminanzvalidität kann ausgegangen werden, wenn sich alle Indikatoren eindeutig einem Faktor zuordnen lassen, d. h. auf genau einen Faktor hoch laden, während sie bei den anderen Faktoren deutlich niedrigere Werte aufweisen.[855]

Die Analyseprozedur basiert auf der Korrelationsmatrix der Indikatorvariablen. Davon ausgehend wird im nächsten Schritt die Faktorladungsmatrix errechnet. Die Extraktion der Faktoren erfolgt unter Zuhilfenahme der Hauptachsenanalyse.[856] Um die Interpretierbarkeit der Faktoren zu verbessern, kann die Faktorenstruktur um den Ursprung rotiert werden, so dass die einzelnen Variablen näher an bestimmte Faktoren heranrücken. Damit ermöglicht die Faktorrotation eine eindeutigere Zuordnung der Indikatoren zu den Faktoren und erleichtert die Interpretation.[857] Als Kriterium für die Anzahl der zu extrahierenden Faktoren wird im Allgemeinen auf das Kaiser-Kriterium zurückgegriffen, das besagt, dass alle Faktoren mit einem Eigenwert von mehr als 1 zu extrahieren sind.[858] Faktoren mit einem Eigenwert von weniger

852 Vgl. Gerbing/ Anderson (1988), Homburg (2000:90).

853 Vgl. Götz/ Liehr-Gobbers (2004b:13), Gerbing/ Anderson (1988:189).

854 Vgl. Backhaus et al. (2006:7 u. 12).

855 Vgl. Homburg/ Giering (1998:119).

856 Vgl. Backhaus et al. (2006:292), Stier (1999:288.). Die Hauptachsenanalyse ist das gängige Extraktionsverfahren für reflektive Faktoren. Dies liegt am zugrunde liegenden theoretischen Modell. Die bei der Interpretation der Faktoren in der Hauptachsenanalyse zu beantwortende Frage lautet: „Wie lässt sich die Ursache bezeichnen, die für die hohen Ladungen der Variablen auf diesen Faktor verantwortlich ist?". Backhaus et al. (2006:293).

857 Grundsätzlich werden zwei Verfahren der Faktorrotation unterschieden, das Varimax-Verfahren, bei dem die Faktoren bei der Rotation in einem rechten Winkel zueinander verbleiben, sowie das Oblimin-Verfahren. Dabei werden die Achsen in einem schiefen Winkel zueinander rotiert. Vgl. Backhaus et al. (2006:300). In Analogie zu anderen empirischen Arbeiten wird in der vorliegenden Arbeit das Oblimin-Verfahren herangezogen. Vgl. z. B. Spillecke (2006:85), Homburg (2000:89).

858 Vgl. Kaiser (1974), Backhaus et al. (2006:276).

als 1, d. h. die weniger Varianz erklären können als ein einzelner Indikator für sich, werden eliminiert.

Beurteilungskriterien sind zum einen die jeweiligen Faktorladungen der Indikatoren, zum anderen die durch den Faktor erklärte Varianz der Indikatoren. Als Schwellenwert gilt für die Faktorladung in der Regel 0,4.[859] Die durch den extrahierten Faktor erklärte Varianz der diesem zugeordneten Indikatoren sollte zudem mindestens 50 % betragen.[860]

Das *Cronbach'sche Alpha* macht eine Aussage über die Interne-Konsistenz-Reliabilität einer Gruppe von Indikatoren, die derselben latenten Variablen zugeordnet sind.[861] Es stellt den Mittelwert aller Korrelationen dar, die sich ergeben, wenn die dem Faktor zugeordneten Indikatoren auf alle möglichen Arten in zwei Hälften geteilt und die Summen der jeweils resultierenden Variablenhälften anschließend miteinander korreliert werden.[862] Das Cronbach'sche Alpha kann Werte zwischen 0 und 1 annehmen, wobei höhere Werte für eine bessere Reliabilität sprechen als niedrigere. Im Allgemeinen wird ein Schwellenwert von 0,7 für dieses Kriterium gefordert[863] – bei neuentwickelten Skalen gilt auch ein Wert von 0,6 als akzeptabel.[864] Es ist allerdings zu beachten, dass die Höhe des Cronbach'schen Alphas von der Anzahl der Indikatoren beeinflusst wird.[865]

Mit Hilfe der *Corrected Item-to-Total-Korrelation* kann ebenfalls eine Aussage über die Reliabilität eines Konstruktes getroffen werden. Die Corrected Item-to-Total-Korrelation bezieht sich auf die Korrelation eines Indikators (Item) mit der Summe aller übrigen Indikatoren, die demselben Faktor zugeordnet sind (Total).[866] Liegen bei allen Indikatoren eines Konstruktes hohe Werte der Corrected Item-to-Total-Korrelation vor, so deutet dies auf eine hohe Reliabilität der Messung hin. Umgekehrt wird das Beurteilungskriterium auch zur Elimination von Indikatoren im Zuge einer Steigerung der Reliabilität verwendet.[867]

Die Kriterien der ersten Generation weisen vor allen Dingen zwei Schwachstellen auf: Zum einen unterliegen diese Kriterien sehr restriktiven Annahmen,[868] zum anderen basieren deren

---

[859] Vgl. Homburg/ Giering (1998:119).

[860] Vgl. Homburg/ Giering (1998:128).

[861] Vgl. Cronbach (1951), Peterson (1994:382).

[862] Vgl. Carmines/ Zeller (1979:44 f.), Homburg/ Giering (1998:120).

[863] Vgl. Nunnally (1978:245 f.).

[864] Vgl. Mabholkar (1993:308) und DeVellis (2003:90).

[865] Vgl. Peterson (1994), Cortina (1993:101 ff.).

[866] Im Gegensatz zur Corrected Item-to-Total-Korrelation beschreibt die Item-to-Total-Korrelation die Korrelation eines Indikators mit der Summe *aller* Indikatoren dieses Faktors. Vgl. Homburg/ Giering (1998:120).

[867] Vgl. Churchill (1979:68).

[868] So unterstellt das Cronbach'sche Alpha, dass alle Indikatoren eines Faktors die gleiche Reliabilität aufweisen. Vgl. Gerbing/ Anderson (1988:188).

Validitätsbeurteilungen im Wesentlichen auf Faustregeln.[869] Deswegen sollen in dieser Arbeit zusätzlich die Kriterien der zweiten Generation Anwendung finden.

*Kriterien der zweiten Generation*

Die Kriterien der zweiten Generation sind in der Lage, die oben genannten Schwachstellen zu beheben. Um diese Kriterien zur Gütebeurteilung heranziehen zu können, ist ein Rückgriff auf einen Spezialfall der Kovarianzstrukturanalyse, die *konfirmatorische Faktoranalyse*, erforderlich. Diese Vorgehensweise wird auch von HERRMANN/ HUBER/ KRESSMANN empfohlen.[870]

Bei der konfirmatorischen Faktorenanalyse werden bereits im Voraus Annahmen über die Zuordnung der Indikatoren zu einem Faktor getroffen, um eine Bewertung dieser Zuordnung zu ermöglichen. Angesichts der Vielzahl mögliche Anpassungsmaße erscheint es sinnvoll, sich auf eine Auswahl sinnvoller Gütekriterien mit besonders hoher Aussagekraft zu beschränken.[871] Zunächst werden die Kategorien der Anpassungsmaße vorgestellt (vgl. Abbildung 19). Innerhalb der Kategorien werden im Folgenden diejenigen Kriterien näher erläutert, die für die vorliegende Arbeit zur Gütebeurteilung herangezogen werden.

---

869 Im Gegensatz zu den Kriterien der zweiten Generation, die auf statistischen Tests basieren, vgl. Gerbing/ Anderson (1988:189).

870 HERRMANN/ HUBER/ KRESSMANN konstatieren: „[...] der Vorzug der konfirmatorischen Faktorenanalyse mittels kovarianzbasierten Verfahren liegt einerseits in der Möglichkeit der ganzheitlichen Beurteilung des Messmodells [...]. Andererseits erhält man konsistente Schätzer, die eher als die PLS-Schätzer die tatsächlichen Faktorladungen abbilden. Somit empfiehlt sich für die Prüfung der Operationalisierung eines Konstruktes mit reflektiven Indikatoren die Anwendung eines kovarianzbasierten Verfahrens.“ Herrmann/ Huber/ Kressmann (2004:16 f.).

871 Vgl. Homburg/ Baumgartner (1998:362).

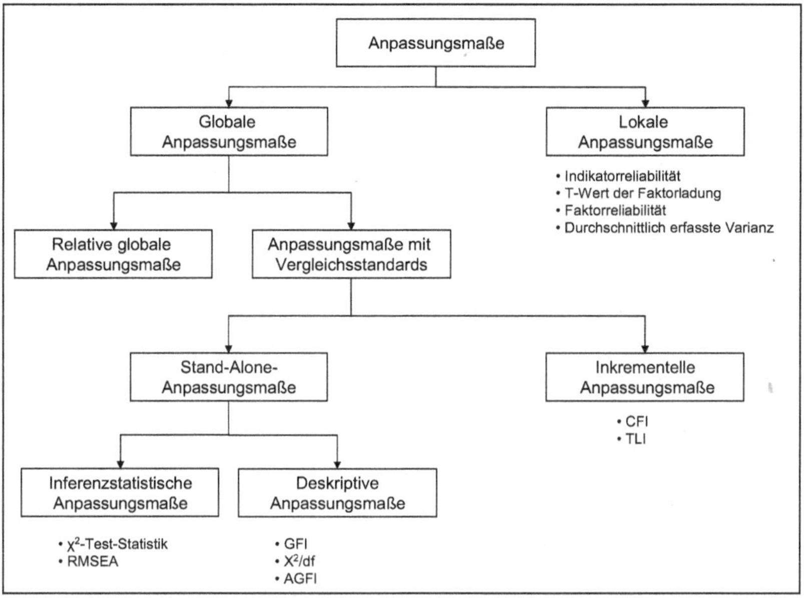


Abbildung 19: Übersicht über die Anpassungsmaße[872]

Die Gütekriterien der zweiten Generation lassen sich zunächst in globale und lokale Anpassungsmaße unterscheiden. Während globale Anpassungsmaße die Anpassungsgüte des Messmodells als Ganzes an die Datenstruktur widerspiegeln, beurteilen lokale Anpassungsmaße die Messgüte einzelner Indikatoren und Faktoren.[873]

*Globale Anpassungsmaße*

Die globalen Anpassungsmaße lassen sich differenzieren in relative globale Anpassungsmaße, und Anpassungsmaße mit Vergleichsstandards.

*Relative globale Anpassungsmaße* strengen dabei einen Vergleich alternativer Modelle untereinander an. Sie werden insbesondere zur Selektion unterschiedlicher Modelle verwendet und sind für die Beurteilung eines einzelnen Kausalmodells ungeeignet.[874] In der vorliegenden Arbeit finden diese Anpassungsmaße deshalb keine Berücksichtigung.

*Anpassungsmaße mit Vergleichsstandards* können weiterhin unterteilt werden in solche mit Vergleich zu einem Basismodell (inkrementelle Anpassungsmaße) und ohne (Stand-Alone-

[872] Quelle: Vgl. Homburg/ Baumgartner (1998:352).

[873] Vgl. Bagozzi/ Yi (1988:80).

[874] Vgl. Homburg/ Baumgartner (1998:351).

Anpassungsmaße).[875] Stand-Alone-Anpassungsmaße können untergliedert werden in inferenzstatistische Anpassungsmaße und deskriptive Anpassungsmaße.

*Inferenzstatistische Anpassungsmaße* beurteilen die Modellgüte mittels statistischer Tests, insbesondere des *$\chi^2$ –Tests*. Im $\chi^2$ –Test wird überprüft, ob die empirische Kovarianzmatrix mit der vom Modell generierten übereinstimmt. Zur Beurteilung wird das Signifikanzniveau p herangezogen. Dieses gibt die Wahrscheinlichkeit an, einen $\chi^2$-Wert zu erhalten, der über dem beobachteten liegt. Ist $p>0{,}05$, so kann die Nullhypothese auf dem 5 %-Niveau nicht abgelehnt werden.[876]

Der $\chi^2$-Test untersucht die absolute Richtigkeit des Modells. Dies bedeutet, dass der $\chi^2$-Wert dann hoch ist, wenn nur Teile der Kovarianzmatrizen nicht übereinstimmen, was zu einer Ablehnung des Modells führen kann. Allerdings kann die absolute Richtigkeit nicht das Ziel einer Modellierung bilden. Es besteht vielmehr darin, eine möglichst gute Approximation an das Modell zu erreichen. Ein weiterer Kritikpunkt ist die Abhängigkeit des Wertes von der Größe der Stichprobe. Die Anwendung der Teststatistik ist deshalb an eine hinreichend große Stichprobe gebunden, da die Wahrscheinlichkeit einer Modellannahme mit kleiner werdendem Stichprobenumfang steigt.[877]

In der Literatur wird zur Gütebeurteilung deshalb die Hinzunahme des so genannten Root Mean Square Error of Approximation (*RMSEA*) empfohlen.[878] Dieses Kriterium prüft im Gegensatz zum $\chi^2$-Test nicht die absolute Richtigkeit des Modells, sondern die Anpassung des Modells an die Grundgesamtheit.[879] Werte des RMSEA von 0,05 bis 0,08 weisen dabei auf eine gute Modellanpassung hin, Werte von 0,08 bis 0,1 auf eine zufriedenstellende, während Werte über 0,1 auf eine schlechte Modellanpassung hinweisen.[880]

Im Gegensatz zu den inferenzstatistischen erlauben die *deskriptiven Anpassungsmaße* die Gütebeurteilung eines Modells ausschließlich durch die Vorgabe von Mindestwerten. Dabei ist zu unterscheiden, ob die Freiheitsgrade des Modells bei der Berechnung berücksichtigt werden. Ihre Berücksichtigung erlaubt nicht nur die Beurteilung der Modellanpassung, sondern auch der Anzahl der Parameter, die zum Erreichen der Anpassungsgüte notwendig sind.[881]

---

875 Ein Basismodell beschreibt hierbei ein Nullmodell, das keine Informationen enthält. Vgl. Homburg/ Baumgartner (1998: 351).

876 Vgl. Homburg/ Giering (1998:123).

877 Vgl. Bagozzi/ Baumgartner (1994:399), Boomsma (1982:171 ff.).

878 Der RMSEA berechnet sich wie folgt: $RMSEA = \sqrt{\frac{\chi^2 - df}{df(n-1)}}$ mit n als Stichprobengröße.

879 Vgl. Homburg/ Baumgartner (1998:353).

880 Vgl. MacCallum/ Browne/ Sugawara (1996:134), Hu/ Bentler (1999:27).

881 Vgl. Homburg/ Baumgartner (1998:359).

Zu den deskriptiven Anpassungsmaßen gehört der Goodness-of-Fit-Index (*GFI*), bei dem die Freiheitsgrade nicht berücksichtigt werden.[882] Dieser gibt den Anteil der Varianzen und Kovarianzen an, der durch das Modell erklärt wird, und beurteilt so die Anpassung des Modells an die Daten.[883] Werte ab 0,9 werden hier als zufriedenstellend angenommen.[884] Der Adjusted Goodness-of-Fit-Index (*AGFI*) bezieht dagegen die Anzahl der Freiheitsgrade in die Gütebeurteilung ein und bewertet deshalb Modelle mit weniger Parametern bei gleicher Anpassungsgüte besser als Modelle mit vielen Parametern.[885] So wird der Gefahr einer Überparametrisierung im Vergleich zum GFI entgegengewirkt. Genau wie beim GFI gelten Werte von 0,9 oder darüber als akzeptabel.[886]

Als weiteres deskriptives Kriterium, das die Freiheitsgrade und damit die Modellkomplexität bei der Gütebeurteilung berücksichtigt, gilt der *Quotient aus dem $\chi^2$-Wert und den Freiheitsgraden*. Hier wird zumeist ein Schwellenwert von 3 angenommen.[887]

*Inkrementelle Anpassungsmaße* geben an, inwieweit die Anpassungsgüte sich beim Übergang vom Basismodell zum relevanten Modell verbessert, d. h. sie beurteilen die Güte eines relevanten Modells in Relation zu einem Basismodell.[888] In dieser Arbeit werden der Comparative Fit Index (*CFI*) sowie der Tucker/ Lewis-Index (*TLI*) als inkrementelle Anpassungsmaße in die Gütebeurteilung der reflektiven Messmodelle einfließen. Beide messen die Verbesserung der Anpassungsgüte von einem Basismodell zum relevanten Modell, unter Berücksichtigung der Freiheitsgrade.[889] Für den CFI sowie den TLI werden Werte ab 0,9 gefordert.[890]

---

882 Der Berechnung des GFI liegt für die ML-Schätzung die folgende Formel zugrunde: $GFI = 1 - \frac{sp\left[\left(\hat{\Sigma}^{-1} S - I\right)^2\right]}{sp\left[\left(\hat{\Sigma}^{-1} S\right)^2\right]}$, wobei sp die Spur bezeichnet (Summe der Diagonalelemente einer quadratischen Matrix), Σ die modellgenerierte Kovarianzmatrix, S die Kovarianzmatrix der empirischen Datengrundlage und I die Einheitsmatrix. Vgl. Hu/ Bentler (1999:85), Bollen (1990:257).

883 Vgl. Hu/ Bentler (1999:85).

884 Vgl. Jöreskog/ Sörbom (1982:404).

885 Vgl. Hu/ Bentler (1999:86). Der AGFI berechnet sich wie folgt: $AGFI = 1 - \frac{(p+q)(p+q+1)}{2df}(1 - GFI)$.

886 Vgl. Bagozzi/ Yi (1988:79), Homburg/ Baumgartner (1995:93).

887 Vgl. Homburg/ Giering (1998:130), Homburg/ Baumgartner (1995:84).

888 Vgl. Bentler/ Bonett (1980:599).

889 Vgl. Homburg/ Baumgartner (1998:356 f.), Marsh/ Balla/ McDonald (1988:393).

890 Vgl. Hu/ Bentler (1999:91). Dabei berechnet sich der TLI nach der Formel: $TLI = \frac{\chi^2_{null} / df_{null} - \chi^2_{model} / df_{model}}{\chi^2_{null} / df_{null} - 1}$ und der CFI nach der Formel: $CFI = 1 - \frac{\max\{\chi^2_{model} - df_{model}; 0\}}{\max\{\chi^2_{null} - df_{null}; \chi^2_{model} - df_{model}; 0\}}$. Vgl. Tucker/ Lewis (1973); Hu/ Bentler (1999:85).

*Lokale Anpassungsmaße*

Lokale Anpassungsmaße beurteilen die einzelnen Teilstrukturen des Modells. Hier sind die Indikatorreliabilität, die Faktorreliabilität sowie die durchschnittlich erfasste Varianz eines Faktors von Bedeutung.[891]

Als *Indikatorreliabilität* wird der Anteil der Varianz eines Indikators bezeichnet, der durch den zugrunde liegenden Faktor erklärt wird.[892] Sie wird als quadrierte Korrelation zwischen Indikator und Faktor berechnet. Ihr Wertebereich liegt zwischen 0 und 1, wobei die Qualität der Messung um so höher einzuschätzen ist, je größer die Reliabilität ist. Als Schwellenwert gilt eine Indikatorreliabilität von 0,4.[893]

Die *Faktorreliabilität* gibt, ebenso wie die durchschnittlich erfasste Varianz (*DEV*), darüber Auskunft, wie gut der Faktor durch die Gesamtheit seiner Indikatoren gemessen wird.[894] Beide Größen liegen zwischen 0 und 1, wobei Mindestwerte von 0,6 für die Faktorreliabilität und 0,5 für die durchschnittlich erfasste Varianz gelten.[895]

Die *Diskriminanzvalidität* kann anhand des Fornell-Larcker-Kriteriums gemessen werden. Nach diesem Kriterium ist von Diskriminanzvalidität auszugehen, wenn die durchschnittlich erfasste Varianz eines Faktors größer ist als jede quadrierte Korrelation dieses Faktors mit einem anderen Faktor.[896] Dies bedeutet, dass die Varianzerklärung jedes Faktors bezogen auf die Gesamtheit seiner Indikatoren größer sein muss als in Bezug auf die übrigen Faktoren des Konstruktes.

---

891 Vgl. Bagozzi/ Baumgartner (1994:402 f.).

892 Die Indikatorreliablität berechnet sich wie folgt: $Indikatorreliabilität(x_i) = \frac{\lambda_{ij}^2 \phi_{jj}}{\lambda_{ij}^2 \phi_{jj} + \theta_{ii}}$. Hierbei steht $\lambda_{ij}$ für die geschätzte Faktorladung, $\Phi_{jj}$ für die geschätzte Varianz der latenten Variablen und $\theta_{ii}$ für die geschätzte Varianz des zugehörigen Messfehlers. Vgl. Homburg/ Baumgartner (1998:360).

893 Vgl. Homburg/ Giering (1998:130).

894 Die Faktorladung bemisst sich nach folgender Formel: $Faktorreliabilität(\xi_j) = \frac{\left(\sum_i \lambda_{ij}\right)^2 \phi_{jj}}{\left(\sum_i \lambda_{ij}\right)^2 \phi_{jj} + \sum \theta_{ii}}$;

die durchschnittlich erfasste Varianz kann mit Hilfe folgender Formel berechnet werden:

$DEV(\zeta_j) = \frac{\sum_i \lambda_{ij}^2 \phi_{jj}}{\sum_i \lambda_{ij}^2 \phi_{jj} + \sum_i \theta_{ii}}$, wobei die Notation analog der Notation der Formel der Indikatorreliabilität ist.

Vgl. Homburg/ Baumgartner (1998:361).

895 Vgl. Bagozzi/ Yi (1988:80), Homburg/ Baumgartner (1995:170).

896 Vgl. Fornell/ Larcker (1981).

| **Kriterien der ersten Generation** | **Anspruchsniveau** |
|---|---|
| Erklärte Varianz (Explorative Faktorenanalyse) | = 0,5 |
| Faktorladung | = 0,4 |
| Cronbach'sches Alpha | = 0,6 |
| Corrected-Item-to-Total-Korrelation | Kriterium zur Elimination von Indikatoren |
| **Kriterien der zweiten Generation** | **Anspruchsniveau** |
| $X^2$/df | = 3 |
| RMSEA | = 0,1 |
| GFI | = 0,9 |
| AGFI | = 0,9 |
| CFI | = 0,9 |
| TLI | = 0,9 |
| Indikatorreliabilität | = 0,4 |
| Faktorreliabilität | = 0,6 |
| Durchschnittlich erfasste Varianz (DEV) | = 0,5 |
| Fornell-Larcker-Kriterium | DEV ($\xi_i$)> Quadrierte Korrelation ($\xi_i$; $\xi_j$); für alle i=j |

Tabelle 2: Gütekriterien zur Beurteilung der reflektiven Messmodelle

In Tabelle 2 sind alle in dieser Arbeit verwendeten Prüfkriterien für reflektive Messmodelle sowie die maßgeblichen Schwellenwerte nochmals zusammengefasst dargestellt. Im Rahmen der Operationalisierung werden diese für alle reflektiven Messmodelle angewendet. Jedoch muss eine Verletzung einzelner Kriterien nicht zu einer Ablehnung der Konstruktmessung führen, wenn das Gesamtbild auf eine hohe Messqualität hindeutet.[897]

### 5.3.2.3 Gütebeurteilung für formative Messmodelle

Während bei reflektiven Messmodellen das Konstrukt die Varianz der Indikatoren erklärt, erklären im Falle formativer Konstrukte die Indikatoren die Varianz des Konstruktes. Diese Umkehr der Kausalität erfordert die Anwendung unterschiedlicher Kriterien zur Gütebeurteilung.[898] Weder die explorative Faktoranalyse zur Überprüfung der Inhaltsvalidität noch die Indikatorreliabilität oder die Diskriminanzvalidität können als Gütekriterien herangezogen werden. Als Grund kann angeführt werden, dass formative Indikatoren nicht hochgradig korreliert sein müssen und es bei formativen Konstrukten keine Annahme darüber gibt, dass formative Indikatoren eine starke Beziehung zum Konstrukt aufweisen müssen.[899]

Bei formativen Konstrukten trägt jeder Indikator zur Bildung des Konstruktes bei. Die Güte der Konzeptualisierung ist deswegen von herausragender Bedeutung für die Inhaltsvalidität, da bei formativen Konstrukten die ausgewählten Indikatoren alle Facetten des betrachteten

---

[897] Vgl. Homburg/ Baumgartner (1998:363).

[898] Vgl. Diamantopoulus/ Winklhofer (2001:271), Diamantopoulus (1999:447).

[899] Vgl. Krafft/ Götz/ Liehr-Gobbers (2005:76).

Konstruktes beschreiben müssen. Zur Überprüfung kann ein Pretest durchgeführt werden, bei dem die Probanden zufällig angeordnete Indikatoren den jeweiligen Konstrukten zuordnen.[900] Nach ANDERSON/ GERBING (1991) werden anschließend zwei Indizes gebildet, die über die Eindeutigkeit der Zuordnung von Indikatoren zum Konstrukt und die inhaltliche Relevanz Auskunft geben.[901]

Als nächsten Schritt schlagen GÖTZ/ LIEHR-GOBBERS die Prüfung der Indikatorrelevanz vor.[902] Hierzu werden die Gewichte der Indikatoren miteinander verglichen, um zu bestimmen, welche Indikatoren am nachhaltigsten dazu beitragen, ein Konstrukt zu bilden. Häufig fallen die Gewichte der formativen Indikatoren geringer aus als die Ladungen reflektiver. Während bei reflektiven Messmodellen Indikatoren mit geringen Ladungen zu eliminieren sind, ist dies bei formativen nicht uneingeschränkt möglich. Da die Indikatoren auf der Basis theoretisch-konzeptioneller Überlegungen zugeordnet wurden, kann die Eliminierung eines Indikators trotz eines geringen Gewichts eine Verfälschung des substanziellen Inhalts des betrachteten Konstruktes bedeuten.[903]

Eine Eliminierung formativer Indikatoren kann jedoch aus statistischen Gründen erforderlich sein. Dies wird für den Fall empfohlen, dass eine starke lineare Abhängigkeit der Indikatoren untereinander vorliegt (Multikollinearität). Diese kann zu starken Verzerrungen der Ergebnisse, d. h. der Parameterschätzungen führen.[904] Als Testverfahren eignet sich der Variance Inflation Factor (VIF), der sich aus dem Kehrwert der Toleranz ergibt. Der Minimalwert des VIF 1 wird dann erreicht, wenn die Indikatoren vollkommen linear unabhängig sind. VIF-Werte, die größer als 1 sind, zeigen, um welchen Faktor sich die Varianzen der betroffenen Indikatoren durch Multikollinearität vergrößern. Als Grenzwert für den VIF wird gemeinhin ein Wert kleiner 10 gefordert.[905]

Formative Indikatoren können mit Signifikanztests beurteilt werden. Mangels entsprechender Verteilungsannahmen muss auf Hilfsprodezuren des Resamplings wie beispielsweise das Bootstrapping-Verfahren zurückgegriffen werden, um t-Statistiken zu generieren und Aussagen zum Signifikanzniveau treffen zu können.[906] Eine Eliminierung darf trotz niedriger Signifikanzniveaus nur auf Grund inhaltlicher Überlegungen erwogen werden.

---

900 Vgl. Anderson/ Gerbing/ Hunter (1987:734), Krafft/ Götz/ Liehr-Gobbers (2005:76).

901 Vgl. Anderson/ Gerbing/ Hunter (1987:734). Aufgrund der theoretischen Fundierung des verwendeten formativen Konstruktes wurde in dieser Arbeit hierauf verzichtet.

902 Vgl. Götz/ Liehr-Gobbers (2004a:728).

903 Vgl. Bollen/ Lennox (1991:308); Jarvis/ Mackenzie/ Podsakoff (2003:202).

904 Vgl. Diamantopoulus/ Winklhofer (2001:272); Backhaus et al. (2006:89 f.).

905 Vgl. Diamantopoulus/ Winklhofer (2001:272); Krafft/ Götz/ Liehr-Gobbers (2005:79).

906 Vgl. Krafft/ Götz/ Liehr-Gobbers (2005:83), vgl. auch 5.3.3.3.

Die nomologische Validität wird weiterhin als Gütekriterium zur Bewertung formativer Messmodelle herangezogen.[907] Ausgangspunkt ist hierbei die Tatsache, dass der PLS-Ansatz eine fehlerfreie Messung des Modells unterstellt, eine vollständige Erfassung des Konstruktes jedoch nicht in allen Fällen möglich ist.[908] Dieses Problem kann mit Hilfe zusätzlich erhobener reflektiver Indikatoren gelöst werden. Die redundante Operationalisierung des Konstrukts durch reflektive Indikatoren ermöglicht die Bestimmung eines Fehlerterms und damit die externe Validierung des formativen Messmodells (vgl. Abbildung 20).[909]

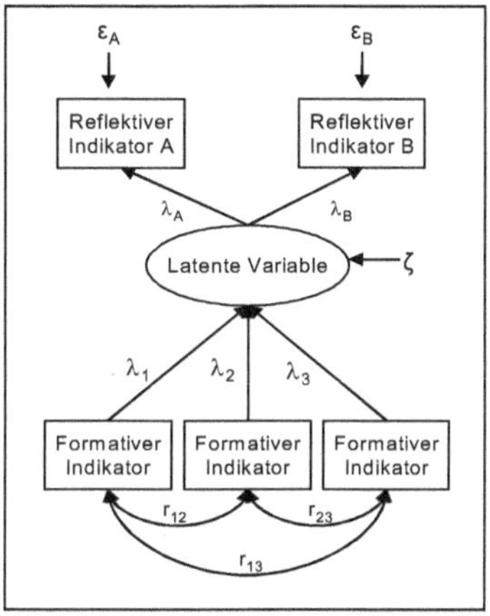


Abbildung 20: Schematische Darstellung eines MIMIC-Modells[910]

Wird die latente Variable sowohl durch reflektive als auch durch formative Indikatoren gemessen, spricht man von einem MIMIC-Modell (Multiple Indicators and Multiple Causes).[911] Die Messung mit einem MIMIC-Modell bietet den Vorteil, dass aufgrund der Anwendung kovarianzbasierter Verfahren die Güte des Modells anhand der in Kapitel 5.3.2.2 diskutierten Kriterien bestimmt werden kann. Zudem wird die relative Bedeutung der einzelnen formativen Kriterien ermittelt.[912]

907 Vgl. Reinartz/ Krafft/ Hoyer (2004:298 f.).

908 Vgl. Krafft/ Götz/ Liehr-Gobbers (2005:80).

909 Vgl. Diamantopoulus/ Winklhofer (2001:272), Eggert/ Fassott (2003:6).

910 Quelle: in Anlehnung an Jarvis/ Mackenzie/ Podsakoff (2003:214).

911 Vgl. Hauser/ Goldberger (1971:97 f.), Diamantopoulus/ Winklhofer (2001:272 f.), Jöreskog/ Goldberger (1975), Bohrnstedt (1977b), Bentler (1983:17) Winklhofer/ Diamantopoulus (2002:151 ff.).

912 Vgl. Schlegelmilch/ Diamantopoulus/ Kreuz (2003:128), Winklhofer/ Diamantopoulus (2002:153 ff.).

### 5.3.3 Dependenzanalysen

#### 5.3.3.1 Auswahl des zu verwendenden Kausalanalyseverfahrens

Bei der Erforschung komplexer Wirkungszusammenhänge haben sich Strukturgleichungsmodelle mit latenten Variablen zum Quasi-Standard entwickelt.[913] Die Pfadanalyse erlaubt innerhalb von Strukturgleichungsmodellen die Untersuchung von Zusammenhängen zwischen latenten Variablen unter Berücksichtigung von Messfehlern. Ursprünglich aus der Psychologie stammend, werden Pfadanalysen seit den 60er Jahren für die Erforschung sozialwissenschaftlicher Fragen eingesetzt.[914] Auch in der betriebswirtschaftlichen Forschung findet das Verfahren häufig Anwendung.[915]

Strukturgleichungsmodelle bestehen aus zwei Submodellen: dem Messmodell und dem Strukturmodell. Während das Messmodell beschreibt, wie die latenten Variablen mit manifesten Variablen, den Indikatoren, in Verbindung gebracht werden, beschreibt das Strukturmodell die Beziehungen zwischen den einzelnen latenten Variablen. Aus der Verknüpfung von Struktur- und Messmodellen ergibt sich das Strukturgleichungsmodell (vgl. Abbildung 21).

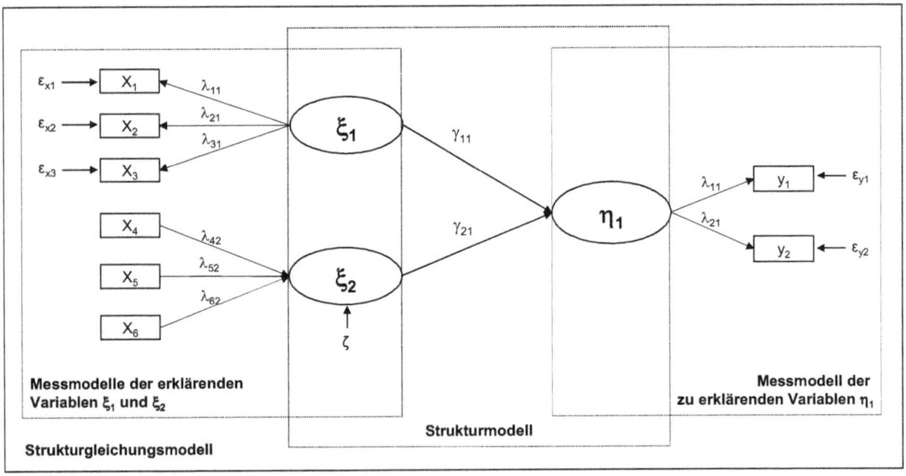


Abbildung 21: Schematische Darstellung eines Strukturgleichungsmodells[916]

---

913 Vgl. Betzin/ Henseler (2005:10).

914 Vgl. Seibel/ Nygreen (1972:5).

915 Vgl. für die Marketingforschung Homburg/ Baumgartner (1995:1096 –1097).

916 Quelle: in Anlehnung an Backhaus et al. (2006:355).

Dabei bezeichnet der Buchstabe $\xi$ die exogen latente Variable und $\eta$ die endogen latente Variable. $\zeta$ beschreibt den Messfehlerterm. Der Pfadkoeffizient $\gamma$ bezeichnet die Ursache-Wirkungsbeziehung zwischen der exogenen und der endogenen Variable.[917] Bei der Pfadanalyse wird der Pfadkoeffizient auf seine Richtung, Stärke und Signifikanz hin untersucht. Die Hypothesen können dadurch entweder verworfen werden oder gelten als empirisch unterstützt.[918]

Zur Analyse von Strukturgleichungsmodellen mit latenten Variablen stehen zwei unterschiedliche Ansätze der Pfadanalyse zur Verfügung. Dies sind zum einen die Kovarianzstrukturanalyse[919] und zum anderen varianzbasierte Verfahren wie der Partial-Least-Squares-Ansatz (PLS-Ansatz). Beiden ist gemein, dass sie zur zweiten Generation multivariater Verfahren gerechnet werden und folgende Analysemöglichkeiten umfassen:

- Einbezug von multiplen exogenen und endogenen Variablen,
- Einbezug latenter Variablen,
- Einbezug von Messfehlern,
- Möglichkeit der konfirmatorischen Anwendung.[920]

Die beiden Ansätze sind jedoch nicht als Alternative zu betrachten: „PLS should probably not simply be viewed as an alternative to LISREL with less stringent assumptions, but as an approach to empirical modeling that is quite different from covariance structure analyses.“ [921] JÖRESKOG/ WOLD sprechen davon, dass die beiden Ansätze als „complementary rather than competitive“[922] anzusehen sind. Die Entscheidung für eines der Verfahren ist unter Berücksichtigung mehrerer Kriterien zu treffen.[923] CHIN/ NEWSTED empfehlen eine Entscheidung für PLS, wenn eines oder mehrere der unten genannten Kriterien für seine Anwendung sprechen:[924]

---

917 Vgl. Ringle et al. (2006:82).

918 Vgl. Backhaus et al. (2006:353).

919 Die Kovarianzstrukturanalyse wird häufig fälschlicherweise vereinfachend als Kausalanalyse bezeichnet. In vielen Artikel finden sich zudem die Namen der Auswertungsprogramme als Synonym für die Kovarianzstrukturanalyse (z. B. LISREL, AMOS).

920 Vgl. Fornell (1985:13), Gefen/ Straub/ Boudreau (2000:4).

921 Fornell/ Cha (1994:52).

922 Vgl. Jöreskog/ Wold (1982:270).

923 Vgl. zum Beispiel Fornell/ Bookstein (1982:450), Bliemel et al. (2005:10).

924 Vgl. Chin/ Newsted (1999:337).

Als Kriterien wären hierbei aufzuführen:

- Die Stichprobengröße

  Die Schätzung eines Kausalmodells mit PLS stellt geringere Anforderungen an die Höhe der Stichprobe als die kovarianzstrukturbasierte Analyse. Als Mindestdatengrundlage wird das 10-fache der größeren Zahl aus den meisten formativen Indikatoren oder der größten Anzahl an latenten Konstrukten, die auf ein anderes Konstrukt wirken, eingefordert.[925] Im Vergleich zur Kovarianzstrukturanalyse, bei der die Stichprobe mindestens das 5-, besser aber das 10fache der zu schätzenden Parameter betragen sollte, ist bei PLS eine Schätzung mit einer viel geringeren Fallzahl möglich.[926]

- Die Verteilung der Variablen

  PLS macht keinerlei Annahmen hinsichtlich der Verteilung der Modellvariablen, während die Kovarianzstrukturanalyse eine multivariate Normalverteilung der beobachteten und latenten Variablen voraussetzt.[927]

- Richtung der Kausalität zwischen latenter Variable und Indikatoren

  Sowohl formative als auch reflektive Indikatoren können mit dem PLS-Ansatz problemlos gehandhabt werden.[928] Eine Modellierung formativer Konstrukte ist grundsätzlich zwar auch mit den üblichen Verfahren der Kovarianzstrukturanalyse möglich.[929] Jedoch gilt die Einbeziehung formativer Konstrukte als problematisch.[930] Als Gründe führen MACCALLUM/ BROWNE (1993) an: „The inclusion of formative indicators may lead to identification problems, implied covariances of zero among some indicators and/ or the existence of equivalent models".[931]

- Der Forschungsansatz

  Das PLS-Verfahren hat das Ziel, die Erklärungskraft des Strukturmodells zu maximieren. Es ist dann geeignet, wenn es wichtig erscheint, die faktischen Bestimmungsgrößen einer Zielvariablen zu identifizieren. Dies ist insbesondere bei „managementorientierten Problemstellungen mit Entscheidungsrelevanz" von Bedeutung.[932]

---

925 Vgl. Gefen/ Straub/ Boudreau (2000:9), Chin/ Newsted (1999:326 f.).

926 Vgl. Scholderer/ Balderjahn (2005:97), Barclay/ Higgins/ Thompson (1995:303).

927 Vgl. Herrmann/ Huber/ Kressmann (2004:6), Götz/ Liehr-Gobbers (2004b:4).

928 Vgl. Chin/ Newsted (1999:310).

929 Vgl. Scholderer/ Balderjahn (2005:93 ff.) und für ein Anwendungsbeispiel Reuter (2004).

930 Vgl. Chin/ Newsted (1999:310 f.).

931 MacCallum/ Browne (1993:540).

932 Herrmann/ Huber/ Kressmann (2004:10).

- Das zugrunde liegende Theoriegerüst

  PLS ist im Gegensatz zur kovarianzbasierten Analyse auch für die Untersuchung neuer Phänomene geeignet, ebenso in Fällen, in denen das theoretische Wissen relativ gering ist.[933]

Als Nachteile von PLS im Vergleich zur Kovarianzstrukturanalyse können zwei Beschränkungen aufgeführt werden. Zum einen tendiert PLS dazu, die Korrelationen zwischen den latenten Variablen zu unterschätzen, während es die Verbindungen zwischen Konstrukt und Indikatoren überschätzt.[934] Nur wenn die Fallzahl und die Zahl der Indikatoren pro latenter Variable gegen Unendlich gehen, nähern sich die geschätzten Werte den wahren Werten an.[935] FORNELL/ BOOKSTEIN stellen fest, „if the theoretical model is correct and the indicators are valid measurements of their constructs, the LISREL estimate would be correct, whereas the PLS estimate would be biased downward".[936] Zum anderen werden im PLS-Verfahren keine Gütemaße für die Anpassung des Gesamtmodells errechnet. Aufgrund der fehlenden Verteilungsannahmen sind keine inferenzstatistischen Tests hinsichtlich der Modellgüte des Strukturmodelles möglich.[937]

Trotz der genannten Beschränkungen wurde auf der Basis ausgewählter Kriterien für die vorliegende Arbeit der PLS-Ansatz als geeignete Analysemethodik identifiziert: Ein Forschungsziel dieser Arbeit besteht darin, die faktischen Bestimmungsgrößen der Rationalitätssicherung zu ermitteln. PLS bietet sich in diesem Fall als geeignete Analysemethodik an. Dies gilt um so mehr, da das theoretische Wissen im vorliegenden Fall eher gering ist. Bisher wurde externe Rationalitätssicherung noch nicht auf den Kontext von Banken und mittelständischen Unternehmen bezogen. Das dem Modell zugrunde gelegte Theoriegerüst wurde auf diesen Kontext übertragen und erstmalig empirisch abgeprüft.

Außerdem spricht das Kriterium der Stichprobengröße für die Wahl von PLS. Die der empirischen Analyse dieser Arbeit zugrunde liegende Stichprobe umfasst 332 Datensätze. Diese gilt für die Verwendung von PLS als adäquat – für eine Anwendung der Kovarianzstrukturanaly-

---

933 Vgl. Chin/ Newsted (1999:337), Fornell (1985:46), Herrmann/ Huber/ Kressmann (2004:8), Barclay/ Higgins/ Thompson (1995:302).

934 Vgl. Fornell/ Cha (1994:67). Die PLS-Schätzer werden deswegen auch als konservativ bezeichnet. Vgl. Herrmann/ Huber/ Kressmann (2004:8), Albers/ Hildebrandt (2006:17).

935 Vgl. Lohmöller (1989:215), Chin/ Newsted (1999:328 f.). Dieses Problem wird auch als „consistency at large" bezeichnet, vgl. Fornell/ Cha (1994:67).

936 Fornell/ Bookstein (1982:450). Allerdings gehen verschiedene Autoren davon aus, dass diese Tatsache keine Auswirkung hinsichtlich der Vorhersagequalität der PLS-Schätzung hat, da sich Über- und Unterschätzung in Mess- und Strukturmodell aufheben und die Korrelationen zwischen Indikatoren verschiedener latenter Variablen wiederum stets konsistent sind. Vgl. Herrmann/ Huber/ Kressmann (2004:8).

937 Vgl. Scholderer/ Balderjahn (2005:91).

se, für die das 10fache der berechneten Parameter gefordert wird,[938] erscheint der Stichprobenumfang eher gering.[939]

#### 5.3.3.2 Der PLS-Schätzalgorithmus

Der PLS-Ansatz ist ein varianzbasiertes Verfahren. Sein Ziel ist die Minimierung der Varianz der Fehlerterme in Mess- und Strukturmodellen für eine bestmögliche Reproduktion der Rohdatenmatrix.[940] Der PLS-Ansatz berechnet die Gewichte für jede einzelne latente Variable mittels der Methode der kleinsten Quadrate (Least Squares) sukzessiv und getrennt (Partial) in einem iterativen Verfahren, jeweils unter der Annahme, dass die benachbarten latenten Variablen bekannt und damit perfekt gemessen sind.[941] Trotz dieser partialen Vorgehensweise wird das Gesamtmodell hinsichtlich seiner Erklärungskraft im Resultat optimiert.[942]

Die Fallwerte der latenten Variablen werden über ihre Beziehungen zu manifesten Variablen (äußere Schätzung innerhalb des Messmodells) und über ihre Beziehungen zu anderen latenten Variablen (innere Schätzung innerhalb des Strukturmodells) bestimmt. Im ersten Schritt werden fallweise Schätzwerte für die latenten Variablen ermittelt. Hierzu wird jede latente Variable als standardisierte Linearkombination ihrer manifesten Variablen angenommen.[943] Während der Iterationen des Algorithmus werden die Fallwerte der latenten Variablen abwechselnd von innen und von außen geschätzt.[944] Dies geschieht, indem die Residualvarianzen im Struktur- und Messmodell stufenweise minimiert werden.[945] Darauf aufbauend lassen sich alle Beziehungen des Strukturgleichungsmodells immer wieder neu bestimmen, bis eine bestimmte Stabilität erreicht ist. Wird ein zuvor bestimmtes Konvergenzkriterium erreicht, d. h. ergeben sich hinsichtlich der Gewichte keine wesentlichen Änderungen mehr, kann das Verfahren abgebrochen werden.[946] Im Anschluss werden die Modellparameter des Messmodells und des Strukturmodells mit Hilfe einer Kleinste-Quadrate-Regression ermittelt.[947] Me-

---

938 Vgl. Scholderer/ Balderjahn (2005:97).

939 Dies gilt insbesondere für die Berechnung der Strukturmodelle – für die Validierung der Messmodelle ist die kovarianzbasierte Analyse grundsätzlich geeignet. Vgl. dazu Spillecke (2006:99).

940 Im Gegensatz dazu schätzen kovarianzbasierte Verfahren die Modellparameter, indem sie die empirische Kovarianzmatrix der Indikatoren reproduzieren. Vgl. Henseler (2005:70).

941 Vgl. Götz/ Liehr-Gobbers (2004a:722), Betzin/ Henseler (2005:60).

942 Vgl. Götz/ Liehr-Gobbers (2004b:6).

943 Vgl. Götz/ Liehr-Gobbers (2004b:5), Ringle et al. (2006:84).

944 Vgl. Ringle et al. (2006:84), Henseler (2005:72), Haenlein/ Kaplan (2004:291).

945 Vgl. z. B. Kern (1990:88); Herrmann/ Huber/ Kressmann (2004:6), Ringle (2004:8), Götz/ Liehr-Gobbers (2004b:5 f.), Henseler (2005:72). Für eine ausführliche Darstellung vgl. Lohmöller (1989:37 ff.).

946 Als übliches Kriterium gilt, dass sich die Gewichte nicht mehr als 0,001 verändern dürfen. Vgl. Chin/ Newsted (1999:320), Götz/ Liehr-Gobbers (2004b:6), Barclay/ Higgins/ Thompson (1995:292).

947 Vgl. Ringle (2004:9).

thodisch erfolgt ein Rückgriff auf Elemente der Hauptkomponentenanalyse und der kanonschen Korrelationsanalyse.[948] Ein schematisches Ablaufmodell zeigt Abbildung 22.

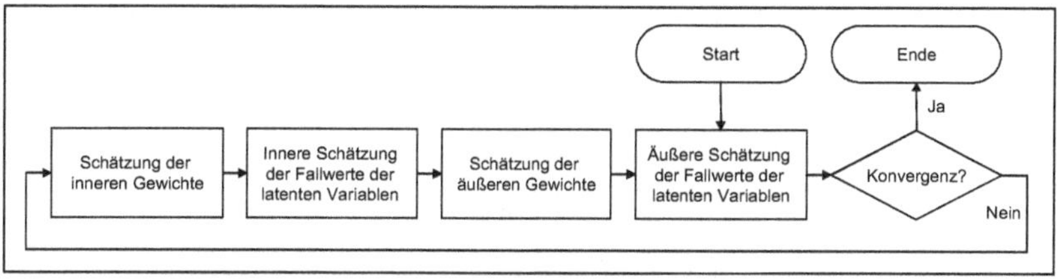


Abbildung 22: Schematisches Ablaufmodell des PLS-Verfahrens[949]

### 5.3.3.3 Gütebeurteilung von PLS-Strukturmodellen

Zur Beurteilung der Strukturmodelle stehen dem Forscher im PLS-Verfahren deutlich weniger Gütemaße zur Verfügung als bei der Kovarianzstrukturanalyse, innerhalb derer die globalen Anpassungsmaße nicht nur für die Prüfung der Anpassung des Messmodells, sondern auch für die Prüfung des Strukturmodells eingesetzt werden können.[950]

In der vorliegenden Arbeit werden drei Maße zur Gütebeurteilung von Strukturmodellen herangezogen. Dies sind das Bestimmtheitsmaß $R^2$, die Signifikanzen der Pfadkoeffizienten sowie die Effektgröße $f^2$, die im Folgenden erläutert werden sollen.[951]

Das Bestimmtheitsmaß $R^2$ misst die Güte der Anpassung der Regressionsfunktion an die empirisch gewonnenen Items. Es ist definiert als Anteil der erklärten Varianz des latenten Konstruktes. Sein Wertebereich liegt zwischen 0 und 1, wobei die Anpassung der Regressionsfunktion umso besser ist, je höher der Wert des $R^2$ ausfällt.[952] Ein Schwellenwert wird jedoch nicht festgelegt: „Allgemein gültige Aussagen, ab welcher Höhe ein $R^2$ als gut einzustufen ist, lassen sich [...] nicht machen, da dies von der jeweiligen Problemstellung abhängig ist."[953]

Bei sozialwissenschaftlichen Fragestellungen sind regelmäßig Abwägungen zu treffen. Eine reliabel und valide operationalisierbare Größe, die auch von anderen, nicht im Fokus der Un-

---

948 Vgl. Betzin/ Henseler (2005:55 f.).

949 Quelle: in enger Anlehnung an Ringle et al. (2006:84).

950 Vgl. Homburg/ Baumgartner (1998:351).

951 Zusätzlich zu diesen drei Kriterien wird in der Literatur noch das Stone-Geisser-Test-Kriterium $Q^2$ herangezogen, für eine Aussage darüber, wie gut die empirisch erhobenen Daten mit Hilfe des Modells rekonstruiert werden können. Die in dieser Arbeit verwendete Software weist dieses Kriterium jedoch nicht aus, so dass auf darauf verzichtet wurde. Vgl. Spillecke (2006:101), Ringle (2004:16).

952 Vgl. Götz/ Liehr-Gobbers (2004a:720).

953 Backhaus et al. (2006:97).

tersuchung stehenden Faktoren beeinflusst wird, stellt oft die einzig sinnvolle Möglichkeit dar, einen Zusammenhang empirisch zu prüfen. Ein niedrigeres $R^2$ muss dabei in Kauf genommen werden und darf nicht als mangelnde Modellgüte fehlinterpretiert werden.[954]

Die Analyse der Effektgröße gibt Auskunft darüber, ob eine unabhängige latente Variable einen substanziellen Einfluss auf die abhängige latente Variable ausübt. Sie wird wie folgt berechnet:

$$f^2 = \frac{R^2_{incl} - R^2_{excl}}{1 - R^2_{incl}}.$$

Werte von $f^2$ von 0,02, 0,15 und 0,35 deuten darauf hin, ob eine exogene latente Variable einen schwachen, moderaten oder substanziellen Einfluss auf die latente endogene Variable aufweist.[955] Bei einem Einfluss muss die Effektstärke einen Wert größer Null annehmen.[956]

Die Reliabilität der Pfadkoeffizienten kann mit Hilfe von Resampling-Techniken wie dem Randomization Test, dem Jackknifing- oder dem Bootstrapping-Verfahren auf der Basis von t-Werten überprüft werden.[957] Die genannten Verfahren unterscheiden sich dabei nach dem Verfahren der Stichprobenziehung und des verwendeten Stichprobenumfangs. Da dem Bootstrap-Verfahren gemeinhin eine höhere Verlässlichkeit attestiert wird, wird es in dieser Arbeit zur Anwendung kommen.[958]

Der Ablauf des Bootstrapping-Verfahrens kann wie folgt beschrieben werden:

- „[T]he bootstrap procedure is a means of estimating the statistical accuracy of [...] the data in a single sample. The idea is to mimic the process of selecting many samples [...] in order to find the probability that the values of their (test statistic) fall within various intervals.
- The samples are generated from the data in the original sample [...].
- The data are copied an enormous number of times, say a billion (for each group). [...] Samples [...] are selected at random and the (test statistic) is calculated for each sample. [...]
- The distribution of the (test statistic) for the bootstrap samples can be treated as if it were a distribution constructed from real samples."[959]

954 Vgl. Backhaus et al. (2006:96).

955 Vgl. Gefen/ Straub/ Boudreau (2000:64), Chin (1998:317).

956 Vgl. Chin (1998:317), Götz/ Liehr-Gobbers (2004b:25).

957 Vgl. Herrmann/ Huber/ Kressmann (2004:24), Efron/ Tibshirani (1986), Rodgers (1999:445 ff.).

958 EFRON/ GONG konstatieren in diesem Zusammenhang: „[Jackknife] performs less well than the bootstrap". Efron/ Gong (1983:39).

959 Diaconis/ Efron (1983:100); vgl. auch Rodgers (1999:447), Efron/ Tibshirani (1986:72).

Auf der Basis eines Abgleichs des kritischen mit dem empirisch ermittelten t-Wert wird ein Rückschluss auf die Signifikanz eines Pfades gezogen. Pfade, die sich als nicht signifikant erweisen, widerlegen die aufgestellte Hypothese, während signifikante Pfadkoeffizienten die aufgestellte Hypothese stützen.[960] Für die vorliegende Arbeit wurde ein Bootstrapping mit 200 Samples durchgeführt.[961]

### 5.3.3.4 Moderierende Analysen

Obwohl in der Literatur wiederholt auf die Bedeutung moderierender Effekte hingewiesen wurde, ist deren Einbeziehung in komplexe Strukturgleichungsmodelle eher selten.[962] Da es für die vorliegende Arbeit sinnvoll erscheint, moderierende Variable einzubeziehen, sollen moderierende Analysen im Folgenden kurz erläutert werden.

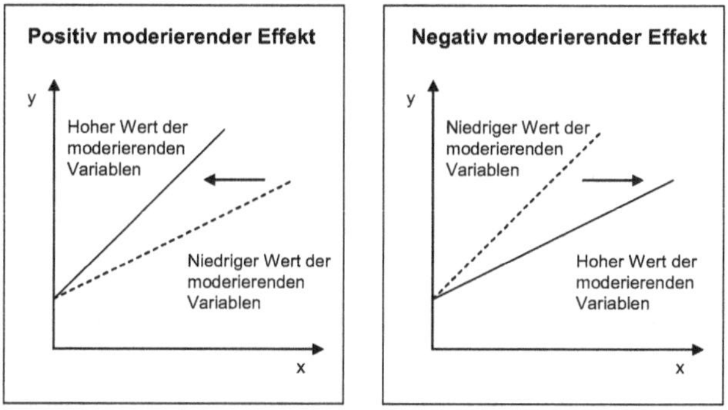


Abbildung 23: Darstellung moderierender Effekte[963]

Unter einer moderierenden Variable versteht man „a qualitative [...] or quantitative [...] variable, that affects the direction and/ or the strength of the relation between an independent or predictor variable and a dependent or criterion variable".[964]

Ein positiv moderierender Effekt liegt vor, wenn der Effekt zwischen abhängiger und unabhängiger Variable bei hohen Ausprägungen der moderierenden Variablen vergleichsweise zunimmt. Dagegen spricht man von einem negativen moderierenden Effekt, wenn der Zu-

---

960 Vgl. Herrmann/ Huber/ Kressmann (2004:26), Ringle et al. (2006:86).

961 Vgl. Efron/ Gong (1983:38). CHIN schlägt bis zu 500 Samples vor. Vgl. Chin (1998:323).

962 Vgl. Homburg/ Giering (2001:47), Eggert/ Fassott/ Helm (2005:102).

963 Quelle: Giering (2000:94).

964 Baron/ Kenny (1986:1174); ähnlich auch Sharma/ Durand/ Gur-Arie (1981:291) und Giering (2000:93 f.). Davon zu unterscheiden ist eine mediierende Variable. „In einer mediierten Wirkbeziehung wird der Effekt der exogenen auf die endogene Variable teilweise oder vollständig durch einen Mediator vermittelt". Eggert/ Fassott/ Helm (2005:103). Die mediierende Variable steht dabei in der Kausalkette zwischen der endogenen und der exogenen Variablen. Vgl. Baron/ Kenny (1986:1176).

sammenhang zwischen abhängiger und unabhängiger Variable bei hohen Ausprägungen der Variablen schwächer ist als bei niedrigen (vgl.Abbildung 23).[965]

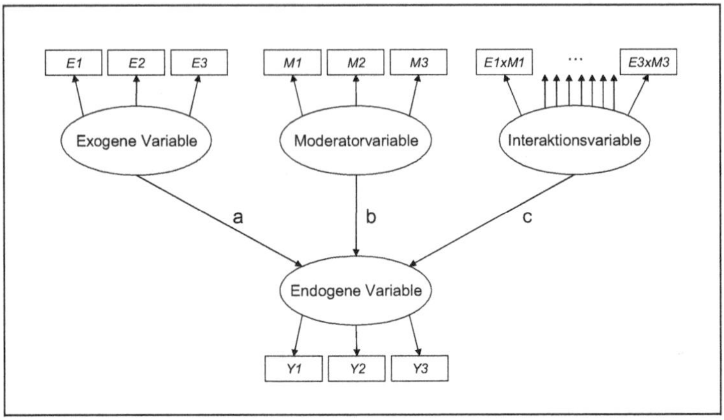


Abbildung 24: Untersuchung moderierender Effekte mit Hilfe von Interaktionsvariablen[966]

Um das Strukturgleichungsmodell unter Einbezug moderierender Variablen zu schätzen, sind zwei Vorgehensweisen möglich. EGGERT/ FASSOTT/ HELM schlagen vor, die Indikatoren der betreffenden latenten endogenen Variablen mit den Indikatoren der moderierenden latenten Variablen paarweise zu multiplizieren.[967] Auf diesem Weg erhält man eine Interaktionsvariable, deren Indikatoren das Produkt der Indikatoren von exogener und Moderatorvariable darstellen.[968] Bei der Schätzung des Strukturmodells wird im Folgenden sowohl der direkte Einfluss der exogenen Variablen, der Moderatorvariablen als auch der Interaktionsvariablen geschätzt (Vgl. Abbildung 24).[969]

Der errechnete Pfadkoeffizient c gibt Aufschluss darüber, wie sich der Einfluss der exogenen Variablen auf die endogene Variable verändert, wenn sich die Moderatorvariable ändert.[970]

---

965 Vgl. Giering (2000:94).

966 Quelle: Eggert/ Fassott/ Helm (2005:107).

967 Vgl. Eggert/ Fassott/ Helm (2005:107).

968 Vgl. auch Chin/ Marcolin/ Newsted (2003), Darrow/ Kahl (1982).

969 Vgl. Götz/ Liehr-Gobbers (2004b:9f.). Allerdings ist diese Vorgehensweise der paarweisen Multiplikation nur bei reflektiven Indikatoren möglich. Im Falle formativer Konstrukte müssen zunächst die standardisierten Konstruktwerte auf Fallebene für die exogene und die Moderatorvariable gebildet werden. Im Anschluss wird die Interaktionsvariable mittels eines einzigen Indikators gebildet, der aus der Multiplikation der Konstruktwerte hervorgeht. Vgl. Eggert/ Fassott/ Helm (2005:108 f.).

970 Für ein Anwendungsbeispiel der Untersuchung moderierender Effekte mit der multiplikativen Verknüpfung vgl. Reinartz/ Krafft/ Hoyer (2004).

Diese Art der Modellierung hat den Vorteil, dass zusätzlich zum Interaktionseffekt auch der direkte Einfluss der moderierenden Variablen untersucht wird. So können quasi-moderierende Effekte aufgedeckt werden.[971] Allerdings ist für diese Art der Analyse eine große Anzahl von Indikatoren pro exogenem Konstrukt erforderlich.[972]

Eine andere Möglichkeit, moderierende Effekte zu untersuchen, bietet die Mehrgruppenanalyse.[973] In einem ersten Schritt werden bei diesem Verfahren anhand der Moderatorvariable mehrere Gruppen gebildet. Die Teilung erfolgt üblicherweise auf der Basis des Medians der moderierenden Variablen.[974] Für jede Gruppe wird im zweiten Schritt das (identische) Strukturmodell geschätzt. Anschließend werden jeweils die korrespondierenden Pfadkoeffizienten miteinander verglichen. Anhand ihrer Unterschiede kann ein erster Schluss auf potentiell moderierende Effekte gezogen werden.[975]

Im dritten Schritt werden die Unterschiede der Pfadkoeffizienten mittels eines T-Tests auf Signifikanz untersucht.[976] Der T-Test wird mit folgender Gleichung durchgeführt:

$$t = \frac{Pfadkoeffizient_{Gruppe1} - Pfadkoeffizient_{Gruppe2}}{\left(\sqrt{\frac{(m-1)}{(m+n-2)} * SE^2_{Gruppe1} + \frac{(n-1)^2}{(m+n-2)} * SE^2_{Gruppe2}}\right) * \left(\sqrt{\frac{1}{m} + \frac{1}{n}}\right)}$$

und folgt einer t-Verteilung mit m+n-2 Freiheitsgraden.[977] Hierbei geben *m* und *n* die Stichprobengröße der Gruppe eins und zwei an. *SE* steht für den Standardfehler der Pfadkoeffizienten. Einen weiteren Hinweis auf das Vorliegen eines moderierenden Effektes gibt der Unterschied zwischen den Bestimmtheitsmaßen der Gruppen.[978]

---

971 Quasi-moderierende Effekte liegen vor, wenn zusätzlich zum moderierenden Effekt ein direkter Einfluss der Variablen vorliegt. Vgl. Sharma/ Durand/ Gur-Arie (1981:293).

972 So fordern CHIN/ MARCOLIN/ NEWSTED, dass die Zahl der Indikatoren pro exogenem Konstrukt bei einer Sample-Größe von 100 mindestens acht betragen muss, um einen moderierenden Effekt nachweisen zu können. Vgl. Chin/ Marcolin/ Newsted (2003:212).

973 Vgl. z. B. Avolio/ Howell/ Sosik (1999), Keil et al. (2000).

974 Vgl. Avolio/ Howell/ Sosik (1999:222), Homburg/ Giering (2001:52); Kleijnen/ Wetzels/ Ruyter (2004:213).

975 Vgl. Thompson/ Higgins/ Howell (1994:181).

976 Vgl. Chin (2000).

977 Vgl. Sánchez-Franco/ Roldán (2005:39).

978 Vgl. Carte/ Russell (2003:483 f.), Harrington (1996:268).

Auf diese Weise können mehrere Gruppen paarweise miteinander verglichen werden.[979] Da in der vorliegenden Arbeit *zwei* moderierende Variablen innerhalb *eines* Strukturmodells untersucht werden sollen, stützt sie sich auf die Mehrgruppenanalyse moderierender Effekte. Diese Form der Untersuchung ist bei der Benutzung von PLS allgemein üblich.[980] Zudem ist die Interaktionstermmethode nur für den Nachweis linearer Moderationseffekte geeignet.[981] Da die Linearität jedoch nicht vorausgesetzt werden kann, ist die Mehrgruppenanalyse für die Prüfung der aufgestellten Hypothesen zweckmäßiger.[982]

979 Der Test beruht auf der Annahme, dass die Gruppen in etwa die gleiche Anzahl an Datensätzen aufweisen. Der Umfang der Gruppen sollte sich dabei maximal um den Faktor 1,5 unterscheiden. Vgl. Stevens (1996:249).

980 Für Anwendungsbeispiele vgl. Kleijnen/ Wetzels/ Ruyter (2004); Avolio/ Howell/ Sosik (1999), Sánchez-Franco/ Roldán (2005); Keil et al. (2000); Dibbern/ Chin (2005).

981 Vgl. Baron/ Kenny (1986:1176).

982 Zur Überprüfung der Ergebnisse wurde die Interaktionstermmethode zusätzlich angewendet. Sämtliche Interaktionsterme erwiesen sich erwartungsgemäß als nicht signifikant.

## 5.4 Zusammenfassung

Dieses Kapitel hatte das Ziel, Datenbasis und Methodik der empirischen Untersuchung darzustellen. Bei der Primärerhebung, für die postalische Befragung von Führungspersonen in mittelständischen Unternehmen als Erhebungsart gewählt wurde, konnte mit Unterstützung ausgewählter Industrie- und Handelskammern sowie des Lehrstuhls für Controlling und Telekommunikation der WHU Otto-Beisheim-School of Management ein effektiver Rücklauf von 332 Fragebögen erzielt werden.

Zur Datenanalyse wurde ein Kausalanalyseverfahren gewählt, das es ermöglicht, kausale Beziehungen statistisch zu analysieren, multivariate Messungen durchzuführen und latente Variable unter Berücksichtigung von Messfehlern messbar zu machen. Konstrukte können grundsätzlich entweder formativ oder reflektiv spezifiziert und mit Hilfe unterschiedlicher Gütekriterien beurteilt werden. Bei der reflektiven Messung wurden sowohl Kriterien der ersten als auch der zweiten Generation zur Gütebeurteilung ausgewählt. Bei formativen Messmodellen wird zur Gütebeurteilung auf ein MIMIC-Modell zurückgegriffen. Strukturmodelle werden in dieser Arbeit mit Hilfe des PLS-Ansatzes gemessen, der ein varianzbasiertes Kausalanalyseverfahren darstellt.

Im nächsten Kapitel werden die Ergebnisse der empirischen Analyse unter Berücksichtigung der vorgestellten Methodik und Gütekriterien dargestellt.

# 6 Ergebnisse der empirischen Untersuchung

Dieses Kapitel stellt die Ergebnisse der empirischen Untersuchung dar: die Operationalisierung der Konstrukte und ihre empirische Validierung sowie die Ergebnisse der Hypothesenprüfung in den Dependenzanalysen. Anschließend werden die Ergebnisse einer Diskussion unterzogen.

## 6.1 Konstruktmessungen

### 6.1.1 Methodische Überlegungen

In Kapitel 4.2 wurden die Rationalitätssicherung, ihre Einflussfaktoren und Auswirkungen konzeptualisiert. Dazu wurden die Dimensionen der theoretischen Konstrukte erarbeitet und vollständig beschrieben. Nachdem in Kapitel 5 die methodischen Grundlagen vorgestellt wurden, wird nun die Operationalisierung der entsprechenden Konstrukte durchgeführt. Der Begriff der Operationalisierung bezeichnet die auf der Konzeptualisierung aufbauende Entwicklung eines Messinstruments.[983] Den latenten Variablen werden hierbei beobachtbare Sachverhalte (manifeste Variable) zugeordnet.

Diese Zuordnung erfordert ein systematisches Vorgehen. Zunächst werden bereits bestehende und in anderen Kontexten verwendete Messmodelle auf ihre Eignung für das Forschungsvorhaben überprüft.[984] Der Rückgriff auf bereits bestehende Messmodelle empfiehlt sich aus zwei Gründen. Zum einen wird dadurch die Vergleichbarkeit von Messergebnissen erleichtert, zum anderen durch den Rückgriff auf Konstrukte mit angemessenen Reliabilitäts- und Validitätseigenschaften die Güte der eigenen Messung abgesichert.

Es kann jedoch erforderlich werden, bestehende Konstrukte für den vorliegenden Kontext anzupassen oder sogar komplett neu zu entwickeln. In Meta-Studien konnte gezeigt werden, dass auch mit neu entwickelten Skalen sehr gute Reliabilitätswerte erzielt werden können.[985]

Bei der Entwicklung neuer Messmodelle wurde ein Vorgehen in Anlehnung an CHURCHILL und ROSSITER gewählt.[986] Nach der Definition des theoretischen Konstruktes sowie seiner Konzeptualisierung wird eine Ausgangsmenge an Indikatoren erzeugt, durch Sichtung der relevanten Literatur sowie Gespräche mit Personen, „who can offer some ideas and insights into the phenomenon“[987]. Die auf diese Weise generierten Indikatoren werden den jeweiligen Konstrukten zugeordnet.

---

983 Vgl. Homburg/ Giering (1998:114).

984 Vgl. Bohrnstedt (1977a:91).

985 Vgl. Ruekert/ Churchill (1984:367), Wilson (1995:365).

986 Vgl. Churchill (1979), Rossiter (2002).

987 Churchill (1979:67). Vgl. auch Rossiter (2002:309 ff.).

Die vorliegende Arbeit greift überwiegend auf Multi-Item-Messmodelle zurück.[988] Generell gilt, dass die Qualität der Messung mit steigender Indikatorenzahl zunimmt.[989] MARSH/ HAU fordern konkret eine Ausgangsmenge von sechs bis zehn Indikatoren pro Konstrukt. Ab einem Stichprobenumfang von 100 können drei bis vier Indikatoren als gute Richtgröße für zuverlässige Messungen gelten.[990] Bei der Operationalisierung wurde nur einmal (im Falle des zweifaktoriellen Konstruktes „Markterfolg“) davon abgewichen.

Nachdem das Konstrukt mit Hilfe der beschriebenen Vorgänge operationalisiert ist, muss im nächsten Schritt die Güte der Konstruktmessung anhand der in Kapitel 5.3.2 beschriebenen Gütemaße bestimmt werden. Im Folgenden sind die Ergebnisse der Konstruktmessung dargestellt.

### 6.1.2 Wissen des Bankmitarbeiters

Das Wissen des Bankmitarbeiters bezeichnet die Gesamtheit der Kenntnisse und Fähigkeiten, die dieser zur Lösung von Problemen einsetzt.[991] Als Kontext wird in dieser Arbeit die Betreuung mittelständischer Unternehmen angenommen. Dafür ist Wissen aus unterschiedlichen Bereichen relevant. So benötigt der Mitarbeiter betriebswirtschaftliche und volkswirtschaftliche Kenntnisse und Fähigkeiten sowie Wissen über die Branche und das Unternehmen. Da keine Skala in der Literatur identifiziert werden konnte, die auf diesen Kontext übertragbar war, musste ein neues Messinstrument entwickelt werden.[992] Dementsprechend wurde ein reflektives Konstrukt mit vier Indikatoren gebildet, die die genannten Bereiche abdecken. Da eine objektive Abfrage oder Bewertung des Wissensstandes nicht möglich scheint, wird auf eine subjektive Einschätzung zurückgegriffen.[993]

Die Indikatoren sind in Tabelle 3 aufgeführt. Aufgrund mangelnder Corrected Item-to-Total-Korrelation wurde der dritte Indikator eliminiert. Die Gütekriterien für das Drei-Faktoren-Modell weisen jedoch sehr gute Werte auf.

---

988 Vgl. Kapitel 5.3.2.1.

989 Dies ist der Grund, warum eine Konzentration auf Multi-Item-Ansätze in der Literatur gefordert wird. Vgl. z. B. Jacoby (1978:93), Churchill (1979:66). „In sum, marketers are much better served with multiple-item than single-item measures of their constructs, and they should take their time to develop them.“ Churchill (1979:66).

990 Vgl. Marsh et al. (1998:213-214).

991 Vgl. Abschnitt 4.2.1.

992 Wissen wurde in anderen Arbeiten mit einer Reihe von Messinstrumenten operationalisiert. Skalen finden sich zum Beispiel bei HUNOLD (Wissen des Nutzers von Kostenrechnungsinformationen), SCHEWE (User Education), SANDT (Nutzer-Know-how) und KARLSHAUS (Kompetenz des Informationsnutzers). Vgl. Hunold (2003:167), Schewe (1976:580), Karlshaus (2000:148), Sandt (2004:142). Die Übertragbarkeit auf den vorliegenden Kontext war jedoch nicht gegeben.

993 Vgl. ähnlich Hunold (2003:166).

| Informationen zu den einzelnen Indikatoren des Konstruktes **„Wissen des Bankmitarbeiters“** | | | |
|---|---|---|---|
| Bezeichnung des Indikators | Corrected Item-to-Total-Korrelation | Indikator-reliabilität | t-Wert der Faktorladung |
| Das Wissen des uns betreuenden Mitarbeiters über unser Unternehmen ist sehr umfassend. | 0,6995 | 0,655 | - |
| Der uns betreuende Mitarbeiter verfügt über großes Wissen bezüglich unserer Branche. | 0,7041 | 0,666 | 12,845 |
| Das allgemeine volkswirtschaftliche Wissen des Mitarbeiters ist groß. | Eliminiert | | |
| Die betriebswirtschaftlichen Kenntnisse des uns betreuenden Mitarbeiters sind hoch. | 0,6382 | 0,513 | 12,214 |
| Informationen zum Konstrukt **„Wissen des Bankmitarbeiters“** | | | |
| Cronbach'sches Alpha: | 0,8192 | Erklärte Varianz: | 0,74 |
| Chi-Quadrat-Wert (Freiheitsgrade): | -* | RMSEA: | -* |
| GFI: | -* | AGFI: | -* |
| CFI: | -* | TLI: | -* |
| Faktorreliabilität: | 0,83 | DEV: | 0,62 |
| *Bei drei Indikatoren hat ein konfirmatorisches Modell keine Freiheitsgrade. Eine Berechnung dieser Maße ist daher nicht möglich. | | | |

Tabelle 3: Informationen zum Konstrukt „Wissen des Bankmitarbeiters“

### 6.1.3 Interesse der Bank an der Geschäftsbeziehung

Das Konstrukt „Interesse der Bank an der Geschäftsbeziehung“ soll abbilden, inwiefern die Bank daran interessiert ist, die Geschäftsbeziehung mit dem Unternehmen aufrechtzuerhalten und eventuell sogar auszubauen. Da in der Literatur keine Skala identifiziert werden konnte, die die inhaltlichen Aspekte des Konstruktes abdeckt, wurde für die vorliegende Arbeit ein neues Messinstrument entwickelt. Es handelt sich dabei um ein reflektives Konstrukt mit fünf Indikatoren. Es wurde sowohl die Aufrechterhaltung der Zusammenarbeit als auch eine eventuelle Ausweitung erfasst. Da die Prüfung des Fünf-Indikatoren-Modells keine zufriedenstellenden Gütemaße aufwies, wurden zwei Indikatoren anhand der Kriterien der Corrected Item-to-Total-Korrelation und der Indikatorreliabilität eliminiert.

Die Gütekriterien für das Drei-Faktoren-Modell finden sich in Tabelle 4. Die hier erzielten Werte sind insgesamt als sehr zufriedenstellend zu beurteilen.

| Informationen zu den einzelnen Indikatoren des Konstruktes **„Interesse der Bank an der Geschäftsbeziehung“** | | | |
|---|---|---|---|
| Bezeichnung des Indikators | Corrected Item-to-Total-Korrelation | Indikator-reliabilität | t-Wert der Faktorla-dung |
| Unsere Hausbank zeigt großes Interesse an der Zusammenarbeit mit unserem Unterneh-men. | Eliminiert | | |
| Die Bank ist an einer Ausweitung der Zusam-menarbeit mit uns interessiert. | Eliminiert | | |
| Es ist noch nicht vorgekommen, dass unsere Bank uns einen Kredit verweigert hat/ einen bestehenden Kredit nicht verlängert hat. | 0,6468 | 0,542 | - |
| Wenn wir einen Kredit benötigen, wird uns dieser relativ problemlos zur Verfügung ge-stellt. | 0,6991 | 0,690 | 11,941 |
| Ich hatte noch nie das Gefühl, dass unsere Hausbank nicht mehr mit unserem Unterneh-men zusammenarbeiten möchte. | 0,6514 | 0,557 | 11,805 |
| Informationen zum Konstrukt **„Interesse der Bank an der Geschäftsbeziehung“** | | | |
| Cronbach'sches Alpha: | 0,8131 | Erklärte Varianz: | 0,73 |
| Chi-Quadrat-Wert (Frei-heitsgrade): | -* | RMSEA: | -* |
| GFI: | -* | AGFI: | -* |
| CFI: | -* | TLI: | -* |
| Faktorreliabilität: | 0,82 | DEV: | 0,60 |
| *Bei drei Indikatoren hat ein konfirmatorisches Modell keine Freiheitsgrade. Eine Berech-nung dieser Maße ist daher nicht möglich. | | | |

Tabelle 4: Informationen zum Konstrukt „Interesse der Bank an der Geschäftsbeziehung“

## 6.1.4 Wohlwollen der Bank

Als wohlwollendes Verhalten wird in der Literatur bezeichnet, wenn die Interessen eines Partners nicht zum Nachteil des anderen verwirklicht werden bzw. im Umkehrschluss der Partner die Interessen des anderen bei seinen Aktionen berücksichtigt.[994] Übertragen auf diesen Kontext gilt es zu messen, inwiefern die Bank die Interessen des Unternehmens berücksichtigt.

Bei der Entwicklung des Messmodells konnte auf bereits existierende Skalen zurückgegriffen werden. So entstammen der erste, zweite und vierte Indikator der Operationalisierung von DONEY/ CANNON.[995] Analog zu deren Vorgehen wurde die Konstruktmessung als reflektive Variable modelliert. Die Gütekriterien der Vier-Indikatoren-Messung wurden jedoch nicht

[994] Vgl. Ganesan (1994:3), Geyskens/ Steenkamp/ Kumar (1999:225), Rempel/ Holmes/ Zanna (1985:96), Kumar (1996:95).

[995] Vgl. Doney/ Cannon (1997:48), vgl. auch Wallenburg (2004:185).

erfüllt, so dass das Modell modifiziert werden musste. Anhand der Kriterien der Corrected Item-to-Total-Korrelation sowie der Indikatorreliabilität wurde der erste Indikator aus der Messung gelöscht. Für die Drei-Indikatoren-Messung ergaben sich im Anschluss sehr zufriedenstellende Gütekriterien. Einen Überblick über die Indikatoren und die Gütemaße gibt Tabelle 5.

| Informationen zu den einzelnen Indikatoren des Konstruktes **„Wohlwollen der Bank"** | | | |
|---|---|---|---|
| Bezeichnung des Indikators | Corrected Item-to-Total-Korrelation | Indikator-reliabilität | t-Wert der Faktorla-dung |
| Die Bank verschafft sich auf unsere Kosten Vorteile, wenn sie die Chance dazu hat. (RC[996]) | Eliminiert | | |
| Unsere Hausbank ist daran interessiert, dass unser Unternehmen erfolgreich ist. | 0,7271 | 0,782 | - |
| Wir profitieren in gleichem Maße von der Geschäftsbeziehung wie unsere Hausbank. | 0,7711 | 0,844 | 16,135 |
| Unsere Hausbank berücksichtigt auch unsere Interessen. | 0,8097 | 0,905 | 16,589 |

| Informationen zum Konstrukt **„Wohlwollen der Bank"** | | | |
|---|---|---|---|
| Cronbach'sches Alpha: | 0,8802 | Erklärte Varianz: | 0,81 |
| Chi-Quadrat-Wert (Freiheitsgrade): | -* | RMSEA: | -* |
| GFI: | -* | AGFI: | -* |
| CFI: | -* | TLI: | -* |
| Faktorreliabilität: | 0,88 | DEV: | 0,72 |
| *Bei drei Indikatoren hat ein konfirmatorisches Modell keine Freiheitsgrade. Eine Berechnung dieser Maße ist daher nicht möglich. | | | |

Tabelle 5: Informationen zum Konstrukt „Wohlwollen der Bank"

### 6.1.5 Kommunikation zwischen Bank und Unternehmen

Die Kommunikation wird als reflektives Konstrukt modelliert und durch sechs Indikatoren abgebildet. Aufgrund der Vielzahl in der betrieblichen Praxis existierender Kommunikationskanäle ist eine objektive Messung der Kommunikation vergleichsweise aufwändig. Die vorliegende Arbeit stützt sich daher auf eine subjektive Einschätzung der befragten Personen.[997] Die Operationalisierung erfolgt in Anlehnung an die von HUNOLD und AUST entwickelten

---

996 Bei dem mit „RC" gekennzeichneten Indikator handelt es sich um ein „Reverse Coded Item", bei dem der Bedeutungsgehalt des Indikators umgekehrt wurde. Zur Einbeziehung in das Konstrukt war daher eine Umkodierung erforderlich.

997 Vgl. zu diesem Vorgehen auch Mohr/ Fisher/ Nevin (1996:113), Cannon/ Homburg (2001:41), Mohr/ Sohi (1995:412).

Konstrukte.[998] So konnten die Indikatoren eins, fünf und sechs modifiziert von AUST bzw. HUNOLD übernommen werden.[999] Die Indikatoren zwei, drei und vier wurden neu entwickelt.

Zwei Indikatoren wurden aufgrund zu niedriger Corrected Item-to-Total-Korrelation eliminiert. Die Gütekriterien des Messmodells sind Tabelle 6 zu entnehmen.

| Informationen zu den einzelnen Indikatoren des Konstruktes **„Kommunikation zwischen Bank und Unternehmen"** | | | |
|---|---|---|---|
| Bezeichnung des Indikators | Corrected Item-to-Total-Korrelation | Indikator-reliabilität | t-Wert der Faktorladung |
| Wir kommen mit unserer Hausbank häufig in Berührung. | 0,5750 | 0,440 | - |
| Die uns betreuenden Mitarbeiter unserer Hausbank haben uns bereits mehrmals in unserem Unternehmen besucht. | 0,5494 | 0,395 | 9,127 |
| Wir kommen mehrmals pro Jahr mit unserer Hausbank zu Verhandlungen zusammen. | 0,6399 | 0,593 | 10,241 |
| Wir telefonieren häufig mit den Vertretern unserer Hausbank. | Eliminiert | | |
| Wir nehmen uns Zeit, mit unserer Hausbank zu reden. | 0,5946 | 0,484 | 9,799 |
| Mit unserer Hausbank stehen wir regelmäßig in Kontakt. | Eliminiert | | |
| Informationen zum Konstrukt **„Kommunikation zwischen Bank und Unternehmen"** | | | |
| Cronbach'sches Alpha: | 0,7797 | Erklärte Varianz: | 0,61 |
| Chi-Quadrat-Wert (Freiheitsgrade): | 0,9740 (2) | RMSEA: | 0,00 |
| GFI: | 1,00 | AGFI: | 0,99 |
| CFI: | 1,00 | TLI: | 1,01 |
| Faktorreliabilität: | 0,79 | DEV: | 0,49 |

Tabelle 6: Informationen zum Konstrukt „Kommunikation"

Das Messmodell zeigt sowohl auf Indikatorebene als auch auf indikatorübergreifender Ebene eine hervorragende Güte. Die Messung des Konstruktes kann somit als reliabel und valide bezeichnet werden.

---

998 Vgl. Hunold (2003:168), Aust (1999:162). Ein sehr ähnliches Messmodell findet sich auch bei KARLSHAUS. Vgl. Karlshaus (2000:137).

999 Da AUST die Kommunikation lediglich über ein Zwei-Indikatoren-Modell abbildet und HUNOLD ein Vier-Indikatoren-Modell wählt (aus dem ein Indikator nicht übertragbar ist), erscheint eine Ergänzung von Indikatoren für die vorliegende Arbeit sinnvoll. Deshalb wurden drei Indikatoren neu entwickelt und ergänzt, die auf den spezifischen Kontext von Banken und mittelständischen Unternehmen bezogen sind. Vgl. Hunold (2003:168), Aust (1999:162).

### 6.1.6 Macht der Bank

Die Macht der Bank wird im Folgenden durch ein formatives Konstrukt gemessen. Deshalb werden zunächst die Dimensionen der Macht modelliert und die Wirkungsrichtung zwischen Indikatoren und Konstrukt bestimmt. Anschließend werden die Gütekriterien der Messung dargestellt.

#### 6.1.6.1 Modellierung der Dimensionen

In Kapitel 4.2.5 wurde aufgezeigt, dass bei der Konzeptualisierung von Macht eine Reihe unterschiedlicher Konzepte existiert. Viele empirische Untersuchungen berufen sich bei der Konzeptualisierung und der folgenden Operationalisierung auf die Machtgrundlagen nach FRENCH/ RAVEN.[1000] Für den Kontext der Rationalitätssicherung durch Banken in mittelständischen Unternehmen wurde jedoch herausgearbeitet, dass die Macht der Bank auf der Ressourcenkontrolle und einer daraus entstehenden Abhängigkeit des mittelständischen Unternehmens von der Bank beruht.[1001] Diese Abhängigkeit ist nach MINTZBERG auf drei Faktoren zurückzuführen: die Wichtigkeit der Ressource für das Unternehmen, ihre Konzentration und Ersetzbarkeit.[1002] Es muss ein Messmodell entwickelt werden, das diese drei Dimensionen der Abhängigkeit abzubilden vermag.

Als Beleg für die Wirkungsrichtung der Beziehung zwischen der latenten Variablen und ihren Indikatoren soll folgendes Zitat von MINTZBERG gelten: „Thus we have three key factors – essentiability, substitutability and concentration – that *lead* to dependency or power relations“.[1003] Nach MINTZBERG ist also davon auszugehen, dass die Indikatoren Wichtigkeit, Konzentration und Ersetzbarkeit die latente Variable verursachen. Das Messmodell ist demnach als formativ zu spezifizieren.[1004]

Die *Wichtigkeit* der Ressource für das Unternehmen kann durch ihren relativen Anteil an der Ressourcengrundgesamtheit abgebildet werden.[1005] Übertragen auf den Untersuchungskontext ist dies der Anteil der Fremdkapitalfinanzierung an der Gesamtfinanzierung des Unternehmens. Als Hypothese wird angenommen, dass die Abhängigkeit des Unternehmens von der Bank und damit die Macht der Bank umso größer ist, je höher der Fremdkapitalanteil am Gesamtkapital bzw. je geringer der Anteil des Eigenkapitals am Gesamtkapital ist (RC). Die Wichtigkeit wurde dementsprechend durch folgendes Single-Item-Konstrukt gemessen:

---

1000 Vgl. z. B. Comer (1984), Gaski (1986), Gaski/ Nevin (1985), Hunt/ Nevin (1974), Kohli (1989). Vgl. auch die Skalenzusammenstellung in Bearden/ Netemeyer/ Mobley (1993:320 ff.) und Bruner/ Hensel (1992:320 ff.).

1001 Vgl. 4.2.5.

1002 Vgl. Mintzberg (1983:38) und Kapitel 4.2.5.

1003 Mintzberg (1983:38).

1004 Vgl. Jarvis/ Mackenzie/ Podsakoff (2003:203).

1005 Vgl. Knyphausen-Aufseß (2000:465); Wolf (2003:225 f.).

| |
|---|
| **Wie hoch ist die Eigenkapitalquote Ihres Unternehmens derzeit ungefähr? (RC)** |

Tabelle 7: Messung der Wichtigkeit der Ressource Bankkredite

Der zweite Faktor betrifft die *Konzentration* der Ressource. Im vorliegenden Untersuchungskontext gilt die Ressource (das Fremdkapital) als desto konzentrierter, je höher der Anteil der Kreditverbindlichkeiten des Unternehmens bei der betreffenden Bank an den Gesamtkreditverbindlichkeiten ist.[1006] Die Konzentration wurde wie folgt operationalisiert:

| |
|---|
| **Welchen Anteil am Gesamtvolumen Ihrer Kreditverbindlichkeiten hat Ihre Hausbank derzeit ungefähr?** |

Tabelle 8: Messung der Konzentration der Ressource Bankkredite

Die *Ersetzbarkeit* der Ressource betrifft in diesem Zusammenhang die Möglichkeit des Unternehmens, sein Fremdkapital aus anderen Quellen zu beziehen.[1007] Um sie abzubilden, müssen dem mittelständischen Unternehmen Alternativen für den Bezug von Fremdkapital vorliegen. Dies werden bei mittelständischen Unternehmen in der Regel andere Banken sein. Zur Messung der Ersetzbarkeit wurde deshalb folgender Indikator herangezogen:[1008]

| |
|---|
| **Wenn wir wollten, könnten wir sofort zu einer anderen Bank wechseln. (RC)** |

Tabelle 9: Messung der Ersetzbarkeit der Bank durch andere Banken

### 6.1.6.2 Untersuchung des Gesamtmodells

Nachdem im vorherigen Abschnitt die drei Dimensionen der Macht durch Ressourcenkontrolle operationalisiert wurden, wird nun das Gesamtmodell des theoretischen Konstruktes dargestellt und einer Gütebeurteilung unterzogen. Die Konzeptualisierung des Konstruktes Macht verdeutlicht, dass die Dimensionen des Konstruktes als formative Indikatoren (engl.: „cause indicators") zu behandeln sind. Dies bedeutet, dass diese Indikatoren die latente Variable verursachen. Die Gütebeurteilung formativer Messmodelle kann durch ein MIMIC-Modell erfolgen.[1009] Hierbei wird das latente Konstrukt sowohl durch formative als auch durch reflektive Indikatoren operationalisiert. Die redundante Operationalisierung des Konstrukts durch re-

[1006] Vgl. z. B. Etgar (1976:257).

[1007] Vgl. zur Operationalisierung der Ersetzbarkeit („replaceability") auch Heide/ John (1988:25).

[1008] Vgl. für ein ähnliches Konstrukt auch Etgar (1976:257).

[1009] Vgl. Kapitel 5.3.2.3 und Hauser/ Goldberger (1971:97 f.), Diamantopoulus/ Winklhofer (2001:272 f.).

flektive Indikatoren ermöglicht die Bestimmung eines Fehlerterms und damit die externe Validierung des formativen Messmodells.[1010]

Die Schätzung des MIMIC-Modells erfolgt mit einem kovarianzstrukturbasierten Kausalanalyseverfahren.[1011] Wenn die Gütekriterien des Messmodells zufriedenstellend sind, kann es als Unterstützung der Hypothese gewertet werden, dass die drei dargestellten Indikatoren das Konstrukt der Macht durch Ressourcenkontrolle formativ bilden.[1012]

| Gütemaß | $\chi^2$/ df | RMSEA | GFI | AGFI | CFI | TLI |
|---|---|---|---|---|---|---|
| Dreiindikatorenmodell der Macht durch Ressourcenkontrolle | 1,497 | 0,04 | 0,996 | 0,973 | 0,998 | 0,988 |

Tabelle 10: Gütemaße für das Gesamtmodell der Macht durch Ressourcenkontrolle

Für die untersuchten Gütekriterien ergeben sich sehr gute Werte (vgl. Tabelle 10). Der Messung kann damit eine hohe Reliabilität und Validität bescheinigt werden.

Die Betrachtung der Faktorgewichte, die die Bedeutung des jeweiligen Faktors für das Konstrukt darstellen, zeigt, dass die Ersetzbarkeit der Hausbank das höchste Gewicht bei der Bildung des Konstruktes „Macht der Bank" hat. Das geringste Gewicht ist der Konzentration der Ressource zuzuschreiben.

Die Macht der Bank wird in dieser Arbeit durch die Wichtigkeit der Bankkredite für das Unternehmen, die Konzentration der Kredite bei der Bank sowie ihre Ersetzbarkeit durch andere Banken abgebildet (vgl. Abbildung 25).

---

[1010] Vgl. Diamantopoulus/ Winklhofer (2001:272), Eggert/ Fassott (2003:6).

[1011] Da die PLS-Software die simultane Schätzung einer latenten Variablen mit formativen und reflektiven Faktoren nicht erlaubt, muss auf dieses Vorgehen zurückgegriffen werden. Vgl. Herrmann/ Huber/ Kressmann (2004:18).

[1012] Als Gütekriterien können die in Kapitel 5.3.2.1 dargelegten globalen Kriterien für reflektive Messmodelle herangezogen werden – in der Kovarianzstrukturanalyse auch zur Beurteilung von Gesamtmodellen. Vgl. Homburg/ Baumgartner (1998:351).

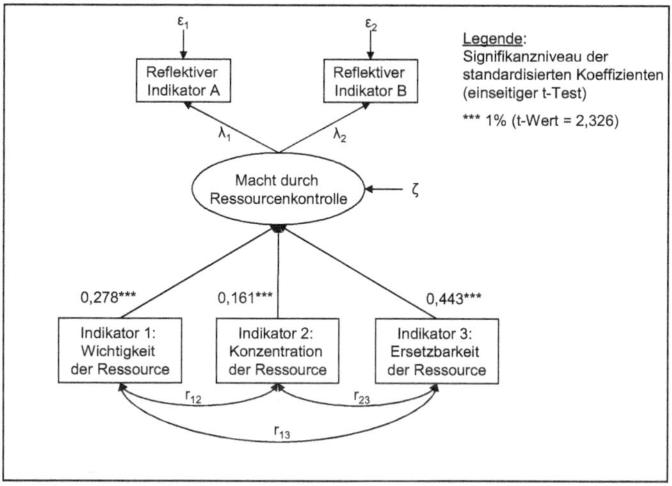


Abbildung 25: MIMIC-Modell des Konstruktes „Macht der Bank“

Zur Gütebeurteilung formativer Konstrukte muss auch die Inhaltsvalidität überprüft werden. Sie beschreibt, wie die Variablen eines Messmodells den semantischen Bereich des zu messenden Konstruktes abbilden und seine Bedeutungsinhalte abdecken.[1013] Zur quantitativen Überprüfung wird ein Faktor herangezogen, der mit zwei Items direkt die Abhängigkeit des Unternehmens von der Bank abbildet (ein zunächst vorgesehener dritter Indikator wurde aufgrund zu niedriger Corrected Item-to-Total-Korrelation eliminiert). Für die Inhaltsvalidität wird geprüft, welchen Varianzerklärungsanteil das Messmodell „Macht der Bank“ an dem direkt gemessenen Faktor hat (vgl. Tabelle 11).

[1013] Vgl. Homburg/ Giering (1998:117), Bohrnstedt (1977a:91 f.).

| Informationen zu den einzelnen Indikatoren des Konstruktes „ **Direkte Messung der Macht durch Ressourcenkontrolle**“ | | | |
|---|---|---|---|
| Bezeichnung des Indikators | Corrected Item-to-Total-Korrelation | Indikator-reliabilität | t-Wert der Faktorla-dung |
| Wir sind nicht von unserer Hausbank abhängig. (RC) | Eliminiert | | |
| Unsere Hausbank verfügt über ein gewisses Machtpotential gegenüber unserem Unternehmen. | 0,5478 | -* | -* |
| Unsere Hausbank ist nicht besonders wichtig für uns. (RC) | 0,5478 | -* | -* |
| Informationen zum Konstrukt „**Direkte Messung der Macht durch Ressourcenkontrolle**“ | | | |
| Cronbach'sches Alpha: | 0,6931 | Erklärte Varianz: | 0,7739 |
| Chi-Quadrat-Wert (Freiheitsgrade): | -* | p-Wert: | -* |
| GFI: | -* | AGFI: | -* |
| CFI: | -* | RMSEA: | -* |
| Faktorreliabilität: | -* | DEV: | -* |
| *Zur Durchführung einer konfirmatorischen Faktorenanalyse ist eine Mindestzahl von drei Indikatoren notwendig. Eine Berechnung dieser Maße ist daher nicht möglich. | | | |

Tabelle 11: Informationen zum Konstrukt „Direkte Messung der Macht durch Ressourcenkontrolle“

Die Bedeutungsinhalte des Konstruktes durch die Indikatoren werden dann abgedeckt, wenn ein ausreichend hoher Anteil der Varianz an dem direkt gemessenen Faktor durch das formative Messmodell erklärt wird.

Die Überprüfung erfolgt mit Hilfe eines Strukturmodells in PLS. Das formative Konstrukt Macht wird hierzu in einen Index überführt und stellt die exogene Variable dar, während der direkt gemessene Faktor die endogene Variable bildet.

Der Pfadkoeffizient zwischen dem Index der Macht durch Ressourcenkontrolle und der direkten Messung der Abhängigkeit beträgt 0,685 und weist einen t-Wert von 21,964 auf. Das beschriebene Kausalmodell hat ein $R^2$ von 46,9 %.

Zum Vergleich kann beispielsweise der für die SERVQUAL-Skala im Durchschnitt erzielte Wert der erklärten Varianz von 36 % herangezogen werden[1014] – der für die Macht durch Ressourcenkontrolle erzielte Wert ist damit als gut zu bewerten. Das Konstrukt kann alle wesentlichen Elemente der Macht durch Ressourcenkontrolle abdecken.

[1014] Vgl. Parasuraman/ Zeithaml/ Berry (1988:34). SPILLECKE erzielt bei dem von ihm entwickelten Modell der Kundenorientierung des Controllings einen Wert der erklärten Varianz von 40,4 %. Vgl. Spillecke (2006:125).

### 6.1.7 Einstellung des Unternehmens gegenüber der Rationalitätssicherung

Unter dem Begriff Einstellung wird in der vorliegenden Arbeit die zusammenfassende Bewertung eines Gegenstandes verstanden, in die sowohl kognitive, affektive als auch konative Elemente eingehen.[1015] Übertragen auf den Untersuchungskontext ist das Objekt die Rationalitätssicherung durch die Bank, die das Unternehmen mit einem gewissen Grad an Zustimmung oder Abneigung bewertet.[1016] Zur Messung der Einstellung wurde ein reflektives Messmodell mit fünf Indikatoren entwickelt. Die Indikatoren eins und drei konnten dabei in Anlehnung an die Operationalisierung der Einstellung von SPIEKER nahezu unverändert übernommen werden.[1017] Die restlichen Indikatoren wurden ergänzt.

Einer der ursprünglich fünf Indikatoren musste wegen Nichterfüllung der Gütekriterien eliminiert werden. Tabelle 12 bietet einen Überblick über die Indikatoren und Gütekriterien. Die zur Beurteilung herangezogenen Gütekriterien weisen ausnahmslos zufriedenstellende Werte auf.

| Informationen zu den einzelnen Indikatoren des Konstruktes **„Einstellung des Unternehmens gegenüber der Rationalitätssicherung"** | | | |
|---|---|---|---|
| Bezeichnung des Indikators | Corrected Item-to-Total-Korrelation | Indikator-reliabilität | t-Wert der Faktorladung |
| Wir legen Wert auf die Meinung unserer Bank zu wichtigen Entscheidungen. | 0,6848 | 0,551 | - |
| Wir haben großes Interesse daran, dass die Bank uns berät. | 0,8040 | 0,773 | 15,523 |
| Wir sehen die Einbindung unserer Bank als wichtigen Erfolgsfaktor an. | 0,7699 | 0,701 | 14,923 |
| Wir wollen, dass die Bank uns bei wichtigen Entscheidungen unterstützt. | 0,7182 | 0,602 | 13,830 |
| Die Einbindung unserer Bank in wichtige Entscheidungen wird bei uns sehr positiv wahrgenommen. | Eliminiert | | |

[1015] Vgl. Bohner (2002:267), Stroebe (1980:334), Schäffer (2001a:123), Six (2000:361).

[1016] Vgl. Kapitel 4.2.6. Nach KROEBER-RIEL/ WEINBERG kann man die Einstellung gegenüber einem Gegenstand daran messen, wie er beurteilt bzw. eingeschätzt wird. Auf diese Weise erhalte man valide Einstellungswerte, die allerdings keine Rückschlüsse über die hinter den Einstellungen stehenden Vorgänge erlaubten. Vgl. Kroeber-Riel/ Weinberg (2003:169). Da Rückschlüsse auf die zugrundeliegenden Vorgänge jedoch nicht die Zielsetzung der Messung darstellen, kann die Einstellung anhand der Zustimmung bzw. Abneigung gegenüber dem Gegenstand gemessen werden.

[1017] Vgl. Spieker (2004:243). Für eine Operationalisierung, die zwischen den drei Einstellungskomponenten unterscheidet, vgl. Elizur/ Guttman (1976:613).

| Informationen zum Konstrukt **„Einstellung des Unternehmens gegenüber der Rationalitätssicherung“** | | | |
|---|---|---|---|
| Cronbach'sches Alpha: | 0,8816 | Erklärte Varianz: | 0,74 |
| Chi-Quadrat-Wert (Freiheitsgrade): | 5,4450 (2) | RMSEA: | 0,07 |
| GFI: | 0,99 | AGFI: | 0,96 |
| CFI: | 1,00 | TLI: | 0,99 |
| Faktorreliabilität: | 0,88 | DEV: | 0,65 |

Tabelle 12: Informationen zum Konstrukt „Einstellung des Unternehmens gegenüber der Rationalitätssicherung“

### 6.1.8 Rationalitätssicherung der Führung

Die Rationalitätssicherung der Führung wird in dieser Arbeit durch zwei Konstrukte abgebildet (Problemanregung und Argumentation). Während die Bank in der Problemanregung auf konkrete Schwachstellen und Leistungsdefizite hinweist, um ein Problembewusstsein zu schaffen und einen Entscheidungsprozess anzustoßen, agiert sie in der Argumentation während des bereits laufenden Entscheidungsprozesses als kritischer Counterpart. In der Literatur konnten drei relevante Arbeiten identifiziert werden, die Messmodelle in verwandten Fragestellungen entwickeln. Dies sind die Arbeiten von BAUER, SPILLECKE sowie SPIEKER.[1018]

BAUER untersucht Controllerrollen und entwickelt in diesem Zusammenhang unter anderem das Messmodell „Kritischer Counterpart“ (mit den Indikatoren Hinterfragung inhaltlicher Planungsaspekte, Überprüfung von Aussagen, kritischer und konstruktiver Sparringspartner).[1019] SPILLECKE bezieht sich auf die Rationalitätssicherung durch Controller und trennt Beratungsaufgaben (mit den Indikatoren Aufdecken von Schwachstellen, Erarbeitung von Lösungsvorschlägen und deren Implementierung) von der Aufgabe des kritischen Counterparts (mit den Indikatoren konstruktiv-kritisches Herausfordern des Managements, Sparringspartner, kritische Prüfung).[1020]

Bei seiner Betrachtung, welchen Einfluss das Einbeziehen Externer auf die Entscheidungsqualität von Gründerteams hat, trennt SPIEKER die Bereiche Problemanregung (Anregung zu Entscheidungen, Schaffung eines Problembewusstseins, Aufzeigen von Leistungsdefiziten) und Argumentation (Generierung von Entscheidungsalternativen, kritisches Hinterfragen von Entscheidungsannahmen, konstruktive Kritik, konträre Meinungen).[1021] Obwohl SPIEKER hier keinen expliziten Bezug herstellt, werden die Parallelen zum hier entwickelten Verständnis der Rationalitätssicherung sowie zu den Operationalisierungen von SPILLECKE deutlich.

---

[1018] Vgl. Bauer (2002), Spieker (2004), Spillecke (2006).

[1019] Vgl. Bauer (2002:189).

[1020] Vgl. Spillecke (2006:160).

[1021] Vgl. Spieker (2004:242).

Das Konstrukt Problemanregung wird mit vier Indikatoren operationalisiert. Dabei wird ein Indikator von SPIEKER bzw. SPILLECKE leicht abgewandelt übernommen (Indikator eins), sowie drei Indikatoren ergänzt. Die Indikatoren werden hierbei von der latenten Variablen verursacht und sind untereinander austauschbar – das Konstrukt ist somit als reflektiv zu spezifizieren.

Das gewählte Messmodell weist sowohl auf der Gesamtebene als auch bezogen auf die einzelnen Indikatoren eine hervorragende Güte auf (vgl. Tabelle 13). Modifikationen waren daher nicht erforderlich.

| Informationen zu den einzelnen Indikatoren des Konstruktes **„Problemanregung"** | | | |
|---|---|---|---|
| Bezeichnung des Indikators<br>Inwieweit hat Ihre Hausbank... | Corrected Item-to-Total-Korrelation | Indikator-reliabilität | t-Wert der Faktorladung |
| ...ein Bewusstsein für relevante Probleme geschaffen? | 0,6835 | 0,555 | - |
| ...Optimierungspotentiale in Ihrem Unternehmen aufgedeckt? | 0,737 | 0,663 | 14,000 |
| ...Sie auf Schwachstellen im Unternehmen angesprochen? | 0,7245 | 0,641 | 13,795 |
| ...Sie auf Verbesserungsmöglichkeiten in Ihrem Unternehmen hingewiesen? | 0,7145 | 0,617 | 13,554 |
| Informationen zum Konstrukt **„Problemanregung"** | | | |
| Cronbach'sches Alpha: | 0,8634 | Erklärte Varianz: | 0,71 |
| Chi-Quadrat-Wert (Freiheitsgrade): | 0,086 (2) | RMSEA: | 0,00 |
| GFI: | 1,00 | AGFI: | 1,00 |
| CFI: | 1,00 | TLI: | 1,01 |
| Faktorreliabilität: | 0,86 | DEV: | 0,61 |

Tabelle 13: Informationen zum Konstrukt „Problemanregung"

Das ebenfalls reflektive Konstrukt „Argumentation" wurde mit sechs Indikatoren operationalisiert. Hierbei wurden drei Indikatoren von SPIEKER nahezu unverändert übernommen (Indikatoren eins, drei und vier). Weitere drei Indikatoren wurden ergänzt. Die Gütekriterien sind Tabelle 14 zu entnehmen und können als sehr zufrieden stellend bewertet werden.

| Informationen zu den einzelnen Indikatoren des Konstruktes **„Argumentation“** | | | |
|---|---|---|---|
| Bezeichnung des Indikators<br>Inwieweit hat Ihre Hausbank... | Corrected Item-to-Total-Korrelation | Indikator-reliabilität | t-Wert der Faktorla-dung |
| ...Entscheidungsannahmen und Szenarien kritisch hinterfragt? | 0,6963 | 0,559 | - |
| ...ein konkretes Projekt, zu dem Sie die Aufnahme von Fremdkapital benötigten, kontrovers mit Ihnen diskutiert? | 0,8226 | 0,789 | 16,27 |
| ...konstruktive Kritik zu einem konkreten Projekt angebracht? | 0,7913 | 0,716 | 15,538 |
| ...konträre Meinungen vertreten? | 0,6685 | 0,516 | 13,014 |
| ...die Sinnhaftigkeit eines konkreten Projektes angezweifelt? | Eliminiert | | |
| ...ein konkretes Projekt kritisch durchleuchtet? | 0,7107 | 0,559 | 13,725 |

| Informationen zum Konstrukt **„Argumentation“** | | | |
|---|---|---|---|
| Cronbachsches Alpha: | 0,8928 | Erklärte Varianz: | 0,70 |
| Chi-Quadrat-Wert (Freiheitsgrade): | 8,4890 (5) | RMSEA: | 0,05 |
| GFI: | 0,99 | AGFI: | 0,97 |
| CFI: | 1,00 | TLI: | 0,99 |
| Faktorreliabilität: | 0,90 | DEV: | 0,64 |

Tabelle 14: Informationen zum Konstrukt „Argumentation“

### 6.1.9 Qualität des Führungszyklus

Die Gliederung des Führungszyklus nach WEBER/ SCHÄFFER umfasst die Phasen der Willensbildung, Willensdurchsetzung, Ausführung und Kontrolle.[1022] Die Willensbildung beschreibt die Formulierung der Ziele, die Willensdurchsetzung die Maßnahmen zur Umsetzung und die Ausführung die Realisation des Willens. Die Kontrolle stellt den Abgleich des durch die Willensbildung gegebenen Soll-Zustandes mit dem Ist dar.

Alle vier Elemente werden durch die gewählte Operationalisierung abgedeckt. Die ersten drei Indikatoren zielen auf den Input, Prozess und Output der Willensbildung. Mit dem vierten Indikator erfolgt eine Bewertung der Willensdurchsetzung und der Ausführung, während der fünfte Indikator den Bereich Kontrolle abdeckt.

Die Qualität des Führungszyklus wird subjektiv über ein reflektives Messmodell erhoben. Diese Vorgehensweise deckt sich mit den Operationalisierungen von REITMEYER, SANDT, SPIEKER und SPILLECKE.[1023] Auch in den genannten Untersuchungen wird die subjektiv ge-

[1022] Vgl. Weber/ Schäffer (2001b:32).

[1023] Vgl. Sandt (2004:194), Spillecke (2006:164 f.), Spieker (2004:254), Reitmeyer (1999:116).

messene Entscheidungsqualität als geeignetes Beurteilungskriterium für die Effektivität und Effizienz des Entscheidungsprozesses angesehen.[1024]

Im Messmodell musste ein Indikator aufgrund zu geringer Item-to-Total-Korrelation und zu geringer Indikatorreliabilität eliminiert werden. Das modifizierte Vier-Indikatoren-Modell zeigt sowohl auf der Gesamtebene als auch auf der Ebene der einzelnen Indikatoren hervorragende Gütekriterien. Einen Überblick gewährt Tabelle 15.

| Informationen zu den einzelnen Indikatoren des Konstruktes **„Qualität des Führungszyklus"** | | | |
|---|---|---|---|
| Bezeichnung des Indikators | Corrected Item-to-Total-Korrelation | Indikator-reliabilität | t-Wert der Faktorladung |
| Mit der Informationsgrundlage bei wichtigen Entscheidungen bin ich sehr zufrieden. | 0,7057 | 0,568 | - |
| Der Ablauf wichtiger Entscheidungen ist sehr zufriedenstellend. | Eliminiert | | |
| Die Ergebnisse wichtiger Entscheidungen sind sehr zufriedenstellend. | 0,7924 | 0,741 | 15,662 |
| Die Umsetzung wichtiger Entscheidungen ist sehr zufriedenstellend. | 0,7512 | 0,662 | 14,809 |
| Die Kontrolle wichtiger Entscheidungen ist sehr zufriedenstellend. | 0,7811 | 0,512 | 15,365 |
| Informationen zum Konstrukt **„Qualität des Führungszyklus"** | | | |
| Cronbach'sches Alpha: | 0,8885 | Erklärte Varianz: | 0,75 |
| Chi-Quadrat-Wert (Freiheitsgrade): | 1,5880 (2) | RMSEA: | 0,00 |
| GFI: | 1,00 | AGFI: | 0,99 |
| CFI: | 1,00 | TLI: | 1,00 |
| Faktorreliabilität: | 0,89 | DEV: | 0,67 |

Tabelle 15: Informationen zum Konstrukt „Qualität des Führungszyklus"

---

[1024] Vgl. z. B. Spillecke (2006:164 f.), Sandt (2004:193), Reitmeyer (1999:77), Spieker (2004:197), Hauschildt et al. (1983:220 f.), Amason (1996:133). Ergebnisse aus dem Bereich Unternehmenserfolg zeigen zudem, dass subjektive und objektive Maßstäbe stark korrelieren. Vgl. Dess/ Robinson (1984:268 ff.), Venkatraman/ Ramanujam (1986:801 ff.).

### 6.1.10 Unternehmenserfolg

Als Dimensionen des Unternehmenserfolgs wurden der Dreiteilung von RUEKERT/ WALKER/ ROERING folgend die Anpassungsfähigkeit, der Markterfolg und der wirtschaftliche Erfolg des Unternehmens herausgearbeitet. Bei der Operationalisierung der drei Konstrukte wurde auf in der Forschung schon mehrfach verwendete Messmodelle zurückgegriffen.

Da bei der Erhebung objektiver Erfolgsgrößen wie Umsatz oder Gewinn die Antwortbereitschaft der Befragten häufig gering ist,[1025] greift die vorliegende Arbeit auf eine subjektive Erfolgsbewertung der befragten Personen zurück. In empirischen Untersuchungen konnte zudem eine hohe Korrelation zwischen objektiven und subjektiven Erfolgsmaßen belegt werden, da die unterschiedlichen Messmethoden zu sehr ähnlichen Ergebnissen führten.[1026]

So wurden die Indikatoren des Konstruktes „Anpassungsfähigkeit" nahezu unverändert aus den Arbeiten von BAUER bzw. SPILLECKE übernommen.[1027] Ein Indikator wurde aufgrund zu niedriger Corrected Item-to-Total-Korrelation eliminiert. Die Gütekriterien bescheinigen der Messung eine hohe Reliabilität und Validität (vgl. Tabelle 16).

| Informationen zu den einzelnen Indikatoren des Konstruktes **„Anpassungsfähigkeit des Unternehmens"** | | | |
|---|---|---|---|
| Bezeichnung des Indikators | Corrected Item-to-Total-Korrelation | Indikator-reliabilität | t-Wert der Faktorla-dung |
| Hohe Anpassungsfähigkeit/ Flexibilität der Organisation | Eliminiert | | |
| Schnelle Anpassung der Produkte an neue Kundenbedürfnisse | 0,6576 | 0,514 | - |
| Schnelle Reaktion auf neue Entwicklungen am Markt | 0,8100 | 0,968 | 13,155 |
| Schnelle Nutzung neuer Marktchancen | 0,6600 | 0,512 | 12,989 |

1025 Vgl. Sandt (2004:189 f.).

1026 Vgl. Dess/ Robinson (1984:270), Venkatraman/ Ramanujam (1986:801 ff.); Hart/ Banbury (1994:258 ff.), Robinson/ Pearce (1988:49 ff.).

1027 Vgl. Bauer (2002:223); Spillecke (2006:167). Vgl. auch Sandt (2004:192), Schäffer/ Willauer (2003:38).

| Informationen zum Konstrukt **„Anpassungsfähigkeit des Unternehmens“** | | | |
|---|---|---|---|
| Cronbach'sches Alpha: | 0,8419 | Erklärte Varianz: | 0,76 |
| Chi-Quadrat-Wert (Freiheitsgrade): | -* | RMSEA: | -* |
| GFI: | -* | AGFI: | -* |
| CFI: | -* | TLI: | -* |
| Faktorreliabilität: | 0,85 | DEV: | 0,66 |
| *Bei drei Indikatoren hat ein konfirmatorisches Modell keine Freiheitsgrade. Eine Berechnung dieser Maße ist daher nicht sinnvoll. | | | |

Tabelle 16: Informationen zum Konstrukt: „Anpassungsfähigkeit des Unternehmens“

Markterfolg resultiert in der Erzielung einer hohen Kundenzufriedenheit, eines hohen Kundennutzens bzw. Kundenwerts und einer starken Kundenbindung. Zudem werden auch übergreifende Indikatoren wie Wachstum und Marktanteil herangezogen.[1028]

Bei der explorativen Faktoranalyse ergab sich ein zweifaktorielles Konstrukt des Markterfolgs. Deshalb wurde das Konstrukt in die Dimensionen kundenbezogener und marktbezogener Erfolg zerlegt.

Bei der Operationalisierung des kundenbezogenen Erfolgs wurde ebenfalls auf ein bereits existierendes Messmodell zurückgegriffen werden.[1029] Es wurde lediglich ein Indikator ergänzt (Schaffung von Kundenwert). Das Fünf-Indikatoren-Modell konnte jedoch die erforderlichen Gütekriterien nicht erfüllen. Deswegen wurden zwei Indikatoren eliminiert. Für das Drei-Indikatoren-Modell ergaben sich im zweiten Schritt sehr positive Gütekriterien.

---

[1028] Vgl. für ein ähnliches Konstrukt auch Kotabe (1990:24 ff.).

[1029] Vgl. Spillecke (2006:168).

| Informationen zu den einzelnen Indikatoren des Konstruktes **„Kundenbezogener Erfolg des Unternehmens“** | | | |
|---|---|---|---|
| Bezeichnung des Indikators | Corrected Item-to-Total-Korrelation | Indikator-reliabilität | t-Wert der Faktorla-dung |
| Erzielung von hoher Kundenzufriedenheit | 0,6229 | 0,590 | - |
| Erzielung eines hohen Nutzens für die Kunden | Eliminiert | | |
| Schaffung von Wert für die Kunden | Eliminiert | | |
| Bindung bestehender Kunden | 0,5584 | 0,432 | 9,481 |
| Aufbau eines positiven Geschäftsimages | 0,6041 | 0,545 | 9,675 |
| Informationen zum Konstrukt **„Kundenbezogener Erfolg des Unternehmens“** | | | |
| Cronbach'sches Alpha: | 0,7617 | Erklärte Varianz: | 0,68 |
| Chi-Quadrat-Wert (Freiheitsgrade): | -* | RMSEA: | -* |
| GFI: | -* | AGFI: | -* |
| CFI: | -* | TLI: | -* |
| Faktorreliabilität: | 0,76 | DEV: | 0,52 |
| *Bei drei Indikatoren hat ein konfirmatorisches Modell keine Freiheitsgrade. Eine Berechnung dieser Maße ist daher nicht sinnvoll. | | | |

Tabelle 17: Informationen zum Konstrukt „Kundenbezogener Erfolg des Unternehmens“

Die Gütekriterien für das Konstrukt „Marktbezogener Erfolg des Unternehmens“ sind Tabelle 18 zu entnehmen. Sowohl die erklärte Varianz als auch das Cronbach'sche Alpha weisen gute Werte auf.

| Informationen zu den einzelnen Indikatoren des Konstruktes **„Marktbezogener Erfolg des Unternehmens“** | | | |
|---|---|---|---|
| Bezeichnung des Indikators | Corrected Item-to-Total-Korrelation | Indikator-reliabilität | t-Wert der Faktorla-dung |
| Erreichung des angestrebten Wachstums | 0,7708 | 0,590 | - |
| Erreichung des angestrebten Marktanteils | 0,7708 | 0,432 | 9,481 |

| Informationen zum Konstrukt **„Marktbezogener Erfolg des Unternehmens"** | | | |
|---|---|---|---|
| Cronbach'sches Alpha: | 0,8706 | Erklärte Varianz: | 0,89 |
| Chi-Quadrat-Wert (Freiheitsgrade): | -* | RMSEA: | -* |
| GFI: | -* | AGFI: | -* |
| CFI: | -* | TLI: | -* |
| Faktorreliabilität: | -* | DEV: | -* |
| *Zur Durchführung einer konfirmatorischen Faktorenanalyse ist eine Mindestzahl von drei Indikatoren notwendig. Eine Berechnung dieser Maße ist daher nicht möglich. | | | |

Tabelle 18: Informationen zum Konstrukt „Marktbezogener Erfolg des Unternehmens"

Die Operationalisierung des Konstruktes „Wirtschaftlicher Erfolg des Unternehmens" orientiert sich an dem von SPILLECKE verwendeten Messmodell.[1030] Die Befragung basiert auf der subjektiven Bewertung des Niveaus und der Entwicklung der Umsatzrendite im Vergleich zu den Wettbewerbern (vgl. Tabelle 19).[1031]

| Informationen zu den einzelnen Indikatoren des Konstruktes **„Wirtschaftlicher Erfolg des Unternehmens"** | | | |
|---|---|---|---|
| Bezeichnung des Indikators | Corrected Item-to-Total-Korrelation | Indikatorreliabilität | t-Wert der Faktorladung |
| Unsere Umsatzrendite war im letzten Geschäftsjahr im Vergleich zu unseren Wettbewerbern... | 0,8157 | 0,757 | - |
| Unsere Umsatzrendite war im Durchschnitt der letzten drei Geschäftsjahre im Vergleich zu unseren Wettbewerbern... | 0,8541 | 0,867 | 22,013 |
| Die Entwicklung unserer Umsatzrendite war in den letzten drei Jahren im Vergleich zu der unserer Wettbewerber... | 0,7889 | 0,694 | 19,416 |

1030 Vgl. Spillecke (2006:169).

1031 Vgl. auch Burke (1984:352), der die „relative competitive strength" misst.

| Informationen zum Konstrukt **„Wirtschaftlicher Erfolg des Unternehmens"** | | | |
|---|---|---|---|
| Cronbach'sches Alpha: | 0,9097 | Erklärte Varianz: | 0,85 |
| Chi-Quadrat-Wert (Freiheitsgrade): | -* | RMSEA: | -* |
| GFI: | -* | AGFI: | -* |
| CFI: | -* | TLI: | -* |
| Faktorreliabilität: | 0,91 | DEV: | 0,78 |
| *Bei drei Indikatoren hat ein konfirmatorisches Modell keine Freiheitsgrade. Eine Berechnung dieser Maße ist daher nicht sinnvoll. | | | |

Tabelle 19: Informationen zum Konstrukt „Wirtschaftlicher Erfolg des Unternehmens"

## 6.1.11 Beurteilung der Diskriminanzvalidität der Faktoren

Um ein abschließendes Urteil über die Validität der Messmodelle zu treffen, muss überprüft werden, ob die Variablen untereinander diskriminant sind. Messungen können dann als diskriminant bezeichnet werden, wenn sich die Konstrukte klar voneinander abgrenzen lassen, die Indikatoren eines Konstruktes also untereinander eine stärkere Assoziation aufweisen als die Indikatoren unterschiedlicher Konstrukte.[1032] Tabelle 20 gibt zunächst eine Übersicht über alle in dieser Arbeit vorkommenden Konstruktmessungen.

| **Bezeichnung des Konstruktes** | **Anzahl der Indikatoren** | **Faktorreliabilität** | **Durchschnittlich erfasste Varianz (DEV)** |
|---|---|---|---|
| 1. Wissen des Bankmitarbeiters | 3 | 0,83 | 0,62 |
| 2. Interesse der Bank an der Geschäftsbeziehung | 3 | 0,82 | 0,60 |
| 3. Wohlwollen der Bank | 3 | 0,88 | 0,72 |
| 4. Kommunikation | 4 | 0,85 | 0,58 |
| 5. Macht der Bank | 4 | -* | -* |
| 6. Einstellung des Unternehmens gegenüber der Rationalitätssicherung | 4 | 0,88 | 0,65 |
| 7. Problemanregung | 4 | 0,86 | 0,61 |
| 8. Argumentation | 5 | 0,90 | 0,64 |
| 9. Qualität des Führungszyklus | 4 | 0,89 | 0,67 |
| 10. Anpassungsfähigkeit | 3 | 0,85 | 0,66 |
| 11. Kundenerfolg | 3 | 0,76 | 0,52 |

1032 Vgl. Kapitel 5.

| | | | |
|---|---|---|---|
| 12. Markterfolg | 2 | -** | 0,70 |
| 13. Wirtschaftlicher Erfolg | 3 | 0,91 | 0,78 |
| * Eine Berechnung dieser Maße ist für formative Indikatoren nicht möglich/ nicht sinnvoll.<br>** Zur Durchführung einer konfirmatorischen Faktorenanalyse ist eine Mindestzahl von drei Indikatoren erforderlich. Eine Berechnung dieser Maße ist daher nicht möglich. | | | |

Tabelle 20: Übersicht über die Messmodelle

Zur Beurteilung wird das Fornell-Larcker-Kriterium herangezogen.[1033] Danach liegt Diskriminanzvalidität vor, wenn die durchschnittlich erfasste Varianz eines Faktors größer ist als die quadrierte Korrelation des Faktors mit allen anderen Faktoren.

| Faktor | | 1 | 2 | 3 | 4 | 5 | 6 | 7 | 8 | 9 | 10 | 11 | 12 | 13 |
|---|---|---|---|---|---|---|---|---|---|---|---|---|---|---|
| | DEV | **0,62** | **0,60** | **0,72** | **0,58** | -* | **0,65** | **0,61** | **0,64** | **0,67** | **0,66** | **0,52** | **0,70** | **0,78** |
| **1** | **0,62** | - | | | | | | | | | | | | |
| **2** | **0,60** | 0,14 | - | | | | | | | | | | | |
| **3** | **0,72** | 0,33 | 0,39 | - | | | | | | | | | | |
| **4** | **0,58** | 0,21 | 0,06 | 0,13 | - | | | | | | | | | |
| **5** | -* | 0,00 | 0,14 | 0,02 | 0,02 | - | | | | | | | | |
| **6** | **0,65** | 0,10 | 0,00 | 0,05 | 0,15 | 0,07 | - | | | | | | | |
| **7** | **0,61** | 0,19 | 0,01 | 0,15 | 0,22 | 0,07 | 0,23 | - | | | | | | |
| **8** | **0,64** | 0,14 | 0,00 | 0,04 | 0,17 | 0,07 | 0,14 | 0,27 | - | | | | | |
| **9** | **0,67** | 0,08 | 0,07 | 0,06 | 0,02 | 0,07 | 0,00 | 0,00 | 0,01 | - | | | | |
| **10** | **0,66** | 0,08 | 0,03 | 0,05 | 0,01 | 0,02 | 0,02 | 0,01 | 0,04 | 0,18 | - | | | |
| **11** | **0,52** | 0,06 | 0,06 | 0,04 | 0,02 | 0,05 | 0,00 | 0,00 | 0,02 | 0,22 | 0,18 | - | | |
| **12** | **0,70** | 0,04 | 0,03 | 0,03 | 0,03 | 0,04 | 0,00 | 0,00 | 0,02 | 0,21 | 0,16 | 0,25 | - | |
| **13** | **0,78** | 0,01 | 0,06 | 0,05 | 0,00 | 0,11 | 0,00 | 0,00 | 0,01 | 0,09 | 0,10 | 0,09 | 0,15 | - |
| * Eine Berechnung dieses Maßes ist für formative Indikatoren nicht möglich/ nicht sinnvoll. | | | | | | | | | | | | | | |

Tabelle 21: Beurteilung der Diskriminanzvalidität

Die Beurteilung der Diskriminanzvalidität erfolgt anhand der Übersicht in Tabelle 21,[1034] die die durchschnittlich erfassten Varianzen (DEV, in Fettdruck) den quadrierten Korrelationen der jeweiligen Faktoren gegenüberstellt. Da die DEV der Faktoren in allen Fällen die quadrierte Korrelation der Faktoren untereinander übersteigen, ist das Fornell-Larcker-Kriterium im vorliegenden Fall erfüllt. Es kann daher von Diskriminanzvalidität ausgegangen werden.

---

[1033] Vgl. Fornell/ Larcker (1981:39 ff.).

[1034] Die Bezeichnung des jeweiligen Faktors kann Tabelle 20 entnommen werden.

Die Ergebnisse der Konstruktmessungen zeigen, dass reliable und valide Messungen der Konstrukte gegeben sind. Im Folgenden werden die Ergebnisse der Dependenzanalysen und somit der Hypothesenprüfung dargestellt.

## 6.2 Ergebnisse der Hypothesenprüfung

Im Folgenden werden die in Kapitel 4.3 aufgestellten Hypothesen einer empirischen Überprüfung unterzogen. Für die Dependenzanalyse kommt, wie in Kapitel 5.3.3 beschrieben, das Partial-Least-Squares-Verfahren zur Anwendung. Zunächst werden die Einflussfaktoren der Rationalitätssicherung einer empirischen Überprüfung unterzogen. Im nächsten Schritt werden ihre Auswirkungen analysiert, gefolgt von den moderierenden Analysen.

### 6.2.1 Empirische Überprüfung der Einflussfaktoren der Rationalitätssicherung

Als Einflussfaktoren der Rationalitätssicherung wurden in Kapitel 4.1 sechs Variablen identifiziert. Die Messmodelle der Einflussfaktoren Wissen des Bankmitarbeiters, Interesse der Bank an der Geschäftsbeziehung, Wohlwollen der Bank, Kommunikation zwischen Bank und Unternehmen, Macht der Bank und Einstellung des Unternehmens gegenüber der Rationalitätssicherung wurden in Kapitel 6.1 einer Gütebeurteilung unterzogen und erwiesen sich, ebenso wie die beiden Variablen der Rationalitätssicherung „Problemanregung“ und „Argumentation“ als variable und reliable Messungen der zugrundeliegenden theoretischen Konstrukte (vgl. Kapitel 6.1).

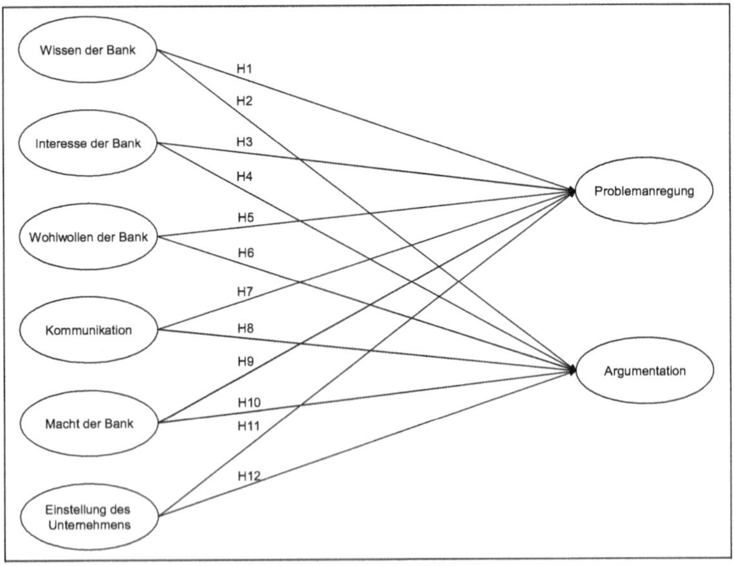


Abbildung 26: Strukturgleichungsmodell „Einflussfaktoren der Rationalitätssicherung“

Einen Überblick über das Strukturgleichungsmodell der Einflussfaktoren gibt Abbildung 26.

Eine positive Wirkungsbeziehung zwischen dem Wissen des Bankmitarbeiters und der Problemanregung unterstellt Hypothese H1. Der Pfadkoeffizient zwischen dem Wissen und der Problemanregung von 0,134 ist auf dem 1%-Niveau signifikant. Die positive Wirkungsbeziehung zwischen dem Wissen des Bankmitarbeiters und der Argumentation, die durch Hypothese H2 unterstellt wird, bestätigt der Pfadkoeffizient von 0,209, der ebenfalls auf dem 1%-Niveau signifikant ist.

Bezüglich der Hypothesen H3 und H4, die eine positive Wirkungsbeziehung zwischen dem Interesse der Bank und der Problemanregung bzw. Argumentation unterstellen, ergeben sich abweichende Ergebnisse. Sowohl Hypothese H3 als auch Hypothese H4 unterstellten eine positive Wirkungsbeziehung zwischen dem Interesse der Bank an der Geschäftsbeziehung und der Problemanregung (H3) und der Argumentation (H4). Der Pfadkoeffizient, der Hypothese H3 abbildet, weist jedoch einen Wert von -0,084 auf (signifikant auf dem 10%-Niveau). Der zweite Pfadkoeffizient, der die Wirkung des Interesses auf die Argumentation beschreibt, hat einen Wert von -0,189 und ist auf dem 1%-Niveau signifikant. Sowohl Hypothese H3 als auch Hypothese H4 müssen demnach abgelehnt werden.

Die Hypothesen H5 und H6, die eine positive Wirkung des Wohlwollens der Bank auf die beiden Rationalitätssicherungskonstrukte unterstellen, können aufgrund der Ergebnisse bei der Prüfung des Strukturmodells angenommen werden. Der Pfadkoeffizient, der die Wirkung des Wohlwollens auf die Problemanregung (H5) beschreibt, liegt bei 0,238 und ist auf dem 1%-Niveau signifikant. Auf dem 10%-Niveau signifikant ist dagegen der Pfadkoeffizient von 0,089, der die Wirkung des Wohlwollens auf die Argumentation beschreibt.

Eine positive Wirkungsbeziehung zwischen der Kommunikation und der Problemanregung (H7) und der Argumentation (H8) kann ebenfalls durch die vorliegenden Ergebnisse bestätigt werden. H7 wird durch den Pfadkoeffizienten von 0,220, der sich auf dem 1%-Niveau als signifikant erweist, gestützt. Der Pfadkoeffizient, der H8 beschreibt, beträgt 0,257 und ist ebenfalls auf dem 1%-Niveau signifikant.

Die Hypothesen H9 und H10 unterstellen eine positive Wirkungsbeziehung zwischen der Macht der Bank und den Variablen Problemanregung und Argumentation. Der Pfadkoeffizient von 0,183, der auf dem 1%-Niveau signifikant ist, kann die Hypothese H9 stützen. Ebenso kann die Hypothese H10 angenommen werden: Der Pfadkoeffizient von 0,152 ist ebenfalls auf dem 1%-Niveau signifikant.

Bei der Untersuchung, wie sich die Einstellung des Unternehmens auf die Rationalitätssicherung auswirkt, kann die positive Wirkung der Einstellung sowohl auf die Problemanregung (H11) als auch auf die Argumentation (H12) bestätigt werden. Es ergeben sich Pfadkoeffizienten von 0,246 (Wirkung auf Problemanregung) und 0,144 (Wirkung auf die Argumentation), die jeweils auf dem 1%-Niveau signifikant sind.

Das $R^2$ für das Konstrukt Problemanregung beträgt 0,418, während sich das $R^2$ für die Argumentation auf 0,308 beläuft. Einen Überblick über die Ergebnisse der Prüfung des Strukturmodells „Einflussfaktoren der Rationalitätssicherung" bietet Tabelle 22.

| **Informationen zum Strukturmodell „Einflussfaktoren der Rationalitätssicherung"** | | | | | | |
|---|---|---|---|---|---|---|
| Hyp. Nr. | Bezeichnung der Wirkungsbeziehung | Ursprüngliche Schätzwerte | Mittelwert der erzeugten Fälle | Standardabweichung | t-Werte | Effektgröße ($f^2$) |
| H1 | Wissen des Bankmitarbeiters -> Problemanregung | 0,134 | 0,137 | 0,049 | 2,744 | 0,01 |
| H2 | Wissen des Bankmitarbeiters -> Argumentation | 0,209 | 0,215 | 0,064 | 3,281 | 0,02 |
| H3 | Interesse der Bank -> Problemanregung | -0,084 | -0,073 | 0,053 | 1,576 | 0,00 |
| H4 | Interesse der Bank -> Argumentation | -0,189 | -0,185 | 0,066 | 2,884 | 0,01 |
| H5 | Wohlwollen der Bank -> Problemanregung | 0,238 | 0,232 | 0,061 | 3,893 | 0,03 |
| H6 | Wohlwollen der Bank -> Argumentation | 0,089 | 0,085 | 0,068 | 1,309 | 0,01 |
| H7 | Kommunikation -> Problemanregung | 0,220 | 0,221 | 0,049 | 4,514 | 0,03 |
| H8 | Kommunikation -> Argumentation | 0,257 | 0,253 | 0,055 | 4,685 | 0,03 |
| H9 | Macht der Bank -> Problemanregung | 0,183 | 0,183 | 0,043 | 4,213 | 0,03 |
| H10 | Macht der Bank -> Argumentation | 0,152 | 0,154 | 0,048 | 3,031 | 0,01 |

| | | | | | | |
|---|---|---|---|---|---|---|
| H11 | Einstellung des Unternehmens gegenüber der Rationalitätssicherung -> Problemanregung | 0,246 | 0,249 | 0,046 | 5,301 | 0,04 |
| H12 | Einstellung des Unternehmens gegenüber der Rationalitätssicherung -> Argumentation | 0,144 | 0,150 | 0,053 | 2,713 | 0,01 |

Tabelle 22: Informationen zum Strukturmodell „Einflussfaktoren der Rationalitätssicherung“

Zusammenfassend kann zu den Einflussfaktoren der Rationalitätssicherung festgehalten werden: Die Hypothesen H1 und H2 sowie die Hypothesen H5 bis H12 bestätigen sich. Lediglich die Hypothesen H3 und H4, die eine Wirkung des Interesses der Bank an der Geschäftsbeziehung auf die Rationalitätssicherungskonstrukte unterstellen, sind aufgrund der Richtung der Pfadkoeffizienten abzulehnen.

In Kapitel 5.3.3 wurde die Effektgröße $f^2$ als Gütemaß für die Beurteilung der Wirkungsstärke einer Variable vorgestellt. Ein Einfluss liegt bei $f^2 > 0$ vor.[1035] Dies ist in der überwiegenden Zahl der Fälle gegeben. Die Hypothesen, die von den Ergebnissen der Prüfung der Pfadkoeffizienten und der Signifikanzniveaus gestützt werden (H1, H2 sowie H5 bis H12), weisen allesamt einen Wert von $f^2 > 0$ auf. Die Beurteilung der Effektgröße stützt somit das Ergebnis der Hypothesenprüfung anhand der Stärke der Pfadkoeffizienten sowie der Signifikanzniveaus.[1036]

### 6.2.2 Empirische Überprüfung der Auswirkungen der Rationalitätssicherung

In Kapitel 4.3 wurden die Hypothesen abgeleitet, dass die Konstrukte „Problemanregung“ und „Argumentation“ Auswirkungen auf die Qualität des Führungszyklus haben. Im nächsten Schritt wurde eine Wirkung zwischen der Qualität des Führungszyklus und dem viergliedrigen Erfolgskonstrukt unterstellt. Alle dargestellten Konstrukte wurden in Kapitel 6.1 einer Gütebeurteilung unterzogen und erwiesen sich als variable und reliable Messungen der zugrundeliegenden theoretischen Konstrukte. Einen Überblick über das mit PLS analysierte Strukturgleichungsmodell der Auswirkungen der Rationalitätssicherung gibt Abbildung 27.

---

[1035] Vgl. Chin (1998:317), Götz/ Liehr-Gobbers (2004b:25).

[1036] Der Pfadkoeffizient, der Hypothese H4 abbildet, weist ebenfalls $f^2 > 0$ auf. Diese Hypothese ist deshalb nicht aufgrund zu geringer Größe oder mangelnden Signifikanzniveaus abzulehnen, sondern aufgrund der unterstellten Wirkungsrichtung des Pfadkoeffizienten.

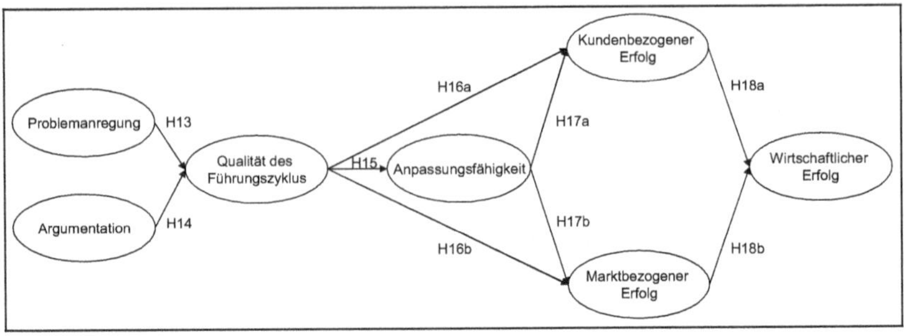


Abbildung 27: Strukturgleichungsmodell „Auswirkungen der Rationalitätssicherung“

Hypothese H13 unterstellt eine positive Wirkung der Problemanregung auf die Qualität des Führungszyklus. Der Pfadkoeffizient von -0,213 ist jedoch nicht signifikant, so dass H13 verworfen werden muss. Die Problemanregung hat demnach keine Wirkung auf die Qualität des Führungszyklus.

Dagegen kann Hypothese H14 angenommen werden. Der Pfadkoeffizient von 0,179 ist auf dem 5%-Niveau signifikant. Die Argumentation hat damit eine positive Wirkung auf die Qualität des Führungszyklus.

H15, H16a und H16b, die eine positive Wirkung der Qualität des Führungszyklus auf einzelne Komponenten des Unternehmenserfolges unterstellen, können gestützt werden. Alle drei Pfadkoeffizienten sind auf dem 1%-Niveau signifikant.

Auf dem 1%-Niveau signifikant sind auch diejenigen Pfadkoeffizienten, die die Wirkung der Erfolgskomponenten untereinander abbilden. So kann die Wirkung der Anpassungsfähigkeit auf den kunden- und marktbezogenen Erfolg ebenso bestätigt werden wie die Wirkung des kunden- und marktbezogenen Erfolgs auf den wirtschaftlichen Erfolg. Die Hypothesen H17a und b sowie H18a und b können demnach angenommen werden.

Zusammenfassend kann festgehalten werden, dass die Hypothesen H14 sowie H15 bis H18 aufgrund der vorliegenden Ergebnisse angenommen werden können. Auch die Beurteilung der Effektgröße $f^2$ stützt dieses Ergebnis. Lediglich H13 ist aufgrund der fehlenden Signifikanz des Pfadkoeffizienten abzulehnen. Eine Übersicht über die Ergebnisse der Prüfung des Strukturmodells bietet Tabelle 23.

Das $R^2$ für das Konstrukt „Qualität des Führungszyklus“ beläuft sich auf 0,05; für die Anpassungsfähigkeit ergibt sich ein Wert von 0,178. Das Konstrukt „Kundenbezogener Erfolg“ hat ein Bestimmtheitsmaß von 0,279, das Konstrukt „Marktbezogener Erfolg“ einen Wert von 0,262 und für den wirtschaftlichen Erfolg beträgt der Wert 0,166.

| **Informationen zum Strukturmodell „Auswirkungen der Rationalitätssicherung“** | | | | | | |
|---|---|---|---|---|---|---|
| Hyp. Nr. | Bezeichnung der Wirkungsbeziehung | Ursprüngliche Schätzwerte | Mittelwert der erzeugten Fälle | Standardabweichung | t-Werte | Effektgröße ($f^2$) |
| H13 | Problemanregung -> Qualität des Führungszyklus | -0,213 | -0,087 | 0,186 | 1,145 | 0,04 |
| H14 | Argumentation -> Qualität des Führungszyklus | 0,179 | 0,145 | 0,089 | 2,008 | 0,03 |
| H15 | Qualität des Führungszyklus -> Anpassungsfähigkeit | 0,422 | 0,427 | 0,046 | 9,184 | 0,22 |
| H16 a | Qualität des Führungszyklus -> Kundenbezogener Erfolg | 0,355 | 0,355 | 0,054 | 6,569 | 0,14 |
| H16 b | Qualität des Führungszyklus -> Marktbezogener Erfolg | 0,359 | 0,358 | 0,058 | 6,189 | 0,08 |
| H17 a | Anpassungsfähigkeit -> Kundenbezogener Erfolg | 0,269 | 0,271 | 0,072 | 3,760 | 0,14 |
| H17 b | Anpassungsfähigkeit -> Marktbezogener Erfolg | 0,244 | 0,245 | 0,055 | 4,461 | 0,06 |
| H18 a | Kundenbezogener Erfolg -> Wirtschaftlicher Erfolg | 0,154 | 0,161 | 0,064 | 2,385 | 0,02 |
| H18 b | Marktbezogener Erfolg -> Wirtschaftlicher Erfolg | 0,309 | 0,304 | 0,055 | 5,579 | 0,09 |

Tabelle 23: Informationen zum Strukturmodell „Auswirkungen der Rationalitätssicherung“

### 6.2.3 Empirische Überprüfung der moderierenden Faktoren

In den folgenden Abschnitten wird der moderierende Einfluss der Macht der Bank sowie der Einstellung des Unternehmens gegenüber der Rationalitätssicherung analysiert. Wie in Kapitel 5.3.3.4 erläutert, wird hierzu das Verfahren des Gruppenvergleichs verwendet, das in zwei Schritten abläuft. Zunächst wird die Stichprobe anhand der moderierenden Variablen in mehrere Gruppen aufgeteilt. Für die Aufteilung werden die Mediane der jeweiligen moderierenden Konstrukte verwendet und die Messmodelle der einzelnen Gruppen hinsichtlich ihrer Güte beurteilt. Im zweiten Schritt erfolgen die Beurteilung und der Vergleich der Strukturmodelle.

#### 6.2.3.1 Gruppenbildung und Beurteilung der Messmodelle

Als Grundlage für die Aufteilung der Stichprobe dienen die Mediane der Konstrukte „Macht der Bank" und „Einstellung des Unternehmens gegenüber der Rationalitätssicherung durch die Bank". Abbildung 28 führt die Bezeichnungen für die vier Gruppen ein und stellt die Stichprobengröße je Gruppe dar.

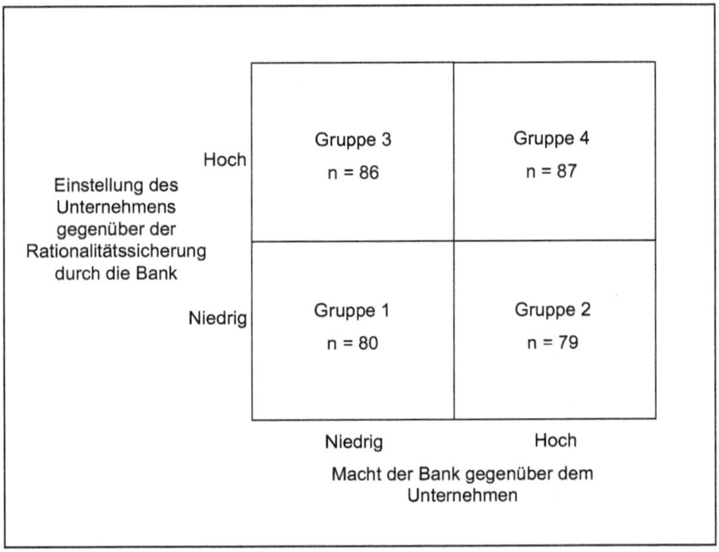


Abbildung 28: Bezeichnung und Stichprobengröße der vier Gruppen

Die Anzahl der Unternehmen je Gruppe liegt zwischen 80 und 87. Somit ist die Anforderung, dass sich die Gruppengröße maximal um den Faktor 1,5 unterscheidet, erfüllt.[1037]

---

[1037] Vgl. 5.3.3.4 und Stevens (1996:249).

Vor dem Viergruppenvergleich ist jedoch zunächst die Betrachtung der Messmodelle erforderlich. „Before doing any multi-group comparisons, it is always important to first establish that the measures perform adequately in [the] data samples."[1038] Die Beurteilung der Messmodelle der relevanten Konstrukte in den vier Gruppen erfolgt anhand der in Kapitel 5.3.2.2 vorgestellten Gütekriterien.[1039] Tabelle 24 zeigt exemplarisch die Gütekriterien Cronbach'sches Alpha (CA), Faktorreliabilität (FR) und durchschnittlich erfasste Varianz (DEV) für die Konstrukte Problemanregung, Argumentation und Qualität des Führungszyklus auf. Es zeigt sich, dass die Gütekriterien allesamt über den in Kapitel 5.3.2.2 geforderten Grenzwerten liegen.

| Konstrukte | Gruppe 1 | Gruppe 2 | Gruppe 3 | Gruppe 4 |
|---|---|---|---|---|
| Problemanregung | CA: 0,78<br>FR: 0,78<br>DEV: 0,58 | CA: 0,75<br>FR: 0,72<br>DEV: 0,50 | CA: 0,80<br>FR: 0,81<br>DEV: 0,59 | CA: 0,81<br>FR: 0,81<br>DEV: 0,60 |
| Argumentation | CA: 0,83<br>FR: 0,84<br>DEV: 0,65 | CA: 0,92<br>FR: 0,87<br>DEV: 0,57 | CA: 0,89<br>FR: 0,87<br>DEV: 0,58 | CA: 0,88<br>FR: 0,88<br>DEV: 0,60 |
| Qualität des Führungszyklus | CA: 0,92<br>FR: 0,92<br>DEV: 0,71 | CA: 0,90<br>FR: 0,89<br>DEV: 0,68 | CA: 0,87<br>FR: 0,85<br>DEV: 0,59 | CA: 0,89<br>FR:0,90<br>DEV: 0,69 |

Tabelle 24: Gütekriterien der Konstrukte Problemanregung, Argumentation und Qualität des Führungszyklus in den vier Gruppen

Zudem ergab die Überprüfung der Diskriminanzvalidität der Konstrukte innerhalb der jeweiligen Gruppen anhand des Fornell-Larcker-Kriteriums ein positives Ergebnis: Die quadrierte Korrelation der Konstrukte lag in jeder Gruppe unter dem Wert der durchschnittlich erfassten Varianz. Somit sind für jede Gruppe reliable und valide Messungen der Konstrukte gegeben.

### 6.2.3.2 Vergleich der Strukturmodelle und Überprüfung der Hypothesen.

Der Vergleich der vier Strukturmodelle erfolgt anhand der Höhe und Signifikanz der Pfadkoeffizienten. Zusätzlich wird die Signifikanz ihrer Unterschiede ermittelt.

---

[1038] Dibbern/ Chin (2005:148).

[1039] Die Spezifikation der bereits verwendeten Messmodelle veränderte sich im Vergleich zum unmoderierten Fall nur leicht. Auf eine erneute detaillierte Darstellung der Messmodelle wird daher verzichtet. Bei der Beurteilung der Messmodelle wurden ferner die Indikatorreliabilität und GFI, AGFI, CLI, TLI sowie RMSEA berücksichtigt. Es ergaben sich für alle drei Messmodelle in den vier Gruppen zufriedenstellende Gütekriterien.

| **Informationen zum Strukturmodell „Auswirkungen der Rationalitätssicherung" (moderierter Fall)** | | | | | |
|---|---|---|---|---|---|
| Gruppe Nr. | Bezeichnung der Wirkungsbeziehung | Ursprüngliche Schätzwerte | Mittelwert der erzeugten Fälle | Standardabweichung | t-Werte |
| G1 | Problemanregung -> Qualität des Führungszyklus | -0,117 | -0,038 | 0,125 | 0,934 |
| | Argumentation -> Qualität des Führungszyklus | 0,135 | 0,128 | 0,111 | 1,213 |
| G2 | Problemanregung -> Qualität des Führungszyklus | 0,001 | -0,004 | 0,085 | 0,017 |
| | Argumentation -> Qualität des Führungszyklus | 0,147 | 0,069 | 0,174 | 0,845 |
| G3 | Problemanregung -> Qualität des Führungszyklus | -0,012 | -0,002 | 0,084 | 0,147 |
| | Argumentation -> Qualität des Führungszyklus | 0,241 | 0,237 | 0,061 | 3,913 |
| G4 | Problemanregung -> Qualität des Führungszyklus | 0,170 | 0,175 | 0,04 | 4,254 |
| | Argumentation -> Qualität des Führungszyklus | 0,291 | 0,293 | 0,043 | 6,789 |

Tabelle 25: Informationen zum Strukturmodell „Auswirkungen der Rationalitätssicherung" (moderierter Fall)

Einen Überblick über die Ergebnisse der Prüfung des Strukturmodells im moderierten Falle gibt Tabelle 25.

In Gruppe G1 üben weder die Problemanregung noch die Argumentation eine signifikante Wirkung auf die Qualität des Führungszyklus aus. Beide Pfadkoeffizienten erweisen sich auf dem 10%-Niveau als nicht mehr signifikant. Das $R^2$ des Konstruktes „Qualität des Führungszyklus" beträgt in dieser Gruppe 0,03.

Ein ähnliches Ergebnis zeigt sich in Gruppe G2. Auch hier sind die Pfadkoeffizienten der Problemanregung sowie der Argumentation als Abbild der Wirkung auf die Qualität des Führungszyklus, auf dem 10%-Niveau nicht mehr signifikant. Das $R^2$ des exogenen Konstruktes ist in Gruppe 2 mit 0,02 niedriger als in Gruppe 1.

Für Gruppe G3 kann für die Problemanregung keine signifikante Wirkung (auf dem 10%-Niveau) auf die Qualität des Führungszyklus bestätigt werden. Die Wirkung der Argumentation kann jedoch mit einem Pfadkoeffizienten von 0,241, der auf 1%-Niveau signifikant ist, bestätigt werden. In dieser Gruppe ergibt sich ein Bestimmtheitsmaß von 0,05.

Sowohl für die Problemanregung als auch für die Argumentation ergeben sich in Gruppe G4 positive Wirkungen auf die Qualität des Führungszyklus. Der Pfadkoeffizient der Problemanregung auf die Qualität des Führungszyklus beträgt 0,170 und ist auf dem 1%-Niveau signifikant. Ebenfalls auf dem 1%-Niveau als signifikant erweist sich der Pfadkoeffizient von 0,291, der die Wirkung der Argumentation auf die Qualität des Führungszyklus abbildet. Das Bestimmtheitsmaß für Gruppe 4 beläuft sich auf 0,15. Abbildung 29 stellt die Ergebnisse der vier Gruppen einander gegenüber.

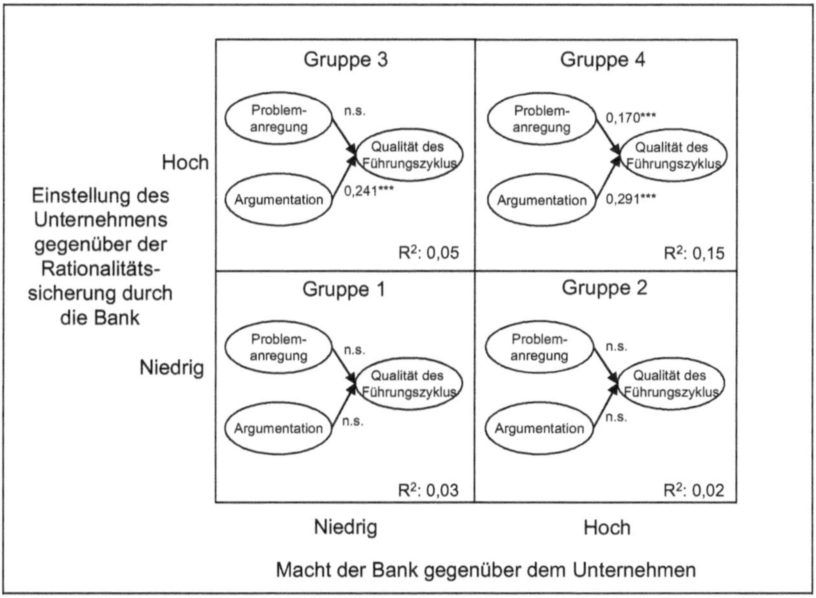


Abbildung 29: Pfadkoeffizienten der vier Gruppen im Vergleich

Im nächsten Schritt gilt es, die Hypothesen H19 und H20 empirisch zu prüfen. H19 besagt, dass die beiden Faktoren Einstellung des Unternehmens und Macht der Bank positiv moderierend auf den Zusammenhang zwischen Problemanregung und Qualität des Führungszyklus wirken. H20 unterstellt, dass die beiden genannten Faktoren ebenfalls positiv auf den Zusammenhang zwischen Argumentation und Qualität des Führungszyklus wirken.

Die empirische Untersuchung dieser Hypothesen stützt sich auf den Signifikanztest nach CHIN, mit dessen Hilfe Unterschiede zwischen den Pfadkoeffizienten der verschiedenen

Gruppen geprüft werden können.[1040] Um die Hypothesen H19 und H20 zu überprüfen, werden im Folgenden die Koeffizienten der Gruppen G1 und G4 einander gegenübergestellt.

| Informationen zum Signifikanztest der Unterschiede | | | | |
|---|---|---|---|---|
| Hyp. Nr. | Bezeichnung der Wirkungsbeziehung | Pfadkoeffizient G1 | Pfadkoeffizient G4 | t-Wert des Unterschieds |
| H19 | Problemanregung -> Qualität des Führungszyklus | -0,117 | 0,170 | 2,276 |
| H20 | Argumentation -> Qualität des Führungszyklus | 0,135 | 0,291 | 1,359 |

Tabelle 26: Signifikanztest der Unterschiede der Pfadkoeffizienten zwischen Gruppe G1 und Gruppe G4

Hypothese H19 kann nach den Ergebnissen des t-Tests bestätigt werden. Die Unterschiede der Pfadkoeffizienten zwischen den Gruppen G1 und G4 sind auf dem 5%-Niveau signifikant. Auch Hypothese H20 erweist sich nach den Ergebnissen des t-Tests als bestätigt. Auf dem 10%-Niveau sind die Unterschiede der Pfadkoeffizienten zwischen den Gruppen G1 und G4 signifikant.

1040 Vgl. Kapitel 5.3.3.4.

## 6.3 Diskussion der Ergebnisse

Das in Kapitel 4 entwickelte Forschungsmodell bezüglich der Einflussfaktoren bestätigte sich in weiten Teilen. So konnten die aufgestellten Hypothesen bezüglich der positiven Wirkung des Wissens, des Wohlwollens, der Kommunikation, Macht und Einstellung belegt werden.

Allerdings wurden die Hypothesen bezüglich der unterstellten positiven Wirkung des Interesses der Bank an der Geschäftsbeziehung durch die Ergebnisse der empirischen Untersuchung widerlegt. Das Konstrukt Interesse der Bank an der Geschäftsbeziehung mit dem Unternehmen weist eine negative Wirkung sowohl auf das Konstrukt „Problemanregung" als auch auf das Konstrukt „Argumentation" auf. Die Bank wirkt somit (im Gegensatz zur aufgestellten Hypothese) dann rationalitätssichernd auf das Unternehmen ein, wenn das Interesse an der Geschäftsbeziehung weniger groß ist.

Dies bedeutet, dass das Interesse der Bank an der Geschäftsbeziehung mit dem Unternehmen sich vom Interesse der Bank an dessen Rationalitätssicherung unterscheidet. Für die Interpretation des Ergebnisses ist es notwendig, zur Konzeptualisierung des Konstruktes zurückzukehren. Der Konzeptualisierung lag der aus den theoretischen Überlegungen identifizierte Faktor der Kosten-Nutzen-Überlegung zugrunde. Demnach hat ein potentieller Rationalitätssicherungsträger nur dann einen Anreiz, rationalitätssichernd einzuwirken, wenn der Nutzen, der ihm daraus entsteht, größer ist als die dadurch verursachten Kosten. Ist die Rationalitätssicherung allerdings ein Kuppelprodukt, so sind nach LANGENBACH nicht die Kosten und der Nutzen der Rationalitätssicherung an sich relevant, sondern das Interesse des potentiellen Rationalitätssicherungsträgers am Primärprodukt. Aufgrund dieser Überlegung LANGENBACHS wurde der Einflussfaktor „Kosten-Nutzen-Betrachtung der Rationalitätssicherung" als „Interesse der Bank an der Geschäftsbeziehung mit dem Unternehmen" konzeptualisiert.[1041] Da laut den Ergebnissen der empirischen Untersuchung jedoch das Interesse am Primärprodukt keinen Anreiz bietet, auf das Unternehmen einzuwirken, liegt der Schluss nahe, dass die Rationalitätssicherung durch die Bank und die Geschäftsbeziehung mit dem Unternehmen (die Kreditvergabe) entgegen der Argumentation in Kapitel 4.2.2 nicht als Kuppelprodukte zu betrachten sind. Dies bedeutet aber auch, dass aus der Kreditprüfung und der Kreditüberwachung nicht notwendigerweise rationalitätssichernde Maßnahmen entspringen müssen – die Rationalitätssicherung ist als eigenständiger Prozess zu betrachten, losgelöst von der Kreditprüfung und Kreditüberwachung. Die Kreditinstitute führen demnach während des Kreditprozesses zwar eine Beurteilung der Erfolgs- und Risikofaktoren durch – eine Rationalitätssicherung ist aber kein automatisches Ergebnis dieses Prozesses.[1042] Eine Anpassung der Konzep-

---

[1041] Vgl. Kapitel 4.2.2.

[1042] Dafür spricht auch, dass nach einer Studie der KFW weniger als die Hälfte der Unternehmen ihre Ratingnote und damit das Ergebnis der Erfolgs- und Risikoeinschätzung der Kreditinstitute kennt. Ein Drittel der Unternehmen gab in dieser Studie an, nicht über die Kriterien eines Ratings informiert zu sein. Vgl. Kreditanstalt für Wiederaufbau (2005:66 u. 68).

tualisierung ist demnach für die künftige Forschung im Bereich der Rationalitätssicherung durch Banken anzuraten. Diese Neukonzeptualisierung sollte eine differenzierte Abbildung von Kosten und Nutzen der Rationalitätssicherung als eigenständigem Prozess beinhalten.

Weiterhin ist festzustellen, dass die Wirkungsstärke der Einflussfaktoren bei den Konstrukten Problemanregung und Argumentation sehr unterschiedlich ausfällt. Lediglich die Kommunikationshäufigkeit findet sich bei beiden Konstrukten unter den drei stärksten Einflussfaktoren. Hingegen ist das Interesse an der Geschäftsbeziehung bei der Argumentation einer der Einflussfaktoren mit der stärksten (negativen) Wirkung, während dieses Konstrukt bei der Problemanregung den Einflussfaktor mit der schwächsten (negativen) Wirkung darstellt. Umgekehrt wirkt das Wohlwollen der Bank sehr stark auf das Konstrukt Problemanregung, während es bei der Argumentation den schwächsten Einflussfaktor bildet.

Die Einstellung des Unternehmens gegenüber der Rationalitätssicherung durch die Bank ist bei der Problemanregung positiver als bei der Argumentation. Die letztgenannten Ergebnisse deuten darauf hin, dass die Problemanregung in einem wesentlich stärker positiv geprägten Beziehungsgeflecht stattfindet als die Argumentation. Nur im positiven Umfeld wirkt die Bank problemanregend auf das Unternehmen ein. Die Argumentation hingegen, die Rolle des kritischen Sparringspartners, übernimmt die Bank nur, wenn die Atmosphäre zwischen Bank und Unternehmen weniger positiv geprägt ist. Wohlwollende Absichten gegenüber dem Unternehmen sind nicht notwendig, um rationalitätssichernd einzugreifen.

Dennoch scheint die Argumentationsfunktion eine wesentlich größere positive Wirkung auf die Qualität des Führungszyklus zu haben als die Problemanregungsfunktion. Im unmoderierten Fall ist sogar allein die Argumentationsfunktion signifikant positiv, die Hypothese der positiven Wirkung der Problemanregung auf die Qualität des Führungszyklus muss abgelehnt werden.

Das Ergebnis lässt den Schluss zu, dass sich die Rationalitäts*generierung* (d. h. die Umsetzung rationalitätssichernder Maßnahmen) bei der Rationalitätssicherung durch Problemanregung schwieriger gestaltet als bei der Argumentation. Um dieses Ergebnis zu interpretieren, ist es notwendig, sich die Konzeptualisierung der beiden Konstrukte nochmals vor Augen zu führen. Demnach greift die Rationalitätssicherung durch Problemanregung sehr früh in den Führungszyklus ein – die Problemanregung ist der erste notwendige Schritt, der den Führungszyklus überhaupt in Gang setzt. Die Argumentationsfunktion setzt zu einem wesentlich späteren Zeitpunkt ein – nämlich dann, wenn der Willensbildungsprozess schon weitgehend abgeschlossen ist.

Dies bedeutet: Im Falle der Problemanregung muss zur Rationalitätsgenerierung ein vollkommen neuer Führungszyklus initiiert werden. Es liegen demnach zu dem definierten Problem noch keine Ziele, Informationen, Entscheidungsalternativen bzw. Bewertungen vor. Im Falle der Argumentation hingegen ist der Führungsprozess schon weitgehend durchlaufen, Alternativen und Informationen wurden bereits generiert und bewertet. Bei der Rationalitätssicherung durch Argumentation müssen, um Rationalität zu generieren, die neuen Meinungen, Ansichten und Bewertungen der Bank in den Führungszyklus integriert werden. Im Vergleich zum Neuanstoß eines Führungsprozesses, zu dem jedoch noch keine Ziele, Informationen, Entscheidungsalternativen, Bewertungen vorliegen, erscheint die Rationalitätsgenerierung im Falle der Argumentation leichter umsetzbar.

Im moderierten Falle wirkt auch die Problemanregung unter gewissen Bedingungen positiv auf die Qualität des Führungszyklus. Jedoch nur dann, wenn sowohl die Macht der Bank gegenüber dem Unternehmen hoch als auch die Einstellung des Unternehmens gegenüber der Rationalitätssicherung durch die Bank positiv ist, d. h. das Unternehmen die Rationalitätssicherungsfunktion der Bank wertschätzt *und* diese die Macht hat, ihre Einwirkung gegenüber dem Unternehmen auch durchzusetzen.

Bei der Argumentation zeigt sich ebenfalls die Wirkung der moderierenden Faktoren Einstellung und Macht. Hier gilt insbesondere, dass die Einstellung des Unternehmens gegenüber der Rationalitätssicherung stärker moderierend wirkt als die Macht der Bank. Diesen Schluss kann man aufgrund des folgenden Ergebnisses ziehen: Auch wenn die Macht eher niedrig und die Einstellung hoch ausgeprägt sind, zeigt die Argumentation eine signifikant positive Wirkung auf die Qualität des Führungszyklus. Diese verstärkt sich noch, wenn sowohl Macht als auch Einstellung hoch sind.

Zusammenfassend bleibt festzuhalten: Damit die Problemanregung eine positive Wirkung auf die Qualität des Führungszyklus zeigt, müssen beide moderierenden Faktoren eher hoch ausgeprägt sein. Doch auch wenn dies gegeben ist, wirkt sie noch weniger stark als die Argumentation. Die Ergebnisse der moderierenden Analysen bestätigen die Annahme, dass die Rationalitätsgenerierung im Fall der Argumentation leichter umsetzbar ist als im Fall der Problemanregung.

Die Bestimmtheitsmaße von Problemanregung und Argumentation sind mit 0,418 und 0,318 als zufriedenstellend zu bewerten. Dies gilt umso mehr, da die vorliegende Arbeit Neuheitswert besitzt. Ihr liegen als einer der ersten Arbeiten empirische Erkenntnisse über die Einflussfaktoren der Rationalitätssicherung zugrunde.

Das Bestimmtheitsmaß der Qualität des Führungszyklus im unmoderierten Falle ist mit 0,03 als eher niedrig zu bewerten. Allerdings ist bei der Diskussion zu berücksichtigen, dass der Einbezug moderierender Faktoren das Bestimmtheitsmaß steigert. In der Gruppe, in der beide moderierenden Faktoren eher hoch ausgeprägt sind, steigt das Bestimmtheitsmaß auf 0,15. Da auf die Qualität des Führungszyklus eine Reihe endogener und exogener Faktoren neben der Rationalitätssicherung durch die Bank einwirkt und eine vollständige Erklärung nicht das Ziel der Untersuchung bildete, ist dieses Ergebnis als positiv zu bewerten.

# 7 Zusammenfassung und Implikationen

Das abschließende Kapitel fasst die Ergebnisse der vorliegenden Arbeit zusammen. Darüber hinaus werden zur Beantwortung der vierten Forschungsfrage Implikationen für die Praxis und die Forschung abgeleitet.

## 7.1 Zentrale Ergebnisse

Ausgangspunkt der Untersuchung war, dass über die Rationalitätssicherung durch Banken in mittelständischen Unternehmen, trotz ihrer hohen Relevanz in der Literatur, bisher nur wenige wissenschaftliche Erkenntnisse vorlagen. Diese Arbeit hatte das Ziel, zu einem besseren Verständnis der Rationalitätssicherung beizutragen.

Im Einzelnen wurden folgende Forschungsfragen aufgestellt:

*Auf welche Art und Weise können Marktteilnehmer die Rationalität der Führung sichern und wie lassen sich diese Formen der marktbasierten Rationalitätssicherung unter Einbezug der Exit-Voice-Theorie neu strukturieren? (Forschungsfrage 1)*

Die erste Forschungsfrage wurde in Kapitel 2 beantwortet. Dazu wurde die Vorgängerarbeit von LANGENBACH im Bereich der marktbasierten Rationalitätssicherung aufgearbeitet und durch Erkenntnisse aus HIRSCHMANs Exit-Voice-Theorie ergänzt. Im nächsten Schritt wurden diese theoretischen Grundlagen zusammengeführt und das Konzept der marktbasierten Rationalitätssicherung modifiziert. Demnach kann marktbasierte Rationalitätssicherung erfolgen:[1043]

(1) anhand von Marktinformationen. Diese Form der Rationalitätssicherung gründet auf den Informationen, die das Unternehmen durch die Beobachtung des Marktes bzw. der Marktteilnehmer erhält. Dazu gehören Preis- und Abwanderungsinformationen. Die Rationalitätssicherungsfunktion wird hierbei primär durch das Unternehmen wahrgenommen, welches die Marktinformationen als Signal für die Notwendigkeit von Rationalitätssicherungsmaßnahmen versteht, interpretiert und daraufhin rationalitätssichernde Maßnahmen ergreift.

(2) durch Widerspruch der Marktteilnehmer. Bei dieser Form der Rationalitätssicherung ist der Marktteilnehmer im Gegensatz zur Rationalitätssicherung anhand von Marktinformationen der primäre Träger der Rationalitätssicherungsfunktion. Die Rationalitätssicherung durch Marktteilnehmer findet durch eine (aktive) Einwirkung des Marktteilnehmers auf das Unternehmen statt, zum Beispiel, indem der Marktteilnehmer das Unternehmen auf das Vorliegen von Rationalitätsdefiziten aufmerksam macht oder als Sparringspartner für das Unternehmen fungiert.

[1043] Vgl. zu den folgenden Ausführungen Kapitel 2.3.

Dieses Analyseraster ermöglichte es im Weiteren, den konkreten Beitrag von Banken als Marktteilnehmer zur Rationalitätssicherung in mittelständischen Unternehmen zu strukturieren. Die zweite Forschungsfrage beschäftigte sich mit der Übertragung dieser Erkenntnisse auf den gewählten Kontext:

*Auf welche Art und Weise können Banken die Rationalität in mittelständischen Unternehmen sichern? (Forschungsfrage 2)*

Die Beantwortung der zweiten Forschungsfrage war Thema des dritten Kapitels. Banken ist es möglich, in einer Vielzahl von Rollen rationalitätssichernd zu wirken (Vergabe von Eigenkapital, Wahrnehmung von Auftragsstimmrechten, Aufsichtsrats- und Beiratsmandaten, Vergabe von Fremdkapital). Für mittelständische Unternehmen sind Banken jedoch insbesondere in der Funktion des Fremdkapitalgebers und damit als Marktteilnehmer des Fremdkapitalmarktes von Bedeutung.[1044]

Die große Bedeutung der Banken als Träger der Rationalitätssicherung resultiert aus den Besonderheiten des Kreditgeschäftes. Das Kreditgeschäft ist durch die Unsicherheit über die künftige Zahlungsfähigkeit des Kreditnehmers (in diesem Falle des mittelständischen Unternehmens) geprägt. Diese inhärente Unsicherheit erfordert eine genaue Beurteilung der Risiken und Chancen der Unternehmen. Dadurch erhalten Banken einen tiefen Einblick in die Unternehmen. Zudem kann die Beziehung zwischen Unternehmen und Hauptbank häufig als Hausbankverhältnis beschrieben werden, welches dadurch gekennzeichnet ist, dass Unternehmen einen Großteil ihrer Bankgeschäfte über diese Bank abwickeln und die Beziehungen eher langfristig ausgeprägt sind.[1045]

Rationalitätssicherung unter Beteiligung von Banken kann auf eine von zwei unterschiedlichen Arten erfolgen.[1046] So kann das Unternehmen eine Rationalitätssicherung anhand von Marktinformationen initiieren oder die Bank als primärer Träger der Rationalitätssicherung durch Widerspruch fungieren. Die Rationalitätssicherung anhand von Marktinformationen kann in diesem Zusammenhang weiter differenziert werden.[1047] Somit sind als Formen marktbasierter Rationalitätssicherung zu unterscheiden:

- Rationalitätssicherung anhand von Preisinformationen

  Da Banken aufgrund bankaufsichtlicher Bestimmungen, aber auch aus wirtschaftlichen Überlegungen heraus die Konditionen für Kredite in zunehmenden Maße risikoadjustiert gestalten, können die Kreditkonditionen (bei gegebenem Einstandspreis) als Signale auf das Vorliegen von Rationalitätsdefiziten im Unternehmen interpretiert

---

1044 Vgl. Kapitel 3.1.2.4.

1045 Vgl. Kapitel 3.2.1.3.

1046 Vgl. Kapitel 2.3.

1047 Vgl. Kapitel 3.2.2.

werden. Dem Unternehmen obliegt im nächsten Schritt, eine Rationalitätssicherung zu veranlassen.

- Rationalitätssicherung anhand von Abwanderungsinformationen

  Eine Abwanderung kann sich in Form einer Kündigung bestehender Kreditverträge, aber auch einer Nichtverlängerung von Krediten oder der Nichtbereitstellung zusätzlicher Kredite ausdrücken. Allerdings ist zu berücksichtigen, dass eine Abwanderung der Bank häufig große Schwierigkeiten für das betreffende Unternehmen beinhaltet. Eine Rationalitätssicherung aufgrund dieser Signale setzt jedoch voraus, dass die Abwanderung für das Unternehmen keine so gravierenden destruktiven Folgen hat, dass eine Rationalitätsgenerierung nicht mehr möglich ist.

- Rationalitätssicherung durch Widerspruch

  Im Rahmen der Rationalitätssicherung durch Widerspruch ist die Bank selbst aktiver Träger der Rationalitätssicherungsfunktion. Banken wird hierbei in der Literatur ein großes Potential zugesprochen. Sie können auf Unternehmen einwirken, indem sie auf Schwachstellen hinweisen (Problemanregung) oder den Unternehmen als kritische Counterparts zur Diskussion oder Hinterfragung von Entscheidungen zur Verfügung stehen (Argumentation).

Lediglich bei der Rationalitätssicherung durch Widerspruch ist die Bank der primäre Träger der Rationalitätssicherungsfunktion. Dies ist somit die wichtigste Funktion, die Banken bei der Rationalitätssicherung zugesprochen werden kann. Deshalb steht sie im Fokus der empirischen Untersuchung. Bei der Konzeptualisierung ergaben sich für die Rationalitätssicherung zwei Faktoren. Rationalitätssicherung durch Widerspruch wird demnach unterschieden in Problemanregung (Aufzeigen von Schwachstellen) sowie Argumentation (kritische Herausforderung).

Die Einflussfaktoren und Auswirkungen der Rationalitätssicherung durch Widerspruch wurden zunächst aus den theoretischen Grundlagen abgeleitet und anschließend auf den vorliegenden Kontext übertragen. Forschungsfrage 3 widmete sich den Einflussfaktoren und Auswirkungen der Rationalitätssicherung:

*Welches sind die wesentlichen Einflussfaktoren und Auswirkungen einer Rationalitätssicherung durch Banken in mittelständischen Unternehmen? (Forschungsfrage 3)*

Zur Beantwortung der dritten Forschungsfrage wurden in Kapitel 4 zunächst aus den relevanten theoretischen Grundlagen Einflussfaktoren der Rationalitätssicherung abgeleitet und konzeptualisiert. Es ergaben sich sechs in die empirische Untersuchung zu integrierende Einflussfaktoren. Diese waren das Wissen des Bankmitarbeiters, das Interesse der Bank an der Geschäftsbeziehung mit dem Unternehmen, das Wohlwollen der Bank, die Kommunikation zwischen dem Unternehmen und der Bank, die Macht der Bank gegenüber dem Unternehmen sowie die Einstellung des Unternehmens gegenüber der Rationalitätssicherung durch die Bank. Über die Wirkung der Einflussfaktoren wurden Hypothesen aufgestellt. Zur Überprüfung wurde zunächst eine Primärdatenerhebung durchgeführt. Insgesamt beteiligten sich 356 Personen in überwiegend leitender Funktion in den jeweiligen mittelständischen Unternehmen, wobei aufgrund fehlender Angaben nur 332 Fragebögen in die Untersuchung einbezogen werden konnten. Auf dieser Datengrundlage wurden zunächst Konstruktmessungen durchgeführt, um eine reliable und valide Messung der Faktoren sicherzustellen. Anschließend wurden die aufgestellten Hypothesen mithilfe kausalanalytischer Untersuchungen geprüft.

Für die Einflussfaktoren konnten folgende Ergebnisse ermittelt werden (vgl. Kapitel 6):

- Die Hypothesen bezüglich der Wirkungen des Wissens des Bankmitarbeiters, des Wohlwollens der Bank gegenüber dem Unternehmen, der Kommunikation zwischen Bank und Unternehmen, Macht der Bank und Einstellung des Unternehmens gegenüber der Bank konnten bestätigt werden. Sie wirken mit unterschiedlicher Stärke positiv auf die Wahrnehmung der Rationalitätssicherungsfunktion der Bank.
- Die Hypothesen bezüglich der unterstellten positiven Wirkung des Interesses der Bank an der Geschäftsbeziehung auf die beiden Rationalitätssicherungskonstrukte (Problemanregung und Argumentation) müssen beide abgelehnt werden. Dies ergibt sich aus der Richtung der Pfadkoeffizienten, die beide negativ sind.
- Die stärksten Einflussfaktoren auf das Konstrukt Problemanregung sind die Einstellung des Unternehmens gegenüber der Rationalitätssicherung, das Wohlwollen der Bank gegenüber dem Unternehmen sowie die Kommunikation zwischen Bank und Unternehmen.
- Als stärkste Einflussfaktoren des Konstruktes Argumentation ergaben sich die Kommunikation zwischen Bank und Unternehmen, das Wissen des Bankmitarbeiters sowie das Interesse der Bank an der Geschäftsbeziehung.

Zudem wurden in Kapitel 4 die Auswirkungen der Rationalitätssicherung aus der Literatur abgeleitet und konzeptualisiert sowie Hypothesen über die Wirkungsbeziehung aufgestellt. Aus der Literatur ließen sich positive Auswirkungen von Problemanregung und Argumentation auf die Qualität des Führungszyklus ableiten. Zudem wurde eine positive Wirkung der Qualität des Führungszyklus auf den Unternehmenserfolg unterstellt.

Auf der oben beschriebenen Datengrundlage wurden Konstruktmessungen durchgeführt und kausalanalytische Untersuchungen zur Überprüfung der Hypothesen durchgeführt (Kapitel 6), die folgende Ergebnisse erbrachten:

- Das Konstrukt Problemanregung zeigt keine positive Wirkung auf die Qualität des Führungszyklus, die entsprechende Hypothese muss demnach abgelehnt werden.

Demgegenüber konnte die Hypothese, die eine positive Wirkung der Argumentation auf die Qualität des Führungszyklus postuliert, bestätigt werden.

- Die unterstellte positive Wirkung der Qualität des Führungszyklus auf den Unternehmenserfolg konnte anhand der Ergebnisse bestätigt werden.

Aus der Literatur ergab sich, dass die Wirkung der Rationalitätssicherung auf die Qualität des Führungszyklus durch so genannte moderierende Faktoren beeinflusst wird. Als moderierende Variablen wurden die Macht der Bank und die Einstellung des Unternehmens gegenüber der Bank untersucht. Als Verfahren bot sich in diesem Zusammenhang die Viergruppenanalyse an. Demnach wurde die Stichprobe anhand des Medians der moderierenden Variablen in vier annähernd gleich große Gruppen geteilt. Anschließend wurden die Messmodelle in den Gruppen validiert und die oben beschriebenen Dependenzanalysen wiederholt. Die Ergebnisse der Viergruppenanalyse lassen sich wie folgt darstellen:

- Ist die Einstellung des Unternehmens gegenüber der Rationalitätssicherung negativ, so zeigen weder Problemanregung noch Argumentation eine signifikante Wirkung auf die Qualität des Führungszyklus. Ist die Einstellung jedoch positiv, dann hat die Argumentation eine positive, hoch signifikante Wirkung auf die Qualität des Führungszyklus, während die Problemanregung nur dann hoch signifikant positiv auf die Qualität des Führungszyklus wirkt, wenn auch die Macht der Bank hoch ist. Die Einstellung des Unternehmens gegenüber der Rationalitätssicherung ist demnach ein überaus wichtiger moderierender Faktor.
- Die Macht der Bank bestätigte sich in der empirischen Untersuchung ebenfalls als moderierende Variable. Allerdings ist ihre moderierende Wirkung stärker beim Faktor Problemanregung als beim Faktor Argumentation. Demnach scheint die Einstellung des Unternehmens wichtiger als die Macht der Bank zu sein.
- Dass beide Faktoren moderierend wirken, bestätigt sich auch, wenn man die Gruppe, in der sowohl die Macht der Bank als auch die Einstellung des Unternehmens niedrig ist, der Gruppe mit hoher Macht der Bank und hoher Einstellung des Unternehmens gegenüberstellt. Mit Hilfe eines t-Tests konnte gezeigt werden, dass die Unterschiede zwischen diesen beiden Gruppen signifikant sind.

Aus diesen empirischen Ergebnissen sollen im Folgenden Implikationen für die Praxis aufgezeigt werden. Dementsprechend lautete die vierte Forschungsfrage:

*Welche Implikationen ergeben sich aus den Ergebnissen? (Forschungsfrage 4)*

Der Beantwortung der vierten Forschungsfrage widmet sich das folgende Kapitel.

## 7.2 Implikationen der Ergebnisse für die Praxis

Die vorliegende Untersuchung hatte das Ziel, zu einem besseren Verständnis der Rationalitätssicherung durch Banken in mittelständischen Unternehmen beizutragen. Als Kernergebnis konnte festgehalten werden, dass die Rationalitätssicherung durch Banken in mittelständischen Unternehmen positive Auswirkungen auf die Qualität des Führungszyklus haben kann und damit indirekt auch den Unternehmenserfolg positiv beeinflusst. Dies gilt umso mehr für den Fall, in dem die Einstellung des Unternehmens gegenüber der Rationalitätssicherung durch die Bank eher positiv und die Macht der Bank eher hoch ist. Die Rationalitätssicherung durch die Bank hat zudem gegenüber internen Rationalitätssicherungsinstitutionen den Vorteil, dass sie dem Unternehmen selbst keine Kosten verursacht. Als weitere Vorteile gelten die Unabhängigkeit der Institution von der Führung des Unternehmens sowie die Objektivität der externen Institution.[1048]

Aufgrund dieser Vorteile sollten mittelständische Unternehmen in der Beziehung zu ihrer Bank das Ziel verfolgen, deren Potential zur Rationalitätssicherung bestmöglich auszuschöpfen. Hierbei sollte jedoch berücksichtigt werden, dass Banken nicht in der Lage sind, die Rationalitätssicherungsfunktion vollständig und ohne Unterstützung durch interne Träger der Rationalitätssicherung zu übernehmen. Das Verhältnis von internen zu externen Trägern der Rationalitätssicherung ist vielmehr als „komplementär"[1049] zu betrachten.

Vor allem im Bereich der Rationalitätssicherung *anhand von Marktinformationen* sind interne Träger der Controllingfunktion gefordert, da rationalitätssichernde Maßnahmen durch das Unternehmen selbst wahrgenommen werden müssen. Die Bank gibt dem Unternehmen hierbei lediglich ein Signal, dass eine Rationalitätssicherung erforderlich ist – die Interpretation obliegt dem Unternehmen. Es ist also für ein mittelständisches Unternehmen von entscheidender Bedeutung, dass es einen Rationalitätssicherungsträger innerhalb des Unternehmens gibt.

Aber auch im Bereich der *Rationalitätssicherung durch Widerspruch* ist die Ergänzung durch interne Rationalitätssicherungsinstitutionen sehr sinnvoll. Diese können die Rationalitätssicherung durch die Bank zunächst forcieren und die richtigen Voraussetzungen für eine optimale Nutzung der externen Entscheidungshilfe schaffen. Die Ergebnisse der empirischen Untersuchung bezüglich der Einflussfaktoren der Rationalitätssicherung bieten hierzu Ansatzpunkte. Folgende Maßnahmen sind in diesem Kontext denkbar:

---

1048 Vgl. z. B. Langenbach (2001:231 f.).

1049 Langenbach (2001:231).

- Unterstützung des Wissensaufbaus der Bank

  Ein interner Rationalitätssicherungsträger kann den Wissensaufbau der Bank unterstützen, vor allem durch die Lieferung unternehmensinterner Informationen. Dabei ist darauf zu achten, dass die Informationen vollständig, wesentlich, nachvollziehbar, wahrheitsgemäß und neutral, d. h. frei von subjektiven Darstellungen, sind.[1050] Analog zur „Equity Story" ist hier beispielsweise die Erstellung eines Dokuments (Rating Story) vorstellbar, das der Bank spezifische, unternehmensindividuelle Aussagen zu Erfolgsfaktoren, Finanzsituation, Marktpositionierung, Wettbewerb, Strategie, Produkten und Management übermittelt.[1051]

- Förderung der Motivation der Bank

  Bei der Förderung der Motivation der Bank bieten sich demgegenüber weniger Ansatzpunkte.[1052] Die interne Rationalitätssicherungsinstitution kann versuchen, die Bank davon zu überzeugen, dass die Rationalitätssicherung auch Vorteile für die Bank bietet oder dass deren Kosten der Rationalitätssicherung reduzieren. Letzteres könnte beispielsweise durch eine erhöhte Verständlichkeit der Informationen geschehen, so dass die Bank bei der Interpretation weniger Zeit investieren muss. Außerdem verhindert die Lieferung wesentlicher Informationen einen Informations-„Overload" auf Seiten der Bank.[1053]

- Aufbau einer regelmäßigen Kommunikation

  Zudem sollte die interne Rationalitätssicherungsinstitution die Interaktions- und Kommunikationsmöglichkeiten mit der Bank forcieren.[1054] Einladungen der Bankvertreter zu Betriebsbesichtigungen, Besuche in der Bank oder regelmäßige Telefonate können hier genannt werden, aber auch die Pflege des Creditor-Netzwerkes durch informelle Treffen.

- Konzentration der Anstrengungen zur Förderung der Rationalitätssicherung auf die Hauptbank

  Es ist sinnvoll, die Anstrengungen der internen Rationalitätssicherungsinstitution auf die Bank zu konzentrieren, die zugleich auch die Hauptbank des Unternehmens ist. Dies ergibt sich daraus, dass Macht durch Ressourcenkontrolle ein Einflussfaktor der Rationalitätssicherung ist. Die Bank führt dann besonders häufig eine Rationalitätssi-

---

1050 Vgl. Weber/ Müller/ Sorg (2004:27).

1051 Vgl. Niedostadek (2003:236), Becker/ Müller (2003:540).

1052 Vgl. auch Schumacher (2005:266).

1053 Vgl. Weber/ Müller/ Sorg (2004:27).

1054 Ähnlich auch Schumacher (2005:265).

cherung durch, wenn ihre Macht, operationalisiert durch die Ressourcenkontrolle, hoch ist. In diesem Falle hat die Rationalitätssicherung auch eine höhere Wirkung auf die Qualität des Führungszyklus.[1055]

- Förderung einer positiven Einstellung des Unternehmens gegenüber der Bank

  Die interne Rationalitätssicherungsinstitution kann weiterhin versuchen, Einfluss auf die Einstellung des mittelständischen Unternehmens gegenüber der Rationalitätssicherung durch die Bank zu nehmen. Da die Einstellung meist vom mittelständischen Unternehmer ausgeht,[1056] kann die interne Rationalitätssicherungsinstitution versuchen, ihm die Rationalitätssicherung durch die Bank als positiven Input für wichtige Unternehmensentscheidungen näher zu bringen und ihn für die Wichtigkeit des Themas zu sensibilisieren. Der internen Rationalitätssicherung obliegen dann auch Teilbereiche der internen Kommunikation.

Interne Rationalitätssicherungsinstitutionen können weiterhin von der Bank als externem Rationalitätssicherungsträger lernen. Sie können die Erwartungen der Bank antizipieren und ihre Monitoring-Funktion nach innen teilweise übernehmen.[1057] Dies kann beispielweise dadurch geschehen, dass Ratingkriterien der Banken als Frühwarnkriterien innerhalb des Unternehmens aufgegriffen und in das interne Berichtssystem integriert werden.[1058] Dies hilft der internen Rationalitätssicherungsinstitution im Umkehrschluss zudem, die Auswirkungen wichtiger Entscheidungsprozesse auf das Rating und damit auch Veränderungen im Verhältnis zur Bank zu prognostizieren.[1059] Auf diese Weise kann die interne Rationalitätssicherungsinstitution die (durch den dauerhaften Umgang mit der Bank gewonnene) externe Perspektive zur Vermeidung von Defiziten in Hinblick auf die Sicherstellung einer langfristigen und günstigen Kapitalbeschaffung des Unternehmens nutzen.

Der Träger der Rationalitätssicherung innerhalb des Unternehmens sollte demnach neben seiner eigentlichen Arbeit (der internen Rationalitätssicherung), eine Reihe von unterschiedlichen Aufgaben wahrnehmen. Er sollte (1) die Signale, die durch die Bank an ihn herangetragen werden, interpretieren und ggf. rationalitätssichernde Maßnahmen ergreifen (Rationali-

---

[1055] Diese Empfehlung ist nicht in der Weise zu interpretieren, dass sich das Unternehmen in eine größere finanzielle Abhängigkeit von einer Bank begeben sollte. Das konkurrierende Ziel der größtmöglichen Flexibilität bei der Nutzung unterschiedlicher, sich bietender Finanzierungsquellen sollte in diesem Zusammenhang berücksichtigt werden.

[1056] BUCHHART vermerkt beispielsweise: „Die Unternehmenspersönlichkeit folgt weitgehend der Unternehmerpersönlichkeit." Buchhart (2001:53).

[1057] Vgl. für die Übernahme dieser Funktion durch Investor Relations bei Großunternehmen Wichels (2002:51).

[1058] Vgl. Weber/ Müller/ Sorg (2004:46 f.), Flacke/ Siemes (2005:253). SCHULENBURG bezeichnet Rating sogar als „Führungsinstrument für mittelständische Unternehmer". Schulenburg (2003:340).

[1059] Diese Bedeutung unterstreichen z. B. EVERLING/ BARGENDE: „Schon heute sollte bei wichtigen unternehmerischen Entscheidungen nicht nur die Wirkung auf den Erfolg, sondern zugleich auch die Auswirkung auf das Rating mit abgeschätzt werden." Everling/ Bargende (2005:269). EVERLING erhebt in diesem Zusammenhang die Forderung nach einem „ratingorientierten Controlling". Everling (2003:354).

tätssicherung anhand von Marktinformationen). Um (2) die Rationalitätssicherung durch Widerspruch zu optimieren, muss er die (Generierung und) *Aufbereitung unternehmensinterner Informationen,* die *Kommunikation mit der Bank* sowie Teilbereiche der *internen Kommunikation* (insbesondere mit der Unternehmensleitung) verantworten. Schließlich sollte er (3) die im Austausch mit der Bank gewonnenen Informationen dazu nutzen, die interne Rationalitätssicherung durch die externe Perspektive zu bereichern und von der Bank zu lernen.

Welchen internen Rationalitätssicherungsträgern die genannten Aufgaben konkret übertragen werden, ist unternehmensspezifisch. Während die interne und externe Kommunikation bezüglich finanzieller Sachverhalte in größeren Unternehmen zumeist den Unternehmensbereichen Investor Relations bzw. Treasury obliegen,[1060] ist die Generierung und Aufbereitung unternehmensinterner Informationen Angelegenheit der Controller.[1061] Die Aufgaben werden in diesem Umfeld häufig auf mehrere Aufgabenträger verteilt.[1062]

In mittelständischen Unternehmen ist eine Aufteilung der Aufgaben jedoch eher unüblich. Dieser Umstand ist auf ihre Ressourcenknappheit zurückzuführen, in diesem Zusammenhang aber nicht zwangsläufig als Nachteil gegenüber großen Unternehmen zu werten. So sind die genannten Aufgaben häufig nicht klar voneinander abzugrenzen.[1063] Dem mittelständischen Unternehmen bietet sich folglich die Chance, „mit einer Stimme zu sprechen“[1064].

Dieses Aufgabenbündel kann in mittelständischen Unternehmen einem Controller übertragen werden. Er ist nicht nur der primäre interne Informationslieferant, ihm kommt als internem Träger der Rationalitätssicherung zudem „herausgehobene Bedeutung“[1065] zu. Sein intensiver Kontakt zu den die Unternehmung leitenden Personen erleichtert es ihm, die beschriebenen internen Kommunikationsaufgaben zu übernehmen. Aus den genannten Gründen erscheint es sinnvoll, dem Controller auch die Kommunikation mit den Banken zu übertragen.[1066]

---

[1060] In der Literatur wird Investor Relations von einigen Autoren als Kommunikation finanz- und realwirtschaftlicher Perspektiven verstanden, die sich sowohl an Eigenkapitalgeber als auch an Fremdkapitalgeber richtet. Vgl. z. B. Wichels (2002:8), Klein/ Claussen (2000:141-153), Mindermann (2000:27). Andere Autoren verstehen Investor Relations als Kommunikation, die ausschließlich auf Eigenkapitalgeber zielt. Vgl. z.B. Krystek/ Müller (1993:1785), Diehl/ Loistl/ Rehkugler (1998:2). Im letztgenannten Fall wird die Kommunikation mit Fremdkapitalgebern zumeist als Aufgabe der Treasury-Abteilung oder auch einer speziellen Creditor-Relations-Abteilung gesehen.

[1061] Vgl. Landsberg/ Mayer (1988:71), Stoffel (1995:157).

[1062] Vgl. Schumacher (2005:265 f.).

[1063] SCHUMACHER schlägt (für den Eigenkapitalmarkt) vor, dass „One-on-ones“ durch Controller wahrgenommen werden können, wenn diese primär der Rationalitätssicherung dienen sollen und durch Vertreter der Investor Relations, wenn primär Informationen übertragen werden. Vgl. Schumacher (2005:270 f.). Informationsversorgung und Rationalitätssicherung überschneiden sich jedoch in vielen Bereichen, so dass dieser Vorschlag nicht praktikabel erscheint.

[1064] Vgl. Schumacher (2005:271).

[1065] Weber/ Schäffer (2001b:44).

[1066] Vgl. Kopietz (2003:232), Weber/ Müller/ Sorg (2004:27). In mittelständischen Unternehmen, deren Ressourcen zu knapp sind, um eine Controllerstelle einzurichten, bietet es sich an, die o.g. Aufgaben derjenigen

Zusammenfassend kann festgehalten werden: Da mittelständische Unternehmen von der Rationalitätssicherung durch die Bank profitieren können, ist es sinnvoll, deren Rationalitätssicherung bestmöglich zu nutzen. Eine Ergänzung durch eine interne Rationalitätssicherungsinstitution erscheint erforderlich. Diese hat die Aufgaben, die Signale der Bank zu interpretieren, die Kommunikation mit der Bank zu forcieren, Informationen zu generieren und aufzubereiten sowie von der externen Rationalitätssicherung zu lernen und die externe Perspektive ins Unternehmen zu tragen. Es bietet sich an, diese Aufgaben einem Controller zu übertragen. Gelingt dies, so ist es dem mittelständischen Unternehmen möglich, die Rationalitätssicherung durch die Bank optimal zu nutzen und die Qualität des Führungszyklus durch die Kombination von externer und interner Rationalitätssicherung nachhaltig zu steigern.

## 7.3 Wissenschaftliche Bewertung der Arbeit

Aus der vorliegenden Arbeit ergeben sich nicht nur Implikationen für die Unternehmenspraxis, sondern auch für die Forschung zur Rationalitätssicherung:

1. Die Untersuchung zeigt, dass die Integration von Erkenntnissen aus der Exit-Voice-Theorie in das Konzept der marktbasierten Rationalitätssicherung zu neuen Erkenntnissen führt. Bei der zukünftigen Entwicklung von Forschungsmodellen zur marktbasierten Rationalitätssicherung sollte dieses Forschungsergebnis Berücksichtigung finden.

2. Die theoretischen Erkenntnisse zur marktbasierten Rationalitätssicherung wurden zum ersten Mal auf den Kontext von Banken und mittelständischen Unternehmen angewendet und empirisch überprüft. Die Einflussfaktoren und Auswirkungen der Rationalitätssicherung wurden bisher noch nicht empirisch untersucht, weder allgemein, noch auf diesen Kontext bezogen, insofern beschreitet die Arbeit auch hier Neuland. Als eine der ersten wertet sie empirische Primärdaten zur Rationalitätssicherung durch Externe aus. Deswegen mussten Konstrukte bezüglich der Einflussfaktoren, der Rationalitätssicherung und der Auswirkungen auf den vorliegenden Kontext übertragen, ergänzt und teilweise neu entwickelt werden. Die Gütekriterien weisen allesamt gute Werte auf. Die entwickelten Messmodelle können in Folgestudien Verwendung finden.

3. Die vorliegende Arbeit misst als eine der ersten empirischen Arbeiten die tatsächliche Einwirkung der Bank auf das Unternehmen. Dies eröffnet der Forschung im Bereich Corporate Governance und Banken neue Perspektiven, da es bisher keine Messung der tatsächlichen Einwirkung gab.[1067]

---

Person zu übertragen, in deren Verantwortung die Controllership (d.h. mit den Aufgaben, die Controller i.A. wahrnehmen, vgl. Weber (2004:5 f.)) des Unternehmens liegt.

[1067] Vgl. Kapitel 3.1.2.3.

4. Darüber hinaus wurden Erfolgsauswirkungen der Rationalitätssicherung durch Banken in mittelständischen Unternehmen nachgewiesen. Zum ersten Mal wurde mittels einer empirischen Untersuchung die Vorteilhaftigkeit der Rationalitätssicherung durch Banken belegt.
5. Ein entscheidender Erkenntnisfortschritt liegt zudem darin, dass die Wirkung der Rationalitätssicherung durch Banken vom Einfluss moderierender Faktoren abhängig ist. So konnte gezeigt werden, dass die Einstellung des Unternehmens ein wichtiger Faktor für eine Steigerung der Qualität des Führungszyklus ist. Als weiterer moderierender Faktor konnte die Macht der Bank identifiziert werden.

Über die Implikationen hinaus lässt sich auf der Basis der vorliegenden Arbeit weiterer Forschungsbedarf ableiten:

1. Es wurde ein Modell zur Erklärung der Rationalitätssicherung durch Banken in mittelständischen Unternehmen abgeleitet. Die Ausarbeitung bezieht sich allerdings nur auf Unternehmen in Deutschland und deren spezifisches Verhältnis zu Banken. Deshalb erscheinen Forschungsbemühungen sinnvoll, die einen Vergleich mit anderen Ländern anstrengen.
2. Das Erklärungsmodell kann auch als Grundlage der Rationalitätssicherung durch andere Marktteilnehmer dienen. Da die dem Modell zugrunde liegenden Mechanismen in ihrer Struktur nicht spezifisch auf Banken bezogen sind, erscheint eine Übertragung auf andere Marktteilnehmer möglich.
3. Ein weiteres Forschungsfeld erschließt sich in einer tiefergehenden Betrachtung der Interdependenzen zwischen internen und externen Rationalitätssicherungsinstitutionen. Die Bedeutung dieser Interaktion wurde in Kapitel 7.2 aufgezeigt. Auch in diesem Bereich ist die Wissenschaft gefordert, neue Erkenntnisse zu liefern.

## Anhang: Fragebogen

# Die Hausbank als Counterpart für mittelständische Unternehmen

## - Voraussetzungen und Auswirkungen-

Univ.-Prof. Dr. Jürgen Weber

Dipl. Kffr. Mascha Sorg

**Wir bitten Sie um ca. 20 Minuten Ihrer Zeit.**

**Dafür bieten wir Ihnen:**

- **die Publikation „Rating & Controlling“** von Prof. Dr. Jürgen Weber im Wert von 25 Euro ***sowie***
- **die Teilnahme am Workshop** „Banken und mittelständische Unternehmen“ der im Herbst 2005 in der IHK Koblenz stattfinden wird ***sowie***
- **eine Darstellung der Ergebnisse** dieser Umfrage, die Ihnen im Herbst 2005 zugeschickt wird.

**Ihre Angaben werden anonym ausgewertet und streng vertraulich behandelt!**

Bitte schicken Sie Ihren Fragebogen an o.g. Adresse zurück

(adressierter und portofreier Rückumschlag liegt bei).

Rückfragen beantwortet Ihnen sehr gerne:

Dipl.-Kffr. Mascha Sorg

0261/ 6509 – 472

mascha.sorg@whu.edu

**Wir bedanken uns für Ihr Vertrauen und Ihre Mitarbeit!**

# Bitte vor Ausfüllen des Fragebogens lesen!

## Allgemeine Hinweise zum Fragebogen

- Dieser Fragebogen dient **rein wissenschaftlichen Zwecken** im Rahmen unserer Forschung. Grundsatz unserer wissenschaftlichen Arbeit ist es, konkrete Handlungsempfehlungen für die Praxis mittelständischer Unternehmen zu erarbeiten.
- Wir sichern Ihnen ausdrücklich zu, dass alle Angaben **streng vertraulich** behandelt werden. Alle Antworten werden **anonym** ausgewertet. Ihre Anschrift in der Rückantwort verwenden wir ausschließlich zur Zusendung des Ergebnisberichts bzw. der Publikation. Die Angaben im Fragebogen werden **in keinem Falle** Kreditinstituten zugänglich gemacht.
- Sollten Sie nicht der **richtige Ansprechpartner** für dieses Thema sein, leiten Sie den Fragebogen bitte an eine geeignete Person in Ihrem Unternehmen weiter.
- Für **Rückfragen** steht Ihnen Dipl.-Kffr. Mascha Sorg unter der Rufnummer 0261/ 6509-472 oder per E-Mail unter **mascha.sorg@whu.edu** gerne zur Verfügung.

## Wichtige Hinweise zur Beantwortung der Fragen

- Falls Sie Geschäftsbeziehungen zu verschiedenen Kreditinstituten pflegen, so **beziehen Sie alle Fragen bitte auf das aus Ihrer Sicht für Ihr Unternehmen wichtigste Kreditinstitut** (Ihre Hausbank).
  Da die konkrete Geschäftsbeziehung mit einem Kreditinstitut den Fokus der Studie bildet, ist es wichtig, dass Sie alle Fragen **auf genau ein und dasselbe Kreditinstitut** beziehen.
- Im Verlauf des Fragebogens werden verschiedene Sachverhalte durch **ähnliche Fragestellungen** erfasst. Wir bitten Sie hierfür um Verständnis, da dies aus methodischen Gründen erforderlich ist.
- Die **Vollständigkeit Ihrer Antworten** ist für den Erfolg der Studie von größter Bedeutung. Sollten Ihnen zu einer Frage gesicherte Informationen fehlen, so bitten wir Sie bewusst um **Ihre subjektive Einschätzung**. Bitte überspringen Sie eine Frage nur dann, wenn Sie diese in keinem Fall sinnvoll beantworten können.

**Vielen Dank für Ihre Unterstützung!**

# A. Die Zusammenarbeit zwischen Ihnen und Ihrer Hausbank

**Wichtig:** Beziehen Sie bitte alle Fragen **auf dasselbe Kreditinstitut,** und zwar **auf das aus Ihrer Sicht für Ihr Unternehmen wichtigste Kreditinstitut!!**

| | |
|---|---|
| **Wie viele Bankverbindungen hat Ihr Unternehmen?** | ___ |
| **Davon werden intensiv genutzt:** | ___ |

| | |
|---|---|
| **Seit wie vielen Jahren arbeiten Sie bereits mit Ihrer Hausbank zusammen?** | ___ |

| **Unsere Hausbank gehört folgender Institutsgruppe an:** | |
|---|---|
| Öffentlich-rechtliche Kreditinstitute (z. B. Sparkasse, Landesbank) | O |
| Volks- und Raiffeisenbanken | O |
| Privatbanken (z. B. Commerzbank, Deutsche Bank, Dresdner Bank, HypoVereinsbank) | O |
| Sonstige: ___________________________ | O |

| **Inwieweit treffen folgende Fragen auf die Häufigkeit des Kontaktes mit Ihrer Hausbank zu?** | *Trifft gar nicht zu* … *Trifft voll zu* |
|---|---|
| Wir kommen mit unserer Hausbank häufig in Berührung. | O O O O O |
| Die uns betreuenden Mitarbeiter meiner Hausbank haben uns bereits mehrmals in unserem Unternehmen besucht. | O O O O O |
| Wir kommen mehrmals pro Jahr mit unserer Hausbank zu Verhandlungen zusammen. | O O O O O |
| Wir telefonieren häufig mit den Vertretern unserer Hausbank. | O O O O O |
| Wir nehmen uns Zeit, mit unserer Hausbank zu reden. | O O O O O |
| Mit unserer Hausbank stehen wir regelmäßig in Kontakt. | O O O O O |

**Wer ist in Ihrem Unternehmen der primäre Ansprechpartner für Ihre Hausbank?**

O Geschäftsleitung O Kfm. Leitung O Leiter der Finanzabteilung O Andere: ___________

| **Inwieweit treffen folgende Aussagen auf die Zusammenarbeit mit Ihrer Hausbank zu?** | *Trifft gar nicht zu* … *Trifft voll zu* |
|---|---|
| Die Bank verschafft sich auf unsere Kosten Vorteile, wenn sie die Chance dazu hat. | O O O O O |
| Die Zusammenarbeit mit unserer Hausbank ist durch Vertrauen geprägt. | O O O O O |
| Unsere Hausbank hält immer die Versprechen ein, die sie macht. | O O O O O |
| Unsere Hausbank ist daran interessiert, dass unser Unternehmen erfolgreich ist. | O O O O O |
| Wir profitieren in gleichem Maße von der Geschäftsbeziehung wie unsere Hausbank. | O O O O O |
| Unsere Hausbank berücksichtigt auch unsere Interessen. | O O O O O |
| Unsere Hausbank ist bei auftretenden Problemen immer offen und ehrlich zu uns. | O O O O O |
| Unsere Hausbank ist vertrauenswürdig. | O O O O O |

| **Inwieweit treffen folgende Aussagen auf das Interesse Ihrer Hausbank an der Geschäftsbeziehung mit Ihrem Unternehmen zu?** | *Trifft gar nicht zu* | | | | *Trifft voll zu* |
|---|---|---|---|---|---|
| Unsere Hausbank zeigt großes Interesse an der Zusammenarbeit mit unserem Unternehmen. | O | O | O | O | O |
| Die Bank ist an einer Ausweitung der Zusammenarbeit mit uns interessiert. | O | O | O | O | O |
| Es ist noch nicht vorgekommen, dass unsere Bank uns einen Kredit verweigert hat/ einen bestehenden Kredit nicht verlängert hat. | O | O | O | O | O |
| Wenn wir einen Kredit benötigen, wird uns dieser relativ problemlos zur Verfügung gestellt. | O | O | O | O | O |
| Ich hatte noch nie das Gefühl, dass unsere Hausbank nicht mehr mit unserem Unternehmen zusammenarbeiten möchte. | O | O | O | O | O |

**Welchen Anteil am Gesamtvolumen Ihrer Kreditverbindlichkeiten hat Ihre Hausbank derzeit ungefähr?**

| | | | |
|---|---|---|---|
| O Unter 10% | O 11 – 20% | O 21 – 30% | O 31 – 50% |
| O 51 – 70% | O 71 – 90% | O Über 90% | |

| **Inwieweit treffen folgende Aussagen auf die Verfügbarkeit von Alternativen zu Ihrer Hausbank zu?** | *Trifft gar nicht zu* | | | | *Trifft voll zu* |
|---|---|---|---|---|---|
| Wir können unsere Hausbank leicht durch eine andere Bank ersetzen. | O | O | O | O | O |
| Andere Banken bekunden großes Interesse daran, mit unserem Unternehmen stärker zusammenzuarbeiten. | O | O | O | O | O |
| Wenn wir wollten, könnten wir sofort zu einer anderen Bank wechseln. | O | O | O | O | O |
| Die Kreditfinanzierung hat für unser Unternehmen eine abnehmende Bedeutung. | O | O | O | O | O |
| Wir erschließen zunehmend interessante Alternativen zur Kreditfinanzierung. | O | O | O | O | O |
| Ein Teil des externen Finanzierungsbedarfs wird bei uns nicht über Kredite, sondern über alternative Finanzierungsmöglichkeiten gedeckt. | O | O | O | O | O |
| Unsere Hausbank verfügt über ein gewisses Machtpotential gegenüber unserem Unternehmen. | O | O | O | O | O |
| Unsere Hausbank ist nicht besonders wichtig für uns. | O | O | O | O | O |
| Wir sind nicht von unserer Hausbank abhängig. | O | O | O | O | O |

# B. Informationen zum Sie betreuenden Mitarbeiter Ihrer Hausbank

| **Welche Position hat Ihr primärer Ansprechpartner bei Ihrer Hausbank?** | | | |
|---|---|---|---|
| O Vorstand | O Leiter der Firmenkundenabteilung | O Firmenkundenbetreuer | Sonstige: ______________ |

| **Welches <u>Alter</u> hat Ihr Ansprechpartner bei Ihrer Hausbank ungefähr?** | | | |
|---|---|---|---|
| O Unter 25 | O 25 – 35 | O 35 – 45 | O 45 - 55 |
| O Über 55 | | | |

| **Inwieweit treffen folgende Aussagen über den Sie betreuenden Mitarbeiter Ihrer Hausbank zu?** | *Trifft gar nicht zu* … *Trifft voll zu* |
|---|---|
| Der uns betreuende Mitarbeiter ist sehr kompetent. | O O O O O |
| Ich halte sehr viel von dem uns betreuenden Mitarbeiter unserer Hausbank. | O O O O O |
| Der uns betreuende Mitarbeiter unserer Hausbank verfügt über großes Know-how, gute Führungsfähigkeiten und gesunden Menschenverstand. | O O O O O |
| Der uns betreuende Mitarbeiter verfügt über diejenigen Fähigkeiten, die man zur Betreuung von Firmenkunden benötigt. | O O O O O |
| Der für uns zuständige Mitarbeiter ist ein überaus guter Firmenkundenbetreuer. | O O O O O |
| Das Wissen des uns betreuenden Mitarbeiters über unser Unternehmen ist sehr umfassend. | O O O O O |
| Der uns betreuende Mitarbeiter verfügt über großes Wissen bezüglich unserer Branche. | O O O O O |
| Das allgemeine volkswirtschaftliche Wissen des Mitarbeiters ist groß. | O O O O O |
| Die betriebswirtschaftlichen Kenntnisse des uns betreuenden Mitarbeiters sind hoch. | O O O O O |

| **Inwieweit treffen folgende Aussagen auf die Glaubwürdigkeit des Sie betreuenden Mitarbeiters bei der Hausbank zu?** | *Trifft gar nicht zu* … *Trifft voll zu* |
|---|---|
| Diese Person denkt nur an sich und ihre Bank. | O O O O O |
| Diese Person macht keine falschen Versprechen. | O O O O O |
| Ich glaube, dass diese Person völlig offen in der Zusammenarbeit mit uns ist. | O O O O O |
| Diese Person ist vertrauenswürdig. | O O O O O |
| Diese Person berücksichtigt auch unsere Interessen und Bedürfnisse. | O O O O O |

# C. Informationen zur Counterpartfunktion Ihrer Hausbank

| **Inwieweit hat Ihre Hausbank...** | *Trifft gar nicht zu* | | | | *Trifft voll zu* |
|---|---|---|---|---|---|
| ...wichtige Entscheidungen angeregt? | O | O | O | O | O |
| ...ein Bewusstsein für relevante Probleme geschaffen? | O | O | O | O | O |
| ...Optimierungspotentiale in Ihrem Unternehmen aufgedeckt? | O | O | O | O | O |
| ...Sie auf Schwachstellen im Unternehmen angesprochen? | O | O | O | O | O |
| ...sich an der Generierung/ Bewertung von Entscheidungsalternativen beteiligt? | O | O | O | O | O |
| ...Sie auf Verbesserungsmöglichkeiten in Ihrem Unternehmen hingewiesen? | O | O | O | O | O |

| **Inwieweit hat Ihre Hausbank...** | *Trifft gar nicht zu* | | | | *Trifft voll zu* |
|---|---|---|---|---|---|
| ...Entscheidungsannahmen und Szenarien kritisch hinterfragt? | O | O | O | O | O |
| ...ein konkretes Projekt, zu dem Sie die Aufnahme von Fremdkapital benötigten, kontrovers mit Ihnen diskutiert? | O | O | O | O | O |
| ...konstruktive Kritik zu einem konkreten Projekt angebracht? | O | O | O | O | O |
| ...konträre Meinungen vertreten? | O | O | O | O | O |
| ...die Sinnhaftigkeit eines konkreten Projektes angezweifelt? | O | O | O | O | O |
| ...ein konkretes Projekt kritisch durchleuchtet? | O | O | O | O | O |

| **Bei welcher Gelegenheit hat Ihre Bank am stärksten die Counterpartrolle gespielt?** | *Trifft gar nicht zu* | | | | *Trifft voll zu* |
|---|---|---|---|---|---|
| Gespräche im Rahmen der laufenden Betreuung | O | O | O | O | O |
| Kreditverhandlungen | O | O | O | O | O |
| Besprechung Jahresabschluss/ Rating | O | O | O | O | O |
| Ratingberatung | O | O | O | O | O |
| Beiratssitzungen | O | O | O | O | O |

| **Inwiefern treffen folgende Aussagen zur Qualität der Anregungen Ihrer Hausbank zu?** | *Trifft gar nicht zu* | | | | *Trifft voll zu* |
|---|---|---|---|---|---|
| Unsere Hausbank konnte nur wenig dazu beitragen, Schwachstellen im Unternehmen zu identifizieren. | O | O | O | O | O |
| Die Anregungen unserer Hausbank haben uns veranlasst, Änderungen im Unternehmen vorzunehmen. | O | O | O | O | O |
| Die Anregungen unserer Hausbank können umgesetzt werden. | O | O | O | O | O |
| Die Anregungen unserer Hausbank haben mich zum Nachdenken gebracht. | O | O | O | O | O |
| Ich habe mir die Anregungen unserer Hausbank zu Herzen genommen. | O | O | O | O | O |

| **Inwieweit treffen folgende Aussagen zu Ihrer Einstellung gegenüber Ihrer Hausbank zu?** | *Trifft gar nicht zu* | | | | *Trifft voll zu* |
|---|---|---|---|---|---|
| Wir legen Wert auf die Meinung unserer Bank zu wichtigen Entscheidungen. | O | O | O | O | O |
| Wir haben großes Interesse daran, dass die Bank uns berät. | O | O | O | O | O |
| Wir sehen die Einbindung unserer Bank als wichtigen Erfolgsfaktor an. | O | O | O | O | O |
| Wir wollen, dass die Bank uns bei wichtigen Entscheidungen unterstützt. | O | O | O | O | O |
| Die Einbindung unserer Bank in wichtige Entscheidungen wird bei uns sehr positiv wahrgenommen. | O | O | O | O | O |
| Wir müssen akzeptieren, dass die Bank ihre Meinung zu wichtigen Entscheidungen kundtut. | O | O | O | O | O |
| Die Bank ist dazu verpflichtet, uns auf unsere Schwachstellen hinzuweisen. | O | O | O | O | O |
| Es gehört zum Geschäft der Bank, unsere Projekte kritisch mit uns zu diskutieren. | O | O | O | O | O |
| Wir haben keine andere Wahl, als die Anregungen unserer Hausbank in unsere Überlegungen einzubeziehen. | O | O | O | O | O |

## D. Informationen zur Counterpartfunktion anderer Externer

Folgend finden Sie Fragen zur Counterpartfunktion von Lieferanten, Kunden, Wirtschaftsprüfern/ Steuerberatern sowie dem Beirat. Diese Fragen wiederholen sich für jede Gruppe, die potentiell eine Counterpartfunktion wahrnimmt. Wir bitten Sie um Verständnis für diese Wiederholung.

| **Inwieweit haben Ihre Lieferanten...** | *Trifft gar nicht zu* … *Trifft voll zu* |
|---|---|
| ...wichtige Entscheidungen angeregt? | O O O O O |
| ...ein Bewusstsein für relevante Probleme geschaffen? | O O O O O |
| ...Optimierungspotentiale in Ihrem Unternehmen aufgedeckt? | O O O O O |
| ...Sie auf Schwachstellen im Unternehmen angesprochen? | O O O O O |
| ...sich an der Generierung/ Bewertung von Entscheidungsalternativen beteiligt? | O O O O O |
| ...Sie auf Verbesserungsmöglichkeiten in Ihrem Unternehmen hingewiesen? | O O O O O |

| **Inwieweit haben Ihre Lieferanten...** | *Trifft gar nicht zu* … *Trifft voll zu* |
|---|---|
| ...Entscheidungsannahmen und Szenarien kritisch hinterfragt? | O O O O O |
| ...ein konkretes Projekt kontrovers mit Ihnen diskutiert? | O O O O O |
| ...konstruktive Kritik zu einem konkreten Projekt angebracht? | O O O O O |
| ...konträre Meinungen vertreten? | O O O O O |
| ...die Sinnhaftigkeit eines konkreten Projektes angezweifelt? | O O O O O |
| ...ein konkretes Projekt kritisch durchleuchtet? | O O O O O |

| **Inwieweit haben Ihre Kunden...** | *Trifft gar nicht zu* … *Trifft voll zu* |
|---|---|
| ...wichtige Entscheidungen angeregt? | O O O O O |
| ...ein Bewusstsein für relevante Probleme geschaffen? | O O O O O |
| ...Optimierungspotentiale in Ihrem Unternehmen aufgedeckt? | O O O O O |
| ...Sie auf Schwachstellen im Unternehmen angesprochen? | O O O O O |
| ...sich an der Generierung/ Bewertung von Entscheidungsalternativen beteiligt? | O O O O O |
| ...Sie auf Verbesserungsmöglichkeiten in Ihrem Unternehmen hingewiesen? | O O O O O |

| **Inwieweit haben Ihre Kunden...** | *Trifft gar nicht zu* … *Trifft voll zu* |
|---|---|
| ...Entscheidungsannahmen und Szenarien kritisch hinterfragt? | O O O O O |
| ...ein konkretes Projekt kontrovers mit Ihnen diskutiert? | O O O O O |
| ...konstruktive Kritik zu einem konkreten Projekt angebracht? | O O O O O |
| ...konträre Meinungen vertreten? | O O O O O |
| ...die Sinnhaftigkeit eines konkreten Projektes angezweifelt? | O O O O O |
| ...ein konkretes Projekt kritisch durchleuchtet? | O O O O O |

| **Inwieweit hat Ihr Wirtschaftsprüfer/ Steuerberater...** | *Trifft gar nicht zu* | | | | *Trifft voll zu* |
|---|---|---|---|---|---|
| ...wichtige Entscheidungen angeregt? | O | O | O | O | O |
| ...ein Bewusstsein für relevante Probleme geschaffen? | O | O | O | O | O |
| ...Optimierungspotentiale in Ihrem Unternehmen aufgedeckt? | O | O | O | O | O |
| ...Sie auf Schwachstellen im Unternehmen angesprochen? | O | O | O | O | O |
| ...sich an der Generierung/ Bewertung von Entscheidungsalternativen beteiligt? | O | O | O | O | O |
| ...Sie auf Verbesserungsmöglichkeiten in Ihrem Unternehmen hingewiesen? | O | O | O | O | O |

| **Inwieweit hat Ihr Wirtschaftsprüfer/ Steuerberater...** | *Trifft gar nicht zu* | | | | *Trifft voll zu* |
|---|---|---|---|---|---|
| ...Entscheidungsannahmen und Szenarien kritisch hinterfragt? | O | O | O | O | O |
| ...ein konkretes Projekt kontrovers mit Ihnen diskutiert? | O | O | O | O | O |
| ...konstruktive Kritik zu einem konkreten Projekt angebracht? | O | O | O | O | O |
| ...konträre Meinungen vertreten? | O | O | O | O | O |
| ...die Sinnhaftigkeit eines konkreten Projektes angezweifelt? | O | O | O | O | O |
| ...ein konkretes Projekt kritisch durchleuchtet? | O | O | O | O | O |

| | *Nein* | *Ja* |
|---|---|---|
| Verfügt Ihr Unternehmen über einen Beirat? | O | O |
| Sind in Ihrem Beirat Bankenvertreter tätig? | O | O |

| **Inwieweit hat Ihr Beirat...** | *Trifft gar nicht zu* | | | | *Trifft voll zu* |
|---|---|---|---|---|---|
| ...wichtige Entscheidungen angeregt? | O | O | O | O | O |
| ...ein Bewusstsein für relevante Probleme geschaffen? | O | O | O | O | O |
| ...Optimierungspotentiale in Ihrem Unternehmen aufgedeckt? | O | O | O | O | O |
| ...Sie auf Schwachstellen im Unternehmen angesprochen? | O | O | O | O | O |
| ...sich an der Generierung/ Bewertung von Entscheidungsalternativen beteiligt? | O | O | O | O | O |
| ...Sie auf Verbesserungsmöglichkeiten in Ihrem Unternehmen hingewiesen? | O | O | O | O | O |

| **Inwieweit hat Ihr Beirat...** | *Trifft gar nicht zu* | | | | *Trifft voll zu* |
|---|---|---|---|---|---|
| ...Entscheidungsannahmen und Szenarien kritisch hinterfragt? | O | O | O | O | O |
| ...ein konkretes Projekt kontrovers mit Ihnen diskutiert? | O | O | O | O | O |
| ...konstruktive Kritik zu einem konkreten Projekt angebracht? | O | O | O | O | O |
| ...konträre Meinungen vertreten? | O | O | O | O | O |
| ...die Sinnhaftigkeit eines konkreten Projektes angezweifelt? | O | O | O | O | O |
| ...ein konkretes Projekt kritisch durchleuchtet? | O | O | O | O | O |

# E. Informationen zur Erfolgssituation Ihres Unternehmens

| **Wie sind Sie mit der Entscheidungsqualität in Ihrem Unternehmen zufrieden?** | *Trifft gar nicht zu* … *Trifft voll zu* |
|---|---|
| Mit der Informationsgrundlage bei wichtigen Entscheidungen bin ich sehr zufrieden. | O O O O O |
| Der Ablauf wichtiger Entscheidungen ist sehr zufrieden stellend. | O O O O O |
| Die Umsetzung wichtiger Entscheidungen ist sehr zufrieden stellend. | O O O O O |
| Die Ergebnisse wichtiger Entscheidungen sind sehr zufrieden stellend. | O O O O O |
| Die Kontrolle wichtiger Entscheidungen ist sehr zufrieden stellend. | O O O O O |

| **Wie schätzen Sie den Erfolg Ihres Unternehmens im Vergleich zu Ihren Wettbewerbern ein bezüglich ... ?** | *Sehr schlecht* … *Sehr gut* |
|---|---|
| ...Erzielung von hoher Kundenzufriedenheit | O O O O O |
| ...Erzielung eines hohen Nutzens für die Kunden | O O O O O |
| ...Schaffung von Wert für die Kunden | O O O O O |
| ...Bindung bestehender Kunden | O O O O O |
| ...Gewinnung von Neukunden | O O O O O |
| ...Zurückgewinnung von verärgerten Kunden | O O O O O |
| ...Erreichung des angestrebten Wachstums | O O O O O |
| ...Erreichung des angestrebten Marktanteils | O O O O O |
| ...Aufbau eines positiven Geschäftsimages | O O O O O |

| **Wie schätzen Sie die Flexibilität Ihres Unternehmens im Vergleich zu Ihren Wettbewerbern ein bezüglich ... ?** | *Sehr schlecht* … *Sehr gut* |
|---|---|
| ...Hohe Anpassungsfähigkeit/ Flexibilität der Organisation | O O O O O |
| ...Schnelle Anpassung der Produkte an neue Kundenbedürfnisse | O O O O O |
| ...Schnelle Reaktion auf neue Entwicklungen am Markt | O O O O O |
| ...Schnelle Nutzung neuer Marktchancen | O O O O O |

| **Wie verhält sich nach Ihrer Einschätzung der Erfolg Ihres Unternehmens im Vergleich zu dem Ihrer Wettbewerber?** | *Sehr viel schlechter* … *Ähnlich* … *Sehr viel besser* |
|---|---|
| Unsere Umsatzrendite war im letzten Geschäftsjahr im Vergleich zu unseren Wettbewerbern... | O O O O O |
| Unsere Umsatzrendite war im Durchschnitt der letzten drei Geschäftsjahre im Vergleich zu unseren Wettbewerbern... | O O O O O |
| Die Entwicklung unserer Umsatzrendite war in den letzten drei Jahren im Vergleich zu der unserer Wettbewerber... | O O O O O |

**Wie hoch ist die Eigenkapitalquote Ihres Unternehmens derzeit ungefähr?**

| | | | |
|---|---|---|---|
| O Unter 10% | O 11 – 20% | O 21 – 30% | O 31 – 40% |
| O 41 - 50% | O 51 - 60% | O 61 - 70% | O 71 - 80% |
| O 81 - 90% | O 91 – 100% | | |

# F. Informationen zu Ihnen und Ihrem Unternehmen

| **Bitte beantworten Sie folgende Fragen zu Ihrer Person:** | | | | |
|---|---|---|---|---|
| In welcher Position sind Sie tätig? | ____________ | | | |
| Seit wie vielen Jahren sind Sie in dieser Position tätig? | ____ | | | |
| Ist Ihr Unternehmen eigentümergeführt? | Nein | O | Ja | O |
| Ist Ihr Unternehmen in Familienbesitz? | Nein | O | Ja | O |

**Welcher Branche gehört Ihr Unternehmen an?** *(Bitte nur eine Branche ankreuzen.)*

| | | | | | |
|---|---|---|---|---|---|
| O | Konsumgüterindustrie | O | Maschinen- und Apparatebau | O | Chemie/ Kunststoff |
| O | Automobil/ Zulieferindustrie | O | Elektrotechnik/ Feinmechanik/ Optik | O | Großhandel |
| O | Einzelhandel | O | Sonstige Dienstleistungen | O | Handwerk |
| O | Bau | O | andere: ____________ | | |

**Wie groß ist das Umsatzvolumen Ihres Unternehmens derzeit ungefähr (in Mio. €/ Jahr)?**

| | | | |
|---|---|---|---|
| O bis 1 | O 1-10 | O 10-25 | O 25-50 |
| O 50-100 | O 100-250 | O 250-500 | O 500 und mehr |

| **Wie viele Mitarbeiter beschäftigt Ihr Unternehmen derzeit ungefähr?** | ____ |
|---|---|

| **Wie beurteilen Sie die Kapitalbindung Ihres Unternehmens?** | *Trifft gar nicht zu* … *Trifft voll zu* |
|---|---|
| Unsere Kapitalbindung bewegt sich auf sehr hohem Niveau. | O O O O O |
| Um wettbewerbsfähig zu bleiben, ist es notwendig, regelmäßig viel Kapital zu binden. | O O O O O |
| Die Kapitalbindung unseres Geschäftes ist sehr groß. | O O O O O |

| **Inwieweit treffen folgende Aussagen auf das Controlling in Ihrem Unternehmen zu?** | *Nein* | *Ja* |
|---|---|---|
| In unserem Unternehmen existiert eine Controllingabteilung. | O | O |
| Controllingaufgaben (z. B. Informationsversorgung, Planung, Kontrolle) werden in unserem Unternehmen durch andere Abteilungen/ Träger wahrgenommen. | O | O |

| **Wie beurteilen Sie die Entscheidungsunsicherheit in Ihrem Unternehmen?** | *Trifft gar nicht zu* … *Trifft voll zu* |
|---|---|
| Es ist häufig nicht zu sagen, welche Methode die Beste im Umgang mit Problemen ist. | O O O O O |
| Es ist manchmal sogar im Nachhinein schwierig, eine Entscheidung zu beurteilen. | O O O O O |
| Ich bin mir häufig unsicher, welche Faktoren in eine Entscheidung einbezogen werden sollten. | O O O O O |
| Ich sehe mich häufig Schwierigkeiten ausgesetzt, mit denen ich bisher noch nie zu tun hatte. | O O O O O |

# Vielen Dank für Ihre Mitarbeit!

Wissenschaftliche Hochschule

für Unternehmensführung (WHU)

Otto-Beisheim-Hochschule

Lehrstuhl für Controlling

Frau Mascha Sorg

Burgplatz 2

56179 Vallendar

Bitte senden Sie den ausgefüllten Fragebogen per Post an die o. g. Adresse oder per Fax (0261/ 6509 – 479) zurück.

Ein portofreier Rückumschlag liegt bei.

Falls Sie Anmerkungen, Anregungen oder Kritik haben, bitten wir Sie, uns diese hier mitzuteilen:

# Literaturverzeichnis

Achleitner, Ann-Kristin/ Fingerle, Christian H. (2004): Finanzierungssituation des deutschen Mittelstands, in: Achleitner, Ann-Kristin/ Einem, Christoph von/ Schröder, Benedikt von (Hrsg.): Private Debt - alternative Finanzierung für den Mittelstand: Finanzmanagement, Rekapitalisierung, Institutionelles Fremdkapital, Stuttgart: Schäffer - Poeschel, S. 5 - 40.

Ahn, Heinz/ Dyckhoff, Harald (1997): Organisatorische Effektivität und Effizienz, Wirtschaftswissenschaftliches Studium, 26. Jg. (H. 1), S. 2 - 6.

Albach, Horst/ Albach, Renate (1989): Das Unternehmen als Institution: Rechtlicher und gesellschaftlicher Rahmen: Eine Einführung, Wiesbaden: Gabler.

Albers, Sönke/ Hildebrandt, Lutz (2006): Methodische Probleme bei der Erfolgsfaktorenforschung - Messfehler, formative versus reflektive Indikatoren und die Wahl des Strukturgleichungs-Modells, Zeitschrift für betriebswirtschaftliche Forschung, 58. Jg. (Februar 2006), S. 2 - 33.

Albrecht, Frank (1993): Strategisches Management der Unternehmensressource Wissen: inhaltliche Ansatzpunkte und Überlegungen zu einem konzeptionellen Gestaltungsrahmen, Frankfurt a. M. [et al]. Zugl.: Berlin, Techn. Univ., Diss., 1992.

Alexander, Volbert/ Bohl, Martin (2000): Das Finanzsystem in Deutschland, in: Hagen, Jürgen von/ Stein, Johann Heinrich von (Hrsg.): Obst/ Hintner: Geld-, Bank- und Börsenwesen: Handbuch des Finanzsystems, 40. Auflage, Stuttgart: Schäffer-Poeschel, S. 447 - 470.

Allen, Franklin/ Gale, Douglas (1995): A Welfare Comparison of Intermediaries and Financial Markets in Germany and the US, European Economic Review, Vol. 39, S. 179 - 209.

Amason, Allen C. (1996): Distinguishing the Effects of Functional and Dysfunctional Conflict on Strategic Decision Making: Resolving a Paradox for Top Management Teams, Academy of Management Journal, Vol. 39 (No. 1), S. 123 - 148.

Anderson, James C./ Gerbing, David W./ Hunter, John E. (1987): On the Assessment of Unidimensional Measurement: Internal and External Consistency, and Overall Consistency Criteria, Journal of Marketing Research, Vol. XXIV (November 1987), S. 432 - 437.

Anderson, James C./ Narus, James A. (1986): Toward a Better Understanding of Distribution Channel Relationships, in: Backhaus, Klaus/ Wilson, David T. (Hrsg.): Industrial Marketing: A German-American Perspective, Berlin [et al.]: Springer, S. 320 - 336.

Arbeitskreis "Finanzierung" der Schmalenbach-Gesellschaft (1988): Ansätze zur Gestaltung eines Netzes von Bankverbindungen durch eine Unternehmung, Zeitschrift für betriebswirtschaftliche Forschung, 40. Jg., S. 739 - 767.

Arens, Wolfgang/ Schäfer, H.-Jürgen (2001): Der Steuerberater als Krisenmanager: Sanierung und Insolvenz des Mandantenunternehmens, Berlin: Deutsches Steuerberaterinstitut.

Armstrong, J. Scott/ Overton, Terry S. (1977): Estimating Nonresponse Bias in Mail Surveys, Journal of Marketing Research, Vol. XIV (August 1977), S. 396 - 402.

Arndt, Wolfgang (1995): Die Bedeutung von Eigenkapitalausstattung und Managementqualifikation für die Kapitalversorgung mittelständischer Unternehmen, Hamburg: Kovac.

Atteslander, Peter (2003): Methoden der empirischen Sozialforschung, 10., neu bearbeitete und erweiterte Auflage, Berlin: Walter de Gruyter.

Audretsch, David B./ Elston, Julie Ann (1997): Financing the German Mittelstand, Small Business Economics, Vol. 9, S. 97 - 110.

Aust, René (1999): Kostenrechnung als unternehmensinterne Dienstleistung, Zugl.: Koblenz, Wiss. Hochsch. für Unternehmensführung, Diss., 1999.

Avolio, Bruce J./ Howell, Jane M./ Sosik, John J. (1999): A Funny Thing Happened on the Way to the Bottom Line: Humor as a Moderator of Leadership Styles Effects, Academy of Management Journal, Vol. 42 (No.2), S. 219 - 227.

Bach, Sabine/ Brettel, Malte/ Grothe, Martin/ Schäffer, Utz/ Weber, Jürgen (2001): Grundmodell einer dynamischen Theorie ökonomischer Akteure, in: Weber, Jürgen/ Schäffer, Utz (Hrsg.): Rationalitätssicherung der Führung: Beiträge zu einer Theorie des Controlling, Wiesbaden: Gabler, S. 95-104.

Backhaus, Klaus/ Erichson, Bernd/ Plinke, Wulff/ Weiber, Rolf (2006): Multivariate Analysemethoden: Eine anwendungsorientierte Einführung, 11., überarbeitete Auflage, Berlin [et al.]: Springer.

Baetge, Jörg/ Dossmann, Christiane/ Kruse, Ariane (2000): Krisendiagnose mit Künstlichen Neuronalen Netzen, in: Hauschildt, Jürgen/ Leker, Jens (Hrsg.): Krisendiagnose durch Bilanzanalyse, 2., neu bearbeitete und erweiterte Auflage, Köln: Dr. Otto Schmidt, S. 179 - 220.

Baetge, Jörg/ Kirsch, Hans-Jürgen/ Thiele, Stefan (2004): Bilanzanalyse, 2., vollständig überarbeitete und erweiterte Auflage, Düsseldorf: IDW Verlag.

Bagozzi, Richard P. (1982): The Role of Measurement in Theory Construction and Hypothesis Testing: Towards a Holistic Model, in: Fornell, Claes (Hrsg.): A Second Generation of Multivariate Analysis: Vol. 2: Measurement and Evaluation, New York: Praeger Publishers, S. 5 - 23.

Bagozzi, Richard P. (1994): Measurement in Marketing Research: Basic Principles of Questionnaire Design, in: Bagozzi, Richard P. (Hrsg.): Principles of Marketing Research, Cambridge, Massachusetts [et al.]: Basil Blackwell Ltd., S. 1 - 49.

Bagozzi, Richard P./ Baumgartner, Hans (1994): The Evaluation of Structural Equation Models and Hypotheses Testing, in: Bagozzi, Richard P. (Hrsg.): Principles of Marketing Research, Cambridge, Massachusetts [et al.]: Basil Blackwell Ltd., S. 386 - 422.

Bagozzi, Richard P./ Fornell, Claes (1982): Theoretical Concepts, Measurements, and Meaning, in: Fornell, Claes (Hrsg.): A Second Generation of Multivariate Analysis: Vol. 2: Measurement and Evaluation, New York: Praeger Publishers, S. 24 - 38.

Bagozzi, Richard P./ Phillips, Lynn W. (1982): Representing and Testing Organizational Theories: A Holistic Construal, Administrative Science Quarterly, Vol. 27, S. 459 - 489.

Bagozzi, Richard P./ Yi, Youjae (1988): On the Evaluation of Stuctural Equation Models, Journal of the Academy of Marketing Science, Vol. 16 (No. 1), S. 74 - 94.

Bagozzi, Richard P./ Yi, Youjae/ Phillips, Lynn W. (1991): Assessing Construct Validity in Organizational Research, Administrative Science Quarterly, Vol. 36, S. 421 - 458.

Balderjahn, Ingo (1995): Einstellungen und Einstellungsmessung, in: Tietz, Bruno/ Köhler, Richard/ Zentes, Joachim (Hrsg.): Handwörterbuch Marketing, 2., völlig neu gestaltete Auflage, Stuttgart: Schäffer - Poeschel, S. 541 - 554.

Barclay, Donald/ Higgins, Christopher/ Thompson, Ronald (1995): The Partial Least Squares (PLS) Approach to Causal Modeling: Personal Computer Adoption and Use as an Illustration, Technology Studies, Vol. 2, S. 285 - 309.

Baron, Reuben/ Kenny, David A. (1986): The Moderator-Mediator Variable Distinction in Social Psychological Research: Conceptual, Strategic, and Statistical Considerations, Journal of Personality and Social Psychology, Vol. 51 (No. 6), S. 1173 - 1182.

Baron, Robert A. (1998): Cognitive mechanisms in entrepreneurship: Why and when entrepreneurs think differently than other people, Journal of Business Venturing, Vol. 13 (No. 4), S. 275 - 294.

Bartling, Ulrich (1985): Unternehmensberatung als externe Stabsstelle des Managements: Eine Untersuchung der Funktionen und Bedeutung der Unternehmensberatung unter besonderer Berücksichtigung ihrer Relevanz für Klein- und Mittelbetriebe, Frankfurt a.M. [et al.]: Peter Lang.

Baseler Ausschuss für Bankenaufsicht [Hrsg.] (2003): Konsultationspapier: Die Neue Baseler Eigenkapitalvereinbarung.

Bassen, Alexander (2002): Institutionelle Investoren und Corporate Governance: Analyse der Einflussnahme unter besonderer Berücksichtigung börsennotierter Wachstumsunternehmen, Wiesbaden. Zugl.: Oestrich-Winkel, European Business School, Habil.-Schr., 2001.

Bauer, Michael (2002): Controllership in Deutschland: Zur erfolgreichen Zusammenarbeit von Controllern und Managern, Wiesbaden. Zugl.: Koblenz, Wiss. Hochsch. für Unternehmensführung, Diss., 2001.

Baums, Theodor/ Fraune, Christian (1995): Institutionelle Anleger und Publikumsgesellschaft: Eine empirische Untersuchung, Die Aktiengesellschaft, 40. Jg. (03/ 1995), S. 97 - 112.

Baums, Theodor/ Randow, Philipp von (1995): Der Markt für Stimmrechtsvertreter, Die Aktiengesellschaft, 40. Jg. (04/ 1995), S. 145 - 163.

Bea, Franz Xaver (2001): Einleitung: Führung, in: Bea, Franz Xaver/ Dichtl, Erwin/ Schweitzer, Marcell (Hrsg.): Allgemeine Betriebswirtschaftslehre: Bd. 2: Führung, 8., neubearbeitete und erweiterte Auflage, Stuttgart: Lucius & Lucius, S. 1-15.

Bearden, William O./ Netemeyer, Richard G./ Mobley, Mary F. (1993): Handbook of Marketing Scales: Multi-Item Measures for Marketing and Consumer Behavior Research, Newbury Park [et al.]: Sage Publications.

Becker, Albrecht (1996): Rationalität strategischer Entscheidungsprozesse: Ein strukturationstheoretisches Konzept, Wiesbaden: DUV.

Becker, Bernhard/ Müller, Stefan (2003): Implikationen der Rating-gestützten Kreditvergabe für mittelständische Unternehmen, Controlling, Oktober 2003, S. 533 - 542.

Becker, Horst (1984): Effizienz und Macht in Organisationen: Grundlagen, Wechselbeziehungen und Veränderungsmöglichkeiten, Management-Zeitschrift io, 53. Jg. (Nr. 5), S. 233 - 238.

Becker, Johannes (2003): Die Entscheidungsanomalien des homo oeconomicus, in: Beckenbach, Frank/ Hampicke, Ulrich/ Leipert, Christian/ Meran, Georg/ Minsch, Jürgen/ Nutzinger, Hans G./ Pfriem, Reinhard/ Weimann, Joachim/ Wirl, Franz/ Witt, Ulrich (Hrsg.): Psychologie und Umweltökonomik, Marburg: Metropolis, S. 41 - 110.

Benkenstein, Martin (1993): Dienstleistungsqualität: Ansätze zur Messung und Implikationen für die Steuerung, Zeitschrift für Betriebswirtschaft, 63. Jg. (H.11), S. 1095 - 1116.

Bennewitz, Anja/ Kasterich, Axel (2004): Krisenfrüherkennung und Krisenbewältigung im mittelständischen Firmenkundengeschäft aus der Sicht von Kreditinstituten, in: Schmeisser, Wilhelm/ Bretz, Michael/ Keßler, Jürgen/ Krimphove, Dieter (Hrsg.): Handbuch Krisen- und Insolvenzmanagement: Wie mittelständische Unternehmen die Wende schaffen, Stuttgart: Schäffer-Poeschel, S. 3 - 22.

Bentler, P.M. (1983): Simultaneous Equation Systems as Moment Structure Models: With an Introduction to Latent Variable Models, Journal of Econometrics, Vol. 22, S. 13 - 42.

Bentler, P.M./ Bonett, Douglas G. (1980): Significance Tests and Goodness of Fit in the Analysis of Covariance Structures, Psychological Bulletin, Vol. 88 (No. 3), S. 588 - 606.

Berblinger, Jürgen (1996): Marktakzeptanz des Rating durch Qualität, in: Büschgen, Hans E./ Everling, Oliver (Hrsg.): Handbuch Rating, Wiesbaden: S. 21 - 110.

Berger, Allen N./ Udell, Gregory F. (1995): Relationship Lending and Lines of Credit in Small Firm Finance, Journal of Business, Vol. 68 (No. 3), S. 353 - 381.

Betzin, Jörg/ Henseler, Jörg (2005): Einführung in die Funktionsweise des PLS-Algorithmus, in: Bliemel, Friedhelm/ Eggert, Andreas/ Fassott, Georg/ Henseler, Jörg (Hrsg.): Handbuch PLS-Pfadmodellierung: Methode, Anwendung, Praxisbeispiele, Stuttgart: Schäffer-Poeschel, S. 49 - 69.

Bhargava, Mukesh/ Dubelaar, Chris/ Ramaswami, Sridhar (1994): Reconciling Diverse Measures of Performance: A Conceptual Framework and Test of a Methodology, Journal of Business Research, Vol. 31, S. 235 - 246.

Bickel, Wolfgang (1981): Der gewerbliche Mittelstand heute - Definition und Einordnung, Zeitschrift für Organisation, 50. Jg. (04/ 1981), S. 181 - 184.

Bisani, Hans Paul (2004): Entwicklung der Kreditpreise, in: Übelhör, Matthias/ Warns, Christian (Hrsg.): Basel II: Auswirkungen auf die Finanzierung: Unternehmen und Banken im Strukturwandel, Heidenau: PD-Verlag, S. 107 - 150.

Blackwell, David W./ Winters, Drew B. (1997): Banking Relationships and the Effect of Monitoring on Loan Pricing, The Journal of Financial Research, Vol. XX (No. 2), S. 275 - 289.

Bliemel, Friedhelm/ Eggert, Andreas/ Fassott, Georg/ Henseler, Jörg (2005): Die PLS-Pfadmodellierung: Mehr als eine Alternative zur Kovarianzstrukturanalyse, in: Bliemel, Friedhelm/ Eggert, Andreas/ Fassott, Georg/ Henseler, Jörg (Hrsg.): Handbuch PLS-Pfadmodellierung: Methode, Anwendung, Praxisbeispiele, Stuttgart: Schäffer-Poeschel, S. 9 - 16.

Blochwitz, Stefan/ Eigermann, Judith (2000): Krisendiagnose durch quantitatives Credit-Rating mit Fuzzy-Regeln, in: Hauschildt, Jürgen/ Leker, Jens (Hrsg.): Krisendiagnose durch Bilanzanalyse, 2., neu bearbeitete und erweiterte Auflage, Köln: Dr. Otto Schmidt, S. 240 - 266.

Bode, Jürgen (1997): Der Informationsbegriff in der Betriebswirtschaftslehre, Zeitschrift für betriebswirtschaftliche Forschung, 49. Jg. (H. 5), S. 449 - 468.

Bohner, Gerd (2002): Einstellungen, in: Stroebe, Wolfgang/ Jonas, Klaus/ Hewstone, Miles (Hrsg.): Sozialpsychologie: Eine Einführung, 4. Auflage, Heidelberg: Springer, S. 266 - 315.

Bohrnstedt, George W. (1977a): Reliability and Validity Assessment in Attitude Measurement, in: Summers, Gene F. (Hrsg.): Attitude Measurement, London: Kershaw Publishing Company, S. 80 - 99.

Bohrnstedt, George W. (1977b): Use of the Multiple Indicators-Multiple Causes (MIMIC) Model, American Sociological Review, Vol. 42 (No. 4), S. 656 - 663.

Boisot, Max/ Canals, Agustí (2004): Data, Information and Knowledge: Have We Got It Right?, Journal of Evolutionary Economics, Vol. 14, S. 43 - 67.

Bollen, Kenneth (1990): Overall Fit in Covariance Structure Models: Two Types of Sample Size Effects, Psychological Bulletin, Vol. 107 (No. 2), S. 256 - 259.

Bollen, Kenneth/ Lennox, Richard (1991): Conventional Wisdom on Measurement: A Structural Equation Perspective, Psychological Bulletin, Vol. 110 (No. 2), S. 305 - 314.

Boomsma, A. (1982): The Robustness of Lisrel against Small Sample Sizes in Factor Analysis Models, in: Jöreskog, Karl G./ Wold, Hermann (Hrsg.): Systems under Indirect Observation: Causality - Structure - Prediction: Part 1, Amsterdam [et al.]: North-Holland Publishing Company, S. 149 - 173.

Boot, Arnoud W.A. (2000): Relationship Banking: What Do We Know?, Journal of Financial Intermediation, Vol. 9, S. 7 - 25.

Boot, Arnoud W.A./ Thakor, Anjan V. (2000): Can Relationship Banking Survive Competition?, The Journal of Finance, Vol. LV (No. 2), S. 679 - 713.

Borgel, Günter/ Loch, Friedemann/ Thelen-Pischke, Hiltrud (2005): Auf dem Weg zur nationalen Umsetzung von Basel II, Zeitschrift für das gesamte Kreditwesen, 17/ 2005, S. 910 - 911.

Breitkopf, Sybille Katharina (1999): Externes Controlling: eine konzeptionelle und empirische Analyse am Beispiel des marktorientierten Kostenmanagements in der Bekleidungsindustrie, Frankfurt a.M. [et al]. Zugl.: Münster, Univ., Diss., 1997.

Brettel, Malte/ Rudolf, Markus/ Witt, Peter (2005): Finanzierung von Wachstumsunternehmen: Grundlagen - Finanzierungsquellen - Praxisbeispiele, Wiesbaden: Gabler.

Brinkmann, Thomas (1993): Banken als Unternehmensberater für mittelständische Firmenkunden, Nürnberg.

Brown, William O./ Maloney, Michael T. (1999): Exit, Voice and the Role of Corporate Directors: Evidence from Acquisition Performance, Claremont, California.

Bruner, Gordon C. II/ Hensel, Paul J. (1992): Marketing Scales Handbook, Chicago: American Marketing Association.

Brunner, Antje/ Krahnen, Jan Pieter/ Weber, Martin (2000): Information Production in Credit Relationships: On the Role of Information Production in Credit Relationships, Frankfurt a.M.

Brunner, Karl/ Meckling, William H. (1977): The Perception of Man and the Conception of Government, Journal of Money, Credit and Banking, S. 70 - 85.

Buchhart, Anton (2001): Insolvenzprophylaxe und Sanierung kleiner und mittlerer Unternehmen: eine finanzierungstheoretische Analyse unter besonderer Berücksichtigung der InsO, Hamburg. Zugl.: Eichstätt, Kath. Univ., Diss., 2001.

Buchmann, Peter (1996): Beratungskompetenz im mittelständischen und freiberuflichen Kreditgeschäft: Die Existenzgründungs-, Bestands- und Krisenphase als besondere Herausforderung, Stuttgart: Deutscher Sparkassen-Verlag.

Buckley, Peter J. (1999): Alternatives to Decline, Threat or Scarcity: Exit, Voice, Loyalty and Institutional Response, Management International Review (mir), Vol. 39 (Special Issue, 01/ 1999), S. 45 - 53.

Bundesanstalt für Finanzdienstleistungsaufsicht (2002): Rundschreiben 34/ 2002 (BA) an alle Kreditinstitute in der Bundesrepublik Deutschland: Mindestanforderungen an das Kreditgeschäft der Kreditinstitute, Bonn.

Bundesanstalt für Finanzdienstleistungsaufsicht (2005): Rundschreiben 18/ 2005: Mindestanforderungen an das Risikomanagement, Bonn.

Burke, Marian C. (1984): Strategic Choice and Marketing Managers: An Examination of Business Level Marketing Objectives, Journal of Marketing Research, Vol. XXI (November 1984), S. 345 - 359.

Buschmeier, Ulrike (1994): Macht und Einfluß in Organisationen, Göttingen. Zugl.: Göttingen, Univ., Diss., 1994.

Busenitz, Lowell W./ Barney, Jay B. (1994): Biases and heuristics in strategic decision making: Differences between entrepreneurs and managers in large organisations, Academy of Management Proceedings, S. 85 - 90.

Bussiek, Jürgen (1994): Informationsmanagement im Mittelstand: Erfolgspotentiale erkennen und nutzen, Wiesbaden: Gabler.

Bussiek, Jürgen (1996): Anwendungsorientierte Betriebswirtschaftslehre für Klein- und Mittelunternehmen, 2., durchgesehene Auflage, München [et al.]: Oldenbourg.

Cable, John (1985): Capital Market Information and Industrial Performance: The Role of West German Banks, The Economic Journal, Vol. 95 (No. 377), S. 118 - 132.

Cannon, Joseph P./ Homburg, Christian (2001): Buyer-Supplier Relationships and Customer Firm Costs, Journal of Marketing, Vol. 65 (January 2001), S. 29 - 43.

Carmines, Edward G./ Zeller, Richard A. (1979): Reliability and Validity Assessment, Newbury Park [et al.].

Caroli, Tobias Sebastian (2006): Beratung gibt es überall: nun auch durch Controller?, Zeitschrift für Controlling und Management, 50. Jg. (H. 4), S. 228 - 233.

Carte, Traci A./ Russell, Craig J. (2003): In Pursuit of Moderation: Nine Common Errors and Their Solutions, MIS Quarterly, Vol. 27 (No. 3), S. 479 - 501.

Cartwright, Dorwin (1987): Influence, Leadership, Control, in: March, James G. (Hrsg.): Handbook of Organizations, Vol. 1, New York [et al.]: Garland, S. 1 - 47.

Chandon, Pierre/ Morwitz, Vicky G./ Reinartz, Werner (2005): Do Intentions Really Predict Behavior? Self-Generated Validity Effects in Survey Research, Journal of Marketing, Vol. 69 (April 2005), S. 1 -14.

Chicha, Joseph/ Julien, Pierre-André/ Marchesnay, Michel (1990): Strategieformulierung und -anwendung in kleinen und mittleren Unternehmen, Internationales Gewerbearchiv, S. 188 - 201.

Chin, Wynne W. (1998): The Partial Least Squares Approach to Structural Equation Modeling, in: Marcoulides, George A. (Hrsg.): Modern Methods for Business Research, Mahwah, New Jersey: Lawrence Erlbaum, S. 295 - 336.

Chin, Wynne W./ Marcolin, Barbara L./ Newsted, Peter R. (2003): A Partial Least Squares Latent Variable Modeling Approach for Measuring Interaction Effects: Results from a Monte Carlo Simulation Study and an Electronic-Mail Emotion/ Adoption Study, Information Systems Research, Vol. 14 (No. 2), S. 189 - 217.

Chin, Wynne W./ Newsted, Peter R. (1999): Structural Equation Modeling With Small Samples Using Partial Least Squares, in: Hoyle, Rick H. (Hrsg.): Statistical Strategies for Small Sample Research, S. 307 - 341.

Chin, Wynne. W. (2000): Frequently Asked Questions – Partial Least Squares & PLS-Graph, Home Page. Available at: http:/ / disc-nt.cba.uh.edu/ chin/ plsfaq.htm; 01.06.2006.

Chirinko, Robert S./ Elston, Julie Ann (2006): Finance, Control and Profitability: The Influence of German Banks, Journal of Economic Behavior & Organization, Vol. 59, S. 69 - 88.

Church, Allan H. (1993): Estimating the Effect of Incentives on Mail Survey Response Rates: A Meta-Analysis, Public Opinion Quarterly, Vol. 57 (No. 1), S. 62 - 79.

Churchill, Gilbert A. Jr. (1979): A Paradigm for Developing Better Measures of Marketing Constructs, Journal of Marketing Research, Vol. XVI, S. 64 - 73.

Churchill, Gilbert A. Jr. (1999): Marketing Research: Methodological Foundations, 7. Auflage, Fort Worth [et al.]: Dryden Press.

Clausen, Peter (2005): Offenlegung der wirtschaftlichen Verhältnisse gegenüber Banken bei Kreditaufnahme - Aktuelle Entwicklungen, Der Betrieb, (H. 29), S. 1534 - 1535.

Claussen, Rainer (2003): Die Branche als Determinante für das Rating und das Advisory, in: Achleitner, Ann-Kristin/ Everling, Oliver (Hrsg.): Rating Advisory: Mit professioneller Beratung zum optimalen Bonitätsurteil, Wiesbaden: Gabler, S. 215 - 223.

Comer, James M. (1984): A Psychometric Assessment of a Measure of Sales Representatives' Power Perceptions, Journal of Marketing Research, Vol. XXI, S. 221 - 225.

Cortina, Jose M. (1993): What Is Coefficient Alpha? An Examination of Theory and Applications, Journal of Applied Psychology, Vol. 78 (No.1), S. 98 - 104.

Cronbach, Lee J. (1951): Coefficient Alpha and the Internal Structure of Tests, Psychometrika, Vol. 16 (No. 3), S. 297 - 334.

Dahl, Robert A. (1957): The Concept of Power, Behavioral Science, 2. Jg. (Heft 1), S. 201 - 215.

Darrow, Arthur L./ Kahl, Douglas R. (1982): A Comparison of Moderated Regression Techniques Considering Strength of Effect, Journal of Management, Vol. 8 (No. 2), S. 35 - 47.

Daschmann, Hans Achim (1994): Erfolgsfaktoren mittelständischer Unternehmen: Ein Beitrag zur Erfolgsfaktorenforschung, Stuttgart: Schaeffer-Poeschel.

Davenport, Thomas H./ Prusak, Laurence (1998): Wenn Ihr Unternehmen wüßte, was es alles weiß...: das Praxisbuch zum Wissensmanagement, Landsberg/ Lech: Verlag Moderne Industrie.

David, Ulrich (2005): Strategisches Management von Controllerbereichen, Wiesbaden. Zugl.: Vallendar, Wiss. Hochsch. f. Unternehmensführung, Diss., 2005.

Dawid, Herbert/ Kopel, Michael (2003): A Comparison of Exit and Voice Relationships under Common Uncertainty, Journal of Economics & Management Strategy, Vol. 12 (No. 4), S. 531 - 555.

Degener, Mirko (2004): Unternehmenserfolg und soziale Verantwortung: Unternehmenskultur und Human Resource Management und deren Einfluss auf den ökonomischen Erfolg und das subjektive Erleben der Beschäftigten, Frankfurt a.M. Zugl.: Potsdam, Univ., Diss., 2003.

Degryse, Hans/ Cayseele, Patrick van (2000): Relationship Lending within a Bank-Based System: Evidence from European Small Business Data, Journal of Financial Intermediation, Vol. 9, S. 90 - 109.

Deipenbrock, Gudula (2004): Das interne Rating - Von den Risiken der Risikoanalyse. Eine kritische Annäherung an aktuelle rechtliche Aspekte, in: Schmeisser, Wilhelm/ Bretz, Michael/ Keßler, Jürgen/ Krimphove, Dieter (Hrsg.): Handbuch Krisen- und Insolvenzmanagement: Wie mittelständische Unternehmen die Wende schaffen, Stuttgart: Schäffer-Poeschel, S. 43 - 54.

Dess, Gregory G./ Robinson, Richard B. (1984): Measuring Organizational Performance in the Absence of Objective Measures: The Case of the Privately-held Firm and Conglomerate Business Unit, Strategic Management Journal, Vol. 5, S. 265 - 273.

Deter, Henryk/ Diegelmann, Michael (2003): Creditor Relations - Instrument zur langfristigen Finanzierungssicherung, in: Deter, Henryk/ Diegelmann, Michael (Hrsg.): Creditor Relations: Beziehungsmanagement mit Fremdkapitalgebern, 1. Auflage, Frankfurt: Bankakademie-Verlag, S. 1 - 19.

Deutsche Bank AG (2006): Allgemeine Geschäftsbedingungen der Deutschen Bank Privat- und Geschäftskunden AG, Frankfurt a. M.

Deutsche Bundesbank (2001): Die neue Baseler Eigenkapitalvereinbarung, Monatsbericht der Deutschen Bundesbank, April 2001, S. 15 - 44.

Deutsche Bundesbank (2003): Neue Mindestanforderungen an das Kreditgeschäft: MaK und Basel II, Monatsbericht der Deutschen Bundesbank, Januar 2003, S. 45 - 58.

Deutsche Bundesbank (2004): Neue Eigenkapitalanforderungen für Kreditinstitute (Basel II), Monatsbericht der Deutschen Bundesbank, September 2004, S. 75 - 100.

Deutsche Bundesbank (2005): Ertragslage und Finanzierungsverhältnisse deutscher Unternehmen - eine Untersuchung auf neuer Datenbasis, Monatsbericht der Deutschen Bundesbank, Oktober 2005, S. 33 - 71.

Deutsches Aktieninstitut (2004): DAI-Factbook 2004: Statistiken, Analysen und Graphiken zu Aktionären, Aktiengesellschaften und Börsen, Frankfurt a. M.

DeVellis, Robert F. (2003): Scale Development: Theory and Applications, 2. Auflage, Thousand Oaks, California: Sage Publications.

Diaconis, Persi/ Efron, Bradley (1983): Computer-Intensive Methods in Statistics, Scientific American, May 1983, S. 96 - 108.

Diamantopoulus, Adamantios (1999): Viewpoint: Export Performance Measurement: Reflective vs. Formative Indicators, International Marketing Review, Vol. 16 (No. 6), S. 444 - 457.

Diamantopoulus, Adamantios/ Winklhofer, Heidi (2001): Index Construction with Formative Indicators: An Alternative to Scale Development, Journal of Marketing Research, Vol. XXXVIII, S. 269 - 277.

Dibbern, Jens/ Chin, Wynne W. (2005): Multi-Group Comparison: Testing a PLS Model on the Sourcing of Application Software Services across Germany and the U.S.A. Using a Permutation Based Algorithm, in: Bliemel, Friedhelm/ Eggert, Andreas/ Fassott, Georg/ Henseler, Jörg (Hrsg.): Handbuch PLS-Pfadmodellierung: Methode, Anwendung, Praxisbeispiele, Stuttgart: Schäffer - Poeschel, S. 135 - 159.

Diehl, Ulrike/ Loistl, Otto/ Rehkugler, Heinz (1998): Effiziente Kapitalmarktkommunikation, Stuttgart: Schäffer-Poeschel.

Diekmann, Andreas (2004): Empirische Sozialforschung: Grundlagen, Methoden, Anwendungen, 12. Auflage, Reinbek bei Hamburg: Rowohlt Taschenbuch Verlag.

Dintner, Rolf/ Schorcht, Heike (1999): Empirische Untersuchungen zum Controlling in mittelständischen Unternehmen Thüringens, in: Dintner, Rolf (Hrsg.): Controlling in kleinen und mittelgroßen Unternehmen: Klassifikation, Stand und Entwicklung, Frankfurt a.M.: Peter Lang, S. 67 - 309.

Dittrich, Regina/ Flaschberger, Hannes/ Frank, Hermann (1995): Der Arbeitsalltag von Unternehmern und Managern. Ergebnisse einer vergleichenden Analyse von teilnehmenden Beobachtungen in Klein-, Mittel- und Großbetrieben, Internationales Gewerbearchiv, 43, S. 196 - 210.

Doberanzke, Volker (1993): Exklusive Finanzierung mittelständischer Unternehmen, Wiesbaden. Zugl.: Frankfurt a. M., Univ., Diss., 1992.

Doney, Patricia M./ Cannon, Joseph P. (1997): An Examination of the Nature of Trust in Buyer-Seller Relationships, Journal of Marketing, Vol. 61 (April 1997), S. 35 - 51.

Dresdner Bank AG (2006): Allgemeine Geschäftsbedingungen, Frankfurt a. M.

Dyckhoff, Harald/ Ahn, Heinz (2001): Sicherstellung der Effektivität und Effizienz der Führung als Kernfunktion des Controlling, Kostenrechnungspraxis (krp), 45. Jg. (H. 2), S. 111 - 121.

Eagly, Alice H./ Chaiken, Shelly (1993): The Psychology of Attitudes, Fort Worth [et al.]: Harcourt Brace College Publishers.

Edmondson, Amy C. (1996): Learning from Mistakes Is Easier Said than Done: Group and Organizational Influences on the Detection and Correction of Human Error, Journal of Applied Behavioral Science, Vol. 32 (No. 1), S. 5 - 28.

Edwards, Jeremy/ Bagozzi, Richard P. (2000): On the Nature and Direction of Relationships Between Constructs and Measures, Psychological Methods, Vol. 5 (No. 2), S. 155 - 174.

Edwards, Jeremy/ Fischer, Klaus (1998): An Overview of the German Financial System, in: Dimsdale, Nicholas/ Prevezer, Martha (Hrsg.): Oxford [et al.]: Oxford University Press, S. 257 - 283.

Edwards, Jeremy/ Nibler, Marcus (2000): Corporate Governance in Germany: the Role of Banks and Ownership Concentration, Economic Policy, Vol. 15 (No. 31), S. 237 - 267.

Efron, Bradley/ Gong, Gail (1983): A Leisurely Look at the Bootstrap, the Jackknife, and Cross-Validation, The American Statistician, Vol. 37 (No. 1), S. 36 - 48.

Efron, Bradley/ Tibshirani, R. (1986): Bootstrap Methods for Standard Errors, Confidence Intervals, and Other Measures of Statistical Accuracy, Statistical Science, Vol. 1 (No.1), S. 54 - 77.

Eggert, Andreas/ Fassott, Georg (2003): Zur Verwendung formativer und reflektiver Indikatoren in Strukturgleichungsmodellen: Ergebnisse einer Metaanalyse und Anwendungsempfehlungen, Kaiserslautern.

Eggert, Andreas/ Fassott, Georg/ Helm, Sabrina (2005): Identifizierung und Quantifizierung mediierender und moderierender Effekte in komplexen Kausalstrukturen, in: Bliemel, Friedhelm/ Eggert, Andreas/ Fassott, Georg/ Henseler, Jörg (Hrsg.): Handbuch PLS-Pfadmodellierung: Methode, Anwendung, Praxisbeispiele, Stuttgart: Schäffer-Poeschel, S. 101 - 116.

Eichwald, Berthold/ Pehle, Helmut (2000): Die Kreditarten, in: Hagen, Jürgen von/ Stein, Johann Heinrich von (Hrsg.): Obst/ Hintner: Geld-, Bank- und Börsenwesen: Handbuch des Finanzsystems, 40. Auflage, Stuttgart: Schäffer-Poeschel, S. 742 - 814.

Eigermann, Judith (2001): Quantitatives Credit-Rating unter Einbeziehung qualitativer Merkmale: Entwicklung eines Modells zur Ergänzung der Diskriminanzanalyse durch regelbasierte Einbeziehung qualitativer Merkmale, Sternenfels. Zugl.: Kaiserslautern, Univ., Diss., 2001.

Eisenführ, Franz/ Weber, Martin (1999): Rationales Entscheiden, 3., neu bearbeitete Auflage, Berlin [et al.]: Springer.

Elfgen, Ralph/ Klaile, Beatrice (1987): Unternehmensberatung: Angebot, Nachfrage, Zusammenarbeit, Stuttgart: Poeschel.

Elizur, Dov/ Guttman, Louis (1976): The Structure of Attitudes toward Work and Technological Change within an Organization, Administrative Science Quarterly, Vol. 21, S. 611 - 622.

Elsas, Ralf (2001): Die Bedeutung der Hausbank: Eine ökonomische Analyse, Wiesbaden. Zugl.: Frankfurt a.M., Univ., Diss., 2000.

Elsas, Ralf/ Krahnen, Jan Pieter (2003): Universal Banks and Relationships with Firms, Frankfurt a.M.

Elston, Julie Ann (2004): Bank Influence, Firm Performance and Survival: Empirical Evidence from Germany 1970 - 1986, Corporate Ownership and Control, Vol. 1 (No. 2), S. 65 - 70.

Emmons, William R./ Schmid, Frank A. (1998): Universal Banking, Control Rights, and Corporate Finance in Germany, Review of the Federal Reserve Bank of St. Louis, July/ August 1998, S. 19 - 42.

Engelbrecht, Christoph (2004): Logistikoptimierung durch Outsourcing: Erfolgswirkung und Erfolgsfaktoren, Wiesbaden. Zugl.: Wissensch. Hochsch. für Unternehmensführung (WHU), Vallendar, Diss., 2004.

Enkel, Ellen (2005): Management von Wissensnetzwerken: Erfolgsfaktoren und Beispiele, Wiesbaden. Zugl.: Bielefeld, Univ., Diss., 2003.

Ernst, Holger (2001): Erfolgsfaktoren neuer Produkte: Grundlagen für eine valide empirische Forschung, Wiesbaden. Zugl.: Kiel, Univ., Habil.-Schr., 2001.

Ernst, Holger (2003): Ursachen eines Informant Bias und dessen Auswirkungen auf die Validität empirischer betriebswirtschaftlicher Forschung, Zeitschrift für Betriebswirtschaft, 73. Jg. (H.12), S. 1249 - 1275.

Etgar, Michael (1976): Channel Domination and Countervailing Power in Distributive Channels, Journal of Marketing Research, Vol. XIII (August 1976), S. 254 - 262.

Europäische Kommission (2006): Definition of Small and Medium Sized Enterprises, Homepage, Available at: http://ec.europa.eu/enterprise/consultations/sme_definition/, 22.06.2006.

Everling, Oliver (2002): Branchenrisiko: Wichtigster Faktor im Unternehmensrating, Kredit & Rating Praxis, 01/ 2002, S. 6 - 9.

Everling, Oliver (2003): Controlling und Rating, in: Achleitner, Ann-Kristin/ Bassen, Alexander (Hrsg.): Controlling von jungen Unternehmen, Stuttgart: S. 329 - 356.

Everling, Oliver/ Bargende, Dennis (2005): Externe Ratingsysteme als Frühwarnsysteme, Controlling, April/ Mai 2005, S. 261 - 269.

F.A.Z. Institut für Management-, Markt- und Medieninformationen GmbH/ Ernst & Young AG/ Bayerische Hypo- und Vereinsbank AG (2003): Restrukturierung im Mittelstand, Frankfurt a. M.

Farinha, Luisa A./ Santos, Joao A.C. (2002): Switching from Single to Multiple Bank Lending Relationships: Determinants and Implications, Journal of Financial Intermediation, Vol. 11, S. 124 - 151.

Fassott, Georg (2006): Operationalisierung latenter Variablen in Strukturgleichungsmodellen: Eine Standortbestimmung, Zeitschrift für betriebswirtschaftliche Forschung, 58. Jg. (02/ 2006), S. 67 - 88.

Fassott, Georg/ Eggert, Andreas (2005): Zur Verwendung formativer und reflektiver Indikatoren in Strukturgleichungsmodellen: Bestandsaufnahme und Anwendungsempfehlungen, in: Bliemel, Friedhelm/ Eggert, Andreas/ Fassott, Georg/ Henseler, Jörg (Hrsg.): Handbuch PLS-Pfadmodellierung: Methode, Anwendung, Praxisbeispiele, Stuttgart: Schäffer-Poeschel, S. 31 - 48.

Fischer, Arne (2004): Qualitative Merkmale in bankinternen Ratingsystemen: Eine empirische Analyse zur Bonitätsbeurteilung von Firmenkunden, Bad Soden/ Ts. Zugl.: Münster, Univ., Diss., 2003.

Fischer, Christoph/ Rudolph, Bernd (2000): Grundformen von Finanzsystemen, in: Hagen, Jürgen von/ Stein, Johann Heinrich von (Hrsg.): Obst/ Hintner: Geld-, Bank- und Börsenwesen: Handbuch des Finanzsystems, 40. Auflage, Stuttgart: Schäffer-Poeschel, S. 371 - 446.

Fischer, Jochen/ Holzkämper, Hilko/ Mendel, Michael (2003): Auswirkungen von Basel II auf das Unternehmenscontrolling, in: Achleitner, Ann-Kristin/ Bassen, Alexander (Hrsg.): Controlling von jungen Unternehmen, Stuttgart: S. 299 - 327.

Fischer, Klaus (1990): Hausbankbeziehungen als Instrument der Bindung zwischen Banken und Unternehmen: Eine theoretische und empirische Analyse, Zugl.: Bonn, Univ., Diss., 1990.

Fischer, Peter/ Mengers, Malte (2001): Rating als Visitenkarte am Finanzmarkt der Zukunft, in: Everling, Oliver (Hrsg.): Rating - Chance für den Mittelstand nach Basel II: Konzepte zur Bonitätsbeurteilung, Schlüssel zur Finanzierung, Wiesbaden: Gabler, S. 99 - 126.

Fisher, Robert J./ Maltz, Elliot/ Jaworski, Bernard J. (1997): Enhancing Communication Between Marketing and Engineering: The Moderating Role of Relative Functional Identification, Journal of Marketing, Vol. 61 (July 1997), S. 54 - 70.

Flacke, Klaus/ Siemes, Andreas (2005): Veränderte Finanzierungsrahmenbedingungen für den Mittelstand und dessen Unternehmenscontrolling, Controlling, April/ Mai 2005, S. 251 - 259.

Florissen, Andreas (2005): Preiscontrolling - Rationalitätssicherung im Preismanagement, Wiesbaden. Zugl.: Vallendar, Wissensch. Hochsch. für Unternehmensführung, Diss., 2004.

Fornell, Claes (1985): A Second Generation of Multivariate Analysis: Classification of Methods and Implications for Marketing Research, Michigan.

Fornell, Claes/ Bookstein, Fred L. (1982): Two Structural Equation Models: LISREL and PLS Applied to Consumer Exit-Voice Theory, Journal of Marketing Research, Vol. XIX, S. 440 - 452.

Fornell, Claes/ Cha, Jaesung (1994): Partial Least Squares, in: Bagozzi, Richard P. (Hrsg.): Advanced methods of marketing research, Cambridge [et al.]: Basil Blackwell, S. 52 - 78.

Fornell, Claes/ Larcker, David F. (1981): Evaluating Structural Equation Models with Unobservable Variables and Measurement Error, Journal of Marketing Research, Vol. XVIII, S. 39 - 50.

Frank, Stefan (2000): Erfolgreiche Gestaltung der Kostenrechnung, Wiesbaden. Zugl.: Koblenz, Wiss. Hochschule für Unternehmensführung, Diss., 1999.

Frankfurter Allgemeine Zeitung (2002): Deutsche Bank verkauft weitere Beteiligung, 21. November 2002 (Nr. 271), S. 17.

Frankfurter Allgemeine Zeitung (2003a): Bayern LB macht zähe Fortschritte beim Beteiligungsabbau, 17. Oktober 2003 (Nr. 241), S. 21.

Frankfurter Allgemeine Zeitung (2003b): Bosch stockt Beteiligung an Buderus auf, 03. Januar 2003 (Nr. 2), S. 12.

Frankfurter Allgemeine Zeitung (2004): Die WestLB stößt ihre TUI-Beteiligung ab, 02. Dezember 2004 (Nr. 282), S. 15.

Frankfurter Allgemeine Zeitung (2005): Die Auflösung der Daimler-Beteiligung der Deutschen Bank schreitet voran, 29. Juli 2005 (Nr. 174), S. 16.

Frazier, Gary L./ Summers, John O. (1984): Interfirm Influence Strategies and Their Application within Distribution Channels, Journal of Marketing, Vol. 48 (Summer 1984), S. 43 - 55.

Frazier, Gary L./ Summers, John O. (1986): Perceptions of Interfirm Power and Its Use Within a Franchise Channel of Distribution, Journal of Marketing Research, Vol. XXIII, S. 169 - 176.

Freidank, Carl-Christian/ Paetzmann, Karsten (2002): Auswahl und Einsatz von Datenmaterial, Analysemethoden sowie externen Beratern zur Vorbereitung von Kreditvergabeentscheidungen: Ergebnisse einer empirischen Untersuchung vor dem Hintergrund von Basel II, Der Betrieb, 55. Jg. (H. 35), S. 1785 - 1789.

Freidank, Carl-Christian/ Paetzmann, Karsten (2003): Bedeutung des Controlling im Rahmen der Reformbestrebungen zur Verbesserung der Corporate Governance, Zeitschrift für Planung, 14. Jg., S. 303 - 325.

French, John R.P./ Raven, Bertram (1959): The Bases of Social Power, in: Cartwright, D. (Hrsg.): Studies in Social Power, Ann Arbor: S. 150 - 167.

French, John R.P./ Raven, Bertram (1965): The Bases of Social Power, in: Singer, Joel David (Hrsg.): Human behavior and international politics, Chicago: S. 136 - 145.

Früh, Hans-Gereon (1999): Die Rolle der Banken in der Corporate Governance: Ein Erklärungsansatz der neuen institutionellen Ökonomie, Bern. Zugl.: St. Gallen, Univ., Diss., 1999.

Fülbier, Rolf Uwe/ Hirsch, Bernhard/ Meyer, Matthias (2006): Wirtschaftsprüfung und Controlling: Verstärkte Zusammenarbeit zwischen zwei zentralen Institutionen des Rechnungswesens, Zeitschrift für Controlling und Management, 50. Jg. (H. 3), S. 234 - 241.

Füser, Karsten/ Heidusch, Mirjam (2002): Kriterien für ein Rating von Unternehmen des Maschinen- und Anlagenbaus, Stuttgart.

Füser, Karsten/ Weber, Max (2005): Mindestanforderungen an das Risikomanagement (MaRisk): Synoptischer Vergleich mit MaK, MaH und MaIR, Stuttgart: Schäffer-Poeschel.

Ganesan, Shankar (1994): Determinants of Long-Term Orientation in Buyer-Seller Relationships, Journal of Marketing, Vol. 58, S. 1 - 19.

Gänßlen, Siegfried/ Meissner, Dirk (2002): Basel II und Unternehmensrating: Handlungsbedarf für Management und Controlling, Controller Magazin, 03/ 2002, S. 275 - 282.

Gaski, John F. (1986): Interrelations Among a Channel Entity's Power Sources: Impact of the Exercise of Reward and Coercion on Expert, Referent and Legitimate Power Sources, Journal of Marketing Research, Vol. XXIII, S. 62 - 77.

Gaski, John F. (1992): Some Fundamental Conceptual Issues in Intrachannel Research, in: Frazier, Gary L. (Hrsg.): Advances in Distribution Channel Research, Vol. 1, Greenwich, Connecticut: JAI Press, S. 115 - 133.

Gaski, John F./ Nevin, John R. (1985): The Differential Effects of Exercised and Unexercised Power Sources in a Marketing Channel, Journal of Marketing Research, Vol. XXII, S. 130 - 142.

Gaugler, Eduard (1984): Firmenbeiräte mittelständischer Unternehmen, in: Albach, Horst/ Held, Thomas (Hrsg.): Betriebswirtschaftslehre mittelständischer Unternehmen: Wissenschaftliche Tagung des Verbandes der Hochschullehrer für Betriebswirtschaft e.V. 1984, Stuttgart: Poeschel, S. 557 - 573.

Gaugler, Eduard (1998): Beiräte in mittelständischen Unternehmen, in: Institut für Mittelstandsforschung (Hrsg.): Beiräte in mittelständischen Unternehmen: 4. Fachtagung des Instituts für Mittelstandsforschung der Universität Mannheim am 18. Juni 1998, Mannheim: S. 11 - 22.

Gaugler, Eduard/ Heimburger, Wolfgang (1984): Firmenbeiräte mittelständischer Unternehmen: Eine Analyse ihrer Funktionen und Arbeitsweisen - Ergebnisse einer empirischen Untersuchung, Mannheim: Forschungsstelle für Betriebswirtschaft und Sozialpraxis.

Gefen, David/ Straub, Detmar W./ Boudreau, Marie-Claude (2000): Structural Equation Modeling and Regression: Guidelines for Research Practice, Communications of AIS, Vol. 4 (Article 7).

Geise, Wolfgang (1984): Einstellung und Marktverhalten: Analyse der theoretisch-empirischen Bedeutung des Einstellungskonzepts im Marketing und Entwicklung eines alternativen Forschungsprogramms aus alltagstheoretischer Perspektive, Frankfurt a.M.: Deutsch.

Gerbing, David W./ Anderson, James C. (1988): An Updated Paradigm for Scale Development Incorporating Unidimensionality and Its Assessment, Journal of Marketing Research, Vol. XXV (May 1988), S. 186 - 192.

Gerke, Wolfgang/ Bank, Matthias (1999): Finanzierungsprobleme mittelständischer Unternehmen, Finanzbetrieb, 05/ 1999, S. 10 - 20.

Gerke, Wolfgang/ Mager, Ferdinand (2003): Die Rolle von Banken und Finanzintermediären bei der Corporate Governance, in: Hommelhoff, Peter/ Hopt, Klaus J./ Werder, Axel von (Hrsg.): Handbuch Corporate Governance: Leitung und Überwachung börsennotierter Unternehmen in der Rechts- und Wirtschaftspraxis, Köln: Dr. Otto Schmidt, S. 549 - 567.

Geyskens, Inge/ Steenkamp, Jan-Benedict/ Kumar, Nirmalya (1999): A Meta-Analysis of Satisfaction in Marketing Channel Relationships, Journal of Marketing Research, Vol. XXXVI (May 1999), S. 223 - 238.

Giering, Annette (2000): Der Zusammenhang zwischen Kundenzufriedenheit und Kundenloyalität: eine Untersuchung moderierender Effekte, Wiesbaden. Zugl.: Mannheim, Univ., Diss., 2000.

Gleißner, Werner/ Füser, Karsten (2003): Leitfaden Rating: Basel II: Rating-Strategien für den Mittelstand, 2. überarbeitete und erweiterte Auflage, München.

Goetzke, Wolfgang/ Knief, Peter (1982): Externes Controlling: Ein Ansatz für die Existenzsicherung mittelständischer Betriebe, Betriebswirtschaftliche Forschung und Praxis, 05/ 1982, S. 408 - 426.

Gorton, Gary/ Schmid, Frank A. (2000): Universal Banking and the Performance of German Firms, Journal of Financial Economics, Vol. 58 (No. 1/ 2), S. 29 - 80.

Götz, Oliver/ Liehr-Gobbers, Kerstin (2004a): Analyse von Strukturgleichungsmodellen mit Hilfe der Partial-Least-Squares (PLS) - Methode, Die Betriebswirtschaft, 64. Jg. (H. 6), S. 714 - 738.

Götz, Oliver/ Liehr-Gobbers, Kerstin (2004b): Der Partial-Least-Squares (PLS)-Ansatz zur Analyse von Strukturgleichungsmodellen, Münster.

Griffin, Abbie/ Hauser, John R. (1996): Integrating R&D and Marketing: A Review and Analysis of the Literature, Journal of Product Innovation Management, Vol. 13 (No. 1), S. 191 - 215.

Griffin, Paul A./ Sanvicente, Antonio Z. (1982): Common Stock Returns and Rating Changes: A Methodological Comparison, The Journal of Finance, Vol. XXXVII (No. 1), S. 103-119.

Grill, Wolfgang/ Perczynski, Hans (2005): Wirtschaftslehre des Kreditwesens, 39. Auflage, Stuttgart: Deutscher Sparkassenverlag.

Gruber, Marc (2000): Der Wandel von Erfolgsfaktoren mittelständischer Unternehmen, Wiesbaden. Zugl.: St. Gallen, Hochschule, Diss., 2000.

Gruner + Jahr AG & Co KG/ Deutscher Sparkassen- und Giroverband e.V. [Hrsg.] (2005): Mind 04: Mittelstand in Deutschland, Köln.

Grunert, Jens/ Kleff, Volker/ Norden, Lars/ Weber, Martin (2002): Mittelstand und Basel II: Der Einfluss der neuen Eigenkapitalvereinbarung für Banken auf die Kalkulation von Kreditzinsen, Zeitschrift für Betriebswirtschaft, 72. Jg. (H. 10), S. 1045 - 1064.

Grünig, Rainer Norbert (1996): Risiko-Management in einem vernetzten Ansatz bei mittelgrossen Unternehmungen, Zugl.: St. Gallen, Hochschule für Wirtschafts-, Rechts-, und Sozialwissenschaften, Diss., 1996.

Güldenberg, Stefan (2003): Wissensmanagement und Wissenscontrolling in lernenden Organisationen: Ein systemtheoretischer Ansatz, 4., aktualisierte Auflage, Wiesbaden: DUV.

Günterberg, Brigitte/ Kayser, Gunter (2004): SMEs in Germany: Facts and Figures 2004, Bonn.

Günther, Thomas/ Grüning, Michael (2000): Einsatz von Insolvenzprognoseverfahren bei der Kreditwürdigkeitsprüfung im Firmenkundenbereich, Die Betriebswirtschaft, S. 39 - 59.

Gürtler, Marco/ Heithecker, Dirk (2005): Die Fallstudie aus der Betriebswirtschaftslehre: Eigenkapitalunterlegung eines besicherten Kredits nach dem Basel II-Standardansatz, Das Wirtschaftsstudium, 34. Jg. (H. 6), S. 792 - 795.

Gushurst, Klaus-Peter (1990): Implementierung von Controllingsystemen: der Einsatz externer Träger unter besonderer Berücksichtigung mittelständischer Unternehmen, Baden-Baden. Zugl.: Freiburg (Breisgau), Univ., Diss., 1990.

Gutenberg, Erich (1967): Die Unternehmung als Gegenstand betriebswirtschaftlicher Theorie, Frankfurt: Sauer & Auvermann.

Gutenberg, Erich (1983): Grundlagen der Betriebswirtschaftslehre: Erster Band: Die Produktion, 24., unveränderte Auflage, Berlin: Springer.

Gzuk, Roland (1975): Messung der Effizienz von Entscheidungen: Beitrag zu einer Methodologie der Erfolgsfeststellung betriebswirtschaftlicher Entscheidungen, Tübingen: J.C.B. Mohr.

Habermas, Jürgen (1988): Theorie des kommunikativen Handelns - Band 1: Handlungsrationalität und gesellschaftliche Rationalisierung, 4. Auflage, Frankfurt a.M.: Suhrkamp.

Haenlein, Michael/ Kaplan, Andreas M. (2004): A Beginner's Guide to Partial Least Squares Analysis, Understanding Statistics, Vol. 2 (No. 4), S. 283 - 297.

Hagen, Jürgen von/ Stein, Johann Heinrich von [Hrsg.] (2000): Obst/ Hintner: Geld-, Bank- und Börsenwesen: Handbuch des Finanzsystems, 40. Auflage, Stuttgart: Schäffer-Poeschel.

Hahn, Dietger/ Hungenberg, Harald (2001): PuK: Planung und Kontrolle: Planungs- und Kontrollsysteme: Planungs- und Kontrollrechnung: Wertorientierte Controllingkonzepte, 6. Auflage, Wiesbaden: Gabler.

Hamer, Eberhard (1988): Wie Unternehmer entscheiden: Motive und Verhalten mittelständischer Firmenchefs, Landsberg/ Lech: Poller, Verlag Moderne Industrie.

Hamer, Eberhard (1990): Mittelständische Unternehmen: Gründung, Führung, Chancen, Risiken, Landsberg/ Lech: Poller, Verlag Moderne Industrie.

Hamer, Eberhard (2001): Was ist ein Unternehmer? Was verdanken ihm Betrieb und Gesellschaft?, München: Olzog Verlag.

Hamermesh, Daniel S. (1990): Shirking or Productive Shmoozing: Wages at the Allocation of Time at Work, Industrial and Labour Relations Review, S. 604 - 631.

Hammann, Peter/ Erichson, Bernd (2000): Marktforschung, 4., überarbeitete und erweiterte Auflage, Lucius & Lucius.

Hand, John R. M./ Holthausen, Robert W./ Leftwich, Richard W. (1992): The Effect of Bond Rating Agency Announcements on Bond and Stock Prices, The Journal of Finance, Vol. XLVII (No. 2), S. 733 - 752.

Hanker, Peter (2003): Keine Angst vor Basel II: Chancen nutzen - Zukunft gestalten: Handbuch für kleine und mittelständische Unternehmen, Wiesbaden: Deutscher Genossenschafts-Verlag eG.

Hanser, Frank (2001): Die Struktur von Kreditbeziehungen: Eine empirische Analyse zentraler Bestandteile von Kreditverträgen, Wiesbaden. Zugl.: Frankfurt a. M., Univ., Diss., 2000.

Hantschel, Michael (1993): Insolvenzprophylaxe bei mittelständischen Unternehmen als Aufgabe von Steuerberater und Wirtschaftsprüfer, Pfaffenweiler. Zugl.: Freiburg (Breisgau), Univ., Diss., 1992.

Harhoff, Dietmar/ Körting, Tim (1998): Lending Relationships in Germany: Empirical Evidence from Survey Data, Journal of Banking & Finance, Vol. 22, S. 1317 - 1353.

Harrington, Susan J. (1996): The Effect of Codes of Ethics and Personal Denial of Responsibility on Computer Abuse Judgments and Intentions, MIS Quarterly, (September 1996), S. 257 - 278.

Hart, Stuart/ Banbury, Catherine (1994): How Strategy-Making Processes Can Make a Difference, Strategic Management Journal, Vol. 15, S. 251 - 169.

Hartmann, Wolfgang (2005): Die Hausbank der Zukunft - Angstgegener oder zuverlässiger Partner des Mittelstandes?: Präsentation am 09. März 2005 im Rahmen der Vortragsreihe "Die HfB im Dialog", Frankfurt a.M.

Hartmann, Wolfgang/ Schwarzhaupt, Oliver (2005): Transparenz in der Mittelstandsfinanzierung, RatingAktuell, 01/ 2005, S. 20 - 24.

Hartmann-Wendels, Thomas/ Pfingsten, Andreas/ Weber, Martin (2000): Bankbetriebslehre, 2. Auflage, Berlin [et al.]: Springer-Verlag.

Hauschildt, Jürgen (2000): Unternehmenskrisen - Herausforderungen an die Bilanzanalyse, in: Hauschildt, Jürgen/ Leker, Jens (Hrsg.): Krisendiagnose durch Bilanzanalyse, 2., neu bearbeitete und erweiterte Auflage, Köln: Dr. Otto Schmidt, S. 1 - 18.

Hauschildt, Jürgen/ Gemünden, Hans Georg/ Grotz-Martin, Silvia/ Haidle, Ulf (1983): Entscheidungen der Geschäftsführung: Typologie, Informationsverhalten, Effizienz, Tübingen: J.C.B. Mohr.

Hauschildt, Jürgen/ Leker, Jens (2001): Kreditwürdigkeitsprüfung, in: Gerke, Wolfgang/ Steiner, Manfred (Hrsg.): Handwörterbuch des Bank- und Finanzwesens, Stuttgart: S. 1460 - 1471.

Hauser, Robert M./ Goldberger, Arthur S. (1971): The Treatment of Unobservable Variables in Path Analyses, Sociological Methodology, S. 81 - 117.

Heide, Jan B./ John, George (1988): The Role of Dependence Balancing in Safeguarding Transaction-Specific Assets in Conventional Channels, Journal of Marketing, Vol. 52 (January 1988), S. 20 - 35.

Heigl, Anton (1989): Controlling - interne Revision, 2. neubearbeitete und erweiterte Auflage, Stuttgart: Fischer.

Hein, Manfred (1993): Einführung in die Bankbetriebslehre, 2. Auflage, München: Vahlen.

Heine, Bernd-Oliver/ Hirsch, Bernhard/ Hufschlag, Klaus/ Lesch, Marc/ Meyer, Matthias/ Müller, Roman/ Paefgen, Anne/ Pieroth, Guido (2006): Zur Modellierung ökonomischer Akteure mit begrenzten kognitiven Fähigkeiten: Anleitung zu einer problemspezifischen Ausdifferenzierung des Homo oeconomicus, Vallendar.

Heinen, Edmund (1979): Information und Kommunikation in der Betriebswirtschaft, Zeitschrift für Betriebswirtschaft Repetitorium, S. 65 - 74.

Helper, Susan R. (1991): How Much Has Really Changed between U.S. Automakers and Their Suppliers?, Sloan Management Review, Summer 1991, S. 17 - 28.

Helper, Susan R./ Levine, David I. (1992): Long-term Supplier Relations and Product-Market Structure, Journal of Law, Economics and Organization, Vol. 8 (No. 3), S. 561 - 581.

Helper, Susan R./ Sako, Mari (1995): Supplier Relations in Japan and the United States: Are They Converging?, Sloan Management Review, Spring 1995, S. 77 - 84.

Henseler, Jörg (2005): Einführung in die PLS-Pfadmodellierung, Wirtschaftswissenschaftliches Studium, 34. Jg. (H. 2), S. 70 - 75.

Herke, Martin Dieter (2004): Effiziente Bankgespräche, in: Leidig, Guido (Hrsg.): Leitfaden Rating und Kreditverhandlungen, Wiesbaden: S. 27 - 50.

Hermann, Dirk Christian (1996): Strategisches Risikomanagement kleiner und mittlerer Unternehmen, Berlin. Zugl.: Leipzig, Univ., Diss., 1996.

Herrmann, Andreas/ Homburg, Christian (1999): Marktforschung: Ziele, Vorgehensweisen und Methoden, in: Herrmann, Andreas/ Homburg, Christian (Hrsg.): Marktforschung: Methoden, Anwendungen, Praxisbeispiele, Wiesbaden: Gabler, S. 13 - 32.

Herrmann, Andreas/ Huber, Frank/ Kressmann, Frank (2004): Partial Least Squares: Ein Leitfaden zur Spezifikation, Schätzung und Beurteilung varianzbasierter Strukturgleichungsmodelle, Mainz.

Herzog, Andreas (1999): Gestaltung von Controllership: die Zuordnung von Aufgaben zu Controllern, Wiesbaden. Zugl.: Koblenz, Wiss. Hochschule für Unternehmensführung, Diss., 1998.

Hildebrandt, Lutz (1998): Kausalanalytische Validierung in der Marketingforschung, in: Hildebrandt, Lutz/ Homburg, Christian (Hrsg.): Die Kausalanalyse: Ein Instrument der empirischen betriebswirtschaftlichen Forschung, Stuttgart: Schäffer-Poeschel, S. 85 - 110.

Hildebrandt, Lutz (1999): Hypothesenbildung und empirische Prüfung, in: Herrmann, Andreas/ Homburg, Christian (Hrsg.): Marktforschung: Methoden, Anwendungen, Praxisbeispiele, Wiesbaden: Gabler, S. 33 - 57.

Hilke, Wolfgang (1993): Markt, Marktformen und Marktverhaltensweisen, in: Wittmann, Waldemar/ Kern, Werner/ Köhler, Richard/ Küpper, Hans-Ulrich/ Wysocki, Klaus v. (Hrsg.): Handwörterbuch der Betriebswirtschaft, 5., völlig neu gestaltete Auflage, Teilband 2, I - Q, Stuttgart: Schäffer-Poeschel, S. 3648 - 3664.

Hirschman, Albert O. (1974): Abwanderung und Widerspruch: Reaktionen auf Leistungsabfall bei Unternehmungen, Organisationen und Staaten, Tübingen: J.C.B.Mohr.

Homann, Karl/ Suchanek, Andreas (2000): Ökonomik: Eine Einführung, Tübingen: Mohr Siebeck.

Homburg, Christian (1992): Die Kausalanalyse: Eine Einführung, Wirtschaftswissenschaftliches Studium, 23. Jg. (H. 10), S. 499 - 508.

Homburg, Christian (2000): Kundennähe von Industriegüterunternehmen: Konzeption - Erfolgsauswirkungen - Determinanten, 3. aktualisierte Auflage, Wiesbaden. Zugl.: Mainz, Univ., Habil.-Schr., 1994.

Homburg, Christian/ Baumgartner, Hans (1995): Die Kausalanalyse als Instrument der Marketingforschung: eine Bestandsaufnahme, Zeitschrift für Betriebswirtschaft, 65. Jg. (H. 10), S. 1091 - 1108.

Homburg, Christian/ Baumgartner, Hans (1998): Beurteilung von Kausalmodellen: Bestandsaufnahme und Anwendungsempfehlungen, in: Hildebrandt, Lutz/ Homburg, Christian (Hrsg.): Die Kausalanalyse: Ein Instrument der empirischen betriebswirtschaftlichen Forschung, Stuttgart: Schäffer-Poeschel, S. 343 - 369.

Homburg, Christian/ Giering, Annette (1998): Konzeptualisierung und Operationalisierung komplexer Konstrukte - Ein Leitfaden für die Marketingforschung, in: Hildebrandt, Lutz/ Homburg, Christian (Hrsg.): Die Kausalanalyse, Stuttgart: Schäffer-Poeschel, S. 111 - 146.

Homburg, Christian/ Giering, Annette (2001): Personal Characteristics as Moderators of the Relationship Between Customer Satisfaction and Loyalty - An Empirical Analysis, Psychology & Marketing, Vol. 18 (No.1), S. 43 - 66.

Homburg, Christian/ Hildebrandt, Lutz (1998): Die Kausalanalyse: Bestandsaufnahme, Entwicklungsrichtungen, Problemfelder, in: Hildebrandt, Lutz/ Homburg, Christian (Hrsg.): Die Kausalanalyse, Stuttgart: Schäffer-Poeschel, S. 15 - 43.

Hommel, Ulrich/ Schneider, Hilmar (2004): Die Bedeutung der Hausbankbeziehung für die Finanzierung des Mittelstands, Finanzbetrieb, 09/ 2004, S. 577 - 584.

Hoppenstedt Firmeninformationen GmbH (2005): Mittelständische Unternehmen 2005, 20. Ausgabe, Darmstadt.

Horváth, Péter (2003): Controlling, 9., vollständig überarbeitete Auflage, München: Franz Vahlen.

Horváth, Péter/ Weber, Joachim (1997): Controlling, in: Pfohl, Hans-Christian (Hrsg.): Betriebswirtschaftslehre der Mittel- und Kleinbetriebe: Größenspezifische Probleme und Möglichkeiten zu ihrer Lösung, 3. Auflage, Berlin: Erich Schmidt Verlag, S. 335 - 376.

Höynck, Stefan (2004): Rating-Grundlagen, in: Leidig, Guido (Hrsg.): Leitfaden Rating und Kreditverhandlungen, Wiesbaden: S. 13 - 36.

Hu, Li Tze/ Bentler, Peter M. (1999): Cutoff Criteria for Fit Indexes in Covariance Structure Analysis: Conventional Criteria Versus New Alternatives, Structural Equation Modeling, Vol. 6 (No. 1), S. 1 - 55.

Hückmann, Carolin (2003): Kreditrating der Mittel- und Kleinbetriebe: Eine Orientierungs- und Entscheidungshilfe zu den Verfahren der Kreditinstitute und Agenturen, 2. Auflage, Berlin: Erich Schmidt Verlag.

Hülsmann, Christoph (2005): Stärkung der Abschlussprüfung durch das Bilanzrechtsreformgesetz: Neue Bestimmungen zur Trennung von Beratung und Prüfung, Deutsches Steuerrecht, 04/ 2005, S. 166 - 172.

Hummel, Siegfried/ Männel, Wolfgang (1990): Kostenrechnung, Band 1; 4. völlig neu bearbeitete und erweiterte Auflage, Wiesbaden.

Hummrich, Ulrich (1976): Interpersonelle Kommunikation im Konsumgütermarketing: Erklärungsansätze und Steuerungsmöglichkeiten, Wiesbaden: Gabler.

Hunold, Claus (2003): Kommunale Kostenrechnung: Gestaltung, Nutzung und Erfolgsfaktoren, Wiesbaden. Zugl.: Vallendar, Wiss. Hochsch. für Unternehmensführung, Diss., 2003.

Hunt, Shelby D./ Nevin, John R. (1974): Power in a Channel of Distribution: Sources and Consequences, Journal of Marketing Research, Vol. XI, S. 186 - 193.

Ilgen, Daniel R./ Fisher, Cynthia D./ Taylor, M. Susan (1979): Consequences of Individual Feedback on Behavior in Organizations, Journal of Applied Psychology, Vol. 64 (No. 4), S. 349 - 371.

Irsch, Norbert (2003): Konsequenzen des Strukturwandels im deutschen Finanzsektor für die Mittelstandsfinanzierung und -förderung, in: Deter, Henryk/ Diegelmann, Michael (Hrsg.): Creditor Relations: Beziehungsmanagement mit Fremdkapitalgebern, 1. Auflage, Frankfurt: Bankakademie-Verlag, S. 45 - 62.

Jacob, Adolf-Friedrich (1977): Leistungserstellung einer Großbank als Kuppelproduktion: Wie die Dresdner Bank das Rechnungswesen als Führungsinstrument einsetzt, Blick durch die Wirtschaft, 16. Dezember 1977, S. 5.

Jacobs, David (1974): Dependency and Vulnerability: An Exchange Approach to the Control of Organizations, Administrative Science Quarterly, S. 45 - 59.

Jacoby, Jacob (1978): Consumer Research: How Valid and Useful Are All Our Consumer Behavior Findings? A State of the Art Review, Journal of Marketing, Vol. 42 (April 1978), S. 87 - 96.

Jansen, Stephan A./ Pohlmann, Nico (1998): Beiräte in mittelständischen Familienunternehmen: Instrument zur Zukunftssicherung: Referent Bernd Wieczorek, in: Miller, Mark/ Deecke, Jan/ Keyser, Christian/ Sperber, Oliver von (Hrsg.): Familienunternehmer heute: Herausforderungen, Strategien, Erfahrungen, Wiesbaden: Gabler, S. 117 - 142.

Jarvis, Cheryl Burke/ Mackenzie, Scott B./ Podsakoff, Philip M. (2003): A Critical Review of Construct Indicators and Measurement Models Misspecification in Marketing and Consumer Research, Journal of Consumer Research, Vol. 30, S. 199 - 218.

Jehle, Robert (2001): Aufbau und Absicherung von Vertrauenspotentialen durch Kommunikationspolitik: Instrumente, deren Anwendung und Relevanz im Marketing klein- und mittelständischer Investitionsgüterhersteller, Frankfurt a. M. [et al.]. Zugl.: Stuttgart, Univ., Diss., 2001.

Jöreskog, Karl G./ Goldberger, Arthur S. (1975): Estimation of a Model with Multiple Indicators and Multiple Causes of a Single Latent Variable, Journal of the American Statistical Association, Vol. 70 (No. 351), S. 631 - 639.

Jöreskog, Karl G./ Sörbom, Dag (1982): Recent Developments in Structural Equation Modeling, Journal of Marketing Research, Vol. XIX, S. 404 - 416.

Jöreskog, Karl G./ Wold, Hermann (1982): The ML and PLS Techniques for Modeling with Latent Variables: Historical and Comparative Aspects, in: Jöreskog, Karl G./ Wold, Hermann (Hrsg.): Systems under Indirect Observation: Causality - Structure - Prediction: Part 1, Amsterdam [et al.]: North-Holland Publishing Company, S. 263 - 270.

Jost, Peter-J. (2000): Organisation und Motivation: Eine ökonomisch-psychologische Einführung, Wiesbaden: Gabler.

Kailich, Norbert (1990): Qualität der Bankberatung im Firmenkundengeschäft : theoretische Analyse der Beratungsqualität und empirische Untersuchung ihrer Beurteilung durch mittelständische Unternehmen, Bergisch Gladbach [et al.]. Zugl.: Mannheim, Univ., Diss., 1990.

Kaiser, Henry F. (1974): An Index of Factorial Simplicity, Psychometrika, Vol. 39 (No. 1), S. 31 - 36.

Kappler, Ekkehard (1993): Rationalität und Ökonomik, in: Wittmann, Waldemar/ Kern, Werner/ Köhler, Richard/ Küpper, Hans-Ulrich/ Wysocki, Klaus v. (Hrsg.): Handwörterbuch der Betriebswirtschaft, 5., völlig neu gestaltete Auflage, Teilband 3, R-Z, Stuttgart: Schäffer-Poeschel, S. 3648 - 3664.

Karlshaus, Jan Thido (2000): Die Nutzung von Kostenrechnungsinformationen im Marketing: Bestandsaufnahme, Determinanten und Erfolgsauswirkungen, Wiesbaden. Zugl.: Koblenz, Wiss. Hochsch. für Unternehmensführung, Diss., 2000.

Katrichis, Jerome M. (1998): Exploring Departmental Level Interaction Patterns in Organizational Purchasing Decisions, Industrial Marketing Management, Vol. 27, S. 135 - 146.

Kehrmann, Titus (2002): Rationalitätssicherung bei hohen Wissensdefiziten: Entwicklung eines Modells zum Controlling strategischer Problemlösungsteams, Wiesbaden. Zugl.: Vallendar, Wissenschaftliche Hochschule für Unternehmensführung, Diss., 2000.

Keil, Mark/ Tan, Bernard C.Y./ Wei, Kwok-Kee/ Saarinen, Timo/ Tuunainen, Virpi/ Wassenaar, Arjen (2000): A Cross-Cultural Study on Escalation of Commitment Behavior in Software Projects, MIS Quarterly, Vol. 24 (No. 2), S. 299 - 325.

Kellerwessel, Paul (1984): Führungsinformationen in Klein- und Mittelbetrieben: Arten und Möglichkeiten ihrer Beschaffung, Frankfurt a. M. [et al.]: Peter Lang.

Kern, Egbert (1990): Der Interaktionsansatz im Investitionsgütermarketing: eine konfirmatorische Analyse, Berlin. Zugl.: Münster, Univ., Diss., 1989.

Kester, W. Carl (1994): Banks in the Boardroom: Germany, Japan, and the United States, in: Hayes, Samuel H. (Hrsg.): Financial Services, Boston: S. 65 - 93.

Kistner, Ulrich (2004): Einsatz leistungsfähiger Frühwarnsysteme, in: Finanz Colloquium Heidelberg (Hrsg.): Problematische Firmenkundenkredite: Krise - Sanierung - Insolvenz, Heidelberg: Finanz Colloquium, S. 24 - 51.

Klaile, Beatrice (1984): Managementberatung in mittelständischen Unternehmen: Bessere Führung durch externe Unternehmensberatung, Berlin. Zugl.: Köln, Univ., Diss., 1983.

Klaus, Hans (1988): Die Rolle des Beirats bei der Führung von Mittelbetrieben, Frankfurt a.M. [et al.]. Zugl.: Erlangen, Nürnberg, Univ., Diss., 1987.

Kleijnen, Mirella/ Wetzels, Martin/ Ruyter, Ko de (2004): Consumer acceptance of wireless finance, Journal of Financial Services Marketing, Vol. 8 (No. 3), S. 206 - 217.

Klein, Joachim/ Claussen, Rainer (2000): Fremdkapital - neue Welten für Investor Relations?, in: Deutscher Investor Relations Kreis (Hrsg.): Investor Relations: Professionelle Kapitalmarktkommunikation, Wiesbaden: Gabler, S. 141 - 152.

Klein, Sabine (1991): Der Einfluss von Werten auf die Gestaltung von Organisationen, Berlin. Zugl.: Bayreuth, Univ., Diss., 1990.

Knyphausen-Aufseß, Dodo zu (2000): Auf dem Weg zu einem ressourcenorientierten Paradigma? Resource-Dependence-Theorie der Organisation und Resource-based View des Strategischen Managements im Vergleich, in: Ortmann, Günther/ Sydow, Jörg/ Türk, Klaus (Hrsg.): Theorien der Organisation: Die Rückkehr der Gesellschaft, 2., durchgesehene Auflage, Wiesbaden: Westdeutscher Verlag, S. 452 - 480.

Koch, Jörg (2004): Marktforschung: Begriffe und Methoden, 4., überarbeitete und erweiterte Auflage, München [et al.]: R. Oldenbourg.

Koch, Wolfgang (2003): Rating und Mittelstand: Irrwege und Chancen, Betriebswirtschaftliche Forschung und Praxis, 03/ 2003, S. 267 - 279.

Kohli, Ajay (1989): Determinants of Influence in Organizational Buying: A Contingency Approach, Journal of Marketing, Vol. 53, S. 50 - 65.

Kolarska, Lena/ Aldrich, Howard (1980): Exit, Voice and Silence: Consumers' and Managers' Responses to Organizational Decline, Organization Studies, S. 41 - 58.

Konermann, Christian (2001): Controlling für mittelständische Steuerberatungskanzleien, Berlin. Zugl.: Essen, Univ., Diss., 2000.

Kopietz, Holger (2003): Notwendigkeit des ganzheitlichen Controllings im Rating Advisory, in: Achleitner, Ann-Kristin/ Everling, Oliver (Hrsg.): Rating Advisory: Mit professioneller Beratung zum optimalen Bonitätsurteil, Wiesbaden: Gabler, S. 225 - 233.

Kosmider, Andreas (1994): Controlling im Mittelstand: Eine Untersuchung der Gestaltung und Anwendung des Controllings in mittelständischen Industrieunternehmen, 2., überarbeitete Auflage, Stuttgart: Schaeffer-Poeschel.

Kotabe, Masaaki (1990): Corporate Product Policy and Innovative Behavior of European and Japanese Multinationals: An Empirical Investigation, Journal of Marketing, Vol. 54 (April 1990), S. 19 - 33.

KPMG (2003): Audit Committee Quarterly, III/ 2003, Frankfurt a.M.

Krafft, Manfred/ Götz, Oliver/ Liehr-Gobbers, Kerstin (2005): Die Validierung von Strukturgleichungsmodellen mit Hilfe des Partial-Least-Squares (PLS)-Ansatzes, in: Bliemel, Friedhelm/ Eggert, Andreas/ Fassott, Georg/ Henseler, Jörg (Hrsg.): Handbuch PLS-Pfadmodellierung: Methode, Anwendung, Praxisbeispiele, Stuttgart: Schäffer-Poeschel, S. 71 - 86.

Krahnen, Jan Pieter/ Weber, Martin (2000): Generally Accepted Rating Principles: A Primer, Frankfurt a. M.

Kratz, Thomas (1996): Krisenmanagement durch den Steuerberater für mittelständische Unternehmungen, Aachen: Shaker.

Kreditanstalt für Wiederaufbau [Hrsg.] (2003): Mittelstands- und Strukturpolitik, Ausgabe 30, Oktober 2003.

Kreditanstalt für Wiederaufbau (2005): Unternehmensfinanzierung: Immer noch schwierig, aber erste Anzeichen einer Besserung: Auswertung der Unternehmensbefragung 2005, Frankfurt a.M.

Kroeber-Riel, Werner/ Weinberg, Peter (2003): Konsumentenverhalten, 8., aktualisierte und ergänzte Auflage, München: Franz Vahlen.

Krystek, Ulrich/ Müller, Michael (1993): Investor Relations: Eine neue Disziplin nicht nur für das Finanzmanagement, Der Betrieb, 46. Jg. (H. 36), S. 1785 - 1789.

Kumar, Nirmalya (1996): The Power of Trust in Manufacturer-Retailer Relationships, Harvard Business Review, November/ December 1996, S. 92 - 106.

Kumar, Nirmalya/ Scheer, Lisa K./ Steenkamp, Jan-Benedict (1995): The Effects of Perceived Interdependence on Dealer Attitudes, Journal of Marketing Research, Vol. XXXII (August 1995), S. 348 - 356.

Kumar, Nirmalya/ Stern, Louis W./ Anderson, James C. (1993): Conducting Interorganizational Research Using Key Informants, Academy of Management Journal, Vol. 36 (No. 6), S. 1633 - 1651.

Küpper, Hans-Ulrich (2005): Controlling: Konzeption, Aufgaben, Instrumente, 4., überarbeitete Auflage, Stuttgart: Schäffer Poeschel.

Lachnit, Laurenz (1991): Erfolgs- und Finanzplanung für mittelständische Betriebe als Electronic-Banking-Leistung der Kreditinstitute, Der Betrieb, 44 Jg. (H. 42), S. 2145 - 2152.

Lachnit, Laurenz/ Müller, Stefan (1993): Nutzung von Unternehmensberatung in mittelständischen Unternehmen, Der Betrieb, 46. Jg. (H. 28), S. 1381 - 1386.

Landsberg, Georg v./ Mayer, Elmar (1988): Berufsbild des Controllers, Stuttgart: Poeschel.

Langenbach, Wilm (2000): Börseneinführungen von Tochtergesellschaften: eine konzeptionelle und empirische Analyse zur Optimierung der Rationalitätssicherung durch Märkte, Wiesbaden. Zugl.: Koblenz, Wiss. Hochschule für Unternehmensführung, Diss., 2000.

Langenbach, Wilm (2001): Rationalitätssicherung durch externe Märkte, in: Weber, Jürgen; Schäffer, Utz (Hrsg.): Rationalitätssicherung der Führung - Beiträge zu einer Theorie des Controlling, Wiesbaden: Gabler, S. 196 - 232.

Large, Rudolf (2003): Interpersonelle Kommunikation und erfolgreiches Lieferantenmanagement: Eine Kausalanalyse des externen Kommunikationsverhaltens von Beschaffungsmanagern, Wiesbaden. Zugl.: Technische Univ., Darmstadt, Habil.-Schr., 2003.

Lasswell, Harold D. (1964): The Structure and Function of Communication, in: Bryson, Lyman (Hrsg.): The Communication of Ideas: A Series of Addresses, New York: Cooper Square Publishers, S. 37 - 51.

Laux, Helmut/ Liermann, Felix (2005): Grundlagen der Organisation: Die Steuerung von Entscheidungen als Grundproblem der Betriebswirtschaftslehre, 6. Auflage, Berlin [et al.]: Springer.

Lehmann, Erik E./ Neuberger, Doris (2000): Do Lending Relationships Matter? Evidence from Bank Survey Data in Germany, Konstanz.

Lehmann, Erik E./ Weigand, Jürgen (2000): Does the Governed Corporation Perform Better? Governance Structures and Corporate Performance in Germany, European Finance Review, Vol. 4, S. 157 - 195.

Lehner, Joachim (1995): Führungserfolg - Messung, in: Kieser, Alfred/ Reber, Gerhard/ Wunderer, Rolf (Hrsg.): Handwörterbuch der Führung, 2., völlig neu gestaltete und ergänzte Auflage, Stuttgart: Schäffer - Poeschel, S. 550 - 562.

Lehr, Carsten (1996): Anforderungen an Controlling-Konzepte mittelständischer Unternehmen aus der Sicht der Hausbank, Ilmenau. Zugl.: Ilmenau, TU, Diss., 1996.

Leidig, Guido (2004): Bankenverhalten und Finanzierung des Mittelstands: Ergebnisse einer empirischen Erhebung für die Medienindustrie, Finanzbetrieb, 12/ 2004, S. 802 - 805.

Leminsky, Carsten (2003): Creditor Relations im Mittelstand - Ein Fallbeispiel aus dem Jahr 2002, in: Deter, Henryk/ Diegelmann, Michael (Hrsg.): Creditor Relations: Beziehungsmanagement mit Fremdkapitalgebern, Frankfurt: Bankakademie-Verlag, S. 104 - 122.

Lengel, Robert H./ Daft, Richard L. (1988): The Selection of Communication Media as an Executive Skill, The Academy of Management Executive, Vol. II (No. 3), S. 225 - 232.

Leonard, Dorothy/ Sensiper, Sylvia (1998): The Role of Tacit Knowledge in Group Innovation, California Management Review, Vol. 40 (No. 3), S. 112 - 132.

Levesque, Terrence J./ McDougall, Gordon H.G. (1992): Managing Customer Satisfaction: The Nature of Service Problems and Customer Exit, Voice and Loyalty, Waterloo, Ontario.

Lewin, David/ Boroff, Karin E. (1996): The Role of Loyalty in Exit and Voice: A Conceptual and Empirical Analysis, Advances in Industrial and Labor Relations, Vol. 7, S. 69 - 96.

Liekweg, Arnim (2003): Risikomanagement und Rationalität: präskriptive Theorie und praktische Ausgestaltung von Risikomanagement, Wiesbaden. Zugl.: Wiss. Hochschule für Unternehmensführung, Vallendar, Diss., 2003.

Lindenberg, Siegwart (1983): The New Political Economy: its Potential and Limitations for the Social Sciences in General and for Sociology in Particular, in: Sodeur, Wolfgang (Hrsg.): Ökonomische Erklärungen sozialen Verhaltens: Berichte und Diskussionen: Internationale Wissenschaftliche Fachkonferenz vom 11. - 13. März 1982 in der Werner-Reimers-Stiftung Bad Homburg, Duisburg: Verlag der Sozialwissenschaftlichen Kooperative, S. 7 - 68.

Lindenberg, Siegwart (1985): An Assessment of the New Political Economy: Its Potential for the Social Sciences and for Sociology in Particular, Sociological Theory, Vol. 3 (No. 1), S. 99 - 114.

Lindenberg, Siegwart (1991): Die Methode der abnehmenden Abstraktion: Theoriegesteuerte Analyse und empirischer Gehalt, in: Esser, Hartmut/ Troitzsch, Klaus G. (Hrsg.): Modellierung sozialer Prozesse: neuere Ansätze und Überlegungen zur soziologischen Theoriebildung, Bonn: Eigenverlag Informationszentrum Sozialwissenschaften, S. 29 - 78.

Lindenberg, Siegwart (1992): The Method of Decreasing Abstraction, in: Coleman, James S./ Fararo, Thomas J. (Hrsg.): Rational Choice Theory: Advocacy and Critique, Newsbury Park: S. 3 - 20.

Lohmöller, Jan-Bernd (1989): Latent Variable Path Modeling with Partial Least Squares, Heidelberg: Physica.

Lucà, Marcello H.M. (2004): Prozeßorientierte Neuausrichtung der mittel- und langfristigen Investitionsfinanzierung bei Großbanken gemäß den Erfordernissen des Investitionsprozesses von KMU des verarbeitenden Gewerbes: Eine Studie zur Schaffung von Interessenkonvergenz zwischen KMU und Kreditinstituten im Bereich des Corporate Banking, Zugl.: Cottbus, Univ., Diss., 2004.

Lummer, Scott L./ McConnell, John J. (1989): Further Evidence on the Bank Lending Process and the Capital-Market Response to Bank Loan Agreements, Journal of Financial Economics, Vol. 25, S. 99 - 122.

Mabholkar, Naresh K. (1993): Marketing Research: An Applied Orientation, Englewood Cliffs, New Jersey: Prentice-Hall.

MacCallum, Robert C./ Browne, Michael W. (1993): The Use of Causal Indicators in Covariance Structure Models: Some Practical Issues, Psychological Bulletin, Vol. 114 (No. 3), S. 533 - 541.

MacCallum, Robert C./ Browne, Michael W./ Sugawara, Hazuki M. (1996): Power Analysis and Determination of Sample Size for Covariance Structure Modeling, Psychological Methods, Vol. 1 (No. 2), S. 130 - 149.

Machauer, Achim (1999): Bankverhalten in Kreditbeziehungen, Wiesbaden. Zugl.: Mannheim, Univ., Diss., 1999.

Machauer, Achim/ Weber, Martin (1998): Bank behavior based on internal credit ratings of borrowers, Frankfurt a.M.

Machauer, Achim/ Weber, Martin (2000): Number of Bank Relationships: An Indicator of Competition, Borrower Quality, or just Size?, Frankfurt a. M.

Malik, Fredmund (2002): Die Neue Corporate Governance: Richtiges Top-Management - Wirksame Unternehmensaufsicht, 3., erweiterte Auflage, Frankfurt a. M.: Frankfurter Allgemeine Zeitung Verlag.

Maltz, Elliot/ Kohli, Ajay (1996): Market Intelligence Dissemination Across Functional Boundaries, Journal of Marketing Research, Vol. XXXIII (February 1996), S. 47 - 61.

Mank, Peter (1991): Personalpolitik in mittelständischen Unternehmen: Eigenarten, Versäumnisse, Chancen, Frankfurt a. M.

Mankiw, N. Gregory (2004): Grundzüge der Volkswirtschaftslehre, 3., überarbeitete Auflage, Stuttgart: Schäffer - Poeschel.

Mann, Rudolf (1973): Die Praxis des Controlling: Instrumente, Einführung, Konflikte, München: Verlag Moderne Industrie.

Marner, Bernd/ Jaeger, Felix (1990): Unternehmensberatung und Weiterbildung mittelständischer Unternehmen: Ergebnisse einer empirischen Untersuchung, Berlin: Erich Schmidt Verlag.

Marsh, Herbert W./ Balla, John R./ McDonald, Roderick P. (1988): Goodness-of-Fit Indexes in Confirmatory Factor Analysis: The Effect of Sample Size, Psychological Bulletin, Vol. 103 (No. 3), S. 391 - 410.

Marsh, Herbert W./ Hau, Kit-Tai/ Balla, John R./ Grayson, David (1998): Is More Ever Too Much? The Number of Indicators per Factor in Confirmatory Factor Analysis, Multivariate Behavioral Research, Vol. 33 (No. 2), S. 181 - 200.

Matussek, Peter: Faust I, in: Buck, Theo (Hrsg.): Goethe Handbuch, Band 2: Dramen, Stuttgart [et al]: Verlag J.B. Metzler, S. 352 - 390.

McFadden, Daniel (1999): Rationality for economists?, Journal of Risk and Uncertainty, Vol. 19 (No. 1-3), S. 73 - 105.

McGuire, William J. (1954): The Nature of Attitudes and Attitude Change, in: Lindzey, Gardner/ Aronson, Elliott (Hrsg.): The Handbook of Social Psychology, Second Edition, Vol. 3: The Individual in a Social Context, Reading, Massachusetts [et al.]: Addison - Wesley Publishing Company, S. 136 - 314.

Meckling, William H. (1976): Values and the Choice of the Model of the Individual in the Social Sciences, Schweizerische Zeitschrift für Volkswirtschaft und Statistik, Vol. 112 (No. 4), S. 545 - 559.

Meeh, Gunther/ Sattler, Wolfgang (2005a): Basel II: Entwarnung für Kreditnehmer, gleichzeitig neue Herausforderungen! (Teil 1), Deutsches Steuerrecht, 35/ 2005, S. 1504 - 1508.

Meeh, Gunther/ Sattler, Wolfgang (2005b): Basel II: Entwarnung für Kreditnehmer, gleichzeitig neue Herausforderungen! (Teil II), Deutsches Steuerrecht, 36/ 2005, S. 1545 - 1548.

Meinefeld, Werner (1988): Einstellung, in: Asanger, Roland/ Wenninger, Gerd (Hrsg.): Handwörterbuch Psychologie, 4., völlig neubearbeitete und erweiterte Auflage, München: Psychologie Verlags Union, S. 121 - 126.

Menon, Anil/ Varadarajan, P. Rajan (2001): A Model of Marketing Knowledge Use Within Firms, Journal of Marketing, Vol. 56 (October 1992), S. 53 - 71.

Mindermann, Hans-Hermann (2000): Investor Relations: Eine Definition, in: Deutscher Investor Relations Kreis (Hrsg.): Investor Relations: Professionelle Kapitalmarktkommunikation, Wiesbaden: Gabler, S. 25 - 28.

Mintzberg, Henry (1983): Power In and Around Organizations, Englewood Cliffs: Prentice-Hall International.

Moellers, Thomas M.J. (1991): Die Haftung der Bank bei der Kreditkündigung: ein Beitrag zu den Verhaltenspflichten der Banken bei der Kündigung von Krediten im deutschen und amerikanischen Recht, Berlin. Zugl.: Mainz, Univ., Diss., 1989.

Moenaert, Rudy K./ Souder, William E. (1990): An Information Transfer Model for Integrating Marketing and R&D Personnel in New Product Development Projects, Journal of Product Innovation Management, Vol. 7 (No. 1), S. 91 - 107.

Mohr, Jakki J./ Fisher, Robert J./ Nevin, John R. (1996): Collaborative Communication in Interfirm Relationships: Moderating Effects of Integration and Control, Journal of Marketing, Vol. 60 (July 1996), S. 103 - 115.

Mohr, Jakki J./ Nevin, John R. (1990): Communication Strategies in Marketing Channels: A Theoretical Perspective, Journal of Marketing, Vol. 54 (October 1990), S. 36 - 51.

Mohr, Jakki J./ Sohi, Ravipreet (1995): Communication Flows in Distribution Channels: Impact on Assessments of Communication Quality and Satisfaction, Journal of Retailing, Vol. 71 (No. 4), S. 393 - 416.

Monopolkommission (2005): Wettbewerbspolitik im Schatten "Nationaler Champions": Fünfzehntes Hauptgutachten der Monopolkommission 2002/ 2003, Baden-Baden: Nomos.

Montoya-Weiss, Mitzi M./ Calantone, Roger (1994): Determinants of New Product Performance: A Review and Meta-Analysis, Journal of Product Innovation Management, Vol. 11 (No. 5), S. 397 - 417.

Mosiek, Thomas (2002): Interne Kundenorientierung des Controlling, Frankfurt a. M. Zugl.: Münster, Univ., Diss., 2001.

Mugler, Josef (1992): Unternehmensberatung für Klein- und Mittelbetriebe, in: Hofmann, Michael (Hrsg.): Theorie und Praxis der Unternehmensberatung: Bestandsaufnahme und Entwicklungsperspektiven, Heidelberg: Physica-Verlag, S. 371 - 401.

Mugler, Josef (1998): Betriebswirtschaftslehre der Klein- und Mittelbetriebe: Band 1, 3., überarbeitete Auflage, Wien [et al.]: Springer.

Mülbert, Peter O. (1998): Bank Equity Holdings in Non-Financial Firms and Corporate Governance: The Case of German Universal Banks, in: Hopt, Klaus J./ Kanda, Hideki/ Roe, Mark J./ Wymeersch, Eddy/ Prigge, Stefan (Hrsg.): Comparative Corporate Governance: The State of the Art and Emerging Research, Oxford: Clarendon Press, S. 445 - 497.

Nagel, Claudia (1995): Zur Kultur der Organisation: Eine organisationspsychologische Untersuchung in der Automobilindustrie, Frankfurt a. M. Zugl.: Hagen, Fernuniv., Diss., 1994.

Neuberger, Oswald (1995): Führungstheorien - Machttheorie, in: Kieser, Alfred/ Reber, Gerhard/ Wunderer, Rolf (Hrsg.): Handwörterbuch der Führung, 2., völlig neu gestaltete und ergänzte Auflage, Stuttgart: Schäffer - Poeschel, S. 954 - 967.

Niedostadek, André (2003): Nachfolgeplanung als Teil der erfolgreichen Credit Story, in: Achleitner, Ann-Kristin/ Everling, Oliver (Hrsg.): Rating Advisory: Mit professioneller Beratung zum optimalen Bonitätsurteil, Wiesbaden: Gabler, S. 235 - 248.

Nieschlag, Robert/ Dichtl, Erwin/ Hörschgen, Hans (2002): Marketing, 19., überarbeitete und ergänzte Auflage, Berlin: Duncker & Humblot.

Nitzsch, Rüdiger von (2002): Entscheidungslehre: Wie Menschen entscheiden und wie sie entscheiden sollten, Stuttgart: Schäffer-Poeschel.

Nöcker, Ralf (1999): Erfolg von Unternehmungen aus betriebswirtschaftlicher Sicht, in: Moser, Klaus/ Batinic, Bernad/ Zempel, Jeannette (Hrsg.): Unternehmerisch erfolgreiches Handeln, Göttingen: Verlag für Angewandte Psychologie, S. 53 - 66.

Nonaka, Ikujiro/ Takeuchi, Hirotaka (1997): Die Organisation des Wissens: Wie japanische Unternehmen eine brachliegende Ressource nutzbar machen, Frankfurt a.M. [et al.]: Campus Verlag.

Nooteboom, Bart (1999): Voice- and Exit-Based Forms of Corporate Control: Anglo-American, European and Japanese, Journal of Economic Issues, Vol. XXXIII (No. 4), S. 845 - 860.

Nunnally, Jum C. (1978): Psychometric Theory, Second Edition, New York [et al.].

Oenning, Anja (1997): Theorie betrieblicher Kuppelproduktion, Heidelberg. Zugl.: Aachen, RWTH, Diss., 1996.

Ongena, Steven/ Smith, David C./ Michalsen, Dag (2000): Distressed Relationships: Lessons from the Norwegian Banking Crisis (1988 - 1991), Frankfurt a.M.

Oppermann, Reinhard (1976): Einstellung und Verhaltensabsicht: Eine Studie zur schulischen Weiterbildung, Darmstadt: Dr. Dietrich Steinkopff Verlag.

Ossadnik, Wolfgang/ Barklage, David/ Lengerich, Ellen van (2004): Controlling im Mittelstand: Ergebnisse einer empirischen Untersuchung, Controlling, November 2004, S. 621 - 630.

Ott, Klaus/ Böing, Christian (2002): Die Umsetzung von Basel II: eine organisatorische Herausforderung für Kreditinstitute, aber auch für Kreditnehmer, Betriebswirtschaftliche Forschung und Praxis, 06/ 2002, S. 591 - 603.

Paffenholz, Guido (1998): Krisenhafte Entwicklungen in mittelständischen Unternehmen: Ursachenanalyse und Implikationen für die Beratung, Bonn: Inst. für Mittelstandsforschung.

Panther, Tracy/ Farquhar, Jillian Dawes (2004): Consumer Response to Dissatisfaction with Financial Service Providers: An Exploration of why Some Stay while Others Switch, Journal of Financial Services Marketing, Vol. 8 (No. 4), S. 343 - 353.

Parasuraman, A./ Zeithaml, Valarie A./ Berry, Leonard L. (1988): SERVQUAL: A Multiple-Item Scale for Measuring Consumer Perceptions of Service Quality, Journal of Retailing, Vol. 64 (No. 1), S. 12 - 40.

Paul, Stephan/ Stein, Stefan (2002): Rating, Basel II und die Unternehmensfinanzierung, Köln: Bank-Verlag.

Paul, Stephan/ Stein, Stefan (2003): Basel II und die deutsche Kreditwirtschaft: ein Überblick, in: Paul, Stephan (Hrsg.): Basel II, Mittelstand und Kreditpreise, Frankfurt a.M.: Bankakademie-Verlag, S. 35 - 70.

Paul, Stephan/ Stein, Stefan/ Kaltofen, Daniel (2002): Basel II und Rating: Herausforderungen für das Controlling in Kreditinstituten und Unternehmen, Controlling, Oktober 2002, S. 533 - 540.

Pawlik, Inge (2001): Kreditwürdigkeitsprüfung durch Rating, in: Everling, Oliver (Hrsg.): Rating - Chance für den Mittelstand nach Basel II: Konzepte zur Bonitätsbeurteilung, Schlüssel zur Finanzierung, Wiesbaden: Gabler, S. 117 - 126.

Perlitz, Manfred/ Seger, Frank (1994): The Role of Universal Banks in German Corporate Governance, Business and the Contemporary World, Vol. 4, S. 49 - 67.

Peter, J. Paul (1979): Reliability: A Review of Psychometric Basics and Recent Marketing Practices, Journal of Marketing Research, Vol. XVI, S. 6 - 17.

Peter, J. Paul/ Churchill, Gilbert A. Jr. (2001): Relationships among Research Design Choices and Psychometric Properties of Rating Scales: A Meta-Analysis, Journal of Marketing Research, Vol. XXIII, S. 1 - 10.

Peter, Sybille Isabelle (1999): Kundenbindung als Marketingziel: Identifikation und Analyse zentraler Determinanten, Wiesbaden. Zugl.: Mannheim, Univ., Diss., 1996.

Petersen, Mitchell A./ Rajan, Raghuram G. (1994): The benefits of lending relationships: Evidence from small business data, The Journal of Finance, Vol. XLIX (No. 1), S. 3 - 37.

Peterson, Robert A. (1994): A Meta-Analysis of Cronbach's Coefficient Alpha, Journal of Consumer Research, Vol. 21, S. 381 - 391.

Pfaff, Christina (2003): Neuausrichtung des Firmenkundengeschäftes öffentlich-rechtlicher Kreditinstitute unter dem Einfluss von Basel II, Aachen: Shaker.

Pfeffer, Jeffrey/ Salancik, Gerald R. (1978): The External Control of Organizations: A Resource Dependency Perspective, New York [et al.]: Harper & Row.

Pfingsten, Andreas (2000): Die Kreditvergabe, in: Hagen, Jürgen von/ Stein, Johann Heinrich von (Hrsg.): Obst/ Hintner: Geld-, Bank- und Börsenwesen: Handbuch des Finanzsystems, 40. Auflage, Stuttgart: Schäffer-Poeschel, S. 665 - 741.

Pfohl, Hans-Christian (1997): Abgrenzung der Klein- und Mittelbetriebe von Großbetrieben, in: Pfohl, Hans-Christian (Hrsg.): Betriebswirtschaftslehre der Mittel- und Kleinbetriebe: Größenspezifische Probleme und Möglichkeiten zu ihrer Lösung, 3. Auflage, Berlin: Erich Schmidt Verlag, S. 1 - 25.

Phillips, Lynn W. (1982): Assessing Measurement Error in Key Informant Reports: A Methodological Note on Organizational Analysis in Marketing, in: Fornell, Claes (Hrsg.): A Second Generation of Multivariate Analysis: Vol. 2: Measurement and Evaluation, New York: Praeger Publishers, S. 96 - 144.

Picot, Arnold/ Dietl, Helmut (1990): Transaktionskostentheorie, Wirtschaftswissenschaftliches Studium, 19. Jg. (H. 4), S. 178 - 184.

Picot, Arnold/ Reichwald, Ralf (1991): Informationswirtschaft, in: Heinen, Edmund (Hrsg.): Industriebetriebslehre: Entscheidungen im Industriebetrieb, 9. vollständig neu bearbeitete und erweiterte Auflage, Wiesbaden: Gabler, S. 241 - 264.

Ping, Robert A. Jr. (1993): The Effects of Satisfaction and Structural Constraints on Retailer Exiting, Voice, Loyalty, Opportunism and Neglect, Journal of Retailing, Vol. 69 (No. 3), S. 320 - 352.

Ping, Robert A. Jr. (1997): Voice in Business-to-Business Relationships: Cost-of-Exit and Demographic Antecedents, Journal of Retailing, Vol. 73 (No. 2), S. 261.

Ping, Robert A. Jr. (1999): Unexplored Antecedents of Exiting in a Marketing Channel, Journal of Retailing, Vol. 75 (No. 2), S. 218 - 241.

Pleitner, Hans Jobst (1984): Beobachtungen und Überlegungen zur Person des mittelständischen Unternehmers, in: Albach, Horst/ Held, Thomas (Hrsg.): Betriebswirtschaftslehre mittelständischer Unternehmen: Wissenschaftliche Tagung des Verbandes der Hochschullehrer für Betriebswirtschaftslehre e.V., Stuttgart: Poeschel, S. 511 - 522.

Pössl, Wolfgang (1991): Controlling und externe Beratung: ein Konzept zur Verbesserung der Führungsqualität in mittelständischen Unternehmen, München: Franz Vahlen.

Potthoff, Erich (1979): Der Wirtschaftsprüfer als Gutachter und Berater, Betriebswirtschaftliche Forschung und Praxis, 02/ 1979, S. 117 - 126.

Prigge, Stefan (1998): A Survey of German Corporate Governance, in: Hopt, Klaus J./ Kanda, Hideki/ Roe, Mark J./ Wymeersch, Eddy/ Prigge, Stefan (Hrsg.): Comparative Corporate Governance: The State of the Art and Emerging Research, Oxford: Clarendon Press, S. 943 - 1044.

Probst, Gilbert/ Raub, Stefan/ Romhardt, Kai (2003): Wissen managen: Wie Unternehmen ihre wertvollste Ressource optimal nutzen, 4., überarbeitete Auflage, Wiesbaden: Gabler.

Rajan, Raghuram G./ Zingales, Luigi (1995): What Do We Know about Capital Structure? Some Evidence from International Data, The Journal of Finance, Vol. L (No. 5), S. 1421 - 1460.

Raven, Bertram H. (1965): Social Influence and Power, in: Steiner, Ivan D./ Fishbein, Martin (Hrsg.): Current Studies in Social Psychology, New York [et al.]: Holt, Rinehart and Winston, S. 371 - 382.

Regierungskommission Deutscher Corporate Governance Kodex (2003): Deutscher Corporate Governance Kodex in der Fassung vom 21. Mai 2003, Berlin.

Reinartz, Werner/ Krafft, Manfred/ Hoyer, Wayne D. (2004): The Customer Relationship Management Process: Its Measurement and Impact on Performance, Journal of Marketing Research, Vol. XLI, S. 293 - 305.

Reitmeyer, Thorsten (1999): Qualität von Entscheidungsprozessen der Geschäftsleitung: Eine empirische Untersuchung mittelständischer Unternehmen, Wiesbaden. Zugl.: Koblenz, Wiss. Hochschule für Unternehmensführung, Diss., 1999.

Rempel, John K./ Holmes, John G./ Zanna, Mark P. (1985): Trust in Close Relationships, Journal of Personality and Social Psychology, Vol. 49 (No. 1), S. 95 - 112.

Reuter, Bodo (2004): Vertriebspartnerkontrolle in der Konsumgüterindustrie: Empirische A-nalyse der Gestaltungsparameter und Einflussfaktoren, Wiesbaden. Zugl.: Oestrich-Winkel, European Business School, Diss., 2004.

Richter, Wolf/ Freund, Werner (1990): Beiratstätigkeit in mittelständischen Unternehmen, Stuttgart: Poeschel.

Riebel, Paul (1955): Die Kuppelproduktion: Betriebs- und Marktprobleme, Köln [et al.]: Westdeutscher Verlag.

Riebel, Paul (1993): Kuppelproduktion - Urphänomen und Problemquelle, in: Kaufhold, Karl Heinrich (Hrsg.): Paul Riebel zu Ehren: Ansprachen und Vorträge, gehalten bei der Verleihung der Ehrendoktorwürde an Herrn Professor Dr. Dr. h.c. mult. Paul Riebel durch den Fachbereich Wirtschaftswissenschaften der Georg-August-Universität zu Göttingen am 1. Juli 1992, Göttingen: Otto Schwarz & Co., S. 27 - 54.

Rieger, Elisabeth/ Sandmeier, Stephanie/ Keese, Detlef (2003): Firmenbeiräte mittelständischer Unternehmen: Ergebnisse einer Befragung von 124 Beiratsunternehmen im Sommer 2001, Mannheim.

Ring, Harald (2002): Trennung von gleichzeitiger Prüfung und Beratung: Ein geeigneter Weg zur Überwindung der aktuellen Vertrauenskrise?, Die Wirtschaftsprüfung, 55. Jg. (No. 24), S. 1345 - 1354.

Ringle, Christian Marc (2004): Gütemaße für den Partial Least Squares-Ansatz zur Bestimmung von Kausalmodellen, Hamburg.

Ringle, Christian Marc/ Boysen, Nils/ Wende, Sven/ Will, Alexander (2006): Messung von Kausalmodellen mit dem Partial-Least-Squares-Verfahren, wisu das wirtschaftsstudium, 35 Jg. (H. 1), S. 81 - 88.

Ripperger, Tanja (2003): Ökonomik des Vertrauens, 2. Auflage, Tübingen: J.C.B. Mohr.

Robinson, Richard B./ Pearce, John A. (1988): Planned Patterns of Strategic Behavior and Their Relationship to Business-Unit Performance, Strategic Management Journal, Vol. 9, S. 43 - 60.

Rodgers, Joseph Lee (1999): The Bootstrap, the Jackknife, and the Randomization Test: A Sampling Taxonomy, Multivariate Behavioral Research, Vol. 34 (No. 4), S. 441 - 456.

Rohlfing, Martina/ Funck, Dirk (2002): Kleine und mittlere Unternehmen (KMU): Kritische Diskussion quantitativer und qualitativer Definitionsansätze, Göttingen.

Röhrig, Heiko (2003): Auswirkungen der neuen Mindestanforderungen an das Kreditgeschäft der Kreditinstitute (MaK), in: Paul, Stephan (Hrsg.): Basel II, Mittelstand und Kreditpreise, Frankfurt a.M.: Bankakademie-Verlag, S. 17 - 33.

Ronchetto, John R./ Hutt, Michael D./ Reingen, Peter H. (1989): Embedded Influence Patterns in Organizational Buying Systems, Journal of Marketing, Vol. 53, S. 51 - 62.

Rosen, Rüdiger von [Hrsg.] (2003): Kapitalmarkt und Mittelstand: Ergebnisse einer Befragung nicht-börsennotierter Unternehmen in Deutschland, Frankfurt a.M.: Deutsches Aktieninstitut.

Rossiter, John R. (2002): The C-OAR-SE procedure for scale development in marketing, International Journal of Research in Marketing, Vol. 19, S. 305 - 335.

Roth, Ulrich (2000): Der Controller als Berater des Managements, in: Niedereichholz, Christel (Hrsg.): Internes Consulting: Grundlagen, Praxisbeispiele, Spezialthemen, München: Oldenbourg, S. 129 - 138.

Ruekert, Robert W./ Churchill, Gilbert A. Jr. (1984): Reliability and Validity of Alternative Measures of Channel Member Satisfaction, Journal of Marketing Research, Vol. XXI, S. 226 - 233.

Ruekert, Robert W./ Walker, Orville C./ Roering, Kenneth J. (1985): The Organization of Marketing Activities: A Contingency Theory of Structure and Performance, Journal of Marketing, Vol. 49 (Winter 1985), S. 13 - 25.

Rusbult, Caryl E./ Farrell, Dan/ Rogers, Glen/ Mainous III, Arch G. (1988): Impact of Exchange Variables on Exit, Voice, Loyalty, and Neglect: An Integrative Model of Responses to Declining Job Status Satisfaction, Academy of Management Journal, Vol. 31 (No. 3), S. 599 - 627.

Rüschen, Thomas (1990): Consulting-Banking: Hausbanken als Unternehmensberater, Wiesbaden: Gabler.

Ruter, Rudolf X./ Thümmel, Roderich C. (1994): Beiräte in mittelständischen Familienunternehmen, Stuttgart [et al.]: Richard Boorberg.

Sako, Mari/ Helper, Susan R. (1999): Supplier Relations and Performance in Europe, Japan and the US: The Effect of the Voice/ Exit Choice, in: Lung, Yannick/ Chanaron, Jean-Jacques/ Fujimoto, Takahiro/ Raff, Daniel (Hrsg.): Coping with Variety: Flexible Productive Systems for Product Variety in the Auto Industry, Aldershot [et al.]: Ashgate, S. 287 - 313.

Salomo, Sören/ Kögel, Klaus (2000): Krisendiagnose mit wissensbasierten Systemen, in: Hauschildt, Jürgen/ Leker, Jens (Hrsg.): Krisendiagnose durch Bilanzanalyse, 2., neu bearbeitete und erweiterte Auflage, Köln: Dr. Otto Schmidt, S. 221 - 239.

Sánchez-Franco, Manuel J./ Roldán, José L. (2005): Web Acceptance and Usage Model: A Comparison between Goal-directed and Experiential Web Users, Internet Research, Vol. 15 (No.1), S. 21 - 48.

Sandner, Karl (1992): Prozesse der Macht: Zur Entstehung, Stabilisierung und Veränderung der Macht von Akteuren in Unternehmen, 2. Auflage, Heidelberg: Physica-Verlag.

Sandt, Joachim (2004): Management mit Kennzahlen und Kennzahlensystemen: Bestandsaufnahme, Determinanten und Erfolgsauswirkungen, Wiesbaden. Zugl.: Wissenschaftliche Hochschule für Unternehmensführung, Vallendar, Diss., 2003.

Schäffer, Utz (2001a): Kontrolle als Lernprozess, Wiesbaden. Zugl.: Koblenz, Wiss. Hochschule für Unternehmensführung, Habil.-Schr., 2000.

Schäffer, Utz (2001b): Rationalitätssicherung und Unternehmensführung, in: Weber, Jürgen/ Schäffer, Utz (Hrsg.): Rationalitätssicherung der Führung: Beiträge zu einer Theorie des Controlling, Wiesbaden: DUV, S. 112 - 121.

Schäffer, Utz/ Weber, Jürgen (2001): Thesen zum Controlling (Dezember 2001), Vallendar.

Schäffer, Utz/ Willauer, Bianca (2003): Prämissenkontrolle in deutschen Unternehmen: Ergebnisse einer empirischen Erhebung, in: Weber, Jürgen/ Kunz, Jennifer (Hrsg.): Empirische Controllingforschung: Begründung, Beispiele, Ergebnisse, Wiesbaden: Gabler, S. 15 - 51.

Schäffler, Frank (2006): Bankenhaftung wegen Insolvenzverschleppung bei Auskehrung von Krediten in der Unternehmenskrise, Betriebs-Berater, 61. Jg. (H. 2), S. 56 - 60.

Scharl, Hans-Peter (1992): Erfolgsfaktoren der betriebswirtschaftlichen Beratung mittelständischer Unternehmen durch die steuerberatenden Berufe: Analysen und Empfehlungen auf der Grundlage einer empirischen Untersuchung, Köln. Zugl.: Passau, Univ., Diss., 1992.

Schenk, Roland (1998): Beurteilung des Unternehmenserfolges, in: Frese, Michael (Hrsg.): Erfolgreiche Unternehmensgründer: Psychologische Analysen und praktische Anleitungen für Unternehmer in Ost- und Westdeutschland, Göttingen: Verlag für Angewandte Psychologie, S. 59 - 82.

Schewe, Charles D. (1976): The Management Information System User: An Exploratory Behavioral Analysis, Academy of Management Journal, Vol. 19 (No. 4), S. 577 - 590.

Schewe, Gerhard/ Leker, Jens (2000): Statistische Insolvenzdiagnose: Diskriminanzanalyse versus logistische Regression, in: Hauschildt, Jürgen/ Leker, Jens (Hrsg.): Krisendiagnose durch Bilanzanalyse, 2., neu bearbeitete und erweiterte Auflage, Köln: Dr. Otto Schmidt, S. 168 - 178.

Schiffer, K. Jan/ Peters, Claus J. (1996): Der Beirat in mittelständischen Unternehmen, Hofheim.

Schlegelmilch, Bodo B./ Diamantopoulus, Adamantios/ Kreuz, Peter (2003): Strategic Innovation: The Construct, its Drivers and its Strategic Outcomes, Journal of Strategic Marketing, Vol. 11, S. 117 - 132.

Schlüter, Burkhard (2005): Empirische Analyse der Bedeutung interner Informationen von Kreditinstituten für die Bonitätsprognose, Aachen. Zugl.: Münster, Univ., Diss., 2002.

Schmeisser, Wilhelm/ Schmeisser, Karin (2005): Auswirkungen von Basel II für den Mittelstand: Kreditvergabe und Bepreisung von Krediten, Deutsches Steuerrecht, 08/ 2005, S. 344 - 348.

Schmidt, Thomas (2001): Die neue Rolle des Firmenkundenbetreuers im mittelständischen Firmenkundengeschäft : eine Analyse etablierter Firmenkundenbetreuungsansätze und Entwicklung eines Modells zur Erfolgspartnerschaft, Aachen. Zugl.: Würzburg, Univ., Diss., 2000.

Schmoll, Anton (2003): RatingDialog erfordert Sozialkompetenz: Kommunikation ist zentraler Faktor, BI, 12/ 2003, S. 33 - 36.

Schnell, Rainer/ Hill, Paul B./ Esser, Elke (2005): Methoden der empirischen Sozialforschung, 7., völlig überarbeitete und erweiterte Auflage, München: Oldenbourg.

Schnetkamp, Gerd (1982): Einstellungen und Involvement als Bestimmungsfaktoren des sozialen Verhaltens: Eine empirische Analyse am Beispiel der Organspendebereitschaft in der Bundesrepublik Deutschland, Frankfurt a.M. [et al.]: Peter Lang.

Scholderer, Joachim/ Balderjahn, Ingo (2005): PLS verus LISREL: Ein Methodenvergleich, in: Bliemel, Friedhelm/ Eggert, Andreas/ Fassott, Georg/ Henseler, Jörg (Hrsg.): Handbuch PLS-Pfadmodellierung: Methode, Anwendung, Praxisbeispiele, Stuttgart: Schäffer-Poeschel, S. 87 - 98.

Scholz, Christian (1992): Effektivität und Effizienz, organisatorische, in: Frese, Erich (Hrsg.): Handwörterbuch der Organisation, 3., völlig neu gestaltete Auflage, Stuttgart: Poeschel, S. 533 - 552.

Schopphoven, Iris (1996): Messung von Entscheidungsqualität: Konzeptualisierung, Operationalisierung und Validierung eines Meßinstrumentariums für Entscheidungsqualität, Frankfurt a. M. [et al.]. Zugl.: Berlin, Freie Univ., Diss., 1995.

Schreyögg, Georg/ Hübl, Gudrun (1992): Manager in Aktion: Ergebnisse einer Beobachtungsstudie in mittelständischen Unternehmen, Zeitschrift Führung + Organisation, 02/ 1992, S. 83 - 89.

Schulenburg, Kerstin (2003): Rating als Führungsinstrument im Mittelstand nutzen, in: Achleitner, Ann-Kristin/ Everling, Oliver (Hrsg.): Rating Advisory: Mit professioneller Beratung zum optimalen Bonitätsurteil, Wiesbaden: Gabler, S. 330 - 340.

Schulz von Thun, Friedemann (1999): Miteinander reden, Reinbek: Rowohlt.

Schumacher, Thilo (2005): Beteiligungscontrolling in der Management-Holding: Optimierung der Rationalitätssicherung durch Nutzung des Eigenkapitalmarktes, Wiesbaden. Zugl.: Wissenschaftliche Hochschule für Unternehmensführung (WHU), Vallendar, Diss., 2005.

Schweitzer, Marcell (2001): Planung und Steuerung, in: Bea, Franz Xaver/ Dichtl, Erwin/ Schweitzer, Marcell (Hrsg.): Allgemeine Betriebswirtschaftslehre Bd. 2: Führung, 8., neubearbeitete und erweiterte Auflage, Stuttgart: Lucius & Lucius, S. 17-126.

Seger, Frank (1997): Banken, Erfolg und Finanzierung: eine Analyse für deutsche Industrieunternehmen, Wiesbaden. Zugl.: Mannheim, Univ., Diss., 1996.

Seibel, H. Dieter/ Nygreen, G.T. (1972): Pfadanalyse: Ein statistisches Verfahren zur Untersuchung linearer Kausalmodelle, Zeitschrift für Sozialpsychologie, S. 5 - 12.

Seibert, Siegfried (1987): Strategische Erfolgsfaktoren in mittleren Unternehmen: untersucht am Beispiel der Förderindustrie, Frankfurt a.M.: Peter Lang.

Sharma, Subhash/ Durand, Richard M./ Gur-Arie, Oded (1981): Identification and Analysis of Moderator Variables, Journal of Marketing Research, Vol. XVIII (August 1981), S. 291 - 300.

Sharpe, Steven A. (1990): Asymmetric Information, Bank Lending, and Implicit Contracts: A Stylized Model of Customer Relationships, The Journal of Finance, Vol. XLV (No. 4), S. 1069 - 1087.

Shleifer, Andrei/ Vishny, Robert W. (1997): A Survey of Corporate Governance, The Journal of Finance, Vol. LII (No. 2), S. 737 - 783.

Sievers, Eberhard C. (1982): Die Analyse der Krisenanfälligkeit mittelständischer Betriebe und die Bedeutung der betriebswirtschaftlichen Beratung als Mittel zu Prävention, dargestellt am Beispiel mittelständischer Kraftfahrzeug-Betriebe, Köln. Zugl.: Köln, Univ., Diss., 1982.

Simon, Herbert A. (1992): Decision Making and Problem Solving, in: Zey, Mary (Hrsg.): Decision Making: Alternatives to Rational Choice Models, Newbury Park [et al.]: S. 32 - 53.

Singh, Jagdip (1990): A Typology of consumer Dissatisfaction Response Styles, Journal of Retailing, Vol. 66 (No. 1), S. 57 - 99.

Six, Bernd (2000): Einstellungen, in: Wenninger, Gerd (Hrsg.): Lexikon der Psychologie: In fünf Bänden, Band 1, Heidelberg: Spektrum, S. 361 - 363.

Six, Bernd/ Eckes, Thomas (1996): Metaanalysen in der Einstellungs-Verhaltens-Forschung, Zeitschrift für Sozialpsychologie, S. 7 - 17.

Slovin, Myron B./ Johnson, Shane A./ Glascock, John L. (1992): Firm Size and the Information Content of Bank Loan Announcements, Journal of Banking & Finance, Vol. 16, S. 1057 - 1071.

Sparkasse Fulda (2005): Allgemeine Geschäftsbedingungen: Grundlagen der Geschäftsbeziehung zwischen Kunde und Sparkasse, Fulda.

Spieker, Marc (2003): Rationalitätssicherung in der Willensbildung - Entscheidungsqualität in Gründerteams, in: Weber, Jürgen/ Kunz, Jennifer (Hrsg.): Empirische Controllingforschung, Wiesbaden: DUV Gabler, S. 53 - 89.

Spieker, Marc (2004): Entscheidungsverhalten in Gründerteams: Determinanten, Parameter und Erfolgsauswirkungen, Wiesbaden. Zugl.: Vallendar, Wiss. Hochschule für Unternehmensführung, Diss., 2003.

Spillecke, Dennis (2006): Interne Kundenorientierung des Controllerbereichs: Messung - Erfolgsauswirkungen - Determinanten, Wiesbaden. Zugl.: Wissenschaftliche Hochschule für Unternehmensführung (WHU), Vallendar, Diss., 2005.

Staehle, Wolfgang H. (1994): Management: Eine verhaltenswissenschaftliche Perspektive, 7. Auflage, München: Franz Vahlen.

Staehle, Wolfgang H. (1999): Management: Eine verhaltenswissenschaftliche Perspektive, 8. Auflage, überarbeitet von Peter Conrad u. Jörg Sydow, München: Franz Vahlen.

Stede, Wim A. van der/ Young, S. Mark/ Chen, Clara Xiaoling (2005): Assessing the Quality of Evidence in Empirical Management Accounting Research: The Case of Survey Studies, Accounting, Organizations and Society, Vol. 30, S. 655 - 684.

Steiff, Julian (2004): Opportunismus in Franchisesystemen, Wiesbaden. Zugl.: Münster, Univ., Diss., 2004.

Steiner, Manfred/ Mader, Wolfgang/ Starbatty, Nikolaus (2003): Aktuelle Entwicklungen in der Unternehmensfinanzierung, Finanzbetrieb, 09/ 2003, S. 513 - 524.

Steinmann, Horst/ Müller, Helmut/ Klaus, Hans (1982): Die Rolle des Beirates bei der Führung von Mittelbetrieben: Ergebnisse einer Pilotstudie und Forschungsperspektiven, Nürnberg.

Stevens, James (1996): Applied Multivariate Statistics for the Social Sciences, 3. Auflage, Mahway, New Jersey: Lawrence Erlbaum Associates.

Stier, Winfried (1999): Empirische Forschungsmethoden, 2., verbesserte Auflage, Berlin [et al.]: Springer.

Stöckl, Boris Robert (2000): Aufgaben und Grenzen eines Controlling in mittleren Handelsbetrieben unter besonderer Berücksichtigung der Instrumente des operativen Controlling, Nürnberg. Zugl.: Erlangen, Nürnberg, Univ., Diss., 2000.

Stoffel, Kurt (1995): Controllership im internationalen Vergleich, Wiesbaden. Zugl.: Koblenz, Wiss. Hochsch. für Unternehmensführung, Diss., 1995.

Stroebe, Wolfgang (1980): Grundlagen der Sozialpsychologie, Stuttgart: Klett.

Stuhlinger, Matthias (2001): Die Rolle von Ratings in der Firmenkundenbeziehung von Kreditgenossenschaften, in: Everling, Oliver (Hrsg.): Rating - Chance für den Mittelstand nach Basel II: Konzepte zur Bonitätsbeurteilung, Schlüssel zur Finanzierung, Wiesbaden: Gabler, S. 61 - 78.

Tallner, Günter (2003): Risikoadjustierte Preise als Basis eines zukunftsfähigen Firmenkundengeschäfts - Erklärungen und Handlungsempfehlungen für Unternehmer aus Sicht einer Großbank, in: Deter, Henryk/ Diegelmann, Michael (Hrsg.): Creditor Relations: Beziehungsmanagement mit Fremdkapitalgebern, 1. Auflage, Frankfurt: Bankakademie-Verlag, S. 21 - 41.

Taylor, M. Susan/ Fisher, Cynthia D./ Ilgen, Daniel R. (1984): Individual's Reaction to Performance Feedback in Organizations: A Control Theory Perspective, Research in Personnel and Human Resources Management, Vol. 2, S. 81 - 125.

Theileis, Ulrich/ Althoff, Frank/ Hörlin, Stephanie (2006): MaRisk: Ein Vergleich mit den MaK, MaH und MaIR, München: Logomed.

Thompson, Ronald L./ Higgins, Christopher/ Howell, Jane M. (1994): Influence of Experience on Personal Computer Utilization: Testing a Conceptual Model, Journal of Management Information Systems, Vol. 11 (No. 1), S. 167 - 187.

Thurstone, L.L. (1928): Attitudes can be measured, The American Journal of Sociology, Vol. XXXIII (No. 4), S. 549 - 554.

Triandis, Harry C. (1975): Einstellungen und Einstellungsänderungen, Weinheim [et al.]: Betz.

Triantis, George G./ Daniels, Ronald J. (1995): The Role of Debt in Interactive Corporate Governance, California Law Review, Vol. 83, S. 1073 - 1113.

Tucker, Ledyard R./ Lewis, Charles (1973): A Reliability Coefficient for Maximum Likelihood Factor Analysis, Psychometrika, Vol. 38 (No. 1), S. 1 - 10.

Utsch, Andreas/ Frese, Michael (1998): Unternehmer in Ost- und Westdeutschland: Unsere Stichprobe und beschreibende Ergebnisse, in: Frese, Michael (Hrsg.): Erfolgreiche Unternehmensgründer, Göttingen: Verlag für angewandte Psychologie, S. 47 - 58.

Venkatraman, N./ Ramanujam, Vasudevan (1986): Measurement of Business Performance in Strategy Research: A Comparison of Approaches, Academy of Management Review, Vol. 11 (No. 4), S. 801 - 814.

Voglis, Eleftherios G. (2001): Kreditkündigung und Kreditverweigerung der Banken im Lichte von Treu und Glauben, München. Zugl.: München, Univ., Diss., 2000.

Volkenner, Thomas/ Walter, Karl-Friedrich (2004): Die Endfassung der Baseler Eigenkapitalvereinbarung (Basel II), Deutsches Steuerrecht, 33/ 2004, S. 1399 - 1404.

Wallenburg, Carl Marcus (2004): Kundenbindung in der Logistik: Eine empirische Untersuchung zu ihren Einflussfaktoren, Bern [et al.]. Zugl.: Wiss. Hochsch. für Unternehmensführung, Vallendar, Diss., 2004.

Walter, Karl-Friedrich (2005): Aktuelle Entwicklungen zur Offenlegung der wirtschaftlichen Verhältnisse bei Kreditgewährung, Deutsches Steuerrecht, 50/ 2005, S. 2139 - 2143.

Wank, Antje (2005): Begriffe und Konzepte zu Wissen und Kompetenzentwicklung in Unternehmen und Unternehmensnetzwerken, Aachen: Shaker.

Wansley, James W./ Clauretie, Terrence M. (1985): The Impact of Creditwatch Placements on Equity Returns and Bond Prices, The Journal of Financial Research, Vol. 8 (No. 1, Spring 1985), S. 31 - 42.

Watzlawick, Paul/ Beavin, Janet H./ Jackson, Don D. (2000): Menschliche Kommunikation: Formen, Störungen, Paradoxien, 10., unveränderte Auflage, Bern [et al.]: Hans Huber.

Weber, Jürgen (1995): Wachstumsschwellen als Rahmenbedingungen für ein effizientes Controlling im Klein- und Mittelbetrieb, in: Wagenhofer, Alfred (Hrsg.): Controlling und Unternehmensführung, Wien: Linde, S. 3 - 22.

Weber, Jürgen (2001a): Controlling: Entwicklungstendenzen und Zukunftsperspektiven, in: Weber, Jürgen/ Schäffer, Utz (Hrsg.): Rationalitätssicherung der Führung: Beiträge zu einer Theorie des Controlling, Wiesbaden: DUV, S. 233 - 251.

Weber, Jürgen (2001b): Neue Perspektiven des Controlling, in: Weber, Jürgen/ Schäffer, Utz (Hrsg.): Rationalitätssicherung der Führung: Beiträge zu einer Theorie des Controlling, Wiesbaden: DUV, S. 152 - 170.

Weber, Jürgen (2002): Einführung in das Controlling, 9. Auflage, Stuttgart: Schaeffer Poeschel.

Weber, Jürgen (2003): Controlling in unterschiedlichen Führungskontexten - ein Überblick, Zeitschrift für Controlling und Management, 47. Jg. (H. 3), S. 183 - 192.

Weber, Jürgen (2004): Einführung in das Controlling, 10., überarbeitete und aktualisierte Auflage, Stuttgart.

Weber, Jürgen (2005): Gestaltung der Kostenrechnung: Notwendigkeit, Optionen und Konsequenzen, Wiesbaden: DUV.

Weber, Jürgen/ David, Ulrich/ Prenzler, Carsten (2001): Controller Excellence: Strategische Neuausrichtung der Controller, Vallendar.

Weber, Jürgen/ Grothe, Martin/ Schäffer, Utz (1999): Wissensmanagement für Controller, Vallendar.

Weber, Jürgen/ Müller, Roman/ Sorg, Mascha (2004): Rating & Controlling: Was Controller wissen müssen, Vallendar.

Weber, Jürgen/ Reitmeyer, Thorsten/ Frank, Stefan (2000): Erfolgreich entscheiden: der Managementleitfaden für den Mittelstand, Frankfurt a.M.: Frankfurter Allgemeine Zeitung für Deutschland.

Weber, Jürgen/ Schäffer, Utz (1998): Sicherung der Rationalität in der Willensbildung durch die Nutzung des fruchtbaren Spannungsverhältnisses von Reflexion und Intution, Vallendar.

Weber, Jürgen/ Schäffer, Utz (1999): Sicherung der Rationalität in der Willensbildung durch die Nutzung des fruchtbaren Spannungsverhältnisses von Reflexion und Intuition, Zeitschrift für Planung, 10. Jg., S. 205 - 224.

Weber, Jürgen/ Schäffer, Utz (2001a): Controlling durch die Nutzung des fruchtbaren Spannungsverhältnisses von Reflexion und Intuition, in: Weber, Jürgen/ Schäffer, Utz (Hrsg.):

Rationalitätssicherung der Führung: Beiträge zu einer Theorie des Controlling, Wiesbaden: DUV, S. 77 - 94.

Weber, Jürgen/ Schäffer, Utz (2001b): Sicherstellung der Rationalität von Führung als Funktion des Controlling, in: Weber, Jürgen/ Schäffer, Utz (Hrsg.): Rationalitätssicherung der Führung: Beiträge zu einer Theorie des Controlling, 1. Auflage, Wiesbaden: DUV, S. 25 - 45.

Weber, Jürgen/ Schäffer, Utz/ Langenbach, Wilm (2001): Gedanken zur Rationalitätskonzeption des Controlling, in: Weber, Jürgen/ Schäffer, Utz (Hrsg.): Rationalitätssicherung der Führung: Beiträge zu einer Theorie des Controlling, Wiesbaden: DUV, S. 46 - 76.

Weber, Jürgen/ Schäffer, Utz/ Prenzler, Carsten (2001): Charakterisierung und Entwicklung von Controlleraufgaben, in: Weber, Jürgen/ Schäffer, Utz (Hrsg.): Rationalitätssicherung der Führung: Beiträge zu einer Theorie des Controlling, Wiesbaden: DUV, S. 131 - 151.

Weber, Manfred (2005): Ende der Staatsgarantie: Ziel erreicht? Ziel verfehlt?, Zeitschrift für das gesamte Kreditwesen, 14/ 2005, S. 712 - 713.

Weber, Martin/ Krahnen, Jan Pieter/ Voßmann, Frank (1999): Risikomessung im Kreditgeschäft: Eine empirische Analyse bankinterner Ratingverfahren, in: Gebhardt, Günther/ Pellens, Bernhard (Hrsg.): ZfbF-Sonderheft: Rechnungswesen und Kapitalmarkt, Düsseldorf: S. 117 - 142.

Weber, Max (2005): Wirtschaft und Gesellschaft: Grundriss der verstehenden Soziologie, Frankfurt a. M.: Zweitausendeins.

Weikert, Dorit (2001): Corporate Governance und das Auftragsstimmrecht der Banken, Köln. Zugl.: Trier, Univ., Diss., 2000.

Weiß, Eberhard (2001): Kriterien des FERI Branchenratings, in: Everling, Oliver (Hrsg.): Rating - Chance für den Mittelstand nach Basel II: Konzepte zur Bonitätsbeurteilung, Schlüssel zur Finanzierung, Wiesbaden: Gabler, S. 431 - 449.

Welge, Martin K./ Al-Laham, Andreas (2003): Strategisches Management: Grundlagen - Prozess - Implementierung, 4., aktualisierte Auflage, Wiesbaden: Gabler.

Welsh, John A./ White, Jerry F. (1981): A small business is not a little big business, Harvard Business Review, Vol. 59 (No. 4), S. 18 - 32.

Wenger, Ekkehard/ Kaserer, Christoph (1998): German Banks and Corporate Governance: A Critical View, in: Hopt, Klaus J./ Kanda, Hideki/ Roe, Mark J./ Wymeersch, Eddy/ Prigge, Stefan (Hrsg.): Comparative Corporate Governance: The State of the Art and Emerging Research, Oxford: Clarendon, S. 499 - 536.

Werder, Axel von (2003): Ökonomische Grundfragen der Corporate Governance, in: Hommelhoff, Peter/ Hopt, Klaus J./ Werder, Axel von (Hrsg.): Handbuch Corporate Governance: Leitung und Überwachung börsennotierter Unternehmen in der Rechts- und Wirtschaftspraxis, Köln: Dr. Otto Schmidt, S. 3 - 27.

Westhoff, Norbert (1984): Bankenvertreter in den Beiräten mittelständischer Unternehmen, Bonn. Zugl.: Bielefeld, Univ., Diss., 1983.

Wichels, Daniel (2002): Gestaltung der Kapitalmarktkommunikation mit Finanzanalysten: Eine empirische Untersuchung zum Informationsbedarf von Finanzanalysten in der Automobilindustrie, Zugl.: European Business School, Oestrich Winkel, Diss., 2001.

Wieben, Hans-Jürgen (2003): Credit Rating und Risikomanagement: Vergleich und Weiterentwicklung der Analysekonzepte, Wiesbaden. Zugl.: Münster, Univ., Diss., 2003.

Wiendieck, Markus (1992): Unternehmensfinanzierung und Kontrolle durch Banken: Deutschland - Japan - USA, Wiesbaden. Zugl.: Köln, Univ., Diss., 1992.

Wildemann, Horst (2005): Verbesserung der Risikoposition von KMU beim Rating, Controlling, April/ Mai 2005, S. 233 - 241.

Willauer, Bianca (2005): Consensus as Key Success Factor in Strategy-Making, Wiesbaden. Zugl.: Vallendar, Wiss. Hochsch. für Unternehmensführung (WHU), Diss., 2003.

Wilson, Elizabeth J. (1995): Research Design Effects on the Reliability of Rating Scales in Marketing: An Update on Churchill and Peter, Advances in Consumer Research, Vol. 22 (No. 1), S. 360 - 365.

Winkeljohann, Norbert/ Hölscher, Frank (2001): Rating im Mittelstand: Ergebnisse einer empirischen Studie, Controlling, November 2001, S. 553 - 559.

Winklhofer, Heidi/ Diamantopoulus, Adamantios (2002): Managerial Evaluation of Sales Forecasting Effectiveness: A MIMIC Modeling Approach, International Journal of Research in Marketing, Vol. 19, S. 151 - 166.

Wissenschaftlicher Rat der Dudenredaktion [Hrsg.] (1999): Duden: Das große Wörterbuch der deutschen Sprache: in zehn Bänden, Band 3: Einl - Geld, 3. völlig neu bearbeitete und erweiterte Auflage, Mannheim [et al.]: Dudenverlag.

Witt, Peter (2003): Corporate Governance - Systeme im Wettbewerb, Wiesbaden. Zugl.: Humboldt-Universität zu Berlin, Habil.-Schr., 2002.

Witte, Eberhard (1968): Phasen-Theorem und Organisation komplexer Entscheidungsverläufe, Zeitschrift für betriebswirtschaftliche Forschung, 20. Jg. (H. 10), S. 625 - 647.

Woeste, Axel (1986): Banken als Sanierer, Zeitschrift für das gesamte Kreditwesen, 17/ 86, S. 810 - 813.

Wöhe, Günter (2002): Einführung in die Allgemeine Betriebswirtschaftslehre, 21. Auflage, München: Franz Vahlen.

Wolf, Joachim (2003): Organisation, Management und Unternehmensführung: Theorien und Kritik, Wiesbaden: Gabler.

Woo, Carolyn Y./ Daellenbach, Urs/ Nicholls-Nixon, Charlene (1994): Theory Building in the Presence of "Randomness": The Case of Venture Creation and Performance, Journal of Management Studies, Vol. 31 (No. 4), S. 507 - 524.

Wossidlo, Peter Rütger (1993): Mittelständische Unternehmungen, in: Wittmann, Waldemar/ Kern, Werner/ Köhler, Richard/ Küpper, Hans-Ulrich/ Wysocki, Klaus v. (Hrsg.): Handwörterbuch der Betriebswirtschaft, 5., völlig neu gestaltete Auflage, Teilband 2, I - Q, Stuttgart: Schäffer-Poeschel, S. 2888 - 2898.

Wossidlo, Peter Rütger (1997): Finanzierung, in: Pfohl, Hans-Christian (Hrsg.): Betriebswirtschaftslehre der Mittel- und Kleinbetriebe: Größenspezifische Probleme und Möglichkeiten zu ihrer Lösung, 3. Auflage, Berlin: Erich Schmidt Verlag, S. 287 - 333.

Zimbardo, Philip G./ Gerrig, Richard J. (2004): Psychologie, 16., aktualisierte Auflage, München: Pearson Education.

Zimmer, Pascal (2000): Commitment in Geschäftsbeziehungen, Wiesbaden. Zugl.: Mannheim, Univ., Diss., 1999.

Zimmermann, Christian (2001): Controlling in international tätigen mittelständischen Unternehmen: Einführung - Gestaltung - Performance, Wiesbaden. Zugl.: Saarbrücken, Univ., Diss., 2000.

Kolibri 360 GmbH
Ferdinand-Jühlke-Straße 7
99095 Erfurt, Deutschland
produktsicherheit@kolibri360.de